Lectures on
*the Book
of Changes*

周易讲读

·下册·

寇方墀 —— 著

北京大学出版社
PEKING UNIVERSITY PRESS

目 录

下 经

咸卦第三十一　　455

恒卦第三十二　　469

遁卦第三十三　　484

大壮卦第三十四　　506

晋卦第三十五　　520

明夷卦第三十六　　532

家人卦第三十七　　546

睽卦第三十八　　559

蹇卦第三十九　　574

解卦第四十　　586

损卦第四十一　　600

益卦第四十二　　615

夬卦第四十三　　628

姤卦第四十四　　641

萃卦第四十五　　655

升卦第四十六　　671

困卦第四十七	684
井卦第四十八	696
革卦第四十九	710
鼎卦第五十	725
震卦第五十一	740
艮卦第五十二	756
渐卦第五十三	772
归妹卦第五十四	787
丰卦第五十五	802
旅卦第五十六	817
巽卦第五十七	830
兑卦第五十八	844
涣卦第五十九	856
节卦第六十	872
中孚第六十一	889
小过卦第六十二	911
既济卦第六十三	926
未济卦第六十四	941
后　记	955

周易讲读

下经

咸卦第三十一

艮下兑上

导　读

　　咸卦是下经的第一卦，因此，《序卦传》没有像前面的那些卦那样，从前边的一个卦推导出后边的一个卦，而是另起一篇，说道："有天地然后有万物，有万物然后有男女，有男女然后有夫妇，有夫妇然后有父子，有父子然后有君臣，有君臣然后有上下，有上下然后礼义有所错。"

　　在这一段描述中，从天地到万物，是一个自然发生的过程，人类是万物之一类，人类中有男有女，男女婚配而有夫妇关系，夫妇繁衍生育，就有了父子关系，这样，人口逐渐增多，人类群居就需要治理，于是有了君臣上下的隶属关系，构成最初的社会雏形，相伴而生地就有了上下名分等级，上下名分等级要靠什么来设定呢？要靠彼此的妥协与合作，这就是最初的礼；要有人群普遍认可的正当的原则和理由，这就是最初的义。确保人群以礼义相维系，这样才能保持相对稳定平衡，得以长久生息，不至于混乱一团。所以，在社会名分等级形成的发展过程中，礼和义就蕴含于其中了。由此可见，在人类社会中，礼和义的产生是自然也是必然的结果。

　　这一段文字自天地本原开始，描述了一个自然而然的人类社会产生发展的历史过程。这样，探讨的对象就从天地自然的发展，转向了社会人文的发展，而这个转向的转折点在于"有男女然后有夫妇"这个环节。下经的第一卦咸卦便是从这个环节说起。

对于卦序中上下经的安排，历代注家最传统、最主流的解释，是说上经言天道，下经明人事，主要是就《序卦传》中对于乾坤开上经、咸恒开下经的卦序安排来说的。其实，整部《周易》都是在推天道以明人事，上下经皆然，在对上经的解读中，我们学习过的每一个卦，言天道处必言人事，下经还会继续贯彻这个特点。从这个层面来说，卦序上下经开篇对乾坤、咸恒卦的安排，更多体现的是其象征意义，表达其秩序性与规律性。

有学友对于卦序的产生与安排提出了疑问：今本卦序为什么上经在离卦之后结束，下经以咸卦开启？其内在的意蕴、依据是什么？这是易学史上一个很重要的问题。

上经开端的乾坤两卦是《周易》之门户，天地万物的本原，而下经开端的咸、恒两卦是夫妇人伦之始，是父子、君臣、上下、礼义的发端。也可以说，乾坤是宇宙之本，咸恒是人生之本。乾坤从自然维度上展开，咸恒从生命维度上展开。这种生命的维度，横向展开就是社会，夫妇、亲戚、朋友、君臣、同事；纵向展开就是宗族血缘，向上是父亲、祖父、高祖、曾祖，一直到远祖，向下是儿子、孙子、曾孙、玄孙，一直到遥远的后代。人类的每一个个体，或者说每一对阴阳相感而结成婚配的男女夫妇，因为有身心，有情感，可知觉，可感应，是这横向与纵向交叉处的生生不息的生命节点，众多节点相关联，形成了一个庞大的生命网络。在这个网络中，有来自祖先的血脉基因的留存与当下的感应，有来自社会人事彼此推荡的信息情感的相互感应。由此，人类社会形成了一个往古来今、万物森然的立体交织的大生命体。

余敦康先生说:"由六十四卦的卦义所构成之体乃是《周易》哲学中的那个包括自然和社会在内的生生不已的整体,也可以说是充满着活泼生机的自然和社会本身。"(《汉宋易学解读》)

人类有情感,有男女相悦之情,有夫妇相守之义,《周易》下经的咸恒两卦便是阐述人类的情与义的两个卦。

咸卦讲感应,以情感的感应发展为主题,咸卦的"咸"字,是"感"字去掉"心",寓意"无心之感",无心就是自然真诚,无私无伪,至情至性,交相感应。从卦象看,山上有泽,气息相通。从卦德看,下卦艮止,上卦兑悦,止而悦,以正相悦,互为感应。艮为少男,兑为少女,少男主动真诚地去追求少女,少女喜悦而相感应。世间感应的真挚、深切莫过于少男少女的爱情,是谓"咸"。

从《全本周易导读本》对于咸卦的解读,可以看到我们为此卦起的小标题是"石桥禅的故事",源于我们在书中所借用的一个佛家的故事:石桥禅。讲少男少女间发乎天然的爱慕之情,为此宁愿受尽苦难也无怨无悔,完全是无私忘我的情感状态。人类正是因为有这样的一种超越功利、超越一切世俗计较、坚贞不渝的情感,才有了那些亘古传颂、可歌可泣的爱情故事,也才使得人类得以在爱的维系与滋养下生生不息,代代相续,风雨相依。亲情、友情、爱情,人类因为有情感,社会人事才有了最为温暖深沉的意蕴,人世因此而美好。

关于为什么人类会有爱情,古希腊哲学家柏拉图在《会饮篇》里曾绘声绘色地讲述:主神宙斯既害怕人的力量又不想灭绝人类,于是把本有两副面孔和两副四肢的人类分裂成两半而使他们渴望重新结合。因此,人们把生命中要寻找的恋爱对象,称作自己的"另一半"。也就是说，他们本来就是一个整体，那份爱情是来自生命本身的呼唤，当找到另一半时，生命才恢复原本应有的圆满。

《周易》咸卦把这种生命互答解释为一种感应。这种感应，"感"是发出去，"应"是接收到，以少男少女之间悄然发生的爱情最为真切，如果将感应之道扩充出去，就会广及人类及天地间的万事万物，感而遂通，天地一体。

东西方文化虽有诸多不同，但回到人类最古老的诉求，对于爱情的认可与歌颂却是共通的，读一读我们春秋时期的《诗经》，就会体会到诗中那朴素、自然、真挚、纯粹的情感，真切而美好，全不像后世给它蒙上的层层叠加了太多异化的色彩。如果说人类有什么共同价值的话，那应该是对真、善和美的追求。从自身出发，真是真诚，善是善良，美是美意。咸卦所阐述的原则，便是基于真诚、善良、美意的感应相通之道。

讲　解

下面我们来看卦辞：

咸：亨，利贞；取女吉。

我们的译文是，咸：亨通，利于守正；娶妻吉祥。

言下之意，当问婚姻而占到这一卦时，表示娶妻吉祥，当然，守正才能亨通，可以拥有长久的吉祥。

《彖》曰：咸，感也。柔上而刚下，二气感应以相与。止而说，男下女，是以"亨，利贞；取女吉"也。天地感而万物化生，圣人感人心而天下和平。观其所感，而天地万物之情可见矣！

"咸"有不同的解释：（1）咸为无心之感，是感应之道；（2）咸为皆、全，在咸卦中所有的爻都彼此相应，说明在宇宙间，交感相应周流普遍于天地万物，是无处不在的；（3）咸为速，这是《杂卦传》的解释，说明感应是瞬间抵达，正所谓"不疾而速，不行而至"，人可以感应接受宇宙间无形的能量与信息，只是有人自知，有人不自知罢了，而人与人之间的感应，无须过多的理由、语言与论证，当心有灵犀时，瞬间便彼此明白，这便是感应之速。

我们的译文是，《彖传》说：咸，意思是交感。柔在上而刚在下，阴阳二气感应而相互亲近。笃实纯静而彼此喜悦，男子以礼下求于女子，所以"亨通，利于守正；娶妻吉祥"。天地交感而万物得以化育生长，圣人感化人心而天下和平昌宁。观察这样的交感现象，那么天地万物的性情就可以明白了。

天地间万事万物彼此感应相通，大化流行，万物生生。圣人明白天地间阴阳交感而万物得以化育，因而效法天地交感，以至诚感化人心。北宋的张载说："能通天下之志者，为能感人心。圣人同乎人而无我，故和平天下，莫盛于感人心。"圣人将感应之道用于感通天下，圣人无私无我，以百姓心为心，因而能感通天下，使天下人心和洽相应，并行不悖，志同道合。因而，圣人能通天下之志，能成天下之务，天下和平。可见感通之道的伟大。

而在人类生命感情的层面，人世间男女交感而使人伦延续，彼此有感有应，就会亨通。咸卦中，艮卦阳在下，是少男主动付出感情。艮卦为止，感情专一不移，以阳刚主动专一的心志放下身段去追求少女，兑卦为悦，从内心里愉悦喜欢，对少男以喜悦相应。这是得男女之正，可以谈婚论嫁了。看到男女之间的感应，就可以明白天地间的真情了。

接着我们来看《大象传》：

《象》曰：山上有泽，咸。君子以虚受人。

《大象传》说：山上有泽，有交感相通之象。君子看到这样的卦象，虚心感通接纳他人。

咸卦的卦象，山上有泽，泽水是滋润的，向下润泽山顶的土地。高山将泽水捧在山顶，彼此通彻感应。君子看到山泽通气的卦象，明白了虚怀若谷的道理，以无私无我的心量胸怀接受他人，与人感应沟通。人能够感受到别人，那一定是心里装得下别人，否则无从感受他人。就像我们现在常说一些人"情商低"，其实，所谓的情商低，就是心灵麻木，或者是以自我为中心，不能体谅别人，用儒家的话来说就是"不仁"。而那些情商高的人，就是心里能考虑别人悲欢冷暖的人，能够虚其心，在心中空出位置来，把别人放在心上，能懂得别人的感受，才有彼此感应的基础。这就叫作"君子以虚受人"。

下面来看六个爻，六爻更具体地讲在不同的阶段下感应相通的原则，本卦的卦象取义是少男少女的感应恋爱，因此，可以将这六个爻看作少男少女从初微的感应到恋爱成功过程的六个阶段。读者里有在读的大学生，也有刚上班的年轻人，面对恋爱有很多疑问，但不知道该如何把握；还有一些家长，家有青春期的孩子，在恋爱方面不能给予孩子更多的建议与指导，而恋爱婚姻是人生中的大事，今天通过读咸卦，希望对大家有所启发与帮助。我们先来看初六：

初六，咸其拇。
《象》曰："咸其拇"，志在外也。

初六，感应触及脚拇指。《小象传》说："感应触及脚拇指"，说明初六的心志朝向外面。

咸卦以整个人身来取象，是正面的人身。咸卦初六在卦的最下边，就如同人的脚趾，有所感应却并没有动。这个阶段的特点是感而未动。初六感应的是上卦的九四，这样的感应只是细微的开始，还不能感动人。而初六又居于艮卦之初，只是动了动脚趾，安静的本性使其还没有采取进一步的行动。咸卦的卦义是感应，但感应的原则是"止而说"，以纯静之心相感，虚心感通对方，知其所止，不宜躁动。初六的感应尚在初始阶段，犹如少男刚刚萌生了对少女的爱慕之情，尚不知道对方的心意，不敢妄动。

从少男的角度来说，"止而说"，要多一些机会去观察，看对方是否对自己有好感，同时，尽可能地把自己的优秀让对方看见，在不能确信自己和对方的时候，不可盲目表白，更不可轻慢亵渎，要珍视这份情感的美好与纯真。我们在例解中用的是《红楼梦》中宝玉与黛玉共读《西厢》的例子。以黛玉的心情，从少女的角度来说，羞涩矜持的态度是一种自重且尊重对方的表现。

我给这一爻的关键词是：羞涩。现在的女孩子很少懂得和欣赏这个词了，其实，这是体现少女美丽和智慧的一个词。"咸其拇"，一切才刚刚开始。

来看六二爻：

> 六二，咸其腓，凶；居吉。
> 《象》曰：虽"凶""居吉"，顺不害也。

六二，感应到了小腿，凶；安居守正则吉。《小象传》说：虽然"凶险"但"安居守正则吉"，是说要顺从感应的正道就不会有咎害了。

"腓"，小腿肚。六二的感应上升到了小腿，说明六二抬起腿向前迈进，要采取行动了。在感于对方而追求相应的过程中，不可以急功躁进，不然往往会把事情办糟。六二和九五既中且正，彼此的相应也是正应，是符合正道规则的，所以只要静心等待时机，顺应事情的发展，到时候自然会水到渠成。做任何事情，都要顺应客观规律，遵循正道，尊重对方，不可过于急切。六二违背了"止而说"的原则，所以爻辞是"凶"，凶到什么程度，那就跟具体的情况相关了，但至少是造成了不愉快的波折，也可能因此而使这份感情夭折，错失掉。从少女的角度来说，则要矜持一些，这是对对方的进一步的观察与考验。没有充分的观察，很难真正了解一个人。这个感应的道理用于社会人事也同样适用，孟子曰："居天下之广居，立天下之正位，行天下之大道，得志与民由之，不得志独行其道。"说的就是要能守柔中之道，不妄动，不强求，不急切，反而能顺势而成。

这个爻的关键词是：矜持。

接下来看第三个阶段：

九三，咸其股，执其随，往吝。

《象》曰："咸其股"，亦不处也；志在随人，所执下也。

九三，感应到了大腿，执意随感而动，前往必有羞吝。《小象传》说："感应到了大腿"，也不能安处于此；心志在由着情感盲目追随别人，这种执守是卑下的。

九三处于下卦之上，相当于大腿的位置。大腿自己是不能动的，它受腰的牵制，象征着没有主见，随外力而动。九三上感于上六，随感而动，志在随人，这样是会有羞吝的。九三本来以阳刚之质处于下体艮卦之上，宜静不宜动，但九三"执其随"，行为不能自主。相感之道在于至诚，如果只是没有定见地随着别人，或者由着情绪的左右而轻易妄动，正是为情不诚的卑下表现，不值得提倡。相感之道，在于至诚，伟大的爱情是要为对方的幸福着想，但九三"执其随"，不能理性地支配自己的行为，如果这样没有克制地由着自己的情感，必会导致羞吝。有人说，恋爱是一场病，能经受住高烧考验的人，才能获得可以共担风雨的婚姻感情。

因此，我们给这一爻的关键词是：理性。

九四：贞吉，悔亡，憧憧往来，朋从尔思。

《象》曰："贞吉，悔亡"，未感害也；"憧憧往来"，未光大也。

九四：守正获得吉祥，悔恨就会消亡，心神不定地反复思虑，朋友终将顺从你的思念。《小象传》说："守正获得吉祥，悔恨就会消亡"，没有因为所感不正而受到伤害；"心神不定地反复思虑"，是因为交感之道尚未光大。

"憧憧",往来不定,心神不宁。如果把咸卦看作一个人的身体,九四就是心脏。与人感通时,心正方吉,悔恨才会消除。所感不正,就会受到感情的伤害。九四追求初六,彼此正应,然而初六只是有初微的感应,不能明确回应,致使九四"寤寐思服""辗转反侧",整日心神恍惚。九四如此用情专一,最终感动了初六,初六顺从接受了九四的思念与追求。

如果将九四的感通之理扩充并将其升华,就能体会天地感通的境界。天地的感通,自然而然,无思无虑,廓然而大公,物来而顺应,万物自然运行,没有"憧憧往来"的思虑。君子当效法天地之道,超越一己之私,提高精神境界,顺应规律,以虚中受人,将感通之德普及天下。余敦康先生在《周易现代解读》中将这一爻的蕴义扩充开来,结合《系辞传》,对这一爻有一大段细致深刻的阐发。《系辞传》对这一爻的解释是:"《易》曰:'憧憧往来,朋从尔思。'子曰:'天下何思何虑?天下同归而殊途,一致而百虑,天下何思何虑?日往则月来,月往则日来,日月相推,而明生焉。寒往则暑来,暑往则寒来,寒暑相推,而岁成焉。往者,屈也,来者,信也。屈信相感,而利生焉。尺蠖之屈,以求信也;龙蛇之蛰,以存身也。精义入神,以致用也;利用安身,以崇德也。过此以往,未之或知也。穷神知化,德之盛也。'"这一段将天地之间的感通之理进行了升华,做了详尽的发挥。

我们在例解中用的是《诗经·周南·关雎》的例子:"关关雎鸠,在河之洲,窈窕淑女,君子好逑。"专一笃定、守正自持、尊重爱慕,是这一爻的关键词。

反观现实社会中,有些人以自我为中心,不懂得尊重对方,在得不到对方认可的时候,违背对方的意愿,采取强硬手段侵犯伤害甚至毁灭对方,最终玉石俱焚,酿成悲剧,完全违背了咸卦以正相应、以虚受人的感应原则,这绝不是爱情。真正的爱情不是控制,不是占有,不是贪婪和欲望,它应是一种圣洁的自我超越的情感。汤显祖在《牡丹亭》中写道:"情不知所起,一往而深,生者可以死,死可以生。"英国作家狄更斯《双城记》中的人物卡顿先生愿以生命换取对方的幸福,这种感情已近乎宗教的情感,神圣而美好。

九五:咸其脢,无悔。
《象》曰:"咸其脢",志末也。

九五:感应在脊背,没有悔恨。《小象传》说:"感应在脊背",感应的心志比较浅末、迟钝。

"脢"(méi),后背的脊肉,在心的背面,表示不存私心。九五居于君位,刚中无私,没有九四那样的思虑再三和心神不定,而是不忧不疑地与六二相感,中正相应,情投意合,正大光明,这样的结合自然没有悔恨,彼此感应结合、终成眷属的愿望已基本完成。

九五爻的关键词是:无私,信赖。

上六:咸其辅颊舌。
《象》曰:"咸其辅颊舌",滕口说也。

上六:感应在言语上。《小象传》说:"感应在言语上",翻腾口舌不断地说话。

"辅"是指上颌。辅、颊、舌是说话不可缺少的器官。上六居咸卦最上端，是感之极，又居于上体兑卦之极，是悦之极，表示既感通又喜悦，达到了极致。"咸其辅颊舌"，是"醉里吴音相媚好"，说着滔滔不绝的情话，新婚夫妇彼此相悦，恩爱情深。

上六爻的关键词是：赞美。

我们的例解用的是辛弃疾词《清平乐·村居》，描写了美好幸福的生活场景。"白发""翁媪"夫妻经历了一生相伴相守，直至白发苍苍，却依然"醉里吴音相媚好"，不断地赞美对方。感情结成正果的新婚夫妇更应如此，美好的语言是表达心意的媒介，在彼此感应中起到传递感情、呼应彼此的作用，要懂得欣赏和赞美对方，婚姻才会成为两情相悦的温馨港湾。

答 疑

1. 问：六二与九五正应，爻词直言"凶"，是因为六二是艮卦的主爻，宜静不宜动。或者言"凶"的目的就像余先生说的，起到警戒的作用，让我们要理性自觉。这样理解对吗？

答：六二的爻辞是："六二，咸其腓，凶；居吉。"《象》曰："虽'凶''居吉'，顺不害也。"

也就是说，六二不必然凶，也不必然吉，要看六二的行为如何。如果是如腓那样急动，就凶；如果居，则吉。

2. 问：在九四爻中，说"朋从尔思"，这个"朋"是特指初六这个女性对象吧？

答：是的。

3. 问：咸卦的下卦艮卦具有静止的卦德，又说艮卦是少男属阳，具有追求兑卦少女的特性。静止与追求有矛盾，如何理解？

答：卦德是指卦的品质、性格、特点，比如艮卦有笃实沉静的性格，"止"代表着不急躁，偏于安静，但不等于静止不动，无所作为。将来我们会学到艮卦，"时止则止，时行则行"。止是与行相对的，止不是不动，而是在行与止之间有所把握，不会盲动、妄动，也不会颓然不动。就像一个性格沉稳笃实安静的人不等于一个无所事事的人一样。艮卦沉静的性格，是行为做事的特点。同时，艮卦是阳刚之卦，是少男，阳刚之卦本身就是具有主动性的，只不过其主动追求的原则和行为方式不是急进的，而是"止而说"，能把握分寸，知道边界，不会将一场美好的追求，变成带有侵犯态势的强迫。这种有节制的追求的方式，是尊重对方，感动对方，既笃实又真诚，当得到对方的许可与呼应时，明白是彼此相悦，再去进一步发展，这正是咸卦所蕴含和倡导的"止而说"的感通之道。其实，对于其他领域也基本适用，不逼迫，不强势，但笃实且真诚，可依托，能信赖，这样可以避免很多的冲突与误会。

咸卦小结

本卦通过男女情感的发展、人身体各部位的逐次感应，阐述了人与人之间相互感应的原则："咸其拇""咸其腓""咸其股""朋从尔思""咸其脢""咸其辅颊舌"，是指人与人的感应需要循序渐进，不能妄动强求；与人相感要有主见，出于至诚，而不应盲从亵渎感情。要顺应规律，自然而然，不必太过动用心思，要提升精神境界，不存私欲，以虚中受人，感而遂通天下之志，自然会得到相应相从。保持刚健中正的道德品格，正大光明的胸怀气度和真诚温暖的心灵，才能与人感应并建立起信任相感的关系。

读卦诗词

凤求凰·泽山咸

寇方墀

山上有泽兮，通感相亲。
少男恋女兮，相望频频。
初咸其拇兮，羞涩持矜。
次咸其腓兮，心急如焚。
咸股执随兮，失则往吝。
憧憧往来兮，相思铭心。
咸脢无悔兮，正果修真。
终成眷属兮，情语相闻。

恒卦第三十二

巽下震上

导　读

　　上一卦我们学习的是《周易》下经的第一卦，咸卦，讲万物交感化育、生生不息之道，尤其是以少男少女的以情相感最为真切纯粹、发乎天然，因此咸卦是一个恋爱卦，讲的是人伦之始，在人类社会中，男女恋爱只是一个过程，最终以成就婚配佳偶、结为夫妻方为吉祥，这样明确的婚姻关系会得到家族以及社会的认可和祝福，才会有稳定长久、携手共担人生风雨的基础，所以，在咸卦之后，是讲夫妇之道的恒卦。恒卦中所探讨的夫妻关系与咸卦中的恋爱关系情况已经不同，面对的问题也不一样了，恋爱阶段只是少男少女之间彼此心灵感应的事，其核心是感情，方式是"止而说"，这是双方是否能够交感往来的基础，而当男女结成夫妻后，要共同面对漫长的人生，要处理方方面面的社会关系，如果还仅仅是强调感情，很容易受情绪影响，夫妻关系就很难稳固长久，因此，恒卦中夫妻关系的核心就已经转变为责任，这份责任包括：如何将当初的山盟海誓贯彻在锅碗瓢盆、平淡琐碎的日子中，一点一滴、日复一日地去兑现，如何担负起使双方父母幸福安心，以及让孩子形成完整人格及感情的家庭责任，夫妻是否能恒久地彼此扶持，白头到老，相伴一生，更多地要靠对这份责任的担当和不放弃，这说起来似乎不是什么惊天动地的事，但却是很难的事，要用一生身体力行，一件事一件事地去完成。记得以前有一首流行歌的歌词唱道"相爱总是简单，相处太难"，翻译到我们《周易》的话语体系中，那就是：咸卦总是简单，恒卦太难。当然，那首歌唱的还是恋爱阶段，"不是你的，就别再勉强"，不是你的可以不必勉强，但进入婚姻之后，恐怕有很多时候需要勉强自己，才能度过由青年到中年再到老年这几十年的风雨，成就夫妇恒久之道。咸卦是以进入婚姻殿堂为修成正果，恒卦是以白头终老为修成正果。所以，中国人祝福一对新婚夫妇的时候，总是会说："祝你们白头偕老，百年好合。"在西方的婚礼上，神父会问双方："你是否愿意以她为妻子（或以他为丈夫），无论她（他）将来是富有还是贫穷，无论她（他）将来健康还是生病，你都会忠于她（他），直到离开这个世界吗？"在婚礼上，双方所做出的承诺是庄严的，也可以说是神圣的，在这一刻，在感情之上，已经加上了沉甸甸的责任。可见，无论是东方还是西方，希望夫妇恒久相守，是人类共同的向往与祝福。我们在《全本周易导读本》中给这个卦取的小标题是"执子之手，与子偕老"，表达的即是对天下所有夫妇的祝福。

《序卦》：夫妇之道，不可以不久也，故受之以恒。恒，久也。

《序卦传》说："夫妇之道，不可以不久也，故受之以恒。恒，久也。"

咸卦讲少男少女彼此感应终成眷属，成为夫妇，夫妇之道贵在长久，所以在咸卦之后是恒卦。从卦象看，咸卦中少男放下身段追求少女，是上泽下艮，男下女之象。而恒卦由巽下震上组成，是长女在下，长男在上，体现了家庭中以男为主、以女为辅的结构。从卦德看，恒卦震在外，巽在内，男主外，为动，女主内，为顺。这是恒卦所蕴含的较为稳定的家庭结构，体现了夫妇恒久之道。

讲　解

下面来看卦辞：

恒：亨，无咎，利贞，利有攸往。

我们的译文是，恒：亨通，没有咎害，利于守正，利于有所前往。

《彖》曰：恒，久也。刚上而柔下，雷风相与，巽而动，刚柔皆应，恒。"恒：亨，无咎，利贞"，久于其道也。天地之道，恒久而不已也。"利有攸往"，终则有始也。日月得天而能久照，四时变化而能久成，圣人久于其道，而天下化成。观其所恒，而天地万物之情可见矣！

我们可以从三个方面来分析恒卦所蕴含的恒久之道：从静态结构来看，恒卦巽下震上，是刚上柔下的结构，代表着以刚带柔、以柔济刚，名实相符，结构合理，符合社会名分规定，是一种稳定结构，利于结构守恒；从动态配合来看，雷和风互为助益，雷动而巽顺，夫倡而妇随，是一种不容易起根本性冲突的配合，利于行为守恒；从六个爻位来看，六爻皆有相应，说明双方能够沟通，即使遇到困难，也能够通过沟通排除困难阻碍，化解矛盾和危机，利于修复守恒。

从以上几个方面综合来看，恒卦确实蕴含着恒久之道，因此取卦名为"恒"。卦辞"恒：亨通，没有咎害，利于守正"，强调要长久地遵循正道，才能确保长久之道持续下去。《象传》进一步发挥，将恒久之道扩充至天地恒久不已之道和圣人化成天下之道。天地万物的运行为什么可以恒久？一方面，天地万物有稳定的结构，秩序井然；另一方面，天地运行终而复始，没有一息停滞不前，天地是恒变恒动的，这种变动又是有节奏、有规律的，这就叫作"常"。天地运行有常，万物生生不息，日日更新，日月顺应天道而能够长久照耀，四时终而复始地变化而能够形成恒久的规律。这就是卦辞中"利贞"和"利有攸往"的辩证关系。圣人是能够充分体悟天地恒久之道的人，因此圣人长久地遵循天地之道而能够成就天下的教化。由此，读《周易》的人，观察其中所蕴含的恒久之道，天地万物的实情就可以明白了。

朱子在《朱子语类》中对"恒"这个字做了解释，他认为："恒是个一条物事，彻头彻尾，不是寻常字，古字作㮓，其说象一支船，两头靠岸，可见彻头彻尾。"对这个字这种解释里面就蕴含着行为和时间的因素，竖心旁代表心的状态，从此岸到彼岸，不会半途而废，不会弃船而走，不会触礁沉船，把渡河这件事情彻头彻尾地做完整，这就是恒。我们中国的文字是多么生动深邃、情理交融啊。

我们的《全本周易导读本》中对《象传》的导读部分是这样解

释的：恒，有达致亨通的道理，顺畅而稳定并能长久保持才能称为恒。恒卦的亨通不会有咎害，利于守正，守正而进取，适时应变，在变化中不断保持动态的平衡，合乎规律而有秩序地运动，这是保持恒久的道理。上卦雷，下卦风，雷风激荡，天地畅通，是谓恒；上卦为阳，下卦为阴，顺而动，阳动阴从，阴阳协调，且卦中各爻刚柔皆得相应，是谓恒。由此推广至天道人事，天地、日月、四时、圣人都遵循顺而动的规律，因而恒久。

接下来看《大象传》：

《象》曰：雷风，恒。君子以立不易方。

翻译过来是，《大象传》说：雷动风行，有恒久之象；君子看到这样的卦象，立身处世不改正道，持守恒久不变的原则。

在这里，要给大家再多延伸一些，讲一讲守经达权之道。有学友提出"经指什么？权指什么？"这样的问题。我们就在恒卦《大象传》这里延伸解释一下。我们看到，《大象传》说"君子以立不易方"，"立"，就是君子立身的立足点，所坚持的原则，也可以说是做人的根本，要正；"不易方"，是指坚守原则，不改正道。怎么叫不改正道？就是说在外在情况有变化的情况下，仍然能够坚守原则，比如孟子所说的"富贵不能淫，贫贱不能移，威武不能屈，此之谓大丈夫"，其中"不能淫""不能移""不能屈"就是"不易方"，是坚持原则性，这就是守经。什么是达权？达权就是在坚持原则的前提下，还要有灵活性，不然，人就很容易过刚而折，自身受伤害，并会把事情办得没有余地，会破坏大局，使事情不能完整地完成，恒久之道反而得不到实现。比如《论语·子路篇》里子贡和孔子的对话，子贡问曰："何如斯可谓之士矣？"子曰："行己有耻，使于四方，不辱君命，可谓士矣。"这体现了原则性，大目标已定，接下来，子贡继续往下问"敢问其次"的时候，孔子回答说："言必信，行必果，硁硁然小人哉！"就是说，如果你为了原则性，就死心眼儿，不知在具体行为中有所变通，那也只能是浅陋固执的小人物。孔子是非常善于把握原则性和灵活性的人，孟子曾称赞孔子是"圣之时者也"，就是我们在《周易》中常说的"时中"之道，在"立不易方"的大原则不变的前提下，具体情况具体对待，充分运用灵活性，采取相应的措施。有位学友问："怎么中？"上面所说的就是怎么"中"的道理，需要不停地学习，去体会，去实践，运用之妙，存乎一心，当真的能运用到具体行动中时，就是学《易》得到了智慧，上升到一个较高的境界了。这种境界恐怕是要用一生去追求。在现实生活中，太多人不能守恒，要么眼高手低，缺乏行动力，要么这山望着那山高，缺乏持久性，可见，守恒德并不容易。孔子在《论语·述而篇》里说："圣人吾不得而见之矣，得见君子者，斯可矣。""善人吾不得而见之矣，得见有恒者，斯可矣。亡而为有，虚而为盈，约而为泰，难乎有恒矣。"孔子在这里说得很真切，恒，不是故步自封，不是死守形式，不是沉滞不前，恒是雷风相与，充满了激荡的生命力，在充沛的生命力中，彼此相呼应，长久不已地去创发和更新，并且持久不息。这世上能够在一生中保持这种生命充盈不懈怠状态的人太少了，因此，孔子都感叹见到有恒德的人会很欣慰。

明朝的张居正就曾在《答胡剑西太史》中感叹说："窃以为六经所载，无非格言，至圣人涉世妙用，全在此书。自起居言动之微，至经纶天下之大，无一事不有微权妙用，无一事不可至命穷神，乃其妙，即白首不能殚也，即圣人不能尽也，诚得一二，亦可以超世拔俗矣。"《周易》这本书，从日常说话做事这些细微处，到经纶天下这些大事情，都有"微权妙用"，都做出了神妙的指导，这些道理和方法，学到白头都学不完，圣人也不能够穷尽，如果我们在学习中能得其中之一二，就已经可以超拔于世俗之上，上升到较高的层次和境界了。所以说，学友们，我们共勉吧！

好，回来看《全本周易导读本》对于《大象传》的导读：雷与风，看似动荡不定，但雷声震响于天，风吹行于地，雷与风彼此配合，使天地之间风雷激荡，事物得以通畅流动。这是使天地能够运转不穷、和谐畅通的恒久之道。君子看到恒卦之象，立身行事始终坚持正道，自立于恒常之道，不会改变自己的原则和操守。在恒卦中，雷与风是动态配合的，因此君子雷厉风行，坚持原则，同时懂得通权达变、动态平衡的恒久之道，"利贞""利有攸往"，动静得宜，守正而进取，原则性和灵活性相配合，正确而恰当地处理各种复杂多变的情况，执中而守恒。

下面我们来看恒卦六爻。恒卦的六爻，我们会结合夫妇之道来讲，讲男女进入婚姻殿堂成为夫妻后，在不同的人生阶段或不同的性格结构中遇到问题，该如何使婚姻的小船不至于覆没的道理，也是如何把握守恒之道。当然，这些道理也可以运用于其他领域，如学习、修身、齐家、工作、处理社会事务等等，都可以从中得到启示。先来看初六爻：

初六：浚恒，贞凶，无攸利。
《象》曰："浚恒"之"凶"，始求深也。

初六：深求恒久，这样坚持下去就会有凶险，没有什么好处。

《小象传》说:"深求恒久"而导致的"凶险",是因为刚开始就求之过深。

我们在导读中,结合新婚夫妇的情况做了一番分析。"浚",深,此处用作动词,深求的意思。初六处于恒卦的初始,阴居阳位,所居不正,才质阴柔却用刚强之志求九四的恒久情深。就如同刚结婚不久的妻子任性使气,对丈夫的要求过于深切,只知道夫妇有守恒久之情的责任,不知道审时度势,慢慢培养。对刚建立不久而根基尚浅的婚姻感情期望太高,并一味地固执己见,这样下去不但没有益处,还会使婚姻之船遭遇凶险暗礁。

现代人将结婚的第一年称作"纸婚",是说这时候的婚姻关系处于磨合期,是从恋爱转向婚姻的转折期,可以说极其脆弱,很容易破裂。近年来社会上常有年轻人"闪婚""闪离"的现象,这都是对婚姻的准备不足所致。婚姻生活和恋爱时的情况已经不同,要面对许多琐碎事务和彼此在恋爱时不曾暴露的坏习惯和缺点,这时候要采取宽容和妥协的态度,不能对对方要求过高,也不能要求对方永远像恋爱时那样倾情付出。恋爱阶段注重的是感性、感情,进入婚姻则需要更多地注重自身的责任,这样才能避免"浚恒"之"凶",使婚姻之船向着恒久的方向顺利前行。这个道理无论对于工作关系还是朋友关系都同样适用,当只是初交往时,关系的积累不够,信任不足,了解太少,就不能对对方要求过高,而是要多要求自己,少苛责他人,否则很容易出现问题。

九二:悔亡。

《象》曰:九二"悔亡",能久中也。

在恒卦中，以守正为常道，九二阳爻居于阴位，所居不正，本应该有悔恨，然而九二居于下卦中位，有刚中之德，而且与上卦的六五相应，刚中应柔中，彼此以中道相得，无过无不及，能够恒久于中，中也就相当于正了。恒卦贵中，九二与六五这样的配合可以消除悔恨。如同一位性格刚直的女子以守中的态度与性格柔和的丈夫中道相应，刚柔相济，彼此配合，中道和谐，不会发生将来后悔的事情。

我们在此爻的例解中用的是李清照和赵明诚的例子，女词人李清照的才华高于丈夫，然而两人彼此敬重，琴瑟和谐，正如清代的纳兰性德曾用《浣溪沙》描写的李清照与丈夫猜书的场景："赌书消得泼茶香，当时只道是寻常。"就才华而言，这对夫妇的配合有刚柔倒置之虞，但由于两人都能守持中道，因此和谐而幸福。

九三：不恒其德，或承之羞，贞吝。
《象》曰："不恒其德"，无所容也。

九三：不能恒久保持自己的德行，就可能蒙受别人施加的羞辱，这样坚持下去就会有遗憾。《小象传》说："不能恒久保持自己的德行"，将无处容身。

九三虽然当位得正，但是居下卦之极，刚居阳位，过于刚强不能守中道。九三身居巽体之极，巽为躁卦，就如同一个人性格刚躁而又争强好胜，不能安于自己所处的位置，急进向上，这是一个德行无恒的人。九三不能恒守其德，结果只能承受羞辱，不为众人所容。在社会人际交往中，要懂得守经达权才能创造良好的人际关系。九三只知权变，不能恒守原则，终将自取其羞。

如果将此爻所处的时位再引申一下，九三爻位可以看作人生进入中年阶段，面临着中年危机的问题，各方面的压力及困顿消磨着人生的信心，而此时的婚姻已经历了一些年头，产生了人们所谓的审美疲劳，当初的承诺也慢慢淡忘，婚姻面临着中年的考验。我给大家讲乾卦九三爻时，就描述过九三的状态："终日乾乾，夕惕若，厉无咎。"那是着重讲工作状态，其实婚姻在此时也面临"厉"的状况。很多婚姻在这个阶段出现问题，有的人不能忍受这种状态，由于各种原因，就此分道扬镳，婚姻破裂，如同船到江心，断缆崩舟，婚姻之船沉在半途，令人扼腕叹息，可见守恒之不易。能够度过这一劫的夫妻，需要主观客观各方面的努力，才会再次进入平缓的坦途。当然，这只是按照六爻的阶段结合人情来说一般状况，也有无风无雨、始终和谐如意者，我们不做更细的分析。

关于这一爻，论语中有所涉及，《论语·子路篇》记载，孔子说："南人有言曰：'人而无恒，不可以作巫医。'善夫！""不恒其德，或承之羞。"子曰："不占而已矣！"意思是说，南方人有句话说："人如果没有恒心，连巫医这样的事都做不了。"说得好啊！《周易》恒卦的爻辞说："不能持久地保持德行操守，终究会招致羞辱。"孔子说："（对于这样的人）不需要占卜也能知道结果了。"

下面来看第四爻：

九四：田无禽。

《象》曰：久非其位，安得禽也？

九四：田猎没有获得猎物。《小象传》说：长久地居位不当，怎么能获得猎物呢？

九四刚爻居于阴位，所处不中不正，虽然在上体震卦的初位，有阳刚之德，但因所动不得其道，最终一无所得。九四为上卦刚爻，是夫妇中的丈夫，因其失位不中，外出打猎不得其道，白费力气，没有收获，不能尽到养家糊口的责任，不能保持夫妇恒久之道。有句话说"方向比速度更重要"，对于九四来说，守正比守恒更重要，如果所行不正，那么越是长久坚持，在错误的道路上走得越远。

六五：恒其德，贞。妇人吉，夫子凶。
《象》曰："妇人"贞吉，从一而终也。"夫子"制义，从妇凶也。

六五：恒久地保持其德行，坚贞不移。妇人吉祥，男子凶险。《小象传》说："妇人"坚贞不移可获吉祥，柔中顺从专一而能坚持始终。"男子"须裁定事宜，如果像妇人那样柔顺就会有凶险。

六五阴柔居上卦之中，与九二阳刚相应，恒守其柔中顺从的德行，坚贞不移。如果是女子如此恒守其为妇之道，必然吉祥。这样柔顺中道的品德，能与阳刚的九二相应，这对女子来说是正道而吉祥的，但对于男子来说却有所不同了。因为男女有别，男阳刚主动，女阴柔顺从，这是天地自然所赋予的本性。男子做事，当以刚健守中的品德裁断事理，以大义为重。如果男子一味阴柔顺从，并恒守其柔，就会遭到"妇人之仁"的诟病，会招致祸患。如同在君位的君主，可以适时听取大臣之言，但如果一味顺从，成为恒守的原则，没有大义裁度的阳刚之气和决断能力，就会有凶险了。

《小象传》里面有"从一而终"的讲法，因为中国古代社会是一夫一妻多妾制，《小象传》以此来对六五爻辞中的"恒其德，贞"进行解释，有妻子追随丈夫、贞而能吉的意思。随着社会的变化，在现代社会中，一夫一妻制，从一而终，既是对妻子的要求，也是对丈夫的要求，双方都能从一而终，才能够实现白头终老的誓言，携手到白头，使婚礼上的祝福成为现实，所以现在来看，对"从一而终"不必赋予太多其他的色彩，可以把它看作对夫妻双方的约束与祝福。

下面来看上六爻：

上六：振恒，凶。
《象》曰："振恒"在上，大无功也。

上六：振动恒久之道，凶险。《小象传》说："振动恒久之道"而又高居于上，必然大为无功。

上六在恒卦的极端，"振恒"，奋力快速地振动原有的恒常之道，试图动摇原有的平衡。上六柔居阴位，才质柔弱在恒之终，又居于震体上爻，本没有固守恒道的能力，当以安静镇守、巩固保持为正，但上六恒极不能守常，震极过于好动。在恒卦终极之地，不能安处，出面振动大局，不但无功，更会获凶。

家庭中，夫妇以维护固守为佳，能够天长地久才会吉祥。如果久而生变，不去安静守护，反而轻易振动和破坏夫妇之道，最后导致关系破裂，是最不应出现的结局。

也就是说，婚姻重维护，不要轻易去震动，要防止"振恒"，否则最后前功尽弃，还可能导致凶险。

答 疑

1. 问：《易经》中的"正"与《道德经》中的"一"是否一个意思？

答：不是一个意思，二者讨论的不是一个层面上的问题。《道德经》中"天得一以清，地得一以宁"的"一"是指道，是最高的那个道。《易经》中的"正"，具体到卦中是指爻位，结合于人事是指要守正，如果再进一步往高处说，那就是要遵循正道，而这个正道，往往是指合于规律。

2. 问：《全本周易导读本》在六五的例解中，以项羽的例子来说明爻辞中的"妇人吉，夫子凶"，请问韩信评价项羽的那段话的意思是？

答：韩信说："项王喑噁叱咤，千人皆废，然不能任属贤将，此特匹夫之勇耳；项王见人恭敬慈爱，言语呕呕，人有疾病，涕泣分食饮，至使人有功，当封爵者，印刓敝，忍不能予，此所谓妇人之仁也。"韩信认为项羽叱咤风云，是万人敌，然而他舍不得放权给下属将领，没有将帅的气度，所以只是匹夫之勇；项羽平时对人很慈爱，问寒问暖，与士卒一起吃饭，但是当人立了功的时候，却舍不得封爵位给人，把将印握在手里磨得都掉角儿了，也舍不得给人，他平时所表现的仁慈只是妇人式的小仁慈，没有分担天下的大仁慈，所以韩信说项羽是"匹夫之勇""妇人之仁"，这是项羽最终失败的根本原因。

3. 问：请您讲解一下生活中的恒和爱情之恒的区别。

答：咸卦恋爱重在感应情深，恒卦夫妇重在知责重义，在这个前提下，于生活实践中守经达权。

4. 问：女性如何才能有大仁爱呢？也就是说怎么做才能有大格局、大气度？

答：多读经史，多参与世事，扩充胸襟，放下自我的小情绪，不断磨炼，向圣贤学习。古今中外都出现过不少女中豪杰，将来女性会比历史上有更多机会变得更为优秀。

恒卦小结

本卦以夫妇关系为喻，阐述了为人守恒的原则。恒卦贵中，中胜于正，有了中道的品德，然后再看守恒的程度与条件，过与不及都不足以守恒。能够审时度势，守经达权，不偏于中正之道，持之以恒，才是恒卦的精神。

以夫妇之道观之，下体巽卦如女子，初爻浅薄，懂得守常，却不知权变，迂腐固守，对人要求苛刻，后果为凶；二爻懂得在经与权中把握守中之道，不偏邪，知进退，能够消除悔恨；三爻知权变，却不能守经，没有原则，不恒其德，最终自招羞辱。上体震卦如男子，四爻不得其位，却长久固守，不知权变，打不回猎物，徒劳无功；五爻有守中柔顺的品德，又具备能够恒守这样的阴柔德行，这对女子是吉祥的，然而对男子却是凶险的。因为柔顺不能够成为男子长久守恒的原则，阳刚有主见才是男子应守的恒常之道；上六又是如九三一样的情况，过中而动，知权变，不守经，振动破坏了恒道的平衡，大无功而且凶。综而观之，恒卦无完爻。可见，在天长地久的理想下，做到守经达权、持之以恒殊为不易，需黾勉同心，不懈求之。

读卦诗词

钗头凤·雷风恒

寇方墀

雷风与,齐眉举,愿同君赴终生旅。
调琴瑟,修恒德。立方不易,君子之宜。
记、记、记。

浚恒早,振恒老,不恒其德承羞恼。
情相系,责不弃。携手回眸,雨踪云迹。
忆、忆、忆。

遁卦第三十三

艮下乾上

导 读

我们先来看卦名,"遁"字的繁体字写法为"遯"字,小篆字体如下:

图 33-1 "遯"字小篆字形

遯:逃也。从辵从豚。徒困切。(《说文解字》)

这个小篆字体的左边是"辵"(chuò),《说文》曰:"辵,乍行乍止也。"说明走得并不是那么义无反顾,有些边走边回头看的意思。右边是"豚"字,甲骨文和金文的"豚"字如下:

图 33-2 "豚"字甲骨文字形   图 33-3 "豚"字金文字形

"豚"为会意字，《说文》："小豕也。……象形。从又（手）持肉，以给祠祀。凡豚之属皆从豚。"从字形上可以很明显地看到：这是一头用于祭祀的猪。

"辵"和"豚"合在一起，"遯"这个字的字形义就是：一头边逃跑一边回头看的猪，或者是带着祭祀用的猪一起逃跑。郑注《周易》曰："遯者，逃去之名。"

为什么要用含有猪的字代表逃跑呢？古代生产力低下，人们多在屋子里养猪，所以房子里有猪就成了人家的标志。我们汉字中的"家"字，宝盖头下面一只豕，是会意字，甲骨文字形上面是"宀"（mián），表示与室家有关，下面是"豕"，即猪。逃跑的时候，把猪也带走，代表着举家搬迁、逃遁。古代的时候，牲畜对于先民的生活很重要，是人类的朋友和重要的生活保障，先民用牛、羊、猪来祭祀祖先和天神，称为"太牢"，居住和迁逃都用带有"豕"的字来表示，可见其在先民生活中的地位。

大家已经读过了我们《全本周易导读本》中对于遯卦的解读，可以看到，卦中各爻的选择并非全部都是义无反顾只管逃跑，亦有"遯还是不遯"的考量在。

我们先来看看《序卦传》是怎么说的：

恒者久也，物不可以久居其所，故受之以遯，遯者退也。

我们学的上一个卦是恒卦，事情不可能永久地进行下去，依照事物发展的运行规律，久而变为退，所以恒卦之后是遯卦。"遯"，退避、逃遁。

下经第一卦是《咸》，彼此感应，情意绵绵；第二卦是《恒》，携手相约，天长地久；然而第三卦就是《遁》，转眼间，咸恒之意便已化作昨日的故事，无论是身隐还是心隐，主人公只能退步抽身，叫世人情何以堪？

我们还是从三个方面来看遁的含义：

从卦象看，天下有山，山有耸立而进逼于天的气势；天高远向上，有避开山的气势而有所退避之象，因此谓之"遁"。

从卦德看，乾阳刚而向上，艮静止而不进，乾、艮相违遁，因此谓之"遁"。

从爻象看，两阴爻自下而上，阴长阳消，小人渐盛，君子退避，因此谓之"遁"。

遁卦阐述了如何全身避害以获致亨通的道理。

遁有退避、退隐、退止的含义，阴气渐长，环境日渐恶劣，君子有知机明察之智，看到了这个趋势，既不想同流合污，又暂时无力矫正时局，于是采取退避、潜藏的方法，以保存实力，避祸免灾。

我们学习乾卦上九爻时，学到《文言传》说："知进退存亡而不失其正者，其唯圣人乎？"人生道路上不只有高歌向前，也有退避的时候，动静进退、用舍行藏，能够恰当把握，就是知机的君子，若能适时进退而不失其正，就类乎圣人了。

遁的道理，用在大事件、大趋势中，进退知机，莫不是如此道理，而在普通人的日常生活中，也要运用这个道理，才能够把事情做得有余地且可以长久，有进有退、有动有静才符合事物发展的规律，岂能一味地只有进而没有退的道理？比如工作太累了，就需要休假；人际关系太紧张了，就需要退让；身体感觉到不适了，就需要静养。在这些细微处，也是遁，否则可能会付出大的代价。主动地退，从容地遁，可以保存实力，有利于再次进发。

讲 解

接下来看卦辞和《彖传》：

遁：亨，小利贞。
《彖》曰："遁，亨"，遁而亨也。刚当位而应，与时行也。"小利贞"，浸而长也。遁之时义大矣哉！

遁：亨通，柔小者利于坚守正道。退避的目的是达致亨通，处在小人势头强劲上升之时，明智的办法是避其锋芒，不以强争，全身退避，待机而作。

在遁卦中，二阴爻自下而上，有继续变阳为阴而成为否卦的气势，阳刚君子应审时度势，不露声色，以退为进，通过遁退达到正道亨通的目的。

《周易》的体例以阴为小。"贞"，正。在阴长阳消之时，退隐而能亨通，虽仅有小利，但也是正道。柔小的阴爻也应看到只有坚守正道才会有利，不应妄动以迫害阳刚。在遁卦中，阳刚九五居于尊位，且与六二相应，总体形势仍可以有所作为，而如何适应环境变化，适时退避，韬光养晦，是遁卦所蕴含的意义。

时逢乱世，在小人道长、君子道消之时，伊尹选择"治亦进，乱亦进"；伯夷选择"治则进，乱则退"；孔子则是选择了"无可无不可"的处世态度，认为"可以仕则仕，可以止则止，可以久则久，可以速则速"，用舍行藏，与时偕行。因此，孟子称赞孔子是

"圣之时者也"。

可见，是去是留，是进是退，遁与不遁，每个人会根据自己的内心和所处的时位做出自己的选择。

我们在《全本周易导读本》里引用的例解是朱熹占得遁卦而自毁奏议并自号为"朱遁翁"的典故，可见，贤哲之士亦有无奈而遁避之时。

再来看《大象传》：

《象》曰：天下有山，遁；君子以远小人，不恶而严。

在社会中，君子与小人不可能截然分离，往往需要交往、共处，所谓的退避，也不是必须退隐山林、离群索居。正所谓小隐隐于野，中隐隐于市，大隐隐于朝。可身隐，亦可心隐。

遁是指在小人势长的情况下把握分寸，正确处理与小人的关系，以全身避祸，不致被小人陷害，从而保存实力，最终使正道亨通。

所宜采取的方法是：一方面与小人尽可能地保持距离，减少交往，要坚持正道，在原则问题上不能让步，使小人有所敬畏。《大象传》里的"严"字，除了表示严肃、谨严、让小人有所敬畏外，还表示要严格自律，使自身没有小人可以攻击的弱点，使之无隙无乘；另一方面不要对小人显示出憎恶的态度，将小人逼到对立面，要为人谨严，不给小人以借口和机会。

初六爻，先看爻象。初六阴爻居于遁卦之下，在遁之时，为遁之最柔弱者。同时居下体艮卦之初，在艮宜静。上与九四有应，本可选择相应遁走，但近与六二无比，阻隔而不能前行。这就是初六的处境。

初六之意象又是什么呢？

一般来说，卦的初爻多象征事物的初始阶段或最底层的部分，比如"潜龙""履霜""师出以律""咸其拇""贲其趾""剥床以足"等，而今天我们看到遁卦的初爻却与其他卦的表述有所不同，爻辞称其为"遁尾"。程颐解释为："它卦以下为初。遁者往遁也，在前者先进，故初乃为尾。"遁是往外跑，在前头的已经出去了，留在后面的就是尾。

如果把卦象看作正在逃遁的猪的话，初六是其尾，由此取象比类，用以象征人在隐遁时没有及时遁走，落在了后面。

我们来看爻辞和《小象传》：

初六：遁尾，厉，勿用有攸往。
《象》曰："遁尾"之厉，不往何灾也？

初六：退避不及落在了后面，危险，不要有所前往。《小象传》说："退避不及落在了后面"的危险，如果不前往又有什么灾祸呢？

《周易集解》引陆绩的话说："阴气已至于二，而初在其后，故曰'遁尾'也。避难当在前，而在后，故'厉'。往则与灾难会，故'勿用有攸往'。"

意思是说，阴气都已经侵蚀到二爻的程度了，初六还在初爻的位置上没有逃脱，这是危险的，如果这时候再夺门而逃，前面就是已经被小人占据的二爻位，那无异于自投罗网，"往则与灾难会"，所以，既然已经遁得迟了，就不要出门了，不引起对方的注意，或许更安全些。

孔颖达说："'勿用有攸往'者，危厉既至，则当固穷，危行言逊，勿用更有所往。"意思是说，君子在这个时候只能固守困穷，保持危行言逊的态度，以图自全。实际上这也是一种遁，是被动的遁。

杨诚斋把几个爻放在一起对比，认为无论是进还是退，都应把握先机，上九见机而作，后面几个阳爻随之而动，行动早，结局都很好。初六优柔寡断，遁在了最后，所以既危险又面临灾祸。

杨诚斋对初六的看法太悲观了些，程颐对初六则以平常心待之："见几先遁，固为善也；遁而为尾，危之道也。往既有危，不若不往而晦藏，可免于灾，处微故也。古人处微下，隐乱世，而不去者多矣。"他认为，像初六这种情况的人多了去了。

为什么在卦中，二阴爻代表阴气入侵，是小人道长，而到了爻辞中，阴爻又成了君子？《周易折中》引杨启新的话说："卦中以二阴为小人，至爻中则均退避之君子，盖皆遁爻，则发遁义也。"

这个现象在《周易》中非常普遍，即卦象主全卦的大意，爻象则言一爻的旨趣，不可混为一谈，须区别看待，自然顺畅明达。

遁卦各爻讨论的是在遁之时应如何遁的问题，其他的卦都是将最下爻作为事物之初，而遁卦的初六却是遁卦之尾，率先遁的是上体乾卦的三个爻，下体艮卦三爻是随之而遁。初六资质柔弱，又在艮体之中，本性守静，落在了后面，失去了遁的机会，再想逃避已经来不及，如果轻易行动将会遭遇危险，想要避免与小人打交道已经不可能了，这时明智的做法就是采取"勿用有攸往""不恶而严"的态度，谨言慎行、固守困穷、守持正道而免被迫害。

初六是"遁尾"，由于遁得迟了，所以情况危险，爻辞劝它

"勿用有攸往"，并且很有把握地说"不往何灾也"，这是在提醒初六，逃不脱的时候，消极隐遁也是一种避祸的方法。

对于初六爻，我们用的例解是蔡邕遭逢"'遁尾'之厉"，却没有把握好"勿用有攸往"的原则，在乱世中被利用，终遭杀身之祸。

接着来看遁卦的六二爻。

遁卦有两个阴爻，初六和六二，六二与初六的情况就大不相同了，我们在分析某爻的吉凶时，经常用"其初难知，其上易知""二多誉，四多惧""三多凶，五多功"来考量某个爻位，每个爻的身上都带有其爻位赋予它的共性。

二爻"多誉"，如果我们用《周易》思维来再往深一步思考，就知道"多誉"其实是有前提的，或者说，是有代价的。作为二爻，处于下卦之中，身居大臣之位，居中得位，是其"多誉"的有利条件，但若要担得起这份誉，它就必须担得起这份责，守得住这份德。

六十四卦，三百八十四爻，当二爻为刚时，更多体现的是担当，如《大有》九二"大车以载"，《师》九二"王三锡命"，《泰》九二"包荒，用冯河，不遐遗"……肩上扛着的是沉甸甸的责任。

二爻为柔时，更多体现的是坚守，如《屯》六二"女子贞不字"，《履》六二"幽人贞吉"，《豫》六二"介于石，不终日，贞吉"……坚守的是不可改移的中正之德。六十四卦，二爻吉多凶少，盖由此也。

遁卦六二爻，阴爻居于遁卦下卦之中，且柔爻居于阴位，既中且正，上与九五中正相应，近与九三彼此亲比，且六二居于艮体之中，在艮宜静。从总体境况来看，六二各方面条件都是颇为有利的。那么，在遁之时，六二是遁呢，还是不遁呢？

六二：执之用黄牛之革，莫之胜说。
《象》曰："执用黄牛"，固志也。

"说"，通"脱"。"黄牛之革"，黄牛皮制成的绳。

六二：用黄牛皮制成的绳子绑缚住，不能解脱。《小象传》说："用黄牛皮制成的绳子绑缚"，说明六二有坚定不移的心志。

对于六二该何去何从，历代易学家各有各的看法。

王弼认为，六二居于内卦的中位，是遁卦之主。周围的人在遁之时都想离开自己而遁走，用什么来把他们拴在自己周围，不使他们遁去呢？那就用"理中、厚顺"之道使他们固守在自己身边，拴紧他们，解都解不开，比黄牛皮的绳子还结实。王弼此处的说法颇有老子之风，《道德经》言："善结无绳约而不可解。"王弼所言"理中、厚顺"之德，乃厚德载物，有此厚德，别人自然不遁，言下之意，自己当然也是不遁的了。

跟王弼的想法完全不同的是朱熹。《周易本义》曰："以中顺自守，人莫能解，必遁之志也。"

朱子的意思是：在小人道长的遁退之时，作为六二，当以自我坚守中顺之德为志，遁退正是为了守志，我意已决，必遁无疑，谁也休想动摇、消解我隐遁的心志。

两个人的态度都很坚决，我们应该听谁的呢？

根据我们前面对六十四卦二爻的总体分析，加之本卦六二各方面的有利条件，六二不遁是合于理义的，况且卦辞中有"小利贞"之词，六二与九五中正相应，应辅助九五在遁之世去争取"小利贞"，进而努力达到卦辞中所言之"亨"，九五"嘉遁"，全赖六二不遁，双向配合，才能完成"遁，亨"之旨，若都遁了，谁来守位呢？

所以我们认为，六二"执之用黄牛之革"，是要拴住自己，选择坚守，通过自己的固志，使周围的依附者也有所依靠，而不会四散遁去。

我们的这种观点也是有文献支持的，《周易集解》引侯果曰："体艮履正，上应贵主，志在辅时，不随物遁，独守中直，坚如革束：执此之志，莫之胜说。"翻译过来就是：居于艮体，履于正位，向上与九五中正之主相应，自身立志在于匡辅时政，不随周围的人逃遁，独立不改其志，坚守中正之德，其坚定的程度就如同用革绳束牢了一样：执守这样的志向，谁也不能解开它。

在逃遁之世，所有的人都唯恐避灾不及。六二在下卦中爻，居于大臣之位，焉能一走了之。六二如果能够执守正道，坚韧固守，柔顺中道，与九五彼此相应，共扶遁局，如同黄牛皮绳子捆绑那样牢固，那么周围的依附者就不会自顾自解脱而遁去。六二若能与九五彼此中道配合，虽在遁之世，仍可以守志不渝，可望"小利贞"。

在这一爻的例解中，我们用的是晏婴的例子，在他人遁避之时，居于大臣之位的晏婴选择不遁，体现了其道义在肩的贤相本色。

下面来看九三爻：

九三：系遁，有疾厉，畜臣妾吉。

《象》曰："系遁"之"厉"，有疾惫也。"畜臣妾吉"，不可大事也。

九三：因有牵系而不能脱身逃遁，有疾患危险，畜养臣仆侍妾吉祥。《小象传》说："因有牵系而不能脱身逃遁"所导致的"危险"，将会有疾患而疲惫不堪。"畜养臣仆侍妾吉祥"，说明在这样的情况下不可以做大事。

"臣妾"，称服贱役的男女。《孝经·孝治章》："治家者，不敢失于臣妾，而况于妻子乎。"《史记》卷六十六《伍子胥传》："使大夫种厚币遗吴太宰嚭以请和，求委国为臣妾。"这里指依附于九三的那些附属者。

处于遁之时，以把握时机迅速逃避为上策，九三有阳刚之质，当位得正，本可以很顺利地逃离，然而九三上无相应，又为初、二两阴爻所牵系，贻误了时机。由于没有迅速逃遁，九三陷入了危险之中。既然不能够迅速脱身，就应回过头来考虑当下的情况，对于比附于自己的阴柔群体，当以蓄养安顿为吉。

九三由于被拖累而没有逃脱，就只好回过头来"畜臣妾"，与讼卦九二爻"不克讼，归而逋，其邑人三百户无眚"的情况相似，都是外求不得，退而求安，安顿内部，使自身的依附者不至于失去依靠而暴露于危险之中。九三内心坚守正道，以阳刚之志立身行事。但由于身处遁世，又为阴柔所系，必不能期望做成大事。

我们在此爻的例解中，对比了刘邦和刘备在逃遁时的不同表现，他们展现出不同的人生追求和品格个性，而在逃遁的极端情况下，这种不同更为彰显。

来看九四爻。先看爻象，分析一下九四爻的处境。

从遁卦整体来看，随着爻位的不断上升，距离完成遁的目标越来越近了。

前面讲到，初六由于资质柔弱，遁避迟缓而落在了最后，只好采取隐蔽不出的策略以避灾祸。

六二中正自持，固志不移，选择了守位不遁。

九三阳刚之质，居于阳位，本来有能力顺利逃离，但由于被阴柔两爻所牵系，也没有能够遁走。综观此三爻，皆因下卦为艮，艮体主静，三个爻居于艮体，虽欲遁而难离。

说到这里，给大家留个思考题：下卦三爻居于艮体，因而无法遁走，那么，我们所说的六二爻的不遁，是出于独立意志的自觉选择呢，还是外在境况加于他身上的宿命呢？

我们知道，三爻和四爻之间的界限是下卦和上卦的分野，常被称为"天地之际"。统观六十四卦，一般情况下，事物发展到此处，或向纵深发展，或出现重要转折，往往是从量变到质变的拐点。两相比较，下三爻偏于"故"，上三爻偏于"新"。当一卦的爻位到达四位时，象征着事物的发展已经过半。

遁卦九四爻，上升到了上卦，居于近君大臣之高位，身居乾体，具有阳刚健进之质，且刚爻居于阴位，说明九四性格内刚而外柔，处事颇得刚柔并济之道，看来九四之遁没什么问题了。

但是，九四还有一个条件需要注意，那就是他与初六有相应的关系，这层关系给他的行为造成了障碍，增加了行为的不确定性。事物总是这样，利害并存，祸福相依，对于九四来说，这种相应的关系，面临着一个该如何抉择的大问题。

我们还是来看一下爻辞和象辞是怎么说的：

九四：好遁，君子吉，小人否。

《象》曰：君子"好遁"，"小人否"也。

这个"好"字，有两个读音：（1）良好之"好"（hǎo）。（2）喜好之"好"（hào）。我们分别进行探讨。

（1）读作"好"（hǎo）时，"好遁"可解作"良好地遁避"。各家解释这个"好"字有两种倾向：一为"人好"，一为"情况尚好"。

"人好"，《周易尚氏学》引虞翻曰："否乾为好，为君子。""按四与初有应，好遁者，外不与小人绝，当祸患未形之时，从容而遁也。"意思是说：九四居乾体，否卦中的乾体被认为是好的，是君子，所以此处的九四之遁是君子之遁，是好遁。君子之遁是什么样的情形呢？外不与小人绝，不会等到矛盾激化、危祸及身了再遁，而是在祸患还没有形成的时候就遁了。

"情况好"，清代的李光地说："好者，恶之反也。好遁，言其不恶也。从容以遁，而不为忿戾之行。孟子曰：'予岂若是小丈夫然哉？怒悻悻然见于其面。'正'好遁'之义也。'小人否'者，即孟子所谓'小丈夫'者也。"意思是说："好"与"恶"相反，"好遁"就是情况看上去尚好时就遁了，遁得从容不迫，并举孟子的例子说，只有小丈夫才会把恼怒显现在脸上，与那些小人一般见识。大丈夫不屑于和小人面争，喜怒不形于色，但该做决定时毫不迟疑。这也正是《大象传》中所说的"君子以远小人，不恶而严"之意。

（2）读作"好"（hào）时，"好遁"可解作"心有所喜好、眷恋而选择遁避"。君子所"好"也有两种倾向：一为好隐，一为好物。

好隐。王弼："处于外而有应于内，君子好遁，故能舍之。小人系恋，是以否也。"杨诚斋："遁而诚为'好遁'，隐而伪为素隐。好遁者如好好色，素隐者如乡原德之贼。隐而伪，不若不隐而诚也……故圣人许其为君子。"王弼和杨诚斋赞赏内心真诚喜好隐遁的人，对外物没有系恋，真诚无伪，甘于隐遁，是真君子。

好物。朱熹和程颐认为九四与初六一阳一阴，彼此正应，九四虽身为君子，也是有所系恋的，虽心有所好，眷恋难舍，但君子能自克之，毅然选择了遁。小人是做不到这一点的。

对于九四所好之初六，我们当如此看待：初六可以是财产、官爵、俸禄，也可以是荣誉、声色犬马、机遇等等，是阴柔而附属于九四之物，正如我们前面所提到的"事物总是这样，利害并存，祸福相依"，上述各"物"皆人心之所好，九四选择"好遁"，虽眷恋而终遁避，需要割舍的勇气。

一个"好"字，藏了多少玄机！

说了这么多，我们选哪个好呢？我们选了后者中的最后一条，即心有所喜好、眷恋而毅然选择了遁避。人心有好物之性，能克己者为君子。因此，爻辞和象辞翻译为，九四：心有所眷恋而选择退避，君子吉祥，小人却做不到。《小象传》说：君子心有所眷恋而选择退避，小人是做不到的。

九四已进入乾体，有阳刚之质，下与初六相应，代表九四心有所好。在当遁之时，遁避是符合大义之道的行为，如果贪恋所好，不忍退避，就会使自身陷于羞辱和危厉的境地。君子观此象，当好遁道，而不溺于所爱，要以道制欲，才可获吉。小人贪于所好，其结果必然是"否"而不善了。

在此爻的例解中，我们用了李白《行路难》之三所提到的三个人的命运——陆机、李斯、张翰。这三个人,前两人耽于所好,没有遁走,"华亭鹤唳讵可闻,上蔡苍鹰何足道",都落了个悲惨的下场;第三个人,张翰,在条件宽裕时就选择了退避,放弃官位,优游回乡,没有咎害。这就是不同的人生选择,导致不同的后果和命运。

下面我们来探讨九五爻,我们先来看看九五的爻象及其处境。

九五居于遁卦五爻位,按我们平时观卦的规则,此爻当为君位。遁卦九五处在上卦乾体之中,居中得正,具有阳刚中正的品质德行,且与六二中正相应。就整体而言,距离"遁尾"越远,说明遁得越早,就会更宽裕、从容,九五比九四的"好遁"条件更优。

我们来看爻辞和象传:

九五:嘉遁,贞吉。
《象》曰:"嘉遁,贞吉",以正志也。

九五:美好的退避,守正吉祥。《小象传》说:"美好的退避,守正吉祥",以此来端正自己的志向。

"嘉",善,美好。对于九五的"嘉遁",各家的解读略有不同,主要分歧在于九五是不是"君主",也就是九五是否在位的问题,因观点为是或否而有不同的解释。九五是不是君主,这确实值得思量,如果是,君主怎么可以遁呢?如果不是,那九五与六二中正相应,嘉遁而至亨又如何解释?我们还需要看看各家是怎么说的:

(1)认为九五是在位君主。

黄寿祺《周易译注》:"此谓九五高居尊位,刚中得正,下应六二柔中,虽可不遁,却能知几远虑,及时退避,故有'嘉遁'之象而获'贞吉'。"此时守正而行,必获吉祥。

尚秉和《周易尚氏学》:"五居中当位,下有应与,不必遁也;乃识微虑远,及此嘉时而遁焉,故曰贞吉。"

黄寿祺、尚秉和认为九五在位,又有六二的支持,本来可以不遁,但出于对将来的考虑,知几而遁,主动退位了。

《韩氏易传》里面说:"五帝官天下,三王家天下,家以传子,官以传贤。若四时之运,功成者去,不得其人则不居其位。"

《周易费氏学》认为九五是"天子"象,义主"禅位让贤"。

杨诚斋也认同这种解释,解作:"天不能违时,况圣乎?故尧舜遁天历,伊周遁天经,孔孟遁天意,是六遁者,遁之至嘉,志之至正者与。"杨氏的"遁",其实已经是"顺"的意思了。

上述各家观点,将"遁"主要作"退"来解,主动地退位,传子、让贤,顺天道,禅让,正志。

诚然,这种主动的退是嘉美而值得赞叹的,但我们觉得这种解释似乎使"遁"的意味不足。

(2)认为九五不是君主。

程颐:"九五中正,遁之嘉美者也。处得中正之道,时止时行,乃所谓嘉美也,故为贞正而吉。……于爻之五,遁将极矣,故唯以中正处遁言之。遁非人君之事,故不主君位言。然人君之所避远乃遁也,亦在中正而已。"

九五适应遁之时义,行其当行,止其当止,与六二中正相应,共同完成由遁致亨的大业,堪称嘉美。

王弼和朱熹则不言九五是否为君,只言九五遁而得正,与六二相应,是遁之嘉美者。王弼还强调了九五遁道成功,"反制于内,小人应命"。

我们认为，无论九五是否君主，因其志向端正，时行时止，中正有应，终于由遁致亨，遁道大成。

九五阳刚中正的美德与六二柔顺中正相应，在遁之世，彼此配合，当行则行，当止则止，完美实现了由遁致亨的目标，局势从被小人所制而遁避转变为可以反制小人，使中正之道得以亨通，美善而吉祥。

对于这个爻的例解，我们用的是晋文公的例子。春秋时期晋文公之遁当数历史上既是君位又不是君位的"嘉遁"经典。

下面我们来看上九爻。

遁卦有两个阴爻，四个阳爻。从九三开始，阳爻遁的状态越来越从容，九三"系遁"还有些牵累，九四"好遁"就有了自主选择的余地，九五"嘉遁"遁得嘉美。同时，各爻辞中用的词语也越来越好，"系""好""嘉"，步步高，顺此趋势继续上行，难道有比"嘉"还好的词吗？我们不得不佩服《周易》作者的智慧，"嘉"之上竟然能想出"肥"这个词来！我们还是先来看爻象，再来谈这个很有意思的"肥"字。

从爻象来分析，上九居于遁卦顶端，距离初六"遁尾"最远，说明上九遁得最早。其他三个阳爻中，九三与阴爻相亲比，九四、九五与阴爻相应，唯有上九无比无应，无牵无挂，由于上九居于卦的最上爻，前行的路上没有任何阻挡，在当遁之时，上九可以从容远遁而无所挂碍。

来看爻辞和象辞：

上九：肥遁，无不利。

《象》曰："肥遁，无不利"，无所疑也。

对于"肥"的解释，各家有不同意见，我们先看《说文解字》对"肥"字本义的解释："肥，多肉也。"就是我们平时说的肥胖。现代社会流行减肥，但是从另一角度而言，这也说明了生活条件普遍宽裕，饮食不愁，才有肥的可能。要达到肥的状态，不仅物质条件要好，心情也不错才行，《礼记·礼运》："安之以乐，而不达于顺，犹食而弗肥也。"如果既安且乐，但是达不到身心顺畅，就算吃得多也肥不了。

那我们是不是要把"肥遁"解作"胖遁"呢？我们过春节放假，回到父母身边，每天大吃大喝，吃胖了，也不想工作，就可以称作"胖遁"，哈哈！

杨诚斋取"肥"的原义，但他用此来形容上九的德行："自非道德之丰腴，仁义之膏润，安能去之无不利，决之无所疑乎？"

王夫之是这样说的："上九去阴远，而无应于下，则其遁也，超然自遂，心广而体胖矣。""胖"（pán），安泰舒适。心广体胖原指人心胸开阔，外貌安详；后就用来指心情愉快，无所牵挂，因而人也发胖。

我们认为这样解释似乎不太合适，无论如何，遁之时毕竟是穷困之时，上九就算遁得再早，仍在遁体，主人公身体安适不太符合情境。

以上两家所取接近"肥"字的原义，更多的易学家采用"肥"的引申义。各家对"肥"字引申义的解释基本分为两种：

其一，孔颖达疏引《子夏传》："肥，饶裕也。"

持此观点的易学家不少，他们的解释也各有风采。

程颐："'肥'者，充大宽裕之意。'遁'者，唯飘然远逝，无所系滞之为善。"

朱熹："'肥'者，宽裕自得之意。"

苏轼："无应于下，沛然而去，遁之肥也。"东坡先生认为上九肥遁，不但对自身有利，而且对九三也有利："九三牵于二阴而为之止，我不知势之不可以不遁而止之，非其利也。然则上九之肥遁非独以利我，亦以利三也。"

其二，将"肥"解作"飞"。

王弼："最处外极，无应于内，超然绝志，心无疑顾，忧患不能累，矰缴不能及，是以'肥遁无不利'也。"矰是古代用来射鸟的拴着丝绳的短箭，缴是系在箭上的丝绳，"矰缴不能及"指祸患灾祸不会祸及己身。将上九比作鸟儿，因为它飞得高，所以带绳子的箭射不着。

焦循认为："王氏（弼）此注云'矰缴不能及'，则是以'肥遁'为'飞遁'也。"（《周易补疏》）

《周易尚氏学》指出《淮南九师道训》《易林》《王注》均读"肥"为"飞"："《后汉·张衡传》注引《淮南九师道训》云'飞而能遁，吉孰大焉'。《易林》需之遁云'去如飞鸿'，节之遁云'奋翅鼓翼'。"

黄寿祺《周易译注》持此说，并引用李士鉁所言："如鸟高飞远去，不罹网罟之害。天空任鸟飞，此象似之。"

楼宇烈校释的《王弼集校释》引用焦注："姚宽《西溪丛话》云：……'肥'字古作'甞'，与古'蜚'字相似，即今之'飛'字，后世遂改为'肥'。"

总结一下，"肥"有三义：肥胖、宽裕、飞翔。三义均可用，意味略不同。比较这三个词的意蕴："肥胖"倾向于形容身体的状态，"宽裕"倾向于形容外在的条件和内在的心境，"飞翔"倾向于形容行为和精神状态。

"肥"字解完，爻辞、象辞也就解出来了。我们以"飞"义作解：

上九：远走高飞，无所不利。《小象传》说："远走高飞，无所不利"，说明上九无所疑虑了。

上九在遁卦中最先退避而出，阳刚居外，与卦中各爻既无比也无应，没有任何牵绊，可以超然隐遁，远走高飞，无所疑滞。上九处于遁世的穷困之时，能够得以超脱远举，堪称世间高士。"肥遁"之意，无论是隐于闹市还是退隐山林，无论是修身还是行事，只要心志宽阔从容，不忧不惧，则自然无所不利。同时，上九为上体乾卦之极，有着刚健进取的本性，所以，肥遁是其处遁之时的一种策略与态度，其阳刚的本质并没有遁去，是一位龙德而隐的君子，一旦找到适合自身飞翔的天地，它就可以在新的天地间展现其卓越的才华。

我们的例解用的是范蠡的例子，大家应该都很熟悉了，范蠡之遁堪称"肥遁"。

答 疑

问：九四爻辞中"君子吉，小人否"的例解提到陆机、李斯，他们是小人吗？

答：我们要知道《周易》爻辞中的君子、小人，不是从狭隘的世俗道德层面进行评判，而是从智慧层面上的一种区分，是从能否推天道以明人事的高度来评判：面对变化的时局，有没有开阔的视野、长远的眼光？有没有大局意识？能否预判事物发展的趋势？在特定的时位能否具备守经达权的智慧，做出正确的选择？能做到的就是君子，做不到的就是小人。《礼记·中庸》说："君子居易以俟命，小人行险以徼幸。"说的就是这个道理。我们分析卦时、爻位，是为了把我们自己摆进去，问问自己如果遇到这样的情况该怎么办。爻辞用君子和小人来说明选择的正确与否，目的不是贴标签，而是指导行为方向，让我们懂得立身决策之道，以达安身立命之效。

遁卦小结

遁卦阐述了在小人逐渐占据优势的环境中，君子应在坚持原则的前提下，采取灵活的应对原则：不恶而严，全身避害。

本卦通过"遁尾""执之""系遁""好遁""嘉遁""肥遁"等一系列情况阐述了隐退的具体原则：避开小人的强势，当退避的时候不可迟疑，如果没来得及退避，要静处微下，不可盲动；当身负责任大义时，遁退之世亦有不遁之义；时当退隐，不能因牵系而犹疑不定，以免招致危险，确实无法退避时，要谨慎涉世，尽可能地保护依附于己者；该退隐时不能贪恋所好，而应当机立断地遁走；身居高位如能以中正之道与下属配合，顺应时势以图转变，就会美善而贞吉；退避不是消极，而是以退为进，使发展空间更为开阔的思想策略。审时度势，行为心态从容不迫，善用遁避之道，对于人生有很重要的意义。

读卦诗词

临江仙·天山遁

寇方墀

萧瑟霜天时欲遁,匆匆策马西风。
当年对酒诉衷情。
海枯凭石烂,不负此生盟。

长叹秋来非春意,退藏为避寒冬。
愿得肥遁一身轻,
高天飞鸿影,江海寄余生。

大壮卦第三十四

乾下震上

导　读

按照我们的读卦顺序，先来看《序卦传》：

遁者，退也。物不可以终遁，故受之以大壮。

译文是：遁的意思是退避，事物不可以永久退避，所以在遁卦之后是大壮卦。

遁卦和大壮卦是一对综卦（也称覆卦，就是整个卦颠倒一下，成为另一个卦），都是由两个阴爻四个阳爻组成，只是阴阳的位置翻了个个儿，遁卦是两阴爻在下，四阳爻在上，阴长阳消，在阴气进逼的势头下，阳气退避逃遁，而大壮卦是颠倒过来的，是四个阳爻在下，两个阴爻在上，是阳长阴消之势，并且四个阳爻已经具备了强大的优势，直接进逼到了上层，眼看着将要取代第五爻的位置，这是一个阳刚壮盛之卦，所以称作大壮。

《序卦传》从事物发展的规律，天道循环、阴阳消长的角度来说明这两个卦的承续关系，事物衰极必盛，盛极而衰，阴阳势力此消彼长，遁卦是阴长阳遁，阳的势力遁去之后又回来，就会进而变得强盛，所以遁卦之后是大壮卦。

具体到大壮卦"大壮"之名的由来，我们还是从三个方面来分析：第一，从卦象看，雷在天上，威震四方，有阳刚壮盛之象；第二，从卦德看，乾刚健，震主动，刚健而动，阳刚之势大为壮盛，谓之大壮；第三，从爻象来看，四阳爻由下而上阳刚上进，已经越过了中位，进取到了上卦，四个阳爻形成了阳刚的整体，势头强劲，而上体两阴爻则明显势单力薄，似乎已无还手之力。大壮卦整体呈现阳长阴消的态势，阳为大，所以称大壮。

我们在《全本周易导读本》中给这个卦起的小标题是"越强越要克制"。这是从阴阳平衡、刚柔相济的角度结合卦时对卦义进行的概括。如果用于社会人事中，则是在提醒阳刚势头迅猛、占有显著优势的壮大者要防止头脑发热，不要恃强而骄，而应在恰当的克制中，理性地顺时顺势而为，才有获胜的把握。忧患意识和谨慎的做事风格是《周易》所倡导的立身处事的原则，无论处于顺境还是逆境，只有在这样的原则下才可以最大可能地使自身立于不败之地，在不败的基础上再去争取胜利。比如，在六十四卦中，阳长阴消的大壮卦已是阳刚占绝对优势，仍在反复强调要慎用刚强。我们看到，大壮卦的阳爻再向上进取一步，拿下了第五爻，把第五爻也变成了阳爻，形成夬卦，就剩下最上一爻是阴爻时，五刚决一柔，卦爻辞仍然是反复警告、精心谋划、慎而又慎。这就是《周易》的风格，尽可能地考虑全面，以确保万无一失。

我们为大壮取的小标题"越强越要克制"，要表达的就是这个意思。把握了整体原则，再具体到卦爻中去探讨该如何克制的问题。卦爻辞中有着具体的指导，比如守正、守中、守礼、守柔等。

讲 解

下面，我们进入卦爻辞的具体解读，先看卦辞：

大壮：利贞。

我们的译文是，大壮：利于守正。

《彖》曰："大壮"，大者壮也；刚以动，故壮。"大壮：利贞"，大者正也。正大而天地之情可见矣！

翻译过来是，《彖传》说："大壮"，是指刚大者壮盛；阳刚以健动，所以称为壮。"大壮：利于守正"，是强调刚大者必须守正。正直刚大而天地的性情就显现出来了！

"大"，指阳刚。大壮卦四阳爻强盛，咄咄逼人，所以为大壮。越是阳刚壮盛之时，越要强调坚守正道的重要性。大壮者往往不会被他人打败，却会被自己的刚愎自用和有恃无恐打败。所以大壮之时，要守持正道、自我克制。

我们看到，大壮卦的卦辞很简单，《彖传》很明确，即强大壮盛者必须守正，守正才会有利。其内含另一个意思是：如果不守正，则会由于大为壮盛，犯大的错误而遭受大的灾殃。记得在读《资治通鉴》的过程中，我注意到一个很突出的规律屡次显现，丝毫不爽，那就是无论在哪个朝代，一旦某个家族显赫了，往往离着灭族流放等灾殃就不远了，而究其原因，不外乎家族权势强大了就奢侈炫耀、无视规则，霸占资源、恃强凌弱，不守正道。从显赫到衰败不过数年间，放在历史的长河里，看得尤其清楚。因此，大壮卦卦辞，言简意赅就两个字："利贞"。

再来看《大象传》：

《象》曰：雷在天上，大壮。君子以非礼弗履。

"弗履"，《周易正义》孔颖达疏解释为"盛极之时，好生骄溢，故于大壮，诫以非礼勿履也"。

《大象传》的译文是：雷声震响在天上，是大壮之象。君子看到这样的卦象，不去做不符合礼的事情。

大壮卦的卦象是震雷响彻在天上，有刚强威盛之象，象征着大为壮盛。大壮卦的卦象既威且健。雷登于天，如此声势若不加以节制，就极易产生危险和祸端。君子看到这样的卦象，明白了虽壮盛而更应遵循正道的道理，于是对于不符合礼的行为就不去做。程颐、张载、朱熹、杨诚斋、王夫之等对于《大象传》从"克己复礼""自胜者强"的角度做了解释，君子从内心里克除私欲，秉礼自强，心志坚定，如乾卦的健行，如震卦的震动，那么德行中的阴气就会被驱逐出去，不会将自身引入邪僻。《大象传》推天道以明人事，多从君子修德的层面进行诠释。大壮卦体现的是德行内在的阴阳两方的博弈，以上各家的修身要诀，与王阳明的致良知的功夫相似。

下面来看六爻：

初九：壮于趾，征凶，有孚。
《象》曰："壮于趾"，其孚穷也。

初九：强壮表现在脚趾上，向前进必有凶险，这种凶险是确信而必然的。《小象传》说："强壮表现在脚趾上"，这确信是会穷困的。

初九居于大壮卦的最下方，也是下体乾卦的初爻，有阳刚向上的本质，但没有审时度势的智慧，初九没有意识到在大壮的整体情况下，应以守贞济柔为宜，同时，初九居最下，是无位之人，与上面的九四又无接应，在这样不利的情况下就盲目急进，那么前面的凶险是必然的了。

大家如果还记得我们讲乾卦初九时所举的例子，就可以理解大壮卦初九为什么"壮于趾"就会"征凶"。我们讲乾卦初九"潜龙勿用"时用的例解是韩信受胯下之辱的典故，并且引用了《礼记·儒行篇》里的话："爱其死以有待也，养其身以有为也。"古人有言，"遇小敌怯，遇大敌勇"，才是大勇。大壮初九力单而位卑，却轻用其壮，那凶险就是必然的了。我们这里将"有孚"解为"确信"，是说初九的行为会导致凶险的结果，无可怀疑。杨诚斋在《诚斋易传》解释说："在下而用壮，此贾谊欲去绛、灌，南蒯欲去季氏，所以凶且穷也。有孚者信，其必然也。"

这一爻的例解用的是宰我回答鲁哀公问话的例子。宰我不懂时局，在政治上比较幼稚，他只知道三家大夫专权越制，于是暗示国君采取强硬手段对付他们，却不知道在时势不利的情况下，自恃阳刚、莽撞前行，凶险是必然的，只会导致国家动乱。正是因为这个原因，洞察时局的孔子对宰我的这种说法既不满又担忧，因此说了"成事不说，遂事不谏，既往不咎"的话。

综上而言，大壮卦初九爻，根据自己的时位，宜静不宜动，要能够克制自己用壮的冲动。要知道，冲动是魔鬼呀！

九二：贞吉。

《象》曰："九二：贞吉"，以中也。

九二：守正吉祥。《小象传》说："九二：守正吉祥"，是由于居中的缘故。

九二以阳刚居于阴位，居位不正，然而却能得中道而居之。在易道中，得中可以求正，中胜于正，所以，九二在阳刚大壮的时候，能够以中道处世，刚柔相济，由贞而得吉。

《周易折中》引易氏祓曰："爻贵得位，大壮则以阳居阴为吉，盖虑其阳刚之过于壮也，故二与四皆言贞吉。"意思是说，爻贵在得其位，在大壮卦的卦时下，以阳居阴位为吉，这样的原则是考虑到防止阳刚太过，阳居阴位恰好表明质刚而用柔，不盲目逞刚强，所以大壮卦里的二爻和四爻的爻辞中都有"贞吉"的爻辞，表达的就是这个原则。

总之，九二作为阳爻，居于乾卦之中，处在大壮卦时之下，仍然以克制为佳，克制恰能体现中道，自然吉祥。

九三：小人用壮，君子用罔；贞厉。羝羊触藩，羸其角。

《象》曰："小人用壮"，"君子""罔"也。

九三：小人使用强力，君子虽强而不用；坚持用强就会危险。就像公羊用头顶的角顶撞藩篱，会被藩篱把角困住。《小象传》说："小人使用强力"，君子不会这么做。

"罔"是"不"的意思。"用罔"即不用壮。"羝羊"，公羊，喜欢用角抵触事物。"羸"，束缚缠绕。九三阳刚居阳位，又处于乾卦阳刚的极端，在大壮之时，有过刚的危险。如同公羊用角奋力顶撞藩篱，藩篱困住了羊的角，同时藩篱也受到了损坏。大壮九三这个爻象，在下位为小人时，表现为恃壮而无礼，顶撞犯上；在上位为君子时，表现为无视下民的诉求，强力镇压，双方都是阳刚过甚。九三爻居于上下位之间，下有两爻，上有三爻。庶民以刚强犯上，恃强好勇，统治者用强力制裁，彼此角力，这样下去是很危险的。彼此毁伤，不是鱼死，就是网破。来知德认为大壮卦过刚不中，又在乾卦的极处，爻震动之际，是纯用血气之刚，过于壮者。我们看《小象传》里说得很清楚，"小人用壮，'君子''罔'也"，君子是不会逞血气之勇去死磕的，君子会从主观与客观两方面去努力，深蓄力量，有耐心地积累和等待，顺时而动，以最小的代价，取得最好的结局，体现的仍然是刚柔并济的原则。在九三爻时强调的仍然是克制。

九四：贞吉，悔亡，藩决不羸，壮于大舆之輹。

《象》曰："藩决不羸"，尚往也。

九四：守正吉祥，悔恨消亡，冲破藩篱不再被困，它比大车的轮轴还要强壮。《小象传》说："冲破藩篱不再被困"，说明九四可以前行了。

九四比九三的处境要好得多，九三阳刚过猛又前有阳爻阻路，造成了激烈的冲突。而九四向前行进时，前方只有两个阴爻，藩篱已经拆除。九四背后有众阳爻做后盾，其壮大如同重车的车轴，实力非凡，但九四却不以强凌人，仍能够质刚而用柔，阳居柔位，这样有实力，无障碍，又能够刚柔并济，不会有悔恨发生，可以放心地前行。

王夫之说:"九四为震动之主,前临二阴,无所系应,阳实阴虚,以至实驰骋乎至虚,无所阻蔽,为藩决不羸之象。"

实际上,这时候的九四已经具备了前进的实力和时机,《小象传》说"尚往也"。

六五:丧羊于易,无悔。
《象》曰:"丧羊于易",位不当也。

六五:在田畔地头丢了羊,没有悔恨。《小象传》说:"在田畔地头丢了羊",是因为居位不当。

"易",通"场",这里指田畔地头。羊常常结群而行,公羊喜欢用角抵触,大壮卦中四阳爻并进,所以用羊做比喻。前四爻都是阳刚并进,到六五的时候,变为阴爻,有"丧羊(阳)"之象。六五爻是阴阳转换的地方,如同走到了田畔地头,进入平坦之地。大壮之时的刚壮作风在这里得以改变,六五柔爻居阳位,虽不当位,但能够得中,与刚而得中的九二相应,刚柔相济,以谦和中道的柔中之德接纳群阳,不会有悔恨。

我们举的例子是春秋时期的秦德公。秦德公为人随和,喜欢听取臣下的意见,"谏争不威",以柔驭刚,深受爱戴。在经过慎重考虑后,秦德公迁都雍城,让后代子孙以此为根据地向东发展,直至饮马黄河。秦德公在位时初次确定了秦国的三伏节气,这是秦国由蛮荒民族向文明国家过渡的标志,是秦国由一个靠征战劫掠的民族向农耕民族过渡的标志,可谓"丧羊(阳)于易"。秦国的各项制度在秦武公、秦德公时期大体有了雏形,其国力也开始迅猛发展。

这为秦穆公时期秦国的兴盛并进而与中原各国争霸奠定了坚实的基础。

在大壮卦中，这是居于君位者应采取的态度，其实卦辞和《彖传》《大象传》都已给出了答案：有德者居之。

来看最后一爻：

> 上六：羝羊触藩，不能退，不能遂，无攸利；艰则吉。
> 《象》曰："不能退，不能遂"，不详也；"艰则吉"，咎不长也。

上六：公羊抵触藩篱，不能后退，也不能前进，无所利；艰贞自守则会吉祥。《小象传》说："不能后退，也不能前进"，是因为处事不够审慎周详；"艰贞自守则会吉祥"，咎害不会长久。

上六虽为阴爻，但处于大壮卦的终极，又是上体震卦的极端，壮极而动，其阳刚太过。以整个卦象来看，上六如同羊角的位置，因而仍以"羝羊触藩"作喻，上六动极向前，用力抵触，不料角被挂在了篱笆上，质柔而力不足，进退失据。这都是因为上六处事不够审慎周详所致。没有其他办法，只有在认识到自身所处的艰难境地之后，改变壮极而动的心态，谦和顺应，争取支援，以期获吉。"咎不长也"是鼓励上六，不要丧失信心，静下心来想办法，艰贞自守，就会度过时艰，脱离困境，时间不会太长。

朱熹《周易本义》："壮终动极，故触藩而不能退，然其质本柔，故又不能遂其进也，其象如此，其占可知，然犹幸其不刚，故能艰以处，则尚可以得吉也。"是对上六爻的一个准确的描述。

答 疑

问：读大壮卦时，是应该站在四阳爻的立场上来解读，还是站在阴爻的角度上来解读呢？

答：我们讲一个跟大壮卦有关的历史事件，这样经史合参，以使我们有更为切合史实的视角来认知这个卦。

这个历史事件是《左传·昭公三十二年》中记载的一次对话，其中就谈到了大壮卦，今天结合大壮卦来跟大家分享一下，对话的原文是这样的：

> 赵简子问于史墨曰："季氏出其君，而民服焉，诸侯与之，君死于外，而莫之或罪，何也？"（注：各本无"何"字，此处从金泽文库本增。）
>
> 对曰："物生有两，有三，有五，有陪贰。故天有三辰，地有五行，体有左右，各有妃耦。王有公，诸侯有卿，皆有贰也。天生季氏，以贰鲁侯，为日久矣。民之服焉，不亦宜乎？鲁君世从其失，季氏世修其勤，民忘君矣。虽死于外，其谁矜之？社稷无常奉，君臣无常位，自古以然。故《诗》曰：'高岸为谷，深谷为陵。'三后之姓，于今为庶，王所知也。在《易》卦，雷乘《乾》曰《大壮》，天之道也。"

这次对话的背景是鲁昭公被季平子赶出了鲁国，在流亡中死于乾侯。晋国的赵简子就此事问史墨，想听听史墨对这件事的看法："季氏把国君赶出了鲁国，而民众却顺服于他，诸侯也都支持他，国君死在外边，却没有人去向他问罪，这是为什么？"史墨回答说:"事物的存在有多种形式,并非固定不变,这就是自然法则。上天生了季氏,让他辅佐鲁侯,时间久了,民众顺服他是很自然的事。鲁国的国君世代放纵,而季氏世代勤恳,所以民众顺服季氏而忘记了他们的国君。即使国君死在国外,有谁去怜惜他?"最后,史墨下结论说:"奉祀社稷者不一定是某姓某氏之人,君臣的地位不一定永远固定不变,自古以来就是这样。所以《诗》说:'高高的堤岸变成深谷,深深的谷地变成高陵。'古代三王的子孙在今天都已经成了平民,若用《周易》的卦象来解释,则表现为有着雷动之象的震卦居于乾卦之上,是大壮,这是天道。"

赵简子在晋国专国事,也是一个很有作为的大臣,他的地位和权势与鲁国的季平子类似,他问史墨对季平子的看法,其实就是想知道史墨对自己的看法。史墨是晋国的史官,在先秦文献中多次被提及。春秋时期的史官既精通天文历法,又擅长各种占卜以预测人事吉凶,并且有历史的眼光和政治智慧。赵简子向史墨的问话,也可以看作是对时势的一种预判以及谨慎的试探。史墨的回答相对于那个时代来说很有突破性,他从自然法则说起,先打破社会阶层固化不变的思想,然后从德行和政绩的角度分析了鲁君与季氏之间君臣关系发生变化的必然性与合理性。最后以大壮卦的卦象来佐证,论证了鲁国发生的臣驱逐君的事件合于天道之常。

大壮卦由乾下震上组成,乾为天、为君,震为雷、为臣。雷本应居于天之下,是无妄卦,但大壮卦的卦象是雷乘于乾上,震雷响于天上,声威显赫,大为壮盛,乾却屈居下,君臣易位。季氏与鲁君的关系就是大壮卦之象,大壮者是季氏,被凌乘者是鲁国国君,在这样的结构之下,鲁昭公最终被逐出鲁国并客死他乡,是事态发展的必然结果。请注意，史墨在作这一大段论述的时候，根本没有进行任何占筮活动，而是直接用《周易》大壮的卦象来佐证，以意为先，以象为据，如同借助《诗经》中的句子一样，用以支持他要表达的观点，表现了当时政治结构的松动以及人文思想的发达。

史墨所引的大壮卦，用在这里是非常契合的。假设以乾作为下卦，上卦分别用八卦中其余三个阳卦震、坎、艮进行配合，坎、艮会与乾卦组成需卦、大畜卦，这两个卦从卦象、卦义上都不能很好地表达臣强君弱的格局，只有乾下震上的大壮卦能曲尽其妙。可见，史墨这样的史官运用《周易》已具从心所欲之致，他无须借助占卜的形式，对大势已有预判，可以称得上是善易者不占了。

晋国发展到后来的结果，历史已经给出了答案。包括赵氏在内的晋国六卿日益强大，公元前403年，三家分晋，诸侯贵族重新洗牌，三家大夫成为诸侯，赵氏成为战国七雄中的赵国。赵简子卒于公元前476年，三家分晋的爆发，距离史墨和赵简子的对话，相差不到七十年时间，这就是大壮。史墨已经看到了当时是社会形态、政治形态转型的时代，而各诸侯国中越来越强大的新贵族阶层是开创时代的新生力量。

我们仔细回味史墨的话，其核心内容是："鲁君世从其失，季氏世修其勤，民忘君矣。虽死于外，其谁矜之？社稷无常奉，君臣无常位，自古以然。"这段话的内在的价值理念其实就是西周初期所确定的"以德配天"的执政理念：君主的权力是天授予的，这是天命，而天命并不是固定不变的，唯有有德者才可承受天命，如果在位而失德，就会失去天命。在这样的前提和论证之下，史墨得出结论："雷乘《乾》曰《大壮》，天之道也。"可见，有德者居之，才是恒久不变的天道法则。

我们通过一次历史对话，对大壮卦的总体形势有了一番认识。也许我们会产生一些疑问：我们从《论语》中知道，孔子坚定地站在鲁国国君的立场上，反对陪臣执国命，反对大夫阶层对礼的僭越，并一生致力于维护礼制；但我们也不要忽略，孔子在强调礼的同时，也强调国君要为政以德，为政以礼，"君使臣以礼，臣事君以忠"，等等，这些理念是相互配套的，不能只看到一面。那么我们读大壮卦时，是应该站在四阳爻的立场上来解读呢？还是站在阴爻尤其是六五爻君位的角度上来解读呢？我们可以在阳盛阴衰的总体卦时的框架内，顺着六个爻位的发展，从不同角度和立场进行换位分析，获取具体的指导，最终要超越对立的立场，站到更高的高度来总结和思考。

大壮卦小结

本卦阐述了在阳刚壮大的时候处世的原则：大壮卦《象传》指出"'大壮：利贞'，大者正也"，刚柔相济是天地之正。所以，当壮大之时，以能柔为善。

大壮六爻之中，以刚处柔或以柔处刚的爻都好，因其能够刚柔相济。九四能够质刚而用柔，九二和六五能够守中，所以贞吉无悔；而初九、九三和上六，因在大壮之时自负刚进，不知克制，所以征凶、羸角、进退失据。可见，拥有阳刚强势时，要善于用柔，这才是立身处事不失其宜的中正之道。

读卦诗词

殿前欢·雷天大壮

寇方墀

抚膺听,高天之上震雷声。
夜来风雨涤长梦。
高岸谷倾。
深谿变陡陵。
阳刚颂,御宇何为凭?
怀柔以正,天下民生。

晋卦第三十五

坤下离上

导　读

　　上一讲我们学习了大壮卦。它是阳刚壮盛之卦，实力雄厚，势不可挡，再加上谨慎克制，行止有度，那么接下来的情况就会顺理成章地向上晋升了，所以，《序卦传》说："物不可以终壮，故受之以晋。晋者，进也。"事物不可以终究安守壮盛而无所进取，所以在大壮卦之后是晋卦。"晋"的意思是上进。

　　事物壮大了就可以进一步前进发展，所以在大壮之后是晋卦。"晋"不但有前进、上进的含义，还包含光明盛大的意思。

　　我们还是结合卦象来解一下题：（1）从卦象来看，下卦坤为地，上卦离为日，太阳升起在大地之上，旭日东升，光明普照。所以，有晋升之象。（2）从卦德来看，坤下离上，坤为顺，离为明，象征着居上位者英明，在下位者顺从，柔而顺乎大明，贤士能够得到提拔晋升，所以称作晋。（3）从爻象来看，六五为晋卦的主爻，以下诸爻都有趋近光明求取上进之意，因此称作"晋"。

　　晋卦是一个充满阳光和正能量的卦时，我们《全本周易导读本》给这个卦起的小标题叫作"阳光灿烂的日子"。其中既有象，也有义，更有情：象是自然界中太阳在大地上照耀；义是社会中上明下顺，一派光明顺畅、祥和向上的气氛；情是上下以柔相待，彼此扶持，欣欣然同进。

我先就本卦做一下大体的诠释，然后再去细解卦爻。

首先，我们看到晋卦是一个立意比较明确的卦，那就是上进、晋升。自古而今，社会中晋升的例子不胜枚举，然而，探究晋升的原因，无非是主观的努力和客观的接引，或者换一下角度，是主观的接引和客观的努力。晋卦仅用上下两卦的组合就表达了这种关系：如果站在下卦坤卦的角度，坤为众，作为大众，希望越过越好，希望得到晋升，这是人之常情，在上卦是光明之君居位时，大众当以柔顺、厚德承载和顺应，深蓄厚养，向着光明进发，就会呈现万物蓬勃之象，整体都会得到提升，而大众中有杰出者，更会得到更好的晋升和提拔；如果站在上卦离卦的角度，离为火，在天为日，品质光明，居于上位，则应善于运用光明和恩泽，或者说，要善于用明和用恩。比如晋卦的六五，是柔中之君，是光明中道的象征，当离卦的下卦是乾卦时，便是大有卦，盛大丰有，当下卦是坤卦时，便是晋卦，提携大众，共同晋升。六五是带领成就大有、晋升这样光明时代的核心。

再来说一下六五的用明和用恩。用明，是说六五是光明之主，也可以说是清明之主，六五要能够了解民情，了解国情，了解世情，明白时代所需、民心所向，这叫作清明洞察之明。有了这样的了解，要能够用恩，以柔德去接纳、安抚、赐予、引领，所以我们看到晋卦的卦辞里有"锡马蕃庶，昼日三接"，这种接纳，既是上对下的接纳，也是下对上的接纳，彼此建立光明柔顺互信的关系，晋升才是健康长久喜悦的。《论语·阳货篇》中子张问仁于孔子，孔子回答说："能行五者于天下，为仁矣。"子张追问，孔子回答说:"恭、宽、信、敏、惠。恭则不侮,宽则得众,信则人任焉,敏则有功,惠则足以使人。"晋卦中的"锡马蕃庶,昼日三接"就是物质和精神上的双重恩惠,居上位者能够施惠于人,是行仁政者为政的重要方面。六五的仁政,在卦辞中体现在对康侯的礼遇上,而在卦象上,则是对象征大众的下卦三阴爻的大慈爱,以光明中道之德,普惠大众,贤士得到晋用,百姓安居乐业。"昼日三接"的形象,一方面表现的是为政者渴求贤才,谦恭下士,为延揽贤才而忙碌;另一方面表现的则是被接纳者得到礼遇、尊重和晋升,就如同周公一沐三捉发、一饭三吐哺一样,这样一种彼此相求、互为尊重、上明下顺的关系,造就了一个光明上升的时代,"周公吐哺,天下归心"。

讲　解

以上是对晋卦卦时、卦义的概述,接下来,我们来看卦辞和象辞:

晋:康侯用锡马蕃庶,昼日三接。
《彖》曰:晋,进也,明出地上。顺而丽乎大明。柔进而上行,是以"康侯用锡马蕃庶,昼日三接"也。

我们的译文是,晋:康侯蒙受赏赐的车马众多,一天之内多次被接见。《彖传》说:晋,就是长进,光明出现在大地上。柔顺而附丽于光明。以柔顺之道前进而得以上升,所以说"康侯蒙受赏赐的车马众多,一天之内多次被接见"。

"锡马蕃庶"的"锡"训为"赐","蕃庶"指繁盛、众多。"昼日",从象上来讲,离卦有离明之象,代表白日,从义上来讲,是指在一天之中。"三接"有多种解释,王夫之解释说:"三接者,天揖同姓,时揖异姓,土揖庶姓,遍晋三阴也。"从三个方面说明六五光明普照、普惠天下。

晋卦,有光明出于地上之象,下体坤卦柔顺,顺服于上体离卦的光明,上明下顺,如同大地上万物接受太阳的光辉而茁壮成长。"康侯"是指能够康民治国的地方长官,康侯前来晋谒天子,得到了天子赏赐的众多车马,并在一天内三次受到天子亲自接见,所赐之厚,宠信之深,达到了很高的程度,用此象征贤臣得到贤明上司的器重而地位得以不断晋升,也以此间接地表达了六五用明、用恩招揽贤才,普惠天下,使天下呈现光明晋升之势。

我们在例解中用的是齐桓公用极高的礼遇拜管仲为相的典故,他们彼此尊重信任,合力治国,齐国迅速强大起来。

来看《大象传》:

《象》曰:明出地上,晋。君子以自昭明德。

《大象传》说:光明出于大地之上,有上进之象。君子看到这样的卦象,在光明之世自我彰显光明的德行。

《周易折中》引俞琰的解释说:"明德,君子固有之德也。自昭者,自有此德而自明之也。人德本明,人欲蔽之,不能不少昏昧,其本然之明,固未尝息,知所以自明,则本然之明,如日之出地,而其昭著初无增损也。"

"昭",动词,显扬、显示的意思。自昭明德,就是自己让光明的德行显现出来。《礼记·大学篇》的首句是"大学之道,在明明德",就是说每个人本身都具备光明仁善的本性,为学修身的目的就是去除蒙昧,发现自己光明的德行并使其显现和发挥出来。人立身于世上,遇到昏冥乱世时(比如下一卦的明夷卦),不得不韬光养晦,全身远祸,以守贞修德,蓄势待发。而处于晋卦这样一个光明畅达、万物得以舒展成长的时代,君子就当将自己光明的德行彰显出来,并使之畅行于世,以辅佑社稷,惠及万民。

《史记》中记载老子也曾说过"君子得其时则驾,不得其时则蓬累而行",晋卦之时,就是君子得其时的时代,君子就应自我奋发,涵养美好德性,练就一番本事,做出一番事业来,此时不为,更待何时?

下面来看六爻是如何向上晋升的:

初六:晋如摧如,贞吉。罔孚,裕无咎。
《象》曰:"晋如摧如",独行正也。"裕无咎",未受命也。

初六:向上晋升受到挫折,守正吉祥。没有得到信任,宽裕自处则无咎害。《小象传》说:"向上晋升受到挫折",更应独立不改地践行正道。"宽裕自处则无咎害",是因为没有接受到任命。

"晋",晋升。"摧",挫折。"如",语助词。"罔孚",指不被信任。"裕",宽裕。"受命",泛指接受任务、命令。

我们在读泰卦和否卦的时候,曾对下卦的乾卦三阳爻和坤卦卦三阴爻做过对比,泰卦初九爻是"征吉",而否卦初六爻是"贞吉",这里面既有时位的考量,也有对自身能力的自知,因此,行为的选择就有所不同。我们看到晋卦初六爻也是"贞吉"，晋卦的卦时比否卦要好得多，各爻可谓正逢其时，但并不是逢其时就可以冒进。初六能力尚弱，积累尚浅，还没有得到人们的认可，所以在向上晋升的时候很可能会受到挫折和压抑，在这个阶段该怎么办呢？爻辞说得很明白：一个是"贞吉"，一个是"裕无咎"，守正不邪，宽裕自处。

初六在晋卦的最下边，阴柔而居下，和九四有应，但彼此所应不中也不正。初六意欲向上升进，但因为居于最下层，又是晋之初位，缺乏经验和上层真正的信任，亦不能使众人信服，上进的愿望很可能会受到挫折和抑制。在这样的情况下，初六要坚持独立不改的志向，践行正道。面对挫折要能够宽裕自处，进退迟速不必汲汲以求，安守正道则吉。初六没有承担重任，所以不会有大的问责和过咎，只要行正道，发奋勤勉，不计较得失，以后的发展空间会很大。

我们对这一爻的例解引用的是苏轼刚入仕途时的经历，由于他当时年轻且才高气傲，几位上司长者分别对他进行了"挫折教育"，"晋如摧如"，几番磨炼，炼就了坚强洒脱的东坡大学士，林语堂称他是"无可救药的乐天派"，这与他年轻时就经受挫折磨炼是分不开的。由此可知，人在年轻时不必急于升迁，当如诸葛亮的《诫子书》所言："澹泊以明志，宁静以致远。"坚定的志向、持久的耐力和不懈的追求，才是人生长远上进之道。

六二：晋如愁如，贞吉；受兹介福，于其王母。
《象》曰："受兹介福"，以中正也。

六二：向上晋升遇到忧愁，守正则吉；受到如此大的福泽，是来自他的祖母。《小象传》说："受到如此大的福泽"，是因为能够居中守正。

我们前面讲到，初六的处境受到了挫折和压力，其实六二爻受到的压力比初六更深，初六的"摧如"是外在的，别人施加的，而这种施加有时是善意的，因此不是根本性的挫折和压力。六二的压力和忧患却是内在的、根本性的，六二所处既无比也无应，既无应援又无接引，本质柔弱，意欲上进，愁苦忧深，全凭自身苦心孤诣、矢志不渝地努力。《孟子·尽心上》中有一段话："孟子曰：人之有德慧术知者，恒存乎疢疾。独孤臣孽子，其操心也危，其虑患也深，故达。"人之所以能够拥有德行、智慧、本领、知识，常常是由于灾患的缘故。那些孤立无援的大臣、地位卑贱的庶子，操心劳神总是不得安宁，忧虑灾患也深，所以能通达事理。晋卦六二爻就是这样一位内心存有忧患的人，但也正是这样一种忧患的处境，磨炼了他中道柔和、坚韧不拔的品质，最终得到了"王母"赐予的福泽。"王母"字面上指祖母，这里指居于尊位的阴爻六五，是晋卦主爻。

六二只有贞守正道，忠于职守，在晋明之世，中正顺和，不断提升自身的修养，待以时日，中正之德声名远播，民众拥戴，无须自求晋升，自然会有明君前来求贤，六二将会得到"昼日三接"的礼遇，获得大的赐福。

六三：众允，悔亡。
《象》曰："众允"之志，上行也。

六三：众人信服，悔恨消亡。《小象传》："众人信服"他，因为他有上进的志向。

这里引一段明代易学家来知德的注："允者，信也，初罔孚，未允也。二愁如，犹恐未允也，三则允矣。悔亡者，亡其不中正之悔也。六三不中正，当欲进之时，宜众所不信而有悔矣，然所居之地，近乎离明，又顺体之极，有顺上向明之志。"初爻、二爻都没得到应允，三爻得到应允了，那是因为虽然六三居位不中正，但居于坤卦之极，极顺，向上就是离卦，有顺上向明之志，所以悔恨消亡。

"众允"，众人信服、敬重。六三在下体坤卦之极，由于阴居阳位，不中不正，本来前进是会有悔恨的，但因为下面有两阴爻与之同心同德，初六、六二信赖并且全力支持六三的上进之志，愿与其共进退。六三带领着众阴爻去追求光明，又处在"柔进而上行"的晋升之世，上层是光明的离卦，所以六三悔吝消亡，前进的道路顺利畅通。

九四：晋如鼫鼠，贞厉。

《象》曰："鼫鼠，贞厉"，位不当也。

九四：晋升如同贪婪的大鼠，坚守这种做法很危险。《小象传》说："贪婪的大鼠，坚守这种做法很危险"，是因为居位不正当。

一个卦里面总是要有个阻碍者，很少有六爻一顺百顺的，就如同电影小说中总是会有反派，有冲突，在现实中也总是会有矛盾冲突，有君子小人。九四便是晋卦中的反派角色。从卦象上看也不难理解，六五和下卦众阴爻之间横亘着一个九四，阻断了上下的交流沟通，使得三个阴爻上进遇阻，遭遇困难。就如同那些贪官污吏，居高位而行恶事，是晋明之世的破坏者。

"鼫鼠"，硕鼠，大鼠。本性贪食，危害人类。九四已经晋升到上层高位，但是以阳刚占据阴位，不中不正，在"顺而丽乎大明"的晋明之世，有强势贪恋权位之象。九四向上对柔中的六五形成进逼之势，向下看到三阴爻有上进势头，心里又忌妒又畏惧，怕别人胜过自己，因而在前阻挡。九四是一个极不安定的危险人物，如果一直这样发展下去，九四会危及他人以及整体，也终将危害自身。

六五：悔亡，失得勿恤。往吉，无不利。
《象》曰："失得勿恤"，往有庆也。

六五：悔恨消亡。无须顾虑得失。前行吉祥，没有什么不利。
《小象传》说："无须顾虑得失"，前行会有喜庆。

"恤"，顾虑，忧患。"失得勿恤"，不要患得患失。日出于地上，普照大地，万物得以生长。清晨的朝日充满生机，人皆仰望而喜之，但如果到了中午，日上中天，就会因阳光太过明亮和炎热而使地上的人躲避起来，所以六五作为晋卦之主，当以柔中治天下，不可发日中之阳，太过明察。人都不是完美的，如果居上位而太过明察，会使下属恐惧而不敢作为。同时，六五也要注意不要自任己明，自以为是，而应该推诚以委任，待人以宽和，这样就会往有福庆了。

在晋卦中，六五是主爻，由于是阴居于阳位，质柔用刚，又乘于九四阳刚之上，本当有悔，但因为六五居于上体离卦中位，是开明之主，下面的众阴爻都团结且顺服，所以可以消除悔恨。六五在众人顺附要求上进的时候，注意不要患得患失，不可太过明察或求全责备，而应该以至诚之心委任下属，对下属怀柔且中道，使各尽其才，各得其用，让每个人有自由发挥才干的空间，促使上下团结有序，积极进取，能够这样做，自然会往吉而无不利。

此爻例解我们举的例子是刘秀与朱鲔不计前嫌的典故，刘秀既明且宽，能用明，且能用恩，因此创建了光武中兴的盛世。

上九：晋其角，维用伐邑，厉吉，无咎。贞吝。

《象》曰："维用伐邑"，道未光也。

上九：晋升到最高处的尖角顶端，用来征伐邑国，虽然危险可获吉祥，没有咎害。如果坚持前进的做法会有悔吝。《小象传》说："用来征伐邑国"，说明王道没有光大。

《刘氏易通义》解释道："上卦离，离为明，下卦坤，坤为顺，上为明极则为知进而又知退者，故吉而无咎也。然以进为贞，则吝。"

"角"是在最上方又很坚硬的物体，上九就是在晋卦的最上方，而且阳刚坚硬。本来到了上爻已经无可前进了，如果还要前进，只能是"伐邑"于内，即内治，比如居家劝诫子弟，居官杜绝私交，修德克制私欲等。如果能够做到这样，虽因过刚而有危险，也可以无咎而吉了。反之，如果把前进作为常道，不知世间有进必有退，固执不变，将会有所悔吝。

答 疑

问：对"康侯"的解释可以更详细些吗？

答：对于"康侯"的解释，一种说法是周武王之弟姬封，初封于康，故称康侯或康叔，后成为卫国的第一任国君，史称卫康叔。另一种说法认为康侯就是安国之侯。我们采用后一种说法，康侯指安国之侯。康侯得到了"锡马蕃庶，昼日三接"这极高的礼遇。前面我们介绍过，是谁给予康侯这么高的礼遇？是六五。所以，卦辞是用烘云托月法来烘托六五，康侯只是云，六五才是月。

晋卦小结

晋卦以柔进为佳，六爻中四阴爻多吉，而二阳爻多厉。推之于人类社会中，积极进取以求发展是正确的，但要遵循一定的原则：要进取首先要守正道，要有从容的心态，不可急功近利；不能忧虑于一时的得失，要以中正之道来自昭明德，自会有佳讯传来；求上进的过程中，要顺民意得民心，得到群众的拥护，前进的道路才能稳定扎实；积极进取切不可贪恋权位，更不可妒贤嫉能，不然危险将至；在上位的领导者对于下属的晋升愿望要以怀柔中道处之，宜适度顺应和扶植下属，给他们以发展的空间，不可存私欲患得失；在上进到一定阶段后，要认识到上进是一种阶段性的状态，有进有退才是常道。如果没有了上升发展的余地，切不可向外强取，而应反身自修，可保无咎。

读卦诗词

翠华引·火地晋

寇方墀

升晋，升晋，优遇频传佳讯。
世人俱盼得之，莫忘明德载持。
持载，持载，柔进勤行不怠。

明夷卦第三十六

离下坤上

导 读

上一卦我们学习的是晋卦，晋卦是日出地上，阳光普照，是宜于晋升之卦，然而当晋升到上九爻时，爻辞中已经出现了"贞吝"之辞，进到一定程度，如果还坚持前进的做法就会有悔吝，预示着晋卦之世已经结束，随之而来的是一个不可以再进的时代。

《序卦传》说：

> 晋者，进也。进必有所伤，故受之以明夷。夷者，伤也。

译文：晋的意思是上进。上进必会有所挫伤，所以在晋卦后是明夷卦。夷的意思，是伤害。

晋卦是宜于上进的，但如果一路高歌猛进，终有一天会受到伤害。"夷"在这里是动词，指伤害，比如我们常用的成语"夷灭三族""夷为平地"，"夷"有伤害、铲平的意思。"明夷"就是指光明遭到伤害。有学者解作光明熄灭，不太准确。从卦象上来看，明夷卦离下坤上，光明入于地中，意味着太阳落入地下，黑暗来临。太阳落到了地下，光明被阻挡、被遮蔽，不能照耀到地面上来，但光源并没有被熄灭，也永远不会彻底熄灭，就如同我们读剥卦时，终会存有一缕阳刚之气，硕果不食，等待着一阳来复。在阴和阳的关系中，此消彼长，互为推移，然而阴不可能完全除掉阳，阳也不可能彻底消灭阴。在表面上看来，明夷卦阴笼罩天下时，阳已经蕴藏在阴的里面。《三十六计》中第一计是"瞒天过海"，曰："阴在阳之内，不在阳之对。"阴就藏在阳的内部，借阳而行，伺机而动。明夷卦可反其意而观之，坤土在外，离火在内，阳在阴之内，不在阴之对，当明夷外象一片黑暗之时，光明的火种正在黑暗的内部孕育、积聚，这光明的力量必将破晓而出，绽放黎明。

我们的《全本周易导读本》给明夷卦起的小标题是"黑夜给了我黑色的眼睛"，这个标题要表达的是明夷卦的卦时是在黑夜之中，身处暗夜的人们看不到光明，但是心中却蕴藏着对光明的渴望与追求。

明夷卦运用于社会人事，象征着昏君在上面主持朝政，贤明的人受到压制和伤害。而从卦德看，离内坤外，内文明而外柔顺，提醒君子在昏暗乱世应采取的态度是韬光养晦，审慎行事，等待时机，是谓明夷。这是传统的"我注六经"的解读方式。王夫之则以"六经责我开生面"自况，他在《读通鉴论》中借用明夷卦来对应汉和帝时"阴逼天位、离火下熠"，将上卦看作是外戚阴势专权，下卦看作是皇族宗室阳势日削，"阴逼天位"是明夷之世。

无论是按传统的解读，将上卦看作昏君在世，还是按王夫之的看法，将上卦看作是外戚专权，总之都是邪恶昏暗势力当道，光明正义被遮蔽、伤害，正是一个昏暗不明的乱世。而明夷卦要讨论的，就是君子如何处忧患乱离之世，如何度过明夷的苦难，如何留存那光明的火种，坚守永不熄灭的希望。

讲 解

卦辞说：

明夷：利艰贞。

明夷：宜于在艰难中持守正道。

孔颖达疏曰："时虽至暗，不可随世倾邪，故宜艰难坚固，守其贞正之德。"

《彖》曰：明入地中，"明夷"。内文明而外柔顺，以蒙大难，文王以之。"利艰贞"，晦其明也；内难而能正其志，箕子以之。

《彖传》说：光明隐入地中，是谓"明夷"。内里含有文明之德而外在行柔顺之道，以此来承接蒙受大的患难，周文王就是这样做的。"宜于在艰难中持守正道"，是指隐晦自己的光明；内陷艰难而能端正自己的心志，箕子就是这样做的。

光明沉没于大地之中，世间一片黑暗。在昏暗无光的时代，君子唯一能做的就是"利艰贞"。处于艰厄危险之中，而不失其贞正。内心保有文明之德，对外安时而处顺，如同周文王那样，蒙受了大的灾难，被困羑里七年，却仍能够顺应时势，安身自保，同时又以坚贞不移的意志完成自己德行的修炼，推演《周易》。"利艰贞"，如同箕子那样，能够晦藏自己的明德，在切近灾难的时候，用智慧保全自己，又仍能志正而不渝。这是君子身逢乱世时的处世智慧。

我们应细细品味"内文明而外柔顺"这句话，"内文明"是离卦，"外柔顺"是坤卦，这正是君子处于明夷之世的处世要诀，身逢暗世，若是强争，自昭明德，便只有伤身殒命，保存火种的力量将更为微弱，重现光明的时间将更为漫长，所以，应将光明内藏于心志，柔顺外现于行为，君子理性、坚定、清晰、平静，因此蕴含着生机与力量，这番自处乱世的道理，就如庄子所言的"外化而内不化"。

象辞中说到文王时用"大难"一词，说到箕子时用"内难"一词，有所区别。文王之难与箕子之难虽同出于一源，但其遭受灾难的程度和后果不一样，文王担负着周国的命运，牵系着天下民命，如果自处不当，就会连带国人百姓遭受灾难，文王以内文明而外柔顺来应对这场灾难。箕子所承受的灾难可以称为家难，是内部的、切近的，牵系着个人的安危和宗亲关系，箕子用"内难而能正其志"来应对，不以亲情灭大义。文王和箕子面对灾难的共同点是"利艰贞"。

纵观历史，治乱兴衰、死生祸福是天道之常，君子生逢什么时代皆由天定，由不得人，然而逢时变、居乱世之时，君子能否艰贞其德、守志不渝、开创自强，却是出于自己的选择。于乱世方能更显君子之志，因此，明夷卦曰"利艰贞"。

我们例解中举了王阳明筮得明夷卦的例子，但他坚信"君子利艰贞，晦可明"，后来终于在龙场悟道，成就了他充满传奇色彩的一生。

诗人顾城在他的诗《一代人》中写道："黑夜给了我黑色的眼睛，我却用它寻找光明。"

我们来看《大象传》：

《象》曰：明入地中，明夷。君子以莅众，用晦而明。

《大象传》说：光明隐入地中，有光明被伤害之象。君子看到这样的卦象，在治理民众的时候，用晦藏自身聪明的方法达到光明治理的目的。

易道变化不穷，世事治乱相循。君子居于世上，要善于体悟易道，从容处世。明与暗的运用，正是君子智慧之所在。明夷卦运用于险处，就是运用其"明而晦"的智慧，明夷之世光明被埋没，社会昏暗不明，然而处于险境的文王与箕子虽明而能晦，隐藏光明，韬光养晦，以此来全身避险。这就叫"明而晦"。

明夷卦运用于日常工作生活中，就要用其"晦而明"的智慧，比如有些智慧的老人在子女面前，有时故意装聋作哑，不去斤斤计较，不评判孩子们的是非，化解了家庭的矛盾，亲人和睦，其乐融融。比如古代的皇帝，冠冕前面垂着旒，挡在面前使眼睛看不清，双耳边垂着瑱（也称充耳），充耳不闻，使耳朵听不清，这就叫作"用晦而明"。居上位者故意使自己不甚明察，涵养宽厚涵容的厚德，以免人人恐惧不安。正是领导者大度"无为"的态度，才可以使下属的创造力和聪明才智得到充分的发挥。能够将这样的智慧推行下去的人，可以称为明智之人。这就是"晦而明"的道理。

就一般而言，居下处险时运用"明而晦"，可以保命全身；居上平易时运用"晦而明"，可以宽而得众。总的来说，都是"用晦"的道理。

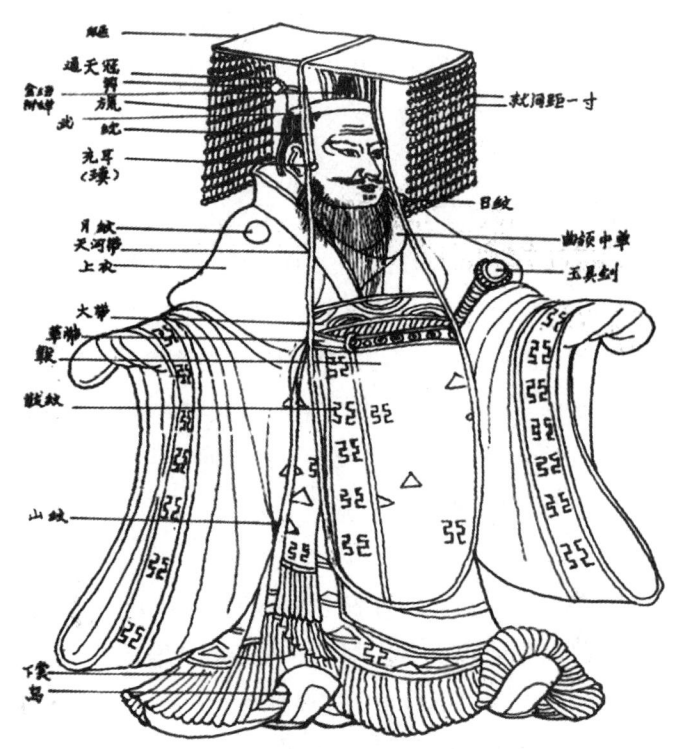

图 36-1　皇帝冕服各部位名称说明图

（以唐代阎立本《历代皇帝图》中的晋武帝司马炎冕服为例）

下面来看在明夷之世，六爻的自处之道：

初九：明夷于飞，垂其翼；君子于行，三日不食。有攸往，主人有言。

《象》曰："君子于行"，义不食也。

初九：光明受到伤害时飞离，低垂着翅膀；君子一路逃遁，三天不吃东西。此时有所前往，主人会有议论。《小象传》说："君子一路逃遁"，是为了遵循道义而不贪求禄食。

初九以阳处明夷之初，居离体之下，是一位有明德的君子，虽然离伤害尚远，但君子有敏感的预见，在细小的苗头出现时，已经预知黑暗对光明的伤害即将来临，于是不待灾难发生，就及早开始了避险行动。"于飞"表示毫不犹豫，迅速退避。为了不引人注意，初九垂敛双翼而低飞。避险切忌迟疑不决，越迅速越好，所以君子一路逃遁，连饭都顾不上吃，沿途投宿的客店主人不能理解，在旁议论。君子也不去解释，掩藏自己的光明，谨慎避险。垂翅而飞，不只是谨慎收敛，也象征着受到了伤害。

记得《水浒传》第二回中高俅刚当上太尉的第一天，八十万禁军教头王进知道灾害将至，带着老娘星夜赶路逃走了。因此母子两人的性命得以保全。《诗经·邶风·雄雉》："雄雉于飞，泄泄其羽。我之怀矣，自诒伊阻。"便似这般情境。

明夷卦，从初爻到上爻，描述了在昏暗乱世的不同时位之人的命运和选择，由于《象传》、爻辞中有文王、箕子，所以主要以商纣末世来对应，使得明夷卦更像一篇气势恢宏的史论。

商朝末期，商纣王荒淫暴虐，政治昏暗，百姓怨声载道。在民间有贤能高才之士，看到这样的昏暗，就会选择隐遁不出。比如姜子牙那样身怀经世之才和安邦之志的贤人，就选择了逃避暴政，隐居海滨，虽穷困潦倒，依然韬光养晦，谨慎避险，等待明君出现。这是初九的选择。

下面来看六二：

六二：明夷，夷于左股，用拯马壮，吉。
《象》曰：六二之"吉"，顺以则也。

六二：光明被伤害，伤到了左边的大腿，用强壮的马前来拯救，吉祥。《小象传》说：六二的"吉祥"，是因为行事柔顺而又不失法度。

六二阴爻居于下体离卦中位，是至明至柔的股肱之臣，然而上有昏君执政，不免被其所伤，"夷于左股"既是指六二受到伤害，也指整个政治环境受到伤害，人往往以右为主，伤左股说明伤害未及太深。这时的六二如果不尽快采取措施，必然会受到更大的伤害，于是以壮马拯救危难。六二的"用拯马壮"不是用强力抵抗，而是采取中正顺应的方法，外顺于小人，行动不失法度，使小人无从下手，因而得以保存实力，最终得吉。这就是"内文明而外柔顺"。

我们在例解中举的是周文王的例子，在明夷这篇史论中，这一爻对应的是周文王。周文王在被拘禁的情况下推演了《周易》，将治天下的大道蕴藏于其中，卦辞间充满了忧患意识。对于自身所处的穷困之境，他采取顺服的姿态脱离了险难，保存了力量，为以后武王征伐殷商积累了条件。这是六二的选择。

下面来看九三：

九三：明夷于南狩，得其大首；不可疾，贞。
《象》曰："南狩"之志，乃大得也。

九三：光明受到伤害时到南方巡狩，抓获了元凶；不可操之过急，当稳妥持正。《小象传》说："到南方巡狩"的志向，在于大有所得。

南为离卦方位，代表光明。九三阳刚居于阳位，质阳而用刚，又是在下体离卦之极，有明德之盛，却屈居于至暗的势力之下，于是九三以刚明之质向黑暗势力宣战，出兵征讨，取得了大的成果。九三与上六正应，上六是黑暗势力的首领，九三的南狩行动擒获了元凶，实现了光明的志向。但是，《周易》爻辞提醒九三，明夷之世的黑暗势力和已经养成的风气不可能急切革除，若用明太过，会遭致强烈反弹，使成果难以稳固，因而要谨慎行事，周密安排，切忌行之过急。

九三爻对应的是武王，继承父志，重用贤良，以德治国，励精图治，最终起兵伐纣，在牧野之战中一举灭商，建立了周朝。这是九三的选择。

下面来看六四：

六四：入于左腹，获明夷之心，于出门庭。
《象》曰："入于左腹"，获心意也。

六四：进入对方的腹地，了解了黑暗的内幕，于是毅然跨出门庭。《小象传》说："进入对方的腹地"，获知内情。

"左"与"右"相对。人道尚右，以右为尊，左有偏差、不正之意；当以己方为正时，与自己相左的对方就是不正，因此"左腹"解为"对方的腹地"。

六四爻在明夷之世于上层坤体中，离为光明，坤为黑暗，进入黑暗的腹地，距离黑暗的核心更近，能够深刻了解光明正道受到伤害的种种情状。六四知道昏暗之世必将覆亡，明白应该怎么做才能远离黑暗，寻找到光明。六四居于暗地，处境艰险，但由于涉入尚浅，又能以柔正之德处事，能够及时走脱，于是出门庭而去，弃暗投明。

六四爻对应的是微子启。微子启是商纣王庶兄，亲眼看到商纣王种种暴行。政治越来越黑暗，他数次劝谏，纣王都不听，于是他选择了出走。周武王灭了商，微子"持其祭器造于军门，肉袒面缚，左牵羊，右把茅，膝行而前以告"，向武王乞降，得到宽赦。后被成王封于商丘，国号宋，成为宋国的第一代国君。这是六四的选择。

下面来看六五的选择：

六五：箕子之明夷，利贞。
《象》曰：箕子之"贞"，明不可息也。

六五：箕子的光明受到伤害，宜于守正。《小象传》说：箕子那样的"守正"，说明光明不可熄灭。

《周易》各卦以五为君位，而明夷卦以上六为君位。因为上体坤卦为昏暗之体，上六为昏暗之极，所以五为臣，而上为君。六五的遭遇如同商代末年的箕子，爻辞中已经明确写了进去。纣王荒淫无道，残害忠良，箕子是商朝旧臣，怀有柔中君子之德，又是纣王亲族，因此也就更切近于灾难。上有昏君，劝谏不听，背离不义，于是佯狂为奴，晦藏其明，才得以保住性命。箕子切近灾难，但仍能够坚守正道和节操，其德行的光明在乱世虽然微弱，却不会被熄灭。

箕子是殷商贵族，纣王的叔父，性耿直，有才能，在商纣朝任太师辅佐朝政。箕子多次劝谏，纣王都不听，于是箕子便披散着头发装疯，纣王以为箕子真的疯了，就把他囚禁了起来。武王灭商建立周朝后，释放了箕子，并向箕子请教治国之道，箕子将"洪范九畴"的治国大道传授给了周武王。这是六五的选择。

为什么一朝上下都被逼到了这步田地？就是因为高高在上的商纣王，下面来看上六：

上六：不明晦，初登于天，后入于地。
《象》曰："初登于天"，照四国也；"后入于地"，失则也。

上六：不发光明反而堕入昏暗，起初登临天上，后又坠入地下。《小象传》说："起初登临天上"，照耀四方诸国。"后又坠入地下"，失掉了正确的法则。

明夷卦下面五个爻都有"明夷"一词，唯独上六是"不明晦"，说明其余五爻都是受伤害的，光明被伤，而上六正是晦暗不明的昏君，是黑暗的根源。上六以阴居阴，处坤之极，是昏暗之极，处于最高位，如登天之高，以其黑暗伤害众人的光明，最终自伤其身，从高位坠落入地，失国送命。

古人将明夷上六爻比作商纣王，他初登天子位时还是较为贤明的，照及四方诸国，但后来昏暗不明，失君道，悖天理，丧尽民心，最终被颠覆。

答　疑

1. 问：明夷卦给处于乱世的君子指出了几种应对的选择，对吗？

答：是的。苏轼在《东坡易传》中对明夷各爻解释说："夫君子有责于斯世，力能救则救之，六二之'用拯'是也。力能正则正之，九三之'南狩'是也。既不能救，又不能正，则君子不敢辞其辱以私便其身，六五之'箕子'是也。君子居明夷之世，有责必有以塞之，无责必有以全其身而不失其正。初九、六四，无责于斯世，故近者则入腹、获心、'于出门庭'，而远者则行不及食也。"

身逢乱世，有能力救则救，比如六二；有能力正则正，比如九三；如果既不能救世，又不能正君，那就至少不去同流合污、为虎作伥，比如六五。所以，箕子佯狂为奴，在那狂诞的外表下面，内心是何等地痛苦，心志是何等地坚定！在乱世，有责任、逃不脱的就只能选择上面的三种办法，而没有职责的则可以选择逃离，比如初九、六四。初九本就无位，隐遁逃离是最好的选择，像姜太公那样。六四已经看穿了世无可补，悄然离去，像微子启、老子那样。这些就是在明夷之世，君子所能选择和应选择的。

2. 问：否卦与明夷卦看起来卦时相近，君子取道相近，具体有什么区别吗？

答：从卦象来分析，否卦是坤下乾上，上面三阳爻，下面三阴爻，整体看上去头重脚轻，是结构性矛盾，居上位者太过强势，资源权力分配失去平衡，上下否塞，阴阳不通，整体呈现将要倾覆的趋势，这往往是历史上那些气数已尽的王朝，积重难返，在这样的卦时下，居于底层的君子俭德避难，远离荣禄，不去参与政治活动即可。但对于居高位及君位的人，否卦则提倡还是要救世，以宏观调控改变结构性矛盾，损上益下，或可有所改变。具体的讲解可到否卦去看。

而明夷卦从卦象来看，是离下坤上，下有贤明之士，而居上位者是昏君，昏暗的执政者正在破坏和伤害君子，因此，仅仅远离荣禄是不够的，还要能够韬光养晦，甚至逃跑或者装疯卖傻来自保性命。这是明夷卦时，君子处世与否卦之时的不同。以上是大概的一个区分，不同的时位，不同的人，有不同程度的调整，具体情况具体分析和对待。可将我们对两个卦的讲读进行参照研习和体会。

明夷卦小结

本卦阐述了处于昏暗不明的乱世，正义和光明受到伤害时处世的原则：在政治昏暗、明入地中的明夷之世，反抗只能招致祸患，君子当自晦其明，守正不移，利艰贞，等待光明重现之时。具体从各爻位看，初九与六四，一个是离黑暗较远者，行不及食地逃脱了，另一个是了解内部的黑暗情况，出门庭逃避，两者属于消极自保。二、三、五爻是在"用晦而明"的前提下积极救世，二爻努力拯救，三爻伸张正义，五爻忍辱负重，使光明不致熄灭。上六则是那个冥顽昏昧的无道昏君，作为君位之人，应自治用明，治民用晦，而上六却反其道而行，对自己没有原则要求，对民众却明察峻法，最终国破身亡。

明夷之世对君子来说是对意志和心智的双重考验，要经受得住磨难，韬光养晦坚守正道，相信正义必将战胜邪恶，光明的一天必将到来。

读卦诗词

乌夜啼·地火明夷

寇方墀

日落丘陵暗,庙堂寂寂无声。
疾飞不食仓惶隐,余悸叹遭逢。

亦有明夷南狩,获心于出门庭。
权奇磊落艰贞志,守夜待光明。

家人卦第三十七

离下巽上

导　读

上一卦我们学习的是明夷卦,这一卦的《序卦》说:"夷者,伤也。伤于外者必反其家,故受之以家人。"明夷是光明受到了伤害,在外边受到伤害就会想到回家。因为家是抚慰伤痛的地方,是疗伤所,家里有亲情和温暖,是避风港。所以在明夷卦之后,接着是家人卦。

在中国的文化传统中,自古以来就重视家庭。孟子曰:"人有恒言,皆曰天下国家。天下之本在国,国之本在家。"(《孟子·离娄上》)

家在中国人的心目中有着特殊的地位,中国人对家的情感几乎可以上升为一种宗教情感。我曾到清华大学去听安乐哲先生在"冯友兰纪念讲座"中的一场讲座,安乐哲先生是夏威夷大学教授,那次讲座的题目是"儒学宗教感:人能弘道,圣人能继天立极"。在讲座中他讲到中国人每年春节回家,形成几亿人的大迁徙,无论有多少困难,无论路途有多么遥远,无论采用怎样的交通方式,他们都会义无反顾地投入回家的洪流,大年夜一定要赶到家中跟父母一起过年,所有人都受到这种情感的召唤,回家过年几乎成为一种信仰。听到这里时，我深有感触，如果家中父母年事已高，回家时父母倚门眺望的场景一定会让人泪水沾襟。我们作为中国人，把回家过年当作天经地义的事，而在外国人眼里，却看到其中充满神圣的情感。

这份情感是有来由的，我在这里引用我的老师余敦康先生在《中国宗教与中国文化》第二卷《总序》中所写的一段话，讲的是我们中国文化的主体和核心是什么，文中写道："夏、商、周三代以'敬天法祖'为核心内容的国家宗教是当时中国文化的主体与核心。周公旦通过'制礼作乐'使之完善化，形成为一种具有浓烈宗法伦理色彩的宗教文化——礼乐文化。孔子儒家哲学本质上是这种作为宗法伦理宗教的礼乐文化的人文化的产物，它在西汉以后成为历代王朝独尊至上的国家哲学和统治性的意识形态。儒家的社会伦理思想同时也成了国家宗教的中心教义，儒家哲学教人以'忠君孝亲'之义，国家宗教则行之以'崇天祭祖'之仪，二者实质上是本质内容与表现形式的关系。儒家作为国家哲学的至上地位事实上也被后来兴起的道教和外域传来的佛教和其他宗教所接受和承认，把奉行儒家伦理规范、完善道德人格作为善有善报以及成佛成仙的一个重要标准。两千多年来的历史事实证明，以宗法伦理为中心的儒家哲学是中国文化的主体和核心，而它并非宗教。"

从上面这段话中，我们看到为什么中国人如此重视家庭伦理，重视亲情。这是由我们的文化血脉形成的，这份血脉和情感在中国人的身上流淌传承，百姓虽然日用而不知，但却用它来衡量、选择、决定自己的生存生活方式。它并非宗教，但却有着宗教情感，起着宗教的作用。

我们来看家人卦，家人，就是人家、家庭的意思。家庭是社会结构中的基本单元，父子、夫妇、尊卑长幼的秩序和伦理都体现在家庭中。从卦象看，离为火，巽为风，火烈则风生，风火相助，由内而外，象征以家庭为单位，由内而外参与社会。从卦德看，内文明而外和顺，是处家之道。从爻象看，六二阴柔中正，主于内，九五阳刚中正，主于外，阴阳相应，夫妇相合，是治家之道。

我们《全本周易导读本》给家人卦起的小标题就叫作"中国式家庭"。每个国家的家庭是不一样的，我们当代的家庭形态与古代也已有所区别，古代的家讲的是家族，有时几代人聚居在一起，所以治理好一个家庭也不是一件容易的事情。现代的家庭单位虽然变小了，但是内在的亲情和秩序的伦理内核仍然在主导和维系着每一个家庭。

讲　解

下面来看卦辞：

家人：利女贞。

我们对于"利女贞"该如何理解？首先，卦辞强调了女子在家庭中的重要，因为男主外，女主内，男性更多的精力和时间用在社会上，家庭事务是以女性为主的，即便是当下女性已经走向社会，参与社会工作，然而由于生理、心理以及社会传统等原因，家庭仍然是以女子为主的，可以说，一个家庭是否和睦，家道能否兴盛，子女能否得到良好的身心培育，更多地是受女主人的影响。甚至，男主人能否事业有成，也深受女主人的影响，因此，女主人要能坐得稳、立得正、看得清才行。

咸卦讲恋爱，那时的女子是少女；恒卦讲婚姻，那时的女子是刚结婚的少妇；家人卦讲家庭，这时的女子已经是母亲。中国文化传统尊重母亲，歌颂母亲，就是因为母亲是公正无私的、奉献的、宽厚的、包容的，像大地那样。所以，家人卦的卦辞虽简单，却是沉甸甸的，"利女贞"。

下面来看《彖传》：

《彖》曰：家人，女正位乎内，男正位乎外；男女正，天地之大义也。家人有严君焉，父母之谓也。父父，子子，兄兄，弟弟，夫夫，妇妇，而家道正，正家而天下定矣。

《彖传》说：家人，女子在家内居于正当的地位，男子在家外居于正当的地位；男女的地位正当，这是天地的大道理。家中有严正的君长，指的是父母。父亲尽好父亲的责任，儿子尽好儿子的责任，兄长尽好兄长的责任，弟弟尽好弟弟的责任，丈夫尽好丈夫的责任，妻子尽好妻子的责任，这样家道就能够端正，家道端正了那么天下也就安定了。

《彖传》在卦辞"利女贞"的基础上，强调男女各得其正，不是单方面地只要求女性，因为家庭是男女共同组建的，任何一方不正，都会造成偏颇和矛盾。家人卦讨论家庭伦理问题，家道之正在于男女能各正其位，尤以女子能正为利。因为在家庭中，男主外而女主内，女子在家庭日常事务中能否有中正柔顺之德，是一个家庭的家道能否得正的重要因素。家人之道，父母要既严且慈，如九五与六二的配合，严能够培养出孝敬，慈能够培养出亲情。家庭中有父子、兄弟、夫妇，如能各正其位，既能长幼有序，又能和睦相亲，就能成为一个幸福的家庭。齐家治国平天下，是同样的道理。

在例解中，我们对于中国式家庭进行了进一步的分析，男主外、女主内是传统的中国家庭模式，这是由于男女天赋本性的不同以及他们在社会上所承担的职责不同而逐渐形成的。长期以来，这样的家庭模式作为社会的基本单元呈现出稳固的特质。在当代新的社会背景下，更多的女性不再局限于主持家庭内务，而是走向社会，承担起更多的社会责任，男性养家的重担得以减轻。而家庭事务由双方共同处理，家庭教育逐渐社会化，形成了新的家庭模式。这些都是家庭外在形式的转变，然而无论形式如何转变，持家之道却是自古以来一脉相承，比如长幼有序、男女有别、夫妇和睦、中正相应、与人为善、立身垂范等，都有着永恒的意义。

《象传》中提出了父子、兄弟、夫妇三对关系，父子天性，是血缘恩情的关系；夫妇相合，是情感加责任的关系；兄弟相亲，兄友弟恭，是血缘加情义的关系。家庭中有亲情、友情、爱情，因此家庭是讲恩讲情的地方，所以在家人卦的卦爻辞中，为了保持贞正之道，会强调家道要严，但不能严苛，就是因为，在以情相系的家庭中，不能过分强调理而破坏了情。中国有句俗话叫作"清官难断家务事"，就是因为家是讲情的地方，用理来断是断不清的。保护这份情，在理上恰当地做出让步，才能让家庭既有序又和谐。

唐代有位叫张公艺的老先生，是我国历史上治家有方的典范，他们家族九辈同居，九百人团聚在一起，仍能够和睦相处。《旧唐书》卷一百八十八记载："郓州寿张人张公艺，九代同居。北齐时，东安王高永乐诣宅慰抚旌表焉。隋开皇中，大使、邵阳公梁子恭亦亲慰抚，重表其门。贞观中，特敕吏加旌表。麟德中，高宗有事泰山，路过郓州，亲幸其宅，问其义由。其人请纸笔，但书百余'忍'字。高宗为之流涕，赐以缣帛。"张公艺历北齐、北周、隋、唐四代，享年九十九岁。《旧唐书》记载他家受到几朝皇帝的表彰，唐高宗曾亲自登门问他是怎么做到的，这位老人叫人拿纸笔来，写了一百多个"忍"字。可见，维护好一个大家族不容易。为什么可以忍？因为有情，所以可以忍，为了家族和睦，可以包容不同的性格和脾气，也正因为可以包容，家才是每个人的港湾。

下面来看《大象传》：

《象》曰：风自火出，家人。君子以言有物而行有恒。

《大象传》说：风从熊熊燃烧的火中生出，象征着家庭（成员的行为会带动家风）。君子看到这样的卦象，警醒自己言谈说话要符合实际，行为做事恒守准则。

这里的"家人"犹如今天所说的"人家"。家人卦内离而外巽，风自火出，火炽烈则风强盛，如同一个家庭，家风如何，是由家长的持家之道决定的。君子看到这样的卦象，应该明白修身的重要，一言一行不能偏离正道，所说的话要言之有物，符合事实，通于情理；所做的事要遵循常理正道、法度规范，道德事业显示于外，而言行谨慎恪守于内，如果能够做到这样不断提升自身的修为，身正则家治，家庭成员受到言传身教，在日常生活中不断耳濡目染，自然会形成淳厚的家风，从而家道昌盛。

元代郑太和《郑氏规范》曰："为家长者，当以至诚待下，一言不可妄发，一行不可妄为，庶合古人以身教之之意。"家长要真诚地对待孩子，说话不要妄说，做事不能妄为，这样，孩子从小受到的教育就是正确的。植树先立根，长大能参天。

初九：闲有家，悔亡。
《象》曰："闲有家"，志未变也。

初九：有所防范才能保有其家，悔恨消亡。《小象传》说："有所防范才能保有其家"，志向纯正没有改变。

"闲"，防止。初九居于家人卦的初爻，是家道治理的开始，治家理念要在"磨合期"就开始实施，防止以后出现令人后悔的事。治家要守正道，有章法，以树立家风、营造和保护家庭的和谐有序。这是一种家庭教养，良好的家教可使长幼有序、男女有别、彼此尊重、不伤恩义。父母管教孩子也是如此，要在孩子很小时就进行教育和规范，长大了才能习惯成自然。初九是刚明之才，初期能够在家庭成员志意纯正时打好基础，悔吝之事因而消除。

《颜氏家训》说："孔子云：'少成若天性，习惯如自然。'是也。"家庭是社会的基本单位，家庭中的每个成员都有责任倡导和维护良好的家风，家中的男主人更是责无旁贷，正所谓"国有国法，家有家规"，"不以规矩，不成方圆"，为家庭树立规范，先从自身做起。对于小孩子的教育，更是从幼儿时就要用心，不可糊涂了事。初九作为一个居于离明之体的阳爻，当以刚明之才尽早树立家规，有意识地倡导和带动光明正和之气，将来便不会有悔恨。

六二：无攸遂，在中馈，贞吉。

《象》曰：六二之"吉"，顺以巽也。

六二：无所专任完成之事，在家中操持饮食，守正吉祥。《小象传》说：六二的"吉祥"，是因为能够柔顺温和。

六二柔居阴位，居中得正，是一位中正柔和、明达事理的家庭女主人，主持家庭内务，料理烹饪供应食物，尽心尽力，家中遇到事情不会自作主张，而是以柔顺之德与九五配合默契，彼此刚柔相济，共同处理，效果良好。六二是一位贤妻良母，柔中明理，守正厚德，家庭幸福而吉祥。

九三：家人嗃嗃，悔厉，吉；妇子嘻嘻，终吝。

《象》曰："家人嗃嗃"，未失也；"妇子嘻嘻"，失家节也。

九三：家里人相处过于严肃，尽管有后悔和危厉的情况，但最终家庭吉祥；妇女孩童嬉笑打闹，终将会有遗憾。《小象传》说："家里人相处过于严肃"，尚未失掉家庭的规矩；"妇女孩童嬉笑打闹"，失掉了家规的节制。

九三以阳居阳，又在下体离卦之极，阳刚且明察，但已经过中了。治家的最好境界是刚柔相济、宽严适度。九三治家刚明有余，宽慈不足，对待家人管束很严厉，致使家里人都心存敬畏，战战兢兢，不敢触犯规矩，这样会伤到骨肉亲情，缺少其乐融融的家庭气氛，有时会因过于严厉而后悔，但从长远看，对家庭来说却是吉祥的。如果家庭气氛过于放纵，妻子儿女整天嘻嘻哈哈，没有规矩，不知节制，那么最终会遭受羞吝。可见，治家如达不到宽严有度，那么宁可偏于严厉，也不可偏于纵容。

六四：富家，大吉。
《象》曰："富家，大吉"，顺在位也。

六四：使家庭富裕，大为吉利。《小象传》说："家庭富裕，大为吉利"，是因为顺从在位者。

六四阴居阴位，进入上体巽卦，顺承于九五，是为妻之道。在家庭中，父亲是主教化的，是一家人的人格表率；母亲是主饮食的，负责一家人的财政开支。六四居正性柔，能顺承九五的阳刚，安守其位，勤俭持家，收支有度，不但能保证家庭的正常运行，还能增加家庭的富裕，日子越过越红火，是谓大吉。

明代姚舜牧《药言》中说："家处穷约时，当念'守分'二字；家处富盛时，当念'惜福'二字。"家庭处于穷困贫贱的时候，要守住做人的本分，不能做"小人穷斯滥矣"的事；家庭处于富贵昌盛的时候，要懂得惜福，勤俭持家，与人为善。常言说："惜福福常在，随缘缘自来。"

九五：王假有家，勿恤，吉。
《象》曰："王假有家"，交相爱也。

九五：王达至了治家有道因而保有其家，无须忧虑，吉祥。《小象传》说："王达至了治家有道因而保有其家"，说明此时家中人交相亲爱，彼此和睦。

"假"，通"格"。"至"，达到。九五的治家之道至正至善，家道必盛。九五阳刚中正，居于主位，同时又是上体巽卦的中爻。在家人卦中是家庭的男主人，既有刚中之德，又有巽体化下之风，与六二爻刚柔相应，家风宽严有度，家庭成员彼此尊重、相亲相爱，是男主外、女主内的最佳配合。这是典型的中国式传统家庭，是历代君子仁人追求"修身齐家治国平天下"理想人生的重要部分，拥有这样的家庭，必无所忧而吉了。

上九：有孚威如，终吉。
《象》曰："威如"之"吉"，反身之谓也。

上九：有诚信才有威严，终获吉祥。《小象传》说："有威信"的"吉祥"，是说要反身正己。

"有孚"，有诚信。"威如"，威严的样子。"终吉"，是指家道已成，家族兴旺吉祥，传之长久。上九以阳刚居于上，有威严，以阳刚居于柔位，对家庭成员至诚无私，所言必信，于是逐渐在家庭中树立了威信。治家的道理，以诚信为根本，发自内心，出于正道，维护家庭伦理正义，同时以严格要求来实现这种维护。如果不诚信，就会使家庭中彼此欺瞒，不严厉，就会使家人亵渎散漫。上九反身修德，从自身做起，诚信而刚严，很好地保持了家道的健康长久，终获吉祥。

一家之主当以诚信树立威严，正身律己，不断提升自己的德行修养，修持正道，保持家道恒久。同时，要为家庭做长远打算，将良好的家风传承下去。

南宋倪思《经锄堂杂志》曰："君子岂不为子孙计？然其子孙

计,则有道矣。种德一也;家传清白,二也;使之从学而知义,三也;授以资身之术,如才高者,命之习举业,取科第,才卑者,命之以经营生理,四也;家法整齐,上下和睦,五也;为择良师友,六也;为娶淑妇,七也;常存俭风,八也。"

这段话的意思是,君子治家哪有不为子孙后代打算的?然而为子孙后代打算,是有道可循的:第一,种下善德的种子,积善之家必有余庆,德行是根基;第二,家族传承要有清白之风,清白则气正,不会入邪途;第三,使子孙后代从事学习而知道天地大义;第四,让他们学本领,能够安身立命、养家糊口,对于才质好的孩子,让他读书参加科举,对于才质差的,让他去学点经营手艺之类的本事,靠勤劳吃饭;第五,要设立家规家法,使子孙做事有依据,家庭氛围就会有序而和睦;第六,要为子孙选择良师益友;第七,为子孙选娶知礼贤淑的妻子,这一项非常重要;第八,要使家道常存节俭之风,防止奢侈腐化。能践行此八项者,家道必然淳厚长久,子孙得其福荫。

答 疑

问:女性在家庭中应该给自己一个什么样的定位?

答:我在中华书局骨干教师成长营讲课时,有教师提出女性在家庭中的地位问题,我回答说,如果将家庭看作一艘船的话,那女人就是掌舵的,男人是划桨的。这不是让女性妄自尊大,而是想让女性朋友们能够清醒地认识自身的责任和在家庭中举足轻重的作用,去除女孩子时期可能有的任性,担当起作为妻子母亲的责任,行得正,有定力,践行坤德,孝亲爱子,和衷共济,使家庭这艘小船承载着全家人的希望，顺利地航行在人生的航程上，收获家庭带来的亲情与幸福。

家人卦小结

家人卦以家庭伦理为主题，主要阐述了治家之道。卦中六爻，四阳二阴，阳爻代表男子，初九治家曰"闲"，在家庭成立初期就立好家规，防止家道走偏以后悔恨；九三治家曰"厉"，虽过于刚严，但相比之下，要比纵容的结果好得多；九五"王假有家"，以刚中与六二柔中配合，无忧且吉；上九"有孚，威如"，树立威信，家道吉祥。可见，男子在家中以刚严治家为正，同时必须修身律己，以身作则才有威信。卦中两阴爻代表女子，六二"在中馈"，柔中巽顺，主持家务，供应饮食，使家庭温暖；六四"富家"，理财有方，家道殷实。可见，女子在家中以柔顺为正。

男女有别，刚柔不同，家庭的和谐缺少了哪一方面都不完整，家庭和睦，相亲相爱，彼此尊重，刚柔相济，是完美的中国式家庭，是家庭中男女双方共同努力的结果。在儒家思想中，"天下之本在国，国之本在家"，"家齐而后国治，国治而后天下平"，家庭在中国人的心目中占有至关重要的位置。

读卦诗词

卷珠帘·风火家人

寇方墀

火烈风生相顺助,君子持家,内外皆成务。
教子少成若天赋,严君慈母两相顾。

家族荣盛当惜福。穷约难处,守分方行路。
种德修身担勤苦,清白知义家道睦。

睽卦第三十八

兑下离上

导　读

　　上一个卦是家人卦，讲的是如何处理好家人的关系，各尽其责，如何使家风淳正、家道长久。中国历史上有一些大家族，设立家训，注重家风，往往可以传承多代而不衰，比如吴越钱氏家族，从五代时期吴越国的开国君主钱镠开始，到当代经历了一千多年，代代人才辈出，经久不衰，钱穆、钱锺书、钱其琛、钱伟长等，都是钱氏后裔。家道历千年而不衰，就是因为有家训传承。据史书记载，钱镠曾立有家训，在临终前还给子孙留下"心存忠孝，爱兵恤民，勤俭为本，忠厚传家"等遗嘱，这些家训和遗嘱世代相传，激励着钱氏后人。

　　但是，不懂得立身垂范、立家训教育后代的人家，却往往应了民间的那句俗话，"富不过三代"。那是因为不注重家道家风的建设、精神文化的传承，第一代创业，艰苦奋斗，积累了财富，自知一切来之不易，因此克勤克俭；第二代守成，看到父辈的艰难，尚且可以保住家业；而第三代坐享祖上的基业，不知珍惜，好逸恶劳，就把家给败了。家道家风更无从谈起，最后落得个财空人散，家道已穷。《序卦》称：

家道穷必乖，故受之以睽。睽者乖也。

《序卦传》说："家道穷尽的时候必然乖离，所以在家人卦后是睽卦。睽的意思是乖离。"睽卦讲的是睽违、乖离的卦时，家道穷困，家庭成员就会乖离。

从睽卦的卦象来看，兑下离上，兑为泽，泽水向下滋润；离为火，火性向上燃烧，彼此背道而驰，睽违不合，所以称作睽。

从另一方面来看，睽卦中离卦和兑卦，在乾坤六子中是中女和少女，如同姐妹，虽然成长的过程中在一个房檐下生活，但她们的志向和想法不同，最终将嫁到不同的人家，所以有也睽违之象。

这都是睽违乖离的原因，但这种彼此背离的现象并不是势不两立到彼此消灭的程度，其中还存在着合睽的可能，因为从秩序上来看，离卦为中女，居于上，兑卦为少女，处于下，长幼的秩序没有乱，还不至于彼此决裂，仍然含有相济相通的可能。如果是少女在上，中女在下，秩序颠倒，那就是泽火革，革卦，要进行革命，要彻底革新了。

因此，睽卦有合睽的基础，睽卦的卦旨就是讲在睽违背离的情况下如何进行补救和合睽。

对于睽违相异这样的情况，我们该如何认识和对待？

首先，要接受睽违是世上必然存在的事，从性情感受上来说，谁都不希望别人跟自己睽违相对，《说文》解释："睽，目不相视也。"两个人谁也不理谁，眼睛看向不同的地方，彼此相背。"睽"就表示乖离、不顺、意见不合，在睽违状态中的人，有时还会落入孤立、孤独的境地，叫作"睽孤"。但从现实形态来说，睽是处处存在的，因为事物本身就各有差异，差异性普遍存在，睽违也就是普遍存在的。从另一个角度来说，正是因为有差异，才有合睽、互补、交流、合作、成功的可能。

《国语·郑语》记载，史伯对桓公说："夫和实生物，同则不继。以他平他谓之和，故能丰长而物归之。若以同裨同，尽乃弃矣。故先王以土与金木水火杂，以成百物。"意思是正因为事物有所不同，所以可以相和，万物得以生长发育，如果是完全相同一致的，则无法发展和继续。

因此，睽卦虽非大吉之卦，却是有合睽的可能的。大家不难看出，在睽卦中，六个爻都是先睽而后合，无论遇到什么样的情况和困难，最终的结果是合睽。可见睽卦之深意。

讲 解

下面来看一下卦辞：

睽：小事吉。

睽：小事吉祥。

刚才我们说到，睽不是大吉之卦，但卦辞中还是有吉的，只是做小事吉祥。为什么呢？毕竟是睽违之时，已经是睽违背离的局面，遇到这样的情况，不能急于合睽，更不能用忿戾之心、暴力手段强迫对方合睽。合睽是需要慢慢来的，在后面爻辞里面，我们看到"丧马勿逐""遇主于巷""厥宗噬肤"等，都是不急于合睽，以柔和为上，要能委曲周旋，善于等待。所以说是"小事吉"。先有"小事吉"，之后才有大事吉，不要着急，要顺势徐图之。发现了矛盾和睽违的态势，不能够简单粗暴地"牛不喝水强按头"，因为一般人都犟不过牛，非但白费力气，还可能受伤害。所以不用着急，只要等到牛渴了的时候，给它水，它自然就喝了，牛就心甘情愿地合睽了。这就是"小事吉"的用意。

下面来看彖辞：

《彖》曰：睽，火动而上，泽动而下；二女同居，其志不同行。说而丽乎明，柔进而上行，得中而应乎刚，是以"小事吉"。天地睽而其事同也；男女睽而其志通也；万物睽而其事类也。睽之时用大矣哉！

《彖传》在进一步分析和阐述睽的生成及意义，前面我们已经说到了，兑卦和离卦，火向上，泽向下，两者背道而驰，二女同处一室却走向不同的人生，各自嫁人，志不同归。这些都是形成睽的卦象。看上去让人感到不顺意，然而这却蕴含上天的美意。睽之所以称为睽，是因为万物本是同出一源，后来出现了睽违的现象，事物彼此背道而驰，有了差异。从整体来看，兑卦以喜悦附丽于离卦的光明，卦中六五爻与九二爻得中相应，所以做小事可以吉祥。由于睽违，天地有了高下，男女有了分别，但他们彼此相求的志向却是相通的，于是天地阴阳相和，化育了万物，男女彼此相爱，人类繁衍不息，天地间有了这样缤纷多彩的森罗万象。因此彖辞赞叹说：睽的时用是多么广大啊！

卦辞说"小事吉"，彖辞说"时用大"，是从具体的操作层面和广泛的应用层面分别进行论述，可见睽卦有着明显的辩证意识。

苏轼在《东坡易传》中的一段话，就非常具有哲理和辩证意识："人苟惟同之知，若是必睽，人苟知睽之足以有为，若是必同。是以自其同者言之，则二女同居而志不同，故其吉也小；自其睽而同者言之，则天地睽而其事同，故其用也大。"意思是：人如果只知道求同，其结果必然是乖离，人如果知道乖离足以有所作为，其结果必然会同。

接着来看《大象传》：

《象》曰：上火下泽，睽。君子以同而异。

《大象传》说：火在上而泽在下，象征着乖离。君子看到这样的卦象，于是在乖离的情况下求大同而存小异。

世俗社会中，每个人、每个群体都有其独有的特征和个性，有着各种各样的生存生活方式，这使得世界千姿百态，而在差异中，人之为人的常情常理却是大致相同的。如果能够做到尊重差异，在差异中寻求一种平衡的结合点，求同存异，使乖违睽异转变为相反相成，万物得以和谐共存，便是懂得了合睽的大道。当然，我们上面所说的合睽是大原则，并不等于随波逐流，也不能做个和稀泥、无原则的人，那样就失去的合睽的真意，而成了孔子所批评的"乡愿"，因此，要借鉴程伊川和王船山两位大儒的建议，在"用睽"的过程中要把握好原则、分寸和尺度，否则过犹不及。

下面来看六爻的解读，在分别讲六爻之前，我们先把六爻的情况大致说一下，知道个梗概，在细读的时候会更易于理解。

六个爻都是先睽而后合。

初九爻辞"丧马勿逐"，马跑了，这是睽，但不要急着去追，遇到恶人也不要急着跟恶人斗，到了四爻"遇元夫"，就合睽了。

九二爻辞"遇主于巷",说明之前与主人背离了,这是睽,不要着急,等到合适的时机,委曲寻觅,就能够遇到主人,结果到了五爻时,"厥宗噬肤,往何咎",就合睽了。

六三爻辞"见舆曳,其牛掣",车子后面被拖拽,牛在前面拼命拉,这是睽,不要急,到了上九爻时,"遇雨则吉",也合睽了。

睽卦的爻辞有很多奇特的现象,又是恶人,又是满身是泥的猪,又是满车子的鬼,都是外象迷惑人,就像世上的万事万物纷繁复杂,尤其在出现矛盾和乱象时,更是淆乱,其实,内在的道理无非简易的一阴一阳,明白了这个根本真相,就不会被外象所迷,而能淡然处之了。

下面来看具体的六爻的解释:

初九:悔亡,丧马勿逐,自复。见恶人,无咎。
《象》曰:"见恶人",以辟咎也。

初九:悔恨消亡,马匹丢失不用追逐,自己会回来。谦逊地接纳恶人,不致咎害。《小象传》说:"谦逊地接纳恶人",以避免咎害。

当双方睽违不深的时候,可能只是误会或者刚出现睽的苗头,万不可自家先惊动了心神,奋起刺激对方,如果自己有一点损失,要胸怀开阔些,让他一马,正所谓"丧马勿逐",否则很可能丧失更多。另一方面,不立异,以谦逊的态度接纳当下,静观其变,就像没有发现睽一样,这样不见睽的态度,才会有后面合睽的可能。

"见",指谦逊地接纳。"辟",通"避"。初九处于睽卦之初,本性阳刚好动,在睽违离散的时候,希望能做些事情,但向上与

564

九四两阳相敌，没有应援，却有阻碍，不能继续向前，如同行路丢失了马匹，路上遇到了恶人。这样的情况本应有悔吝，所幸初九与恶人睽违矛盾不深，尚有合睽的可能。如果初九能够做到沉着宽容，和同守静，不急于追逐自己丢失的马匹，不莽撞激怒遇到的恶人，以长远眼光看待事物的发展，从容接纳，物来则应，化解睽违，那么悔吝自会消失，马匹会自己回来，与恶人相处也可以避免过咎。

我们在这一爻的例解中举的是一起近年在北京实际发生的案例，车主双方因停车而发生争执，最后导致一方的孩子被摔死，而行凶的一方被判死刑。这就是因不善于合小睽而导致大害的例子。

来看九二爻：

九二：遇主于巷，无咎。
《象》曰："遇主于巷"，未失道也。

九二：在小巷中遇到主人，没有咎害。《小象传》说："在小巷中遇到主人"，尚未失掉处睽之正道。

符合礼节的见面称作"会"，不合礼节的见面叫作"遇"。九二与六五本来阴阳相应，但却彼此不居正位，在睽违之时，两相背离。希望合睽，却受到各种条件的限制。因此，九二主动寻找机会合睽，最终九二作为阳刚中道的大臣，与六五柔中之主的见面不是在大殿上，而是迫于睽违乖离之世的恶劣环境在小巷中相遇。为了使君臣得以相见，以完成合睽的目标，九二权衡变通，委曲相求，循墙而走，谦逊谨密，终于"遇主于巷"。虽然忽略了外在的礼节，但双方刚柔相济、中道而应，没有违背合睽之道，对于转变睽违的局面是有好处的，不会有过咎。

我们在例解中举的是清代陈梦雷的例子，在睽违二十七年后，陈梦雷趁康熙巡视盛京的机会，献诗称旨，被召回京师，达到了合睽的目的。这就是九二合睽的方法，可以委曲婉转，可以"遇主于巷"，创造机会，抓住机会，一举合睽。

程子为防止有的人借此行邪僻行径，专门强调说："遇非枉道迎逢也，巷非邪僻由径也，故夫子特云遇主于巷，未失道也。"《小象传》里的"道"指合睽的正道，方法虽然是"遇主于巷"，那只是形式上的权变，大义和正道并没有丢失。这正是大儒在细节处仍能够严守原则的一个表现。

来看六三爻：

六三：见舆曳，其牛掣，其人天且劓。无初有终。
《象》曰："见舆曳"，位不当也；"无初有终"，遇刚也。

六三：看见大车被拖曳，那牛用力牵引，赶车的人额头有墨刑留下的刺字，鼻子被割掉。开始很艰难，最终顺利。《小象传》说："看见大车被拖曳"，是因为居位不正当；"开始很艰难，最终顺利"，是因为遇到了刚强的人。

"天"，古代的墨刑，在额头上刺字。《集韵》："刑名，黥凿其额曰天。""劓"，割鼻。古代五种酷刑之一。"掣"，牵制。

六三的爻象很是奇异，很有画面感，走不动的牛车，额上刺了字、割了鼻的奴隶，其实都是在象征睽违的程度。六三本质阴柔，居于九二和九四两阳爻之间，在睽违之世，本欲与上九合睽相应，后面却被九二牵住，前面又被九四挡住，举步维艰。因为本质柔弱，所以无法摆脱九二的牵拽。由于阴居阳位打算用强势前进，却触犯了九四而被掣受伤，成了一个进退不得自由的"奴隶"。六三居于兑卦之极，和悦处事是其优长，这时的六三应发挥和悦之极的德行优势，以柔顺和悦的心态面对困难，妥善处理与九二、九四的关系，争取上九的支持，化解矛盾，理顺关系。开始会很艰难，最终会顺利合睽。无论睽违有多深，仍然把握一个原则：不急不怒，因势利导，从容应对。

我们在这一爻的例解用的是春秋时期子产的例子。子产执政，面对复杂的派系斗争和民众的不理解，他不动声色地以和柔的方式，给人们以言论的自由，给贪利者以土地，多方合睽，终于掌控了局势，使郑国进入发展平衡期，而子产也成为历史上的名相。子产称得上是善用合睽之道了。

来看九四爻：

九四：睽孤，遇元夫，交孚，厉无咎。
《象》曰："交孚""无咎"，志行也。

九四：乖异孤独，遇到了阳刚之夫，交互诚信，虽危险而没有咎害。《小象传》说："交互诚信""没有咎害"，说明志在践行。

九四阳居阴位，不能安处，前后各有二阴爻围困，独立无援，所以是"睽孤"。在睽违之世处境危险，在寻求伙伴的时候，九四遇到了"元夫"，"元"既是初的意思，又有善的意思，这里指的是初九。两阳爻本不能相应，初九当初也曾将九四看作恶人，但初九以宽和的心态不计得失，求同存异，主动合睽，九四居位已过中，在孤立的处境下，只有放弃傲慢与偏见，去除私欲，以大局为重，与初九以挚诚相见，交相孚信，共同匡正时弊，才能达到合睽的愿望，则虽危而无咎了。

我们在此爻的例解中用的是诸葛亮和法正的例子，两者一个刚直，一个谨慎，好尚不同，有很多睽违之处，但却能够以公义相取，以大局为重，形成了互补，彼此恰能避免对方的缺陷，所以利于践行。

来看六五爻：

六五：悔亡，厥宗噬肤，往何咎？
《象》曰："厥宗噬肤"，往有庆也。

六五：悔恨消亡，那个同宗的人在吃肉，前往又有什么咎害？《小象传》说："那个同宗的人在吃肉"，前往必有喜庆。

六五以柔居于睽卦的君位，柔弱之质使其没有能力把握大局，扭转睽离的态势，这应该是有悔恨的。但六五的有利条件就是有九二与之相应，有贤臣辅佐，悔恨可以消除。九二有阳刚的才干和魄力，处理问题如"噬肤"般容易。九二委曲寻找，前来相应，是希望与六五达成合睽的共同志向。六五柔中之德应九二刚中之辅，将九二视为同宗同党，双方心志契合达到了深度的信任，这样君臣共治的态势是非常有利的，前往合睽还有什么过错呢？其结果也必然会大有福庆。

正所谓"君甘臣酸"，六五和九二的配合，也是互补合睽。

上九：睽孤，见豕负涂，载鬼一车。先张之弧，后说之弧；匪寇婚媾。往遇雨则吉。

《象》曰："遇雨"之"吉"，群疑亡也。

上九：乖异孤独，看见一头满身是泥的猪，一辆载满了鬼的车。先是张弓欲射，后又放下弓箭；因为来的不是强盗，是娶亲的车队。前往遇到雨则吉利。《小象传》说："遇雨"的"吉祥"，是因为种种猜疑都消失了。

上九居于睽卦之极，是乖戾之极；又阳刚居上，是刚暴之极；同时又在上体离卦之上，过于明察，就成了苛察多疑之极：可谓乖戾、刚暴、多疑"三极"，这三者是彼此促进的。实际上，在社会中，我们往往也会遇到这样的人，因为多疑，所以刚暴；由于刚暴，又不能够与人相和，因此乖戾。上九本来有六三可与之相应，但上九这样性格的人是不会轻意相信他人的，睽违孤独是必然的。我们给后面的中孚卦取的小标题是"信是一种能力"，其实这些乖戾、刚暴、多疑的人，是没有能力相信他人的，是因为不自信，内心没有安全感，所以会导致这样一种性格。在睽卦里边，结果还算好，六三排除万难前来寻求合作，上九却将其看作涂了泥的猪一样污秽蠢笨，心生厌恶，这种看法完全是由其性格和成见造成的，是上九臆想出来的，上九又猜测六三有罪恶的图谋，载了满车的鬼前来。这些都是无中生有，从上九的心里妄想出来的景象，受这种狂妄想法的驱使，上九达到了睽违之极，弯弓搭箭，要射六三，想要伤害六三。但所幸，上九后来又将箭放了下来，因为六三面对艰难危险，以极其柔顺和悦的态度前来相应，且有足够的耐心，显示出自身并无歹意，以真诚来相应。上九看清了六三不是匪寇强盗，而是来合作的，终于冰释猜疑，睽极而合，前往与六三相应，阴阳相合，时雨降落，先睽后合，终而得吉。

答 疑

问：什么是"以同而异"？

答：《程传》："在人理之常，莫不大同，于世俗所同者则有时而独异……《中庸》曰'和而不流'是也。"意思是说，君子在伦常大义方面，要同于大义，不能背离。但在世俗习气方面，则要有独立的意识，要独异于流俗，就是《礼记·中庸》所说的："君子和而不流，强哉矫。中立而不倚，强哉矫。国有道，不变塞焉，强哉矫。国无道，至死不变，强哉矫。"品德高尚的君子，和顺而不随波逐流，保持中立而不偏不倚，国家政治清平时，不改变未达时所守的志向，国家政治黑暗时，仍能够坚持操守，宁死不变，这才是真强！

王船山认为，《大象传》所说的"以同而异"就是用睽的大原则，善于用睽的人能够做到"不党不争"："用之于所同，不党也，不用之于所异，则不争也。"他的意思是说，如果为同而同，以同求同，就是结党，这就是"小人同而不和"，只是结党而已，而真正的君子是"君子和而不同""周而不比""群而不党"。相反，如果为异而异，以异求异，到跟自己不一样的人群里去显示自己异于人，甚至以此来高标炫耀于人，这就是争，使得自身孤立而伤和，处于危厉之地，同时也会伤害到别人。现在互联网时代，往往会出现这种情况，产生无谓的争执，却不能彼此说服对方达到"以同而异"的效果，这是因为同的基础不存在，因此只是各自在那里自说自话，达不到探讨切磋的目的。真正的君子，不以同而同，也不以异而异，而是"以同而异"，前提是有相同的立足点和立论的基础，再以差异处相切磋，才能够彼此启发，产生出新的思想，这就是"君子和而不同"。

我们看到《周易程氏传》从君子与社会的关系来讨论君子"以同而异"的问题，王船山以君子修学讲习功夫处讲"以同而异"的问题，都是在讲处睽、用睽之道，都是具体的指导方案。

我们的《全本周易导读本》是从更广泛的意义上，提醒每个人要充分认识差异的必然性，从而接受差异、尊重差异，在差异中寻求平衡的结合点，以达到合睽的效果。睽卦上火下泽，看上去彼此背道而驰，各自走在不同的轨道上，性相违异，但是君子看到睽卦的卦象，却能够明白其中"以同而异"的道理，懂得在大同之中保存所当有的差异，在差异中寻求共存共赢的共同点。

睽卦小结

本卦阐述了在睽违之时化解矛盾、达致和谐的原则：首先要认识到事物间普遍存在的差异，明白"和实生物，同则不继"的道理，只有尊重差异，在差异中寻求和同，保留个性，寻求共性，宽容配合，才能消除冲突，化育万物。

具体的合睽之道，在六爻中有所体现。前三爻讲如何应对外在环境以达到合睽的目的：睽违之初，主动合睽，要宽舒从容，不急于求成，能够与跟自己意见相左的人正常相处；在进一步睽违的情况下，为了合睽的大局，要能够委曲求全，在不失原则和恪守中道的前提下顺势权变；在遇到外在压力干扰、处境艰难、进退维谷的情况下，不可强力犯难，而应以柔顺和悦的心态处理，以柔韧守恒来夺取胜利。后三爻从主观意识、本身修养入手，揭示合睽的原则：真诚守信，以诚信与人交往，求同存异，是合睽的长久之道；

寻求平衡差异的结合点，找到共同的目标，深入合作，是合睽的良好状态；猜疑、暴躁是合睽的大忌。总之，合睽之道，在于推诚守正，如能求同存异、宽容大度、不私不疑，就一定能达到合睽的目的。

睽卦也可以用这样有趣的方式来解读，爻辞如下：

初九：悔亡，丧马勿逐，自复。见恶人，无咎。
九二：遇主于巷，无咎。
六三：见舆曳，其牛掣，其人天且劓。无初有终。
九四：睽孤，遇元夫，交孚，厉无咎。
六五：悔亡，厥宗噬肤，往何咎？
上九：睽孤，见豕负涂，载鬼一车。先张之弧，后说之弧；匪寇婚媾。往遇雨则吉。

按字面直译，离卦就是一个旅行者在旅途中的离奇见闻：

主人公出门时觉得不太顺利，不免有些后悔，但他还是消除了后悔的心理，继续上路了。刚出家门不久，马跑掉了，确实不够顺利，但他没有去追寻，因为马是家养已久的，一定会回转回来。又走不久，一个面目狰狞的人迎面而来，主人公不由得紧张起来，生怕会有不测。结果，平安无事。

傍晚，到一小镇投宿，在巷口巧遇店主，一宿提心吊胆，所幸无事。第二天凌晨，辞别店家继续上路，见前面有一辆板车缓缓而行。走近一看，前头拉车的是一头牛，后边赶车的是一个烙了额、割了鼻的奴隶。开始时道路难行，牛拉着车十分艰难，后来道路渐渐平坦，终于前行。

继续往前赶路，又遇到一位身材魁梧的汉子，他不由得高兴起来，以为前途有了依傍。谁知这位汉子是逃犯，不久便被追捕者赶上，连同旅人一并被扭住，追捕者大声呵斥他，以为他是逃犯的同伙，经再三解释，他才被放走。

经过这一件事，他一路之上再也不敢随便与陌生人结伴。后来，遇见一位同宗族的人，正在路旁狼吞虎咽地吃着鲜嫩的肉食，由此他知道前方无事，这才放胆继续前行。

不料行走间，前方又出现异常情况，只见一群浑身涂满泥巴的猪，后面还有一辆大车，满载着打扮得奇形怪状如同鬼一样的人。车上的人一见到他，便拉弓搭箭，作势欲射。后来这些人又放下了手里的弓箭。原来这些人并不是拦路抢劫的强盗，而是一支娶亲的队伍，看到他并没有什么危险，就收起了弓箭，一场误会得以消除。这位旅人继续前行，虽然几经风雨，但总算平安抵达目的地。

读卦诗词

关河令·火泽睽

寇方墀

同根分作两枝立，竟睽违相弃。
火泽背离，世间多乖异。

思来天地异趣，和生物、同则不继，
存异合睽，包容成化育。

蹇卦第三十九

艮下坎上

导　读

上一卦我们学习了睽卦，今本六十四卦的卦序，前后卦之间的承接，无外乎相因或相反的关系，睽卦与蹇卦就是相因的关系，睽卦的卦时是睽违、乖离，事物彼此背离日久而不能合睽就会出现险难，蹇就象征着险难，有个成语叫"时乖运蹇"，表达的就是这样的关系和处境。

《序卦传》说："睽者，乖也。乖必有难，故受之以蹇。蹇者，难也。"睽是乖离的意思，乖离必会有险难，所以在睽卦后面是蹇卦。蹇的意思是艰难险阻。

我们在讲第三卦屯卦的时候就提到过，《周易》有四大难卦，四个难卦的艰难情况各有不同。第一难卦是屯卦，屯卦之难，是因为初创的艰难，我们称作"万事开头难"，从大的方面来讲，处于屯卦时，要能够刚柔立本，礼贤下士，建立组织架构，变无序为有序，君子以经纶，从而打开局面、脱离屯难。第二难卦是坎卦，是陷入了险难忧患的险境之中，难于脱离坎境，危险一浪一浪地到来，重重险难考验着人的意志和节操，如何在不失原则的前提下处险而出险是坎卦所讨论的问题。今天学习的蹇卦便是第三个难卦。

后面还有一个困卦，是第四难卦。

我们先来看一下这个"蹇"字，《说文》："蹇，跛也。"跛，是指腿或脚有病，走路时身体不平衡，不能顺利前行。因此，我们从"蹇"字分析蹇卦之难，可从两方面来分析：一方面是外在条件不顺利，危险崎岖，阻隔相逆，使得行进艰难；另一方面是自身条件欠缺，没有足够的能力顺畅前行。明白了这两个方面，处于蹇难之中时，脱离蹇难的大体应对措施就已经有了：一方面，对于客观外在处境的崎岖逆境，对于遇到的各种阻碍，要审慎观察、用心寻找可行之处，若苦寻不到可行处，甚至险难当前，要能主动止于当止之时，该止的时候要及时止，不可强行，这就叫作"智"。然而一旦发现可行处时，看准时机，要敢于担当前行，不会怯懦畏缩，这就叫作"勇"。另一方面，要清楚自身的缺陷和弱点是什么，从而有意识地弥补不足，修德增慧，内强素质，身安而后动，同时要结交好友，争取一切能争取到的力量，交定而后求，互为支持，彼此补益，共匡时弊，走出蹇难，这就叫作"仁"。处于蹇难之时，勤修智、仁、勇三德，着实用力，必有跨越蹇难、阔步向前之时。这是从蹇字入手分析卦时卦义，下面我们来看蹇卦的卦象。

从卦象看，蹇卦由艮下坎上组成，艮为山，坎为水，天险阻路，困难重重，眼前是峻岭横亘，深水莫测，举步维艰，所以称为蹇。从卦德看，内卦艮体为止，外卦坎体为险，险阻在前面而止步不能前进，是蹇难之意。所以此卦称为蹇卦。

讲　解

　　蹇：利西南，不利东北，利见大人，贞吉。

蹇：利于向西南行走，不利于到东北方向去，利于见到大人，守正吉祥。

我们之前在学习坤卦时，曾讲到后天八卦图，西南方的四卦为阴，是阴柔平坦之地，东北方四卦为阳，是阳刚险峻之地。在蹇难的时候，山高水深，艰险难行，利于寻找平坦之地以走出蹇难，而不应停留在艰险之地，这是就大方向而言。具体到居于西南方的卦，则为坤，坤为地，地势平易；居于东北的卦为艮，艮为山，山势险峻。所以蹇卦卦辞说"利西南，不利东北"。马振彪另有解释说："卦以东北艮坎而成，以卦名反则转为西南，故利。"意思是说，蹇卦是由居于东北方的艮和北方的坎组成，向与其相反的西南方向行进，就是走向与蹇相反的非蹇，象征脱离蹇难。这种说法也可以讲得通。同时，西南、东北，不仅指方位上的选择，也是指行为态度上的选择，象征着应以柔德为主，柔为调和，必能刚柔得中，行为适度，顺以济难。如果仍以阳刚处于蹇世，其道必穷。

卦辞虽然简单，却明确了三个要点：其一，以柔德处蹇难，向平坦处寻觅出路。其二，利于见到有能力济难出险的大人，团结相助，率领众爻各履其正，以正邦济难。其三，贞固正德，守正道，终有吉祥。

下面来看《象传》：

《彖》曰：蹇，难也，险在前也。见险而能止，知矣哉！蹇"利西南"，往得中也。"不利东北"，其道穷也。"利见大人"，往有功也。当位"贞吉"，以正邦也。蹇之时用大矣哉！

《彖传》说：蹇，艰难，险阻就在前面。见到险难而能够停止，这是明智的！艰险之时"利于向西南行走"，因为往西南走的行为适中。"不利于到东北方向去"，因为往东北去会路途困穷。"利于见到大人"，因为大人越是在艰难的险境之中越能够建立功勋。居位得当"守正吉祥"，以此来治理邦国。蹇难之时的功用是多么伟大啊！

《象传》中提到的"见险而能止"，体现了能动性。我们学过蒙卦，山水蒙，内卦是坎，外卦是艮，是险而止，山下刚流出的泉水懵懂无知，遇到危险而不得不停止，需要有人引导启蒙，是被动地停止下来。蹇卦的内卦是山，外卦是水，是看到了前面即将面临的危险而主动停止，所以叫作"见险而能止"。蹇卦并非教人见到危险就放弃前进，止步不前，而是强调在艰难险阻的环境中要敬慎柔和，不忘险阻之戒。被后世称为中医"火神之祖"的清代学者刘沅在解释蹇卦时说道："六爻皆蹇中人"，"设象以告，明处蹇非徒以止足为高"。他将蹇卦中的六爻都看作是处于蹇难之中的人，在不同的处境位次，以不同的行为方式处蹇时，并非教人以止步不前，分析得非常到位。止，只是行进过程中的方式方法，是前进途中的阶段性调整，能够适时把握行止动静是拥有智慧的表现。所以《象传》说："见险而能止，知矣哉！"

为什么说处于蹇卦之时，用柔德处事可以得刚柔中道呢？那是因为蹇卦上卦坎、下卦艮都是阳卦，整体卦时又是蹇难未通，当以柔德调治，从容不迫，可得刚柔适中之道。

下面来看《大象传》：

《象》曰：山上有水，蹇；君子以反身修德。

《大象传》说：山上有水，是蹇难之象；君子看到这样的卦象，在艰难之时反省自身，修养美德。

《大象传》推天道以明人事，将天道卦时落实到君子如何安身立命、修身处世的紧要处。

山上有水，山高水深，象征立身行事遭遇艰险重重。我们给蹇卦起的小标题是"山高水又深"，君子遇到这样的困境，前行不但不能达到目标，还可能陷入更深的危险困穷之中。这时不可再犯难强行，而应静下心来反省一下，是不是由于自己的过失导致这样的后果。如果有过错或有未尽善的地方，要及时改过补救；如果俯仰无愧，就应客观分析外在的环境和蹇难的现状，提升自己的品德修养和决策水平，勉励和充实自己，等待时机，寻找克服蹇难的突破口，采取措施克难脱险。

下面我们来看蹇卦的六爻。

初六：往蹇，来誉。
《象》曰："往蹇，来誉"，宜待也。

初六：往前行走艰难，归来获得赞誉。《小象传》说："往前行走艰难，归来获得赞誉"，说明此时宜于等待时机。

初六阴柔居于初位，才质柔弱，处于蹇难之初，如果向前走，就会陷入蹇难，如果能够见机而止，就会获得赞誉。幸而初六居于艮体初位，能静观时势，知道前行会有危机，于是知险而止，归来退守，充实自己，耐心等待，没有妄动，因此获得了智者的美誉。这就是"见险而能止，知矣哉"。初六预见到危险，选择了归来退守，没有深陷蹇难，这是初六的选择。我们来看六二的选择：

六二：王臣蹇蹇，匪躬之故。
《象》曰："王臣蹇蹇"，终无尤也。

六二：君王的众臣奔走济难，不是为了自身的缘故。《小象传》说："君王的众臣奔走济难"，终将无所过尤。

我们在前面多个卦中，看到居于大臣之位的二爻，处于顺境时不谄媚随俗，临于逆境时往往能担当而坚守。蹇卦六二处于蹇难之世，同样面临着向前行进就会离危险更近，进而陷入重险的艰难处境。然而六二居于大臣正位，肩负济难出险的责任，上与九五相应，是君王所信任的重臣。在这样的情况下，六二不计个人安危与利害得失，毅然站出来协助九五，患难与共，为渡过蹇难舍生取义，捐躯以求济，凛凛然乃忠义大臣的风范气度，令人敬佩。以六二的阴柔之才是不足以济难的。但六二中正厚德，舍身入险，虽有违"见险而止"的处蹇之道，致使自己蹇而又蹇，但其取舍并非为己，最终评价不能认为这是不明智的过尤之举。史书往往在敬佩赞叹忠义大臣时，以"王臣蹇蹇"予以评价，蹇卦六二是处于蹇难而不惜舍身以求忠义报国者的楷模，激励着历代大儒历大难而坚守的人生气魄。刘沅曰："委赞为臣，义不可去，而犯难以救时，蹇君之蹇，故曰蹇蹇……为君非为身也。五在坎中，大蹇之时，六二阴柔才弱，然一心与五应，力任其蹇，功未必就，志则贞也。"《论语·述而篇》："求仁得仁，又何怨？"这是儒家向仁而生的人生价值的体现。

蹇难当前，六二选择了担当大义，奔走济难，这是六二的选择，下面我们来看九三的选择：

九三：往蹇，来反。

《象》曰："往蹇，来反"，内喜之也。

九三：往前走就会遇到艰难，返回来归于其所。《小象传》说："往前走就会遇到艰难，返回来归于其所"，因为内部有人喜欢他回来。

在蹇卦中，二、三、四、五这四个居位的爻都居于正位，象征着君子各履其正，有济难出蹇的内在力量。九三居于下卦艮卦的极位，阳刚居正，静极而动，但如果向前迈进一步，就会进入坎险之地，陷入危险之中。九三观察了一下局势，有上六可以相应，但上六阴柔无位，不能够给予支援。向前走是犯险而行，胜算不大，回头看内部的局势，二阴爻非常喜欢他复归，愿意依附于他。如果九三复归艮卦之所，可以得到安全和稳定。于是九三返回来与二阴爻相亲比，得其所安。九三并不是没有向上的志向，只是没有可以前往的时机，这时，九三正视当下不可拯救的事实，但求自固，以待时机，可渐图之。

我们在例解中用的是春秋时期晋秦争霸战争中崤之战的典故，蹇叔看出了时机未到，力劝秦穆公不要急于出兵，秦穆公不听，以至于秦兵惨败，几乎全军覆没。可见，时机不到，妄动干戈绝非明智之举。

蹇卦九三选择了返归其所，内强素质以自固，以阳刚之质静待时机，这是九三的选择，下面来看六四：

六四：往蹇，来连。

《象》曰："往蹇，来连"，当位实也。

六四：往前走很艰难，回来又是接连的困难。《小象传》说："往前走很艰难，回来又是接连的困难"，是因为六四爻居于两个实爻之间。

"连"，接连。"往蹇，来连"是指去和来都是接连的蹇难。六四当蹇难之时，已经进入坎体，如果向前进，会陷入坎险蹇难之中，又与初六无应，得不到支持，妄动只能增加危难程度；如果退身回来，又凌乘于九三阳刚之上，自身柔弱，力不能敌，可谓往来皆遇蹇难，进退都不合适。然而其柔顺得正，如此处境是时位如此，并不是行为过错所招致，可以说困顿蹇难不可避免。在这种处境之下，六四只能选择安正自守，默默进德修身，充实自己，做好分内的事，不宜采取任何行动。

如前三爻一样，六四审时度势，也选择归来静守，不妄动犯险。"往蹇，来连"，我们解释为前进后退都是蹇难，是接连的困难。朱子解释为"连于九三，合力以济"，联合九三，想办法济蹇，是更为主动的做法，亦可取此说。

总之，六四也没有妄动，而是退回来等待时机。接着我们来看居于君位的九五的选择：

九五：大蹇，朋来。
《象》曰："大蹇，朋来"，以中节也。

九五：面临大的蹇难，友朋们纷纷前来相助。《小象传》说："面临大的蹇难，友朋们纷纷前来相助"，是因为九五济蹇的德行中正有度。

前面的四个爻，都选择了退回静守，等待时机，六二显示出更为坚定的决心和担当精神,他们都在等待一个核心人物出现。常言说,"人无头不走,鸟无头不飞",他们需要一个领袖来带领和引导,把各方的力量聚集到一起,率领大家一举济难出险。九五便是众望所归的那个领袖。蹇难之世,九五独陷上体坎险之中,堪称"大蹇"。但九五阳刚中正,居于君位,有主掌大局的能力,是往而有功的"大人",又有六二柔顺忠义的大臣相助,济蹇的条件已经成熟。九五发挥刚健中正的才能,身处蹇难,不改气节,居正履中,勇于济险,得到了志同道合的朋友的支持和拥护,他们纷纷前来追随。九五带领众人摆脱险境,突破困局,大刀阔斧地济蹇出险。蹇难已除,济蹇的大业已成。最后,我们来看一下上六爻:

上六:往蹇,来硕,吉;利见大人。

《象》曰:"往蹇,来硕",志在内也;"利见大人",以从贵也。

上六:往前走有艰难,回来建功丰硕,吉祥;利于见到大人。《小象传》说:"往前走有艰难,回来建功丰硕",说明上六的志向应在于回过头来联合内部力量;"利见大人",是说上六宜于追随贵人以成功出离蹇难。

"硕"是丰硕、宽裕的意思。上六到了蹇卦的极上之地,往前已经无处可去,又本性阴柔暗弱,没有济蹇的才能,所以只能选择回身向内寻找出路,现实的情况是有九三可以正应,本可以得到阳刚有力的支持,但九三反归于内,不能相助。这是可供上六选择的两条道路。上六应发挥柔顺之德,"利见大人",亲比于阳刚中正的九五。九五又有六二辅弼,各方力量就能够形成和衷共济的大好局面，济蹇渡难就胜算在握，可以取得硕大的功劳，成功出蹇，这样的结果是吉祥的。

答　疑

问：在蹇难之时如何反身修德？

答：我们引用一段王船山的精彩论述："夫欲反身修德者，其若蹇乎？事不求成，功不求立，名不求达，实不求遂，其言讷，其行朴，约如不敢，迟如不欲，故山上之水，幽咽静流于坎坷，乃以不竭，蹇躄者之行，趑趄迟步于道左，乃以不颠，君子之自修，从容抑畏，而无驰驱之心，乃以不疾。"其大意是说，蹇卦是讲修身之卦，处于蹇难之时，君子不急于求成，不求功立名达，少言谨行。自我约束，就像是有所不敢；做事迟至，就像是没有欲望。所以蹇卦卦象，山上的水在坎坷中沉静慢流，那些腿脚有病疾的人摇摇晃晃慢吞吞走在路上，却不会颠扑跌倒，这就是在讲君子处蹇自修之法，要从容、自律、心存敬畏，不要有急于奔突驰骋的急切之心，这段蹇难自会因时消解。我们看王船山的这段论述，颇有老子之风，尽述上善若水、柔弱胜刚强的柔德智慧。这也正是处蹇济蹇的修身之道。

蹇卦小结

本卦阐述了在蹇难之时处困济难的原则。第一，审时度势，进退合宜。可进则进，不可进则退，如"利西南，不利东北"。第二，想扭转艰难的局面，要"利见大人"，聚合各方力量，统合上下意志的魅力，领导众人合力济蹇。第三，无论多么艰难，济蹇不能邪滥，要行正道，守正则吉，即"贞吉"。

卦中通过具体的爻位，阐述了针对不同情况应采取的措施：初六阴柔无应，初入蹇难，前进就是犯难入险，所以退处是明智的；六二是柔中大臣，虽然前行必遭凶险，但他不顾安危，毅然前行辅君济难，令人敬重；九三刚正不阿，但险难当前，还是以暂退安内为上策；六四阴柔居正，无论前进还是后退都会受阻犯险，当安正自守为好；九五是刚中有为的"大人"，是济蹇出险的核心人物，须以中正之德与济蹇的坚定信心及阳刚的能力汇集力量，使"朋来"共助；上六阴柔居于极地，向前无所往，宜回身团结内部力量，依附于阳刚的"大人"，共济蹇难，以建硕大之功，终获吉祥。可见，匡扶危局，济难出险，必须经过长期的努力，信念坚定不移，聚合多方力量，艰苦奋斗，才能获得成功。

读卦诗词

迈陂塘·水山蹇

寇方墀

水连山、密云沉雾，依稀难辨前路。
深潭石壁威如虎，尤恨脚力难足。
堪踌躇，居难地、一怀愁绪斜阳暮。
向谁倾诉？
任梦里云天，好风借力，争奈现实误。

人间事,星夜匆忙赶路,难逃山重水复。
怅然驻足回眸处,荒了自家田圃。
往蹇乎?且来反、且来连、修德内顾。
有朋来助。
便似种田蔬,躬耕南亩,硕果沁甘露。

解卦第四十

坎下震上

导　读

　　上一卦我们学习了蹇卦，阐述了在蹇难之时如何处困济难的原则和在不同情况下的应对措施。事物是不断变化的，《周易》卦序模拟了各卦之间的承接与连续的关系，这些变化或相因，或相反，后一卦由前一卦发展而来，进入新的卦时，上一卦蹇卦的艰难不可能永久不息，情况终会有转化的时候，蹇难终究会得到缓解和解决。前面我们学到，蹇卦到了九五爻时已是"大蹇，朋来"，在九五的带领下济蹇出难，大局已定，继而进入了百废待兴、各方面矛盾和阻碍逐步得到缓解和化解的卦时。

　　《序卦传》说："蹇者，难也。物不可以终难，故受之以解。"蹇是艰难的意思，事物不可能一直处在艰难之中，所以在蹇卦后面是解卦。

　　"解"这个字，甲骨文字形为，下面是一头牛，上面两只手抓住牛角。金文字形则象形会意，表现得更加明显，上面一只手抓住牛角，右边是刀刃，用来割开牛角。因此，"解"是一个会意字，表示用刀把牛角剖开，后泛指剖开，引申为分解、解开、缓解、解体、解决、解散等。

"解"字小篆字形为解，有人把这个字读作 xiè，通"松懈"的"懈"，是"解"字的引申义，"解"是解开、解除，解开就松了，所以引申为松懈（"解"后来写作"懈"），动词变成了形容词，词义比原义有所偏并狭窄了，所以我们还是要按原义读作 jiě。

我们来看解卦的卦象。解卦由坎下震上构成，从卦象看，震为雷，坎为水，雷在水上，是雷震于天、雨水下落之象，郁结不通的天气终于缓解，阴阳二气交感和畅，有患难散解之象。从卦德看，震为动，坎为险，坎在内卦，震在外卦，其组合意为"动于险外"，表示已经脱离危险，并且越动越远离险难，所以有险难化解之意。解卦从蹇卦发展而来，如何处理好蹇难刚刚得到缓解这种情况下的问题，是解卦所要揭示的。

我们先来说解卦的第一层义：解开、解放。解是解开、解除、解散纷乱胶着的事物，整个卦最主体的中间四爻都不当位，阴爻居阳位，阳爻居阴位，说明秩序杂乱，关系不顺。处于解卦之时，要做的就是促使阴阳各从其类、各归其位，解除悖逆，使矛盾消融化解，并进一步达到和解。解卦以震雷之动震开郁结，以雨水之泽洗涤污垢板结，滋润万物，使潜藏的矛盾得以化解，焕发新的生机。这部分意思类似我们学习过的屯卦，屯是水雷屯，解是雷水解，上下两卦换一下位置，其卦时偏重便不同，屯是云在上面阴云密布，阴沉沉灰蒙蒙一片，雷在下面滚动，还没有震开乌云，是郁结不通，沉闷未开之象，所以是屯卦；而解卦是雷在上面，雨在下面，说明震雷已经震开乌云，雨已经降落下来，是万物初解之时，所以是解卦。在《易》卦中，只要看到雨，就是阴阳之气冲和、见到生机与希望之时，所以我们给解卦起的小标题是"困顿中的一声春雷"，有一种振奋感。对比屯卦和解卦的不同卦时，屯的重点是如何打开郁结，理清关系，促使雨降下来。而解卦的重点则是在雨已降下来的情况下，如何解开万物的束缚，让雨水消解土地的板结，化解阻隔，滋润生命，释放事物内在的生机与活力。

所以从这个方面又引出解卦的第二层义：用柔。在读解卦的过程中，我们不难发现，解卦倡导以柔道化解，避免用刚，不以刚严强制来逼迫强制地解开、解除。解卦以解放为要，安抚为主，让自然界中大小事物各得其利、各显其能，使社会中各色人等充分发挥各自的力量，就如《大学》中所说的："君子贤其贤而亲其亲，小人乐其乐而利其利。"这便是解卦的好生之德。就如春天时，春雷震动，春雨滋育，万物解开寒冷甲壳的束缚，显现出蓬勃的生机。解卦之道是天地阴柔化育之道，反而能焕发起万物强大的生命力，路途上的所有阻碍和束缚在这蓬勃的生命力面前，瓦解冰消。

解卦的第三层义：待时。王船山说："解以无用为用，而不执乎义也。待其时而自解焉。"我们知道"用柔"是道家老子所倡导的处世之道，那么如何用柔呢？其关键在于道家善于知时、待时、因时而动。时机到时，只需因时利导，便可潜移默化、水到渠成，获得平稳和谐、悠久宽裕的共生共荣，这是解卦所倡导的最好的化解之道。

然而，解卦并不是一味地只会用柔，我们看到在解卦六爻中，在解的过程中，当遇到顽劣不通的恶势力阻碍，用怀柔化解之道不能奏效的时候，解道不得已则用刚。比如到了解卦的上六爻时，便是用刚了。《周易·系辞传》中解释解卦上六爻时说道："君子藏器于身，待时而动，何不利之有？动而不括，是以出而有获，语成器而动者也。"我们的翻译是："君子身上预藏着武器，等待时机而及时行动，还会有什么不利呢？像这样果断行动而没有阻碍，所以只要出手就会有收获，这是强调要先预备好武器再行动的重要性。"解卦用刚之时，便是显现真正的实力之时。《史记·孔子世家》里记载孔子做鲁国大司寇时，主持齐鲁两国的夹谷会盟，以会盟化解两国之间的矛盾，就很明确地向国君提出："有文事者必有武备，有武事者必有文备。"有足够的实力，才有足够的余地去春风化雨、握手言欢，将矛盾化解于无形。老子倡导用柔，因为老子之道是居于可以涵盖天下的道的角度、圣人的角度，主体足够强大，精神足够开阔充裕，地位足够高瞻远瞩，这时的用柔、处下，不紧迫，不怯懦，海阔天空，游刃有余。否则，无刚而用柔，则殊为不易。

以上，是我们对于解卦所蕴含的解道三层义的分析解读，以及三层义之后不得已而用刚的一层义。

讲　解

下面我们来看卦辞：

解：利西南。无所往，其来复吉。有攸往，夙吉。

我们的译文是，解：利于西南。（没有危难就）无须有所前往，回来安居可以复归于吉祥。（出现危难就要）有所前往，早些行动可获吉祥。

解卦延续蹇卦而来，留有蹇难时遗留下的许多问题和矛盾，卦辞里的"利西南"，与蹇卦时的"利西南"用意相同，就是要往平易的方向走，方法也宜于用平易阴柔的方法。为什么蹇卦卦辞里还有一句"不利东北",而解卦中却没有呢?有的易学家(如李士鉁)从卦象上解释为解卦中没有艮卦之象了,所以卦辞中没有"不利东北",而有的易学家(如刘沅)则从义理上解释认为蹇卦的蹇难在东北,解卦已经解除蹇难,所以不言"不利东北"。卦辞中除了"利西南"的原则,接着还说解卦需要根据不同情况,重点把握两种行为,一个是"无所往",一个是"有攸往"。解卦的情况是蹇难刚刚过去,好比一场大病刚刚过去,元气尚未恢复,没有什么大事的时候,要以静养为主,没事不要瞎折腾,那样会伤元气。然而,遇到事的时候,也不要拖延,要尽早处理,免得小事变成大事,大事变得无可挽回。这就是解卦卦辞所说的三个要点。

下面来看《彖传》:

《彖》曰:解,险以动,动而免乎险,解。"解,利西南",往得众也;"其来复吉",乃得中也;"有攸往,夙吉",往有功也。天地解而雷雨作,雷雨作而百果草木皆甲坼。解之时大矣哉!

我们的翻译是,《彖传》说:解,身处险境而能奋动,奋动而能够免除危险,从而称作"解"。"解,利西南",是因为前往西南方向可以得到大众的拥护;"回来安居可以复归于吉祥",是因为这样做符合中道;"有所前往,早些行动可获吉祥",说明前往解除危难会获得成功。天地阴阳之气交流化解从而雷雨兴作,雷雨兴作而后百果草木坚硬的甲壳裂开,种子舒展出新芽。缓解之时的功效是多么伟大啊!

我们从"利西南"所对应的坤卦的角度切入,坤有民众之象,所以我们重点讲为政者当如何治理刚刚经历乱局的社会，如何使民众解脱艰难困苦。在这个时候，大难初安，人心思定，为政者应效仿坤之厚德，采取宽大简易的政策，使民众休养生息，不要苛政扰民、无事求功，这样就可以复归于吉祥。由于危难刚刚解除，还会有不安定的因素阻碍事态向良性转变，这时就应及时处理，及时有所作为，才能早些获致吉祥。即无事不寻事，有事不怕事，适时而动，得其中道而行。

解卦的彖辞接着用了很形象的比喻来讲解卦的卦时，"天地解而雷雨作，雷雨作而百果草木皆甲坼"，一番生机勃勃的景象。处解之时，雷雨和畅，万物萌发生长，是天地合德之功，人应效法天地，惠养兆民以及万物。

来看《大象传》：

《象》曰：雷雨作，解。君子以赦过宥罪。

《大象传》说：雷雨兴作，是疏解的象征。君子看到这样的卦象，赦免人的过失，宽宥人的罪责。

震雷绽开了百果草木的坚硬外壳，雨水滋润了万物，使万物生机萌发，自由生长，这是解卦所展示的卦象。君子看到这样的卦象，体悟到天地的生生之德，于是效法天地以宽厚简易的政策去扶助刚从艰难中走出来的人们，以宽和仁德之心去关怀大众，对那些有过失的人尽量赦免，使其有机会改过自新；对那些犯有罪过的人，也尽量宽宥，不以强力严刑制裁，本着从宽从简的原则，化解塞难之世遗留下来的矛盾，营建宽松的环境与氛围。此处《大象传》所说的"赦过宥罪"，用汉初"约法三章"的例子来理解最为契合，以宽柔的政策抚慰民众，扶持民生，可以使社会尽快恢复元气。君子日常处事，也应存此生生之德，济危扶困，疏解润泽，民众得其福佑，善莫大焉。

下面来看六爻的情况：

初六：无咎。

《象》曰：刚柔之际，义"无咎"也。

初六：没有咎害。《小象传》说：初六处于刚柔交接之际，合宜就"没有咎害"。

初六居于解卦的初始，从塞难中刚刚得到化解，以阴爻的柔顺之德与九四相应，同时又与九二相比，随顺在刚爻之后，不妄动，无所往，不自生事端，处事得宜，所以没有咎害。我们在此爻的例解中以人的身体大病初愈为例，须安心静养，恢复元气。用在社会人事中，则是乱局初定，当以无为静守为宜。解卦的初六爻初步体现了卦辞中所说的"利西南。无所往，其来复吉"。

来看九二爻：

九二：田获三狐，得黄矢，贞吉。

《象》曰：九二"贞吉"，得中道也。

我们的译文是，九二：田猎捕获多只狐狸，获得黄色的箭矢，守正吉祥。《小象传》说：九二"守正吉祥"，是因为符合中道。

"田"指田猎。狐是狡猾邪媚且善于隐藏的动物，这里指隐患、小人。对于"三狐"的解释，从象上进行解释者，比如刘沅解释说:"坎为狐,又为弓矢。互离伏,离数三;三狐指应比之三阴也。离为戈兵,戈兵震动,田象。"也有从义理上直接解释的,如苏秉国解释说:"获三狐,盖除恶务尽之意。"我们的译文是直译,而其象征义:"黄",中色;"矢",箭矢,象征刚直;九二田猎,捕获三只隐伏的狐狸,以刚直中道的美德清除了隐患,获得吉祥。

在蹇难得以化解之后,仍会遗留一些隐患,需要刚直有为的人来主持大局,兴利除弊,清除隐患。正如我们在前面的许多卦中看到的九二形象一样,解卦的九二依然体现了使命的担当意识。九二居大臣之位,有阳刚的本质和决断的能力,居于下体坎卦之中,具刚中守柔的美德。由于身居坎体险难之中,深知隐患所在,因此能够明察利弊,上与六五相应,为君主所信任,担当清除隐患化解矛盾的重任。在清除隐患的过程中,九二既不刚暴武断,也不柔弱无主,而是刚柔相济,中道处世,终于"田获三狐",清除了小人,贞正得吉。

来看六三:

六三:负且乘,致寇至,贞吝。
《象》曰:"负且乘",亦可丑也,自我致戎,又谁咎也?

六三:背负着贵重物品却乘坐大车出行,容易招致强寇前来夺取,这样坚持做下去必然会有恨惜。《小象传》说:"背负着贵重物品却乘坐大车出行",这样的行为是丑陋的,自我招致兵戎贼寇,又能归咎于谁呢?

解卦的六三爻是三百八十四爻中比较有名气的一个爻,《系辞传》对这一爻进行了阐释和发挥:

子曰:"作《易》者其知盗乎?《易》曰:'负且乘,致寇至。'负也者,小人之事也;乘也者,君子之器也。小人而乘君子之器,盗思夺之矣;上慢下暴,盗思伐之矣。慢藏诲盗,冶容诲淫。《易》曰:'负且乘,致寇至。'盗之招也。"

孔子说:"作《周易》的人大概明白盗寇的事吧?《周易》(解卦六三爻辞说):'背负着贵重物品却乘坐大车出行,容易招致强寇前来夺取。'背负重物,是小人分内的事;乘坐的大车,是君子专用的工具。以小人的身份乘坐君子的车具,就会使盗寇产生夺取的念头;(同样的道理,用在为政上)居上位的君主轻佻傲慢,在下位的臣属骄横暴虐,就会使强盗产生兴兵侵伐的念头。(用在为人处世上)忽视了将财物妥善隐藏就是在诱使盗贼行窃,把自己打扮得妖冶轻浮就是在引诱人淫荡。《周易》说:'背负着贵重物品却乘坐大车出行,容易招致强寇前来夺取。'强盗就是这样招引来的啊!"其实就是在讲"德不配位"又要炫耀所蕴藏的灾祸。

六三阴爻居阳位,不中不正,居于下卦坎体的上位,乘于九二之阳,就如同一个无才无德的阴柔小人窃取了高位,能力不足以胜任,却还要炫耀自己,结果招致盗寇的强夺,这是才德与权位不相符所致。在解之时,这样的人不但不能解除隐患,还会招致祸害,纯属咎由自取。只有使小人远离高位,贤能之人得到重用,才能缓解矛盾,免除祸患。

我们在例解中用的是春秋时期的子产拒绝任用不能胜任的年轻人去做重要的执政官的例子,让一个没有经验和能力的人去担纲重任,是在害他,"小人而乘君子之器",很容易招致祸患,不但会把事情办糟,民众受害,甚至也会搭上自己的身家性命。

接着来看九四爻：

九四：解而拇，朋至斯孚。
《象》曰："解而拇"，未当位也。

九四：解开你大脚趾的束缚，朋友自然会来诚心相应。《小象传》说："解开你大脚趾的束缚"，是因为九四居位行事不够妥当。

"拇"，大脚趾，这里指初六。也有人解释为六三，但从《周易》的卦象体例来说，一般是以初爻为足、为拇、为趾，所以我们取"解而拇"为解去初六的牵绊。解卦是去除小人之卦，九四居于近君大臣之位，由于其以阳居阴，不中不正，与立身不正的初六相应，又有六三在下以阴柔不正比附自己，所以九四所处不当，很容易被小人侵蚀和利用。如果九四不能清醒地认识这一点，继续亲昵小人，那么即使有贤能君子到来，也会被小人离间，九四只有解除小人的牵绊，才能取得君子之朋的信任，前来相助。

九四爻在解卦中是非常有性格有特色的一个爻，九四奋力缓解、解除周围的艰难阻厄，但他与同为阳爻的二爻位置不应，与上面的两个居上位的阴爻不相得，且有以阳逼阴的态势，而初爻和三爻又以阴柔之质，很可能是依附且败坏九四的小人，所以，九四在这样的情况下处理如何解的问题是非常不易的，王船山认为九四爻能够独当大任，要不自居功，不据位，以诚待人，以信与上下相交，消除周围的忌妒与猜疑，质刚而用柔，要能够厚德忍受，方可完成解的大业。九四需要极大的胸襟和勇气，方能体现"解之时大矣哉"的气度和力量。我们在这一爻例解中用的是"生死肉骨"的例子，解除小人的牵绊有时是生死攸关的事。

来看六五爻：

六五：君子维有解，吉，有孚于小人。
《象》曰：君子"有解"，小人退也。

六五：君子能够舒解险难，吉祥，其诚信之德感化了小人。《小象传》说：君子"能够舒解险难"，小人受到感化而退避。

"维"是语气助词。君子维有解，"吉"指君子能够舒解险难，吉祥。六五和九二是解卦之主，六五阴柔之君，善于用柔中之道化解矛盾，居上体震卦中位，与九二刚中之臣中道而应，对九二充分信任，做到了亲贤臣，远小人，使君子得其所用，能够对所任用的贤臣深信不疑，小人的势力自然被瓦解。六五善用君子，不但可迫使小人退去，还会感化一些小人，使小人也明白只有做君子走正路才会行得通，于是改恶从善，则天下正气畅行。这也体现了解卦用柔的一个方面。

我们在例解中用的是《论语·颜渊》中"樊迟问仁"的一段对话，孔子告诉他，提拔那些正直的人，并使他们的地位在邪恶人之上，就能使邪恶的人正直起来。这是居于君位者化解矛盾的重要用人原则。

上六：公用射隼于高墉之上，获之，无不利。
《象》曰："公用射隼"，以解悖也。

上六：王公站在高高的城墙上发箭射击恶隼，捕获了它，没有不利的。《小象传》说："王公发箭射击恶隼"，用来解除悖乱。

解卦是去除小人、消除隐患之卦。去除顽固的小人，消除重大的隐患要善于藏器、待时，藏器于身，待时而动，解难除恶才能一举成功。九二所获之狐是邪媚之小人，而上六所射之隼是阴鸷凶狠的小人。上六居震卦之极，与六三不应，去除"负且乘"的六三，至上六时条件已经成熟，于是成器而动，一举射落并抓获立于高墙之上的恶禽，解除了悖乱，使解道完成，邦国重归安宁，无所不利。

答　疑

问：能讲一讲"生死肉骨"这个典故吗？

答：春秋时期，楚国人观起深得令尹子南的宠信。为此，楚康王十分不安。于是楚康王以子南无能为借口而在朝廷上将其杀死，又将观起五马分尸后在全国各地游街示众。子南被处死后，楚康王委任蒍子冯做令尹。当时蒍子冯宠信八个人，他们也像当初的观起那样没有俸禄却有很多马匹。一天，蒍子冯在朝堂上想和申叔豫说话，没想到申叔豫没理他就躲到一边去了。于是蒍子冯便跟着申叔豫走，申叔豫便躲进了人群中。蒍子冯又跟着申叔豫走了一段，申叔豫干脆就回家去了。蒍子冯百思不得其解，退朝后便到申叔豫家中拜访。申叔豫告诉蒍子冯，自己不愿和他说话，主要是害怕受到连累，并说："以前观起受到子南的宠信，结果子南被处死，他也被五马分尸，我怎么会不恐惧呢？"蒍子冯听了申叔豫的话，吓坏了。回到家后就对那八个人说："我今天拜见了申叔夫子，他的一番话真好比是'生死而肉骨'（按，'生''肉'用作动词，意为使死人复生、白骨长肉，形容恩惠极大）。你们与我相处，也必须像申叔豫那样，否则就请停止与我往来。"后来，蒍子冯辞掉了这八个人，楚康王才真正对蔺子冯放了心。"生死肉骨"的成语出自这个故事,后用来形容施予人的恩惠深厚,如同使死人复活,使枯骨生肉。

解卦小结

解卦阐述了舒解隐患的原则:卦辞中强调"解:利西南",解之道以宽易舒缓用柔为主,排除险难,追求安定平和,无事时不生事,安居为吉;有事时不怕事,速解为吉。

在具体的解难过程中,六爻所述主要是以如何去小人、除隐患,以除内患为重点。初六柔弱无位,不担当解难之责,无咎;九二肩负重任,阳刚中道,以中和正直的方法,清除了邪媚小人;六三"负且乘",小人窃居高位,招致祸患,告诫人们不要做"负且乘"的蠢事;九四只有远离小人,解去小人的围绕,才能获得贤人君子的信任和亲近;六五任贤不疑,使小人也心悦诚服,甘心退出;上六待时而动,终于将顽劣的小人一举擒获。总的看来,以六三为全卦解难的重点对象,属内部隐患,各方面仍然以宽和缓解为主,赦过宥罪,不激化矛盾。然而到达上六解之极时,时机已成熟,对于顽固不化的小人,必当迅速清除,不可姑息。

读卦诗词

解连环·雷水解

寇方墀

雷鸣雨作。望山河万里,冰消甲坼。
沐雨泽、壳破芽新,蕴生机蓬勃,草木百果。
君子达生,顺天道、宽刑赦过。
莫当生发处,铁尺刚肠,刻薄纠错。

人间名缰利索,系吉凶福祸,生死交割。
觅解脱,中正贞吉,必田获三狐,解除危厄。
远佞亲贤,去损友,忠诚不惑。
高墉上,王公射隼,解顽黜恶。

损卦第四十一

兑下艮上

导 读

我们上一卦学习的是解卦，解卦是讲舒散缓解的卦，就如同给事物去掉束缚，使之得以舒展散发，这是一种解放，就像解卦《象传》里所说的"百果草木皆甲坼"，草木种子被春气所感，解脱了甲壳的束缚，呈现出一派生机。但任何事情都有其两面性，解脱束缚，自身得以舒散解放是好的，却会让原本内含的能量因向外耗散而有所损失，因此，在解卦的后面跟着的就是损卦，《序卦传》说："解者，缓也。缓必有所失，故受之以损。"解是舒解，舒解必然会有所损失，所以在解卦之后是损卦。

一说到"损"字，我们就会联想到很多感觉上不太好的词：损伤、破损、折损、损失、损坏等。那么，损对于事物而言是好还是坏呢？我们学习《周易》，就是要开拓思维，站得更高，看得更深入长远，不能只有单向思维和短浅的眼光。损是任何事物都会有的阶段和状态，有时被动地损，有时主动地损。我们来看这个"损"字，左边是提手旁，《说文》称："损，减也。"意思是用手主动地减损。我们的《全本周易导读本》给这个卦取的小标题是"做减法"，强调的就是要主动地减损。

我们学习损卦，就是要看清事物的大规律，运用主观能动性，提前做减法，避免最后被动地承受大损失。《道德经》里面将损和益放在一起讨论，说："万物负阴而抱阳，冲气以为和。人之所恶，唯孤、寡、不毂，而王公以为称。故物或损之而益，或益之而损。"事物有时是减损的，但其结果是益，有时是增益的，但结果反而是损。所以，损和益要当作一个整体来看待。

从损卦的卦象来看，下卦为兑，兑为泽；上卦为艮，艮为山。两卦相配，山下有泽，减损泽底的泥土，会使山体更加高耸，减损泽中之水，可以滋润山上的草木，总之是减损下面可以增益上面，这是损下益上之卦，故称为损卦。我们在讲第十一卦泰卦的时候，曾以卦变法分析如何化解泰极则否的方法，那就是运用减损之道去主动化解，将泰卦的九三爻主动减损去补充上六爻，损下卦三阳爻阳刚之有余，补上卦三阴爻阳刚之不足，从而使上卦的坤卦变为艮卦，下卦乾卦变成了兑卦，形成了损卦的卦象。上下卦的阴阳爻经过这样的调整，整体结构趋于平衡，这样主动适当地损刚益柔，有利于组织结构的稳定，从而及早地化解泰极则否的潜在危机。所以，损卦要与泰卦相对应，以动态发展的眼光明白其减损的大义。另外一方面，从卦象、爻象来看，损卦主要是损下益上，这种做法可以救一时之弊，但要把握分寸和尺度，任何措施有其利必有其弊，如果损下益上超过了恰当的尺度，就会动摇根基，所以运用减损之道时，切记不可太过。

损卦和益卦是《周易》六十四卦中比较重要的一对卦，六十四卦的重要性不是平均分配的，有一些卦的重要性占的比重更重一些，比如乾坤、泰否、剥复、坎离、咸恒、损益、既济未济，它们是能够较突出地呈现《周易》意旨的一些卦。这些卦成对出现，共同完成一个小循环的对待流行，或者共同呈现事物正反内外的辩证统一。今天我们解读的损卦，是要和益卦放到一起作为一个整体来解读的。

从今本卦序排列上来说，六十四卦都是"非覆即变"、两两相耦的关系，在六十四卦里面，有四对卦是互为变卦（也称为错卦，阴爻变阳爻，阳爻变阴爻，而成为另一个卦），比如乾和坤、坎和离、大过和颐；另外有二十八对卦是互为覆卦（也称为综卦，就是整个卦颠倒一下，成为另一个卦）。这样总共三十二对，是六十四卦。变卦就并排成两个卦来看，而覆卦则可以当作一个卦来看待，无非上下换一下角度。这样排列下来，上经三十个卦有十八个卦象，下经三十四个卦也是十八个卦象，就刚好上下经平分。这就说明了为什么上经部分在坎离之后结束，而下经是从第三十一卦开始。下图是南宋易学家杨甲等所作序卦图（据《钦定四库全书》）。

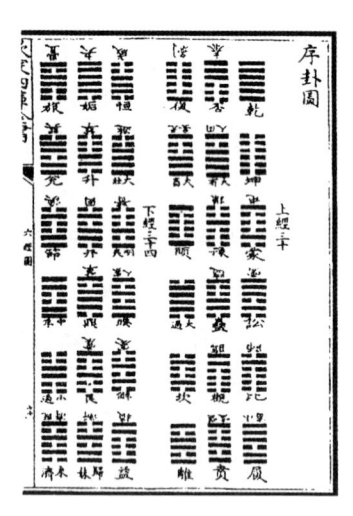

图 41-1 杨甲等所作序卦图

损卦第四十一

就卦序的排列而言，其内在隐含着义理，象即理，比如损卦和益卦，在直观的序卦图中，就是一个卦。我们要把损、益当作一个卦来看待，很多关节就打通了。

将损、益当作一卦来阐发易理，是有很多文献支持的。马王堆帛书《要》篇中有一段孔子论"损益"之卦的话，大家可参考：

孔子䌛（籀）易，至于损益一卦，未尚（尝）不废书而叹，戒门弟子曰：二三子！夫损益之道，不可不审察也，吉凶之［门］也。

益之为卦也，春以授夏之时也，万勿（物）之所出也，长日之所至也，产之室也，故曰益。授者，秋以授冬之时也，万勿（物）之所老衰也，长［夜之］所至也，故曰［损］。产道穷焉，而产道□焉。［益之］始也吉，其冬（终）也凶；损之始凶，其冬（终）也吉。损益之道，足以观天地之变而君者之事已。是以察于损益之变者，不可动以忧憙。

故明君不时不宿，不日不月，不卜不筮，而知吉与凶，顺于天地之也，此谓易道。故易又（有）天道焉，而不可以日月生（星）辰尽称也，故为之以阴阳；又（有）地道焉，不可以水火金土木尽称也，故律之以柔刚；又（有）人道焉，不可以父子君臣夫妇先后尽称也，故要之以上下；又（有）四时之变焉，不可以万勿（物）尽称也，故为之以八卦。

故易之为书也，一类不足以亟（极）之，变以备其请（情）者也，故谓之易。又（有）君道焉，五官六府不足尽称之，五正之事不足以产之，而诗书礼乐不□百扁（篇），难以致之。不问于古法，不可顺以辞令，不可求以志善。能者䌛

（由）一求之，所谓得一而君（群）毕者，此之谓也。损益之道，足以观得失矣。

有学者认为文中"损益一卦"是误写，应为"损益二卦"（李学勤、廖名春等），但也有学者认为，就应该是一卦（邢文、刘彬等）。持一卦之说的，主要依据刚才我们所看到的序卦图，二卦实为一卦。另外，孔子在帛书《要》篇里面说"夫损益之道，不可不审察也，吉凶之［门］也"，损益之道是按一体进行论述的。

孔子读到损益之卦，放下书感叹不已，告诫弟子们说：损益之道是吉凶之门，不可不审慎觉察。接着，孔子将损益与四时之变相结合，益卦指春夏，损卦指秋冬，体现一个周期四时的盛衰。西汉易学有卦气说，益卦在寅，值夏正正月；损卦在申，值夏正七月。因此，损益是天道的呈现（相关论述可参看李学勤先生的文章《帛书〈要〉篇的〈损〉〈益〉说》）。言天道是对应人事的，孔子的这段论述在《淮南子·人间训》《说苑·敬慎》《孔子家语·六本》中都有类似的记载，侧重点立意不同。《淮南子》论利害祸福的转变，《说苑》谈如何进行谦德的修养。而帛书《要》篇则分成几个层次来论损益之道，在结合天道来讲损益之道后，孔子评论说："益之始也吉，其终也凶；损之始凶，其终也吉。损益之道，足以观天地之变而君者之事已。是以察于损益之变者，不可动以忧熹。"这段论述就颇有些道家老子论道的气象了，正所谓"祸兮福之所倚；福兮祸之所伏"（《老子》第五十八章）。作为掌管事务（"君者之事"）的人来说，要能够察知损益之变，就不会被表面暂时的现象所扰动而为之忧喜动静了。《要》篇还谈论了时、宿、日、月、卜、筮、阴阳、五行、八卦都是关于天时人事吉凶祸福的术数法则，由此而推至人事"（易）有君道焉，五官六府不足尽称之，五正之事不足以产之，而诗书礼乐不□百篇，难以致之"，为君之道，五官六府也罢，五正之事、诗书礼乐也好，如果不掌握最根本的原则，就难以把事情做好，那这个原则是什么？是易道。在这次谈话的结尾，孔子得出结论说："所谓得一而群毕者，此之谓也。损益之道，足以观得失矣。"从损益之道就足以观得失了，可见孔子对损益之道的重视。如果我们将乾坤看作易道之体，损益则体现了易道之用。同时我们也可以看到，损益是在时变中实现的，没有时变，就没有损益。《论语》中孔子说："殷因于夏礼，所损益可知也；周因于殷礼，所损益可知也；其或继周者，虽百世可知也。"这里面也隐含了变与常的关系。

那么，运用损益之道的主要原则是什么？结合文中所言，我们可以借用《黄帝内经》里的话进行表达："上古之人，其知道者，法于阴阳，和于术数。食饮有节，起居有常，不妄作劳。"法于阴阳，是遵循乾坤阴阳之道；和于术数，是符合事物运行的法则；有节、有常，是把握好尺度分寸，合于时宜，符合规律。《黄帝内经》虽然是讲养生之道，但其蕴含的道理同样可以推广运用到修身、齐家、治国、平天下等各个层面中去。

以上是我们就损益之道进行的讨论。下面我们回到损卦中来。损卦有几个主要的观点需要明确一下，一个是，损下益上是损，而损上益下则为益。从卦象的整体结构，再结合社会结构来说，下层是根基，但损益的权力却在上层的手里，当取下层的利益来补充上层时，就像是挖墙根的土来补墙体墙头，使墙更高，这种做法只能在上层明显薄弱不得不取用时，可暂时取用，但不能取用太多，否则整体的墙就会有动摇垮塌的危险。所以，损卦只是将泰卦的九三爻取到上卦中，以实现上下均衡稳定，没有减损初爻和二爻，这就是有节制地损。这是为了整体结构趋于均衡而做的损益调整。

讲　解

下面我们进入损卦文本的解读，来看卦辞：

> 损：有孚，元吉，无咎，可贞，利有攸往。曷之用？二簋可用享。

我们的译文是，损：有诚信，大吉，没有咎害，可以持守，利于有所前往。用什么？简约的二簋就可以进行祭献。

> 《彖》曰：损，损下益上，其道上行。损而"有孚，元吉，无咎，可贞，利有攸往。曷之用？二簋可用享"。二簋应有时，损刚益柔有时，损益盈虚，与时偕行。

《彖传》说：损，减损下边增益上边，这里的道理是说阳刚上行。减损而"有诚信，大吉，没有咎害，可以持守，利于有所前往。用什么？简约的二簋就可以进行祭献"。二簋的祭献应合于时宜，减损阳刚增益阴柔也应合于时宜，减损、增益、盈满、亏虚，都是配合时势来进行。

在一般情况下，损失不是好事，尤其是损下益上，根基损耗太过将导致整体颠覆。损卦损下益上的前提一定是要有诚信，其目的是顾全大局，保持组织的平稳健康运行，损下而不为邪，益上而不为贪，心地至诚，就会大吉而没有咎害。在社会政治中，如果取之于民是为了用之于民，诚实守信，就会得到民众的拥护，对整体局势都会有益。行损不可奢费浮夸，当以简约朴素为宜，心存诚敬，当损则损，当益则益，与时偕行，方为处损之道。

损本来就是拂逆人情的事情，因此自损是一种修养。我们看到卦辞说用二簋享祭就可以了，这是至为简约的礼器了，本来礼器的隆重与否是表达对神明的诚意的，但是当损的时候，用至薄的礼器也不会使神明不悦，因为敬神的关键在于内心之诚，不在于大的排场。同理，人自身的修为也要能损，就是我们说的自律，饮食起居不必追求浮华，要在欲望上做减法。损就是要节俭，能够以节俭为念，贯彻到生活中，就是在养德，诸葛亮在《诫子书》中就说："夫静以修身，俭以养德。"

下面来看《大象传》：

《象》曰：山下有泽，损。君子以惩忿窒欲。

《大象传》说：山下有泽，是减损的象征。君子看到这样的卦象，惩治自身的忿怒之气，抵制自我的贪欲之心。

这里的重点在"惩忿窒欲"四个字上，君子效仿损卦山泽之意，用于自身的德行修养，惩治自身的忿怒之气，抑制自我的贪欲之心，减损不善以增益善德，不断提升自身的修养。损之又损，忿欲消除，则"利有攸往"。人有七情六欲，这里为什么特别强调"惩忿窒欲"呢？因为忿怒是七情中最不容易控制，是最难修持的，《礼记·大学》里面就指出："所谓修身在正其心者，身有所忿懥，则不得其正；有所恐惧，则不得其正；有所好乐，则不得其正；有所忧患，则不得其正。"首先强调了"身有所忿懥，则不得其正"，将忿怒放在恐惧、好乐、忧患等情绪的前面，就是因为惩忿不容易做到。忿怒的情绪会导致心不能正，心不正则身不修，做不出正确的判断，行为就会有偏差，会伤人害己。所以损卦《大象传》专就修身紧要处点化，古代有学者将"惩忿"比作灭火，"窒欲"比作防水，所言皆是修身的切身体悟。君子修损道，"惩忿窒欲"是关键处。

下面来看六爻，损卦的六个爻都是在讲在损的卦时下居于不同位分时该如何损的问题：

初九：已事遄往，无咎，酌损之。
《象》曰："已事遄往"，尚合志也。

初九：完成自己分内的事后就迅速地前往（增补在上者），没有咎害，要酌情减损。《小象传》说："完成自己分内的事后就迅速地前往"，与在上者心志相合。

初九刚爻居阳位，阳刚有余。与其相应的六四，柔爻居阴位，却是阴柔有余而阳刚不足。天道是损有余而补不足的，初九既然阳刚有余，就当去补不足的六四，初九这样做合于天道不会有过错。但初九也需要酌情考虑，不能忘我损己，所以初九应先完成自己分内的事，然后再迅速地前往增补六四，并且还要把握分寸，减损不可过度，防止自身所担负的固基作用被过度削弱。因此我们看到，人不能把自己想损便损，还要考虑自己所担负的社会责任，不能头脑发热地自损，否则罔顾责任也是一种过错，还要有大局观。对六四的增益也要适当，既不可强加于人或趋势媚上，也不宜增益过度，造成新的不均衡。回过头来，我们依然要肯定初九的行为，损下益上是与六四彼此合志共进的表现。

九二：利贞，征凶，弗损益之。
《象》曰：九二"利贞"，中以为志也。

九二：利于守正，急于征进将有凶险，不要自我减损去增益别人。《小象传》说：九二"利于守正"，以坚守中道作为自己的志向。

九二以刚爻居阴位，得下卦之中，本身刚柔相济，有中道的美德，但处在损刚益柔的处境中，又居于兑体柔位，极易损失其刚中之德。九二上与居君位的六五相应，损阳刚则有谄媚枉道之失，不损阳刚、直道而行则可能有违君意而损及自身利益甚至身家性命，是损还是不损？九二面临着选择与考验。在这种情况下，九二当贞守其刚中之德，不可自损其刚，如果有所前行，曲意奉上，就会失中，必凶。这是因为六五本质阴柔而居阳位，九二本质阳刚而居阴位，彼此的配合是适中而平衡的，九二若自损其刚，反倒失其中道，不但不能益上，还会破坏组织的平衡，导致弊害，九二只有不损，方能益上。九二的刚直不损得到了中道柔和的六五的赞许，反而更加衬托出六五柔中之君沉稳仁厚的盛德光辉。

九二弗损益之的道理，是从九二相对于六五不失阳刚之德来说的。为什么九二不损，我们还可以结合泰卦变成损卦的过程来说，在整体结构中，损九三之刚增益上卦，则九二和初九就不应该轻易言损，否则下三爻都变成阴爻，就直接变成否卦了，这就是损下不宜太过的道理。初九完成自己的事情之后，去帮助一下六四，这是底层对于上层的有限度的帮助，而九二作为下卦的中爻，居于大臣之位，要坚守阳刚之德，能立得住，敢于担当重责，表面上没有自损以增益六五之君，实际上为六五所掌管的大局的整体稳定起到了支撑作用。如同历史上那些直言敢谏的大臣，不损刚德，身家性命是担着风险的，这对自己是损，而对大局是益。损私而济公，损而不损。就是这样一种表里辩证的关系。

下面来看六三爻：

六三：三人行，则损一人，一人行，则得其友。
《象》曰："一人行"，三则疑也。

六三：三人同行，则会损失一人，一人前行，就会得到友朋。《小象传》说："一人前行"就可以了，三人同行则会引起对方的猜疑。

我们还是要结合损卦自泰卦而来这一点来讲此爻，因为没有时变就没有损益，泰卦之时，下卦三阳爻，上卦三阴爻，减损下体九三而与上六交换位置，体现了损下益上、损刚益柔的精神。泰卦下体三阳变为损卦兑体两阳，是"三人行，则损一人"，而泰卦九三上行成为损卦上体艮卦上九一阳，从而使上九与六三相应，是"一人行，则得其友"，这样以损道进行调整，有效地预防了泰极则否的发展态势。

在形成了损卦的局势后，六三居于兑体之极，以喜悦之心而求应于上九，如果一人独往，就能阴阳相配，彼此相益，可得化育之功。如果六三连同六四、六五相伴寻求上九的阳刚支助，看似增益，实则有损于上九的阳刚，增添了上九的疑虑。可见阴阳二气的至诚专一、相和互补，是万物得以生生不已的规律。

这里面含有很深的义理。天下万物都是由阴阳和合而成，也就是《系辞传》里说的："天地絪缊，万物化醇，男女构精，万物化生，易曰：'三人行，则损一人，一人行，则得其友。'言致一也。"一阴一阳之道正是万物化生不已的根本，多余的就会在天地运行之道中自然地损掉。

六四：损其疾，使遄有喜，无咎。
《象》曰："损其疾"，亦可喜也。

六四：减损他的疾患，使他迅速有了喜气，没有咎害。《小象传》说："减损他的疾患"，也是一件可喜的事。

六四以柔居阴位，阴柔太过而缺少阳刚之气，这是六四气质之疾。六四的处境也令人担忧，六四居于近君大臣之位，阴柔不能胜其任，前方权位富贵的诱惑增加其欲望，而高位和能力的差异平添其心中的怨愤，这是六四的症结所在。祛病要寻求医生，改过要寻求师友，六四治病的根本是"惩忿窒欲"，改过从善，减损阴柔以寻求阳刚正气，弥补自身的阳刚不足，而且越快越好。六四勇于改过，速请阳刚初九前来补救，从而阴阳相合，可喜可贺。

六四爻的"损其疾"，实际上就是在讲损不善以从善的道理。

来看六五爻：

六五：或益之十朋之龟，弗克违，元吉。
《象》曰：六五"元吉"，自上祐也。

六五：有人送给他价值十朋的大龟，推辞不掉，大吉。《小象传》说：六五"大吉"，是因为得到了上天的祐助。

有人以尊贵的宝物来增益六五，推辞都推辞不掉，大吉大利。六五柔居尊位，刚柔相济，虚中自损，又与九二贤能之士彼此呼应，信任并敬重九二阳刚守中的品格。六五这样知人善任且能损己之私以成天下之公，自然能得到民众的拥戴。六五越是谦卑自损，天下人就越增益之，如此真是大善大吉了。

"或"是谁呢？在九二的辅助下，六五得到天下人心的归附，天与鬼神皆会福祐。"龟"带有神明保佑之意。

最后来看上九爻：

上九：弗损益之，无咎。贞吉，利有攸往，得臣无家。
《象》曰："弗损益之"，大得志也。

上九：不用自我减损就能增益他人，没有咎害。守正吉祥，利于有所前往，得到臣民的拥戴而没有家的界限。《小象传》说："不用自我减损就能增益他人"，说明上九施惠于天下的志向得到了大的实现。

损有不同的方式：减损自己以顺从别人，是精神层面的损，当以正义为原则；减损自己的财物使别人得到利益，是物质层面的损，以达到某种妥协与平衡。损卦下五爻都是损己从人或损己利人，上九居损卦之极，在整体损下益上的形势下，是最大的受益者。损之极则变为不损，上九在艮卦之极，损势已止。上九阳刚居阴，刚柔相济，居上益下，可以施惠于民而无须自损，这样没有咎害，守正则吉，因此不分远近，前来归附的人很多。

我们在例解中用的是《论语·尧曰》的记载：子张向孔子请教怎样治理政事，孔子回答他要"尊五美，屏四恶"。"五美"是指

"君子惠而不费,劳而不怨,欲而不贪,泰而不骄,威而不猛","四恶"是指"不教而杀谓之虐;不戒视成谓之暴;慢令致期谓之贼;犹之与人也,出纳之吝谓之有司"。子张问:"何谓惠而不费?"孔子解释道:"因民之所利而利之,斯亦惠而不费乎?"意思是说,为政者根据民众的利益制定相应的政策从而对民众有利,这不就是给人民以好处而自己却无所耗费吗?

如《孟子·梁惠王上》所言:"不违农时,谷不可胜食也;数罟不入洿池,鱼鳖不可胜食也;斧斤以时入山林,材木不可胜用也。谷与鱼鳖不可胜食,材木不可胜用,是使民养生丧死无憾也。养生丧死无憾,王道之始也。"不违农时,不扰民伤民,顺应天时民心,使民养生丧死无憾,这就是"因民之所利而利之","君子惠而不费"。

答　疑

问:在一些具体事物中,哪些东西是当损和必损的呢?

答:这个问题在不同的层面和领域有不同的指向,但其原则是损掉那些浮华不实的东西,比如,运用于文明教化层面,当祭祀时,仪式和祭品是用来表达诚敬之心的,如果有至真诚敬之心,那么那些繁文缛节就可以减损。再比如,运用在社会建设层面,由于人们追求财富,急功近利,现代商品经济社会就出现了经济泡沫,虚的东西越来越严重,这时就需要损去泡沫,否则就会遮蔽实质,而隐含泡沫破裂的风险,那时就是被动地损,会付出很大的代价,受到很大的创伤。又比如,运用在修身养德层面,人都有丰衣足食的欲求,这是最基本的需求,但如果求之太过,就会迷醉于浮华享乐,最终会因浮华而失德误身,流于人欲之弊,于己于人都有害处,所以,无论是物质的还是精神的，要时时损去浮华，回归淳厚、质朴、踏实、率真的本质。

损卦小结

本卦阐述了减损之道。卦辞指出损道当以诚信为本，在诚信的基础上，尽量形式简约。而是否需要损，损多少，要持守中道并与时偕行，表明损道贵诚、贵时、贵中。卦辞同时提醒我们：损下益上不可过，过则根基削弱，有倾覆的危险。

在具体的六爻中，下三爻自损以益上，上三爻受其益：初九减损阳刚迅速前往补益六四，则六四有喜；九二宁可自损利益，也要坚守本位，不损刚中之德，则六五之君最终得大益；六三至诚专一与上九相应，则上九得到远近人心的归服。可见减损之道在于损所当损，损是为了益，损中有益。

损道运用在修身层面，则是君子当"惩忿窒欲"，损不善以从善，损自身以益天下，从而完成道德人格的修炼；用在社会人事层面，则是损下益上，要取之于民而用之于民，才能上下沟通平衡，不会造成否卦的局面。

读卦诗词

减字浣溪沙·山泽损

寇方墀

泽水和柔山色青，周流动静看虚盈，刚柔损益道中行。

二簋祭神文可简，十朋益友质惟诚，修身窒欲诚君铭。

益卦第四十二

震下巽上

导　读

上一卦我们学习了损卦，损卦讲减损之道，阐明了损道贵诚、贵时、贵中的原则。减损之道在于损所当损，也可以把主动地损看作是一种预防机制、一种平衡措施，损卦结合不同时位，分析了在什么情况下需要损和损到什么程度为宜的问题，指出减损要持守中道并要与时偕行，损是为了避免过错咎害，因此损中就含有益。所以，我们在讲损卦的时候是结合益卦来讲的，损益本是一体，只不过体现在不同的层面上或不同的阶段中。

《序卦传》说："损而不已必益，故受之以益。"减损不已必然会有所增益，损到一度程度，事物必然会转变为益，所以在损卦之后是益卦。

事物的盛衰损益有着一定的规律性，在《周易》的思想中，损益盈虚有其循环往复的特性，这个循环不是机械的重复，而是在过程中充满了各种变化的可能性，这种可能性就给具有主观能动性的人留下了裁度损益的空间，类似于康德所说的自由意志，由于人的主动介入，会促使事物发展循环的周期延长或缩短，兴衰振荡的振幅加大或减小。而当这些损益之道被运用到社会人事中去，就会关系到人们的生存状态，为政者的损益措施则可以影响到一代人甚至数代人的生存状态。

中国的政治文化追求的是长治久安、天下太平，只有根据时代变化而不断地进行恰当的损益调节，才能达到人民富足、长治久安的社会状态。《道德经》第十五章中有这样的表述："孰能浊以静之徐清，孰能安以动之徐生？保此道者不欲盈，夫唯不盈，故能蔽而新成。"谁能让浑浊奔流、泥沙俱下的水慢慢静下来并使它变得澄清？谁能让一潭死水重新流动起来，逐渐萌动活力与生机？老子用水来形容自然及社会的状态，而"孰能"的主体就是损益的实施者，这个主体通过损或益让整个循环流动起来，根据浊或安进行调节，浊时要损而静之，安时要益而生之，从而使水流呈现清澈流动的健康状态，在生机勃勃又从容不迫的状态中不断地更新、流动向前。所以，当我们将损益放在一起体察，就明白了损益之道就是易道的具体呈现，善用损益之道，就是对于易道的运用。

上一卦我们已经学习了损卦，现在我们来看益卦。

从益卦卦象来看，震下巽上，震为雷，巽为风，两相配合，风烈雷动，声势互长，呈现彼此增益之象，因此此卦称作益卦。从卦义来看，益卦由否卦变化而来，我们在讲否卦的时候也曾讲到这一部分，按照物极必反的规律，否极就会泰来，但我们不能在黑暗中坐等否极泰来，那样会付出惨重的代价，所以要主动采取措施，适时进行调整，这个措施就是针对否卦整体结构头重脚轻的特点进行损益，减损上层的阳爻以补益底层的阴爻，初爻是根基，因此，减损否卦上卦的初爻而补益否卦下卦的初爻，也就是以否卦第四爻的阳爻与初爻的阴爻互换，以阳刚补益阴柔，是抽取上层的部分利益来补益下层，使得整体结构更均衡稳定，这是化解矛盾、固本培基的措施，得益的是整体，连被减损利益的上层实际上也是获益的，因此称为益。

损下益上为损，因为损的是下层的根本，所以要酌情进行减损，以达到结构的平衡，以保证机体有效地运行。比如历史上从民众中取赋税，有十取一、二十取一等税收制度，就是恰当地损下益上，使管理层可以对社会整体进行必要的运筹和建设，但税收不能太高，因为下层是上层之本，损下过度则伤本。益卦是损上层而益下层，益下则固本，对于植物来说，本固才有枝荣；对国家来说，本固才有邦宁，因而称为益。

联系到社会建设，益卦这样的损益措施的实际功能是让利于民、藏富于民，民富则本固，本固则邦宁，下厚实了，上就安稳了，因此是为益。我们在《全本周易导读本》中给益卦取的小标题就叫作"藏富于民"。这是就社会人事层面来诠释增益之道。

如果我们将增益之道与人的修养和作为联系起来，则应该看到人性中的光辉与能量。在中国儒家的哲学思想中，人的本性是善的，这种内在之善体现在人的行为中就是乐善好施，行仁仗义，利益他人，利益社会，博施济众，用自身的光辉能量去照亮和温暖他人。越是如此，越能使自身与他人共同光亮和温暖起来，使自身在有限的生涯中展现出丰富充足的生命力，而当他人来增益自己的时候，则欣然会心地接受增益，以此鼓励对方向善的努力，从而彼此照亮，共同朝向至善的境界修持增进。这样的增益汇聚共生，就是光明真诚、廓然大公的大益。儒家将此向善之心推广开来，由施仁爱于民众推广到爱惜世间万物，用佛家的话来说，就是生出利益众生的大慈悲心，让人性的光辉充分显现，照亮这个世界的当下和未来。

讲　解

下面我们回到益卦的文本中，来看益卦的卦辞：

益：利有攸往，利涉大川。

卦辞是很简单的两句话：第一句话，利于有所前往，是在常态下的行为，是指在常态下随时可以去做增益的事；第二句话，利于涉过大河，则是在变局之中，是指在遇到危难坎坷之时，也可以运用增益之道去济危度难。因此，增益之道既可以用于常态之下，也可以运用于变局之中。也就是说，无论是在常态还是变局之时，都要有增益的意识和志向，采取的措施可能有损有益，而目的却是整体、长远的益，这样就会有大的方向，就像海上的灯塔一样指引船只前行，不会迷失在路途之中，不会因为贪婪或恐惧而偏离航道，用我们现在常用的一句话，就叫作"不忘初心"。

我们来看《象传》的解释：

《彖》曰：益，损上益下，民说无疆。自上下下，其道大光。"利有攸往"，中正有庆。"利涉大川"，木道乃行。益动而巽，日进无疆。天施地生，其益无方。凡益之道，与时偕行。

《彖传》说：益，减损上边而增益下边，民众喜悦无限。自上方施利于下方，益道大为光显。"利于有所前往"，因为阳刚者中正而有喜庆。"利于涉过大河"，正如木船渡水畅行无阻。增益之道既能付诸行动又能巽顺合宜，因而日日增进而广大无疆。就像上天施予而大地化生，施化之益遍及万方。大凡增益的道理，都是要合时宜而施行得当。

益卦既有利于前往，又有利于涉过大河巨流等艰难险阻，总体情况是有利的。益卦自否卦而来，损上益下，本固邦宁，卦中九五与六二中正相应，象征着上下彼此能够共同排除困难。

在益卦中，内卦为震，震为动，外卦为巽，巽有巽顺之义，两卦配合，卦义为动而顺，行动而能巽顺，所以每天都在增益。益卦与损卦的道理有相通之处，当损则损，当益则益，天道人事必当与时偕行，才是适得其道。

益卦自否卦而来，取上卦第四爻来补益下卦初爻，就好比从墙体上取些土来培固加厚墙根，看似会让墙体有些损失，但墙根稳固了，整堵墙才不会倒塌，整体利益才有保障，这就是"自上下下，其道大光"的道理。

下面来看《大象传》：

《象》曰：风雷，益。君子以见善则迁，有过则改。

《大象传》说：风行雷动，是增益之象。君子看到这样的卦象，见到善行就倾心效仿，有了过错就及时改正。

前面刚刚学习的损卦的《大象传》说君子要"惩忿窒欲"，专意做减损的功夫，惩戒忿怒，窒塞欲望，损此以修道；而益卦的《大象传》说君子要迁善改过，"有过则改"，则是既有益也有损。益卦是风与雷彼此相益，风刮得疾烈，雷就会传播迅速；雷声激荡，就会使风更加强劲，二者声势互长。君子看到这样的现象，就效法风雷迅疾的特点，迁善改过，毫不迟疑，以求有益于自己的德行。见到善行则立即效法并推行善道，像风一样迅速，不会犹豫，而当意识到过错时则马上改正错误，绝不拖延，像雷那样勇于决断，这样就能形成迁善改过、雷厉风行的作风，自己和周围的人都会获益。对比损和益在修身方面的运用，损卦侧重于减损不善，益卦侧重于增益美善，实际上，损不善就是益于善，而益于善也等于损不善，二者相辅相成，只是侧重的阶段不同，整体来说目标和方向是一致的，那就是止于至善。

下面我们来看六爻的情况：

初九：利用为大作，元吉，无咎。
《象》曰："元吉，无咎"，下不厚事也。

初九：利于大有作为，大吉，没有咎害。《小象传》说："大吉，没有咎害"，是因为居于初位的初九本来就没有重任在肩。

益卦自否卦而来，以减损四爻的阳刚来增益初爻而成，所以初爻是受益的主要对象。处于最底层位置的初九爻，是最广大的底层民众，不能要求其承担社会的重要责任，但在增益之时，下震动而上巽顺，正是大有作为之时。

初九有阳刚的才质，又与六四相应，能够得到上层的支持，就是遇到了展现自身光辉和力量的好时代，因此利于大有作为，初九就当充分发挥自身的能量，做一番事业，在这样宽松益下的情况下，大吉，没有咎害。该爻运用到社会中，就是政策宽松，鼓励民众致富创业之时，民众当顺时而为，用勤劳和才智创造财富和价值，自身得以安身立命，同时造福家庭和社会，使大家一起过上更好的生活，其效果则是使上层藏富于民的良好愿望得以真正实现，推动整体增益的良好局面。所以，虽然初九是"下不厚事"，但却是下卦震卦的主爻，是主要动力之所在。

来看六二爻：

六二：或益之十朋之龟，弗克违。永贞吉。王用享于帝，吉。
《象》曰："或益之"，自外来也。

六二：有人送给他价值十朋的大龟，推辞不掉。永守正道就会吉祥。君王用来享祭天帝，吉祥。《小象传》说："有人送给他"，是指从外面不招自来。

我们在讲损卦的时候，损卦的六五爻辞与益卦的六二爻辞都有"或益之十朋之龟，弗克违"这样的爻辞，因此更能看出损益两卦的内在联系，相当于卦体颠倒了一下，二和五的位置进行了互换。所以清代学者刘沅说："损益相综，益二即损五也，故其象同。六二当益之时，虚中处下……五与之应，益自意外而来……卦以外卦益内卦，故无心而得益者曰自外来。"

六二以柔德居正履中，虚中守柔，在损上益下之时，居于下卦中位的六二有着德位俱佳的优势，且与九五刚柔相应。在九五进行"用享于帝"的祭祀活动时，六二是厚德中道的大臣，所以价值十朋之龟的贵重宝物自然会来增益六二。

刘沅认为，"自外来"的意思是无心而受到增益，不求而自来。对于这样的厚礼，六二不必推辞，只要永守正固，恪守柔中之道，必可得吉。如我们前面所讨论的那样，对于别人的增益，只要得于正道，就可欣然会心地接受，以鼓励对方的向善之心，同时促进共同的增益，从这里我们也可以体会生活中常说的一句话："接受也是一种美德。"当然，这种接受并不是出于私意，而是要将增益更好地运用于整体，施行于大众。

益卦六二与损卦六五的爻辞有相同之处，损卦六五是损下益上之时的上卦中爻，益卦六二是损上益下时的下卦中爻，皆有虚中守柔的品格，因而得到了丰厚的增益。而益卦六二与损卦六五相比，所居并非尊位，自外得来如此贵重的厚礼，爻辞提醒要"永贞"才会吉，恒守正道，才会吉祥。

来看六三爻：

六三：益之用凶事，无咎。有孚中行，告公用圭。
《象》曰："益用凶事"，固有之也。

六三：受益通过救凶平险的事情实现，没有咎害。内有诚信，持中慎行，禀告公事时要手执玉圭谨慎恭敬。《小象传》说："受益通过救凶平险的事情实现"，稳固了已有的根本。

在损上益下之时，六三在下卦的上爻，作为居位颇高者，其受益尤甚。六三相当于守土一方的长官，既是受益者，同时也担负着承上益下的责任。"凶事"是指患难非常、困心衡虑之事，比如遇到凶年饥荒，需损上益下，赈济百姓。六三应以增益之物救凶平险，于忧患中体恤百姓疾苦，果断开仓赈灾，增益民众，这样的行为没有过错。六三禀告公事进展情况时，手持代表诚信的玉圭，秉持诚信，中道行事，以至诚禀告王公，这样才能够得到王公的信任和支持，避免过咎。六三的行为稳固了根本，以长久的眼光看，益下就是益上。

我们在例解中用的是战国时期冯谖烧毁孟尝君收债的债券的典故，说明手中掌握权力的中层该如何平衡损益的道理。平衡损益的内在原则就是持守一颗公心，不贪占取之于民之财物，不辜负受之于君之嘱托，秉持诚信，持政为民，在实际施行的过程中，斟酌损益，没有偏颇之病，决不中饱私囊，为了总体的大益而努力，便可以真正普惠于民众。因此，六三是整个增益系统中关键的环节。

来看六四爻：

六四：中行告公从。利用为依迁国。

《象》曰："告公从"，以益志也。

六四：中道行事，禀告王公顺从此道。利于以其为依托而迁都益民。《小象传》说："禀告王公顺从此道"，以此增益王公爱民利国的心志。

我们看到六四柔爻居阴位，上承于九五阳刚之君，下应于初九阳刚之民，在增益之时，是承上而益下的近君大臣，地位比六三更高一些。"中行"，是指六四与六三一样，处于上下两卦的中间，如能中道行事，上可对君王尽忠谏言，下可增益民众、造福百姓。"迁国"，上古常有迁徙国都、避害就利的举措。六四在损上益下之时，得到君王的信任，为使民众有良好的生存环境，九五依靠六四带领民众完成迁都的大事。

我们看到，六三是以上益下以救民荒，六四是以下益上以辅君志，各自的位置和职责侧重点不同，但都是承上启下的重要环节，有均衡损益的功能。所以，两个爻都强调"中行"的重要性。

来看九五爻：

九五：有孚惠心，勿问元吉。有孚惠我德。

《象》曰："有孚惠心"，勿问之矣。"惠我德"，大得志也。

九五：有诚信惠民之心，不用询问就知道会是大吉祥。民众也会真诚地感惠于我的德行。《小象传》说："有诚信惠民之心"，是说用不着询问了。"感惠于我的德行"，说明九五以增益之道大得天下民心。

九五爻是益卦君位之爻，阳刚中正，又有六二柔中之臣中正相应，因此在益之时，九五是施惠于民、为益于众的主体，以至诚守信的惠民之心做利民之事，损上益下，心系百姓。有这样的圣明之君，不问便知其结果必然是政善民吉。九五以诚待物，以心惠民，德泽被于天下，自然会得到万民的爱戴，并被万民以诚信感惠于上。于是上下交相信赖，心志相通，国运昌隆。

此爻我们举的例解是《贞观政要》中记载的唐太宗吞食蝗虫的典故，无论他的行为是否对治蝗虫起到了作用，但这样一份爱民之心是值得赞扬的，有一颗大益于民的心，由此可见一代明君风范，也可以理解为什么历史上会出现"贞观之治"。

上九：莫益之，或击之，立心勿恒，凶。

《象》曰："莫益之"，偏辞也。"或击之"，自外来也。

上九：不要去增益他，有人要攻击他，求益之心不要贪得无厌，凶险。《小象传》说："不要去增益他"，说明上九偏执地发出增益自己的要求从而得到这样的回应。"有人要攻击他"，这是从外部来的凶险。

上九阳爻居于益卦之极，是求益太甚的上爻，私欲太重，忘善而图利，而且贪得无厌，最终益极而损，导致天怒人怨。"或"不只是一个人，而是很多人，说不清是谁，也说不清有多少人，总之民众不但不愿再供养增益他，而且要攻击他。损上益下是固本安邦的正理，应坚持不懈，上九昏蔽贪利而忘了正义道理，反而损民利而逐私欲，成了众人唾弃的对象，其结果必是凶祸自招。

如果有求益之心且取之不厌，那么益之极必损，这就是损、益互为转换的规律和道理。

损、益为"三陈九卦"中的两个重要的卦，《系辞传》说："损，德之修也。益，德之裕也。""损，先难而后易，益，长裕而不设。"损卦教人减损欲望，先经历艰难然后获得平易；益卦教人长久扩充德行而不必有意造作。"损以远害，益以兴利。"损卦的重点是远离祸患，益卦的重点是广兴福利。

答 疑

问："木道乃行"怎么理解？

答：《象传》中的"木道乃行"这一句，震、巽都为木，所以称"木道乃行"。对于这句话，《朱子语类》中引用一位朋友的说法，认为"有八卦之金木水火土，有五行之金木水火土。如'乾为金'，《易》卦之金也；兑之金，五行之金也。巽为木，是卦中取象。震为木，乃东方属木，五行之木也，五行取四维故也"。也就是将益卦中的下卦震卦和上卦巽卦对应于五行属木，在后天八卦图中，震在正东方，东方属木，巽在东南方，是卦中取象，因此会有"木道乃行"之说，在其他卦中，涣卦说"乘木有功"，中孚卦说

"乘木舟虚"，都是因为卦中有巽卦，所以有"乘木"之象。"木道"是什么道？是生生之道，东方和东南方是阳气升腾之地，在季节上代表着春天和春夏之交，是万物生发成长之时，阳气增益万物而万物得以生长，对于整体的益卦而言，《易纬·乾凿度》说益卦是正月卦，"天气下施，万物皆益。言王者之法天地，施政教，而天下被阳德"，此为"木道乃行"。

益卦小结

本卦阐述了损上益下、固本安邦的道理。在益之时，"利有攸往，利涉大川"，盛赞益道之善。通过六爻具体分析了益之时的处世原则：下卦三爻以"受益"为主，上卦三爻以"自损"为主。初九阳刚处下而获益，理当努力奋发，利用有利时机争取有所作为；六二柔中守正，获"十朋之龟"，以"永贞"为吉；六三居下层之上而受益，须救凶平险，可得无咎。这三个爻居下卦是获益者，但不能坐享安逸，而均当有所作为，尽心效力。上卦之始的六四居正守柔，利于承上之恩，行益下之道；九五刚中居尊，以孚诚施惠于民而获元吉。唯有上九求益过甚，贪得无厌，被民众攻击而致凶。益卦阐明了施惠于人者终将获益，贪利于人者终将取祸的道理。

损、益两卦中，损下足以益上，上者又当施惠于下；损上足以益下，下者又当转益于上，这阐明了损与益的转化之理。在事物发展过程中，吉凶祸福、得失利弊之间的关系是相互转化、互为依存的。

读卦诗词

汉宫春·风雷益

寇方墀

双木潇湘,向风雷汇处,鼓动无疆。
由来天施地与,其益无方。
雍熙天下,重生民、固本安邦。
君子道、迁善改过,见不善如探汤。

布衣丈夫得益,劝勇为大作,精进担当。
官身大公益民,无愧朝堂。
君王益孚,惠心诚、善政流芳。
延颈望、河清海晏,清风丽日天光。

夬卦第四十三

乾下兑上

导 读

前两卦我们学习了损益两卦，损和益是可以互相转化的，有的时候要用损，有的时候要用益，正所谓"损益盈虚，与时偕行"，要根据时势利害进行适当的调整，采取相应的举措，损益都要适度，这就是善用损益之道，是对于易道的应用。在益卦中，我们读到益卦的最上爻时，由于上九爻求益过甚，贪得无厌，最终被人攻击而致凶。益卦阐明了施惠于人者终将获益，贪利于人者终将取祸的道理。既然益已达到极致，事物就到了转变的时候，接着卦时就变了，出现了新的一卦：夬卦。

《序卦传》说："益而不已必决，故受之以夬。夬者，决也。"任何增益均不可能永久持续，因为增益不已必然会导致盈满而溃，最终决断崩离，所以在益卦后面是夬卦。

"夬"的意思是决断。这个"夬"字比较怪，平时我们很少用到这个字，它更像一个字根，配上偏旁才能成其完整的字义。"夬"左边配提手旁，就是"抉"，是射箭时勾弦用的扳指。左边配两点水，就是"决"，指决去、决绝，《说文解字》解释说："夬，分决也。"也主要是从《周易》夬卦的意思而来。《周易》夬卦正是讲如何决断、分决的问题。

夬卦由乾下兑上组成，从卦象来看，天在下，泽在上，泽水在至高之处已经盈满，即将溃决，所以称作夬。从爻象来看，五刚爻由下而上逐渐强盛，阳长阴消，只剩下一个阴爻在最上边，眼见着即将被灭尽，整体形势是众阳决去一阴，所以称作夬。而从卦德来看，乾刚健，兑和悦虽然刚健，但能不失和悦，代表既能刚断又能不伤和气，"君子道长，小人道消"，君子占绝对优势，但仍然能戒骄戒躁，不会激起小人的反抗，这正是处夬之道。

在夬卦中，有几个层面的问题值得注意和思考。夬卦的结构并不复杂，形势也很明朗。前面讲到大壮卦，四个阳爻要取代两个阴爻，那四个阳爻齐头并进，已经具有势不可挡的大壮之势了，何况夬卦的五个阳爻齐头并进，去决断一个阴爻呢？五阳爻阳刚气盛，一阴爻苟延残喘，似乎五阳必胜，决去一阴只是时间问题。然而，事情不像表面上看到的那么简单，王船山对此分析得尤其到位，如果从正反两股势力的对决来分析的话，五阳去决这一阴，谁来当领导？谁来聚合阳刚的势力去完成这件事情呢？依靠九五爻吗？九五爻与上六爻阴阳逆比相亲，也就是说，九五是信任和宠信上六爻的，就像是历史上那些君王宠信身边的阴柔小人一样，上六由于居于兑卦之极，所以他能极尽阴柔和悦之能事，九五是信赖和喜爱上六的，比如齐桓公，明知身边的易牙、竖刁、开方是三个小人，但他们能让齐桓公吃得好、玩得好，每天开心，所以尽管管仲临死谏言，让齐桓公除去这三个小人，但管仲一死，齐桓公就又把他们叫了回来。因此，想要依靠九五主动发阳刚之威去决去上六，很难办到。

那么，依靠九四来担任这个角色吗？九四和上六同在九五的周围，可以说是同朝称臣的同事，低头不见抬头见，九五对上六在气质上是阴阳亲比，而与九四却是两阳相敌，九四想要除去上六，相当于分裂上六与九五的关系，然而疏不间亲的古训是值得警醒的，所以要九四出头主张决去上六，恐怕从主观心理和客观条件来说，都会遇到很多障碍。那么，要依靠九三来决去上六吗？九三与上六在爻位上彼此阴阳相应，有着相互的联系，两者或可以看作一荣俱荣、一损俱损的命运共同体，让九三去决掉上六，无疑是自断前程，所以九三也很值得怀疑。就这样一路分析下来，原本看似铁板一块的五个阳爻，那些居于高位者原来却是各有缺陷、各存疑虑，事到临头时，却没有一个真正出头主事的，这场决战又如何能够获胜呢？

所以王船山叹息说，战国时期六国浩浩荡荡联手攻打函谷关，却最终失败；唐代安史之乱时，郭子仪等九个节度使兵临相州而不能取胜，都是因为不能专任的缘故。这也就是我们常说的群龙不治水，任何事情不能只看整体气势，还要看内里的结构，还要分析实际操作的可行性。我们看到，经过这样的一番分析，原本感觉胜利在握的五阳爻似乎没什么指望了，很泄气，当然，我们不能就这样失去信心。

我们顺着五个阳爻继续往下分析，就只剩下初爻和二爻了，初爻是没地位和经验的人，离上六太远，不足以做事建功，那就只剩下二爻了。九二爻阳刚而中道，内刚而外柔，居于下卦乾卦之中，有号召力，有担当意识，与上六没有任何瓜葛，与九五在位置上又有直接的君臣关系，可以上言诤谏，直接陈述决断一阴之事。因此，九二爻应当责无旁贷，主动担当起重任，去争取九五的支持，努力聚合众阳的力量，掌握好方式方法，既要有战略，又要有战术,这样可最终一举完成决阴的壮举。

从这一番分析中,我们看到,很多看似简单容易的事情,并不像表面上看到的那么简单容易,应该去做和怎么去做是两个层面的问题,但最终能不能做,会不会成功,往往取决于第二个层面,这是政治家、实干家真正要考虑的问题,毕竟现实中要考虑方方面面的因素,而现实和理想有时相差得实在太远。

回到具体操作层面上来,经过前面的一番分析,实际上我们得出一个该如何用人的实际操作问题,结论是:用独不用众。办一件目标明确的具体的事,一定要专任一人,责任明确,组织脉络清晰,不能出现多头管理的局面。这场决战,可以借鉴我们曾经学过的师卦的经验:要"严其律""得其人""一其令""慎其进""小人勿用",能做到这几点,这场阳决阴的博弈才谈得上胜券在握。

以上是将夬卦运用于社会人事层面的分析,如果顺着这个分析的思路,将夬卦运用到君子修德立身的层面,那么夬卦给我们的启示就是:自我修德有所积累,但有不足不善之处时,要充分警惕,不能等闲视之。如果认为自己总体大部分是好的,只有那一点不善或者一点恶,就认为无所谓,或者觉得很容易就能改掉,这就是轻视了一阴的力量。只要自身放松了警惕,它就会卷土重来。所以王阳明说:"破山中贼易,破心中贼难。"因此儒家讲要时时修养慎独的功夫。夬卦虽然阳气充足,但如果用力不专,就会被阴气乘虚而入并进一步瓦解,相比较而言,夬卦的五阳爻倒不如复卦一阳爻用力专一,能够精进而不会偏失。复卦是慎始,慎始容易;夬卦是慎终,慎终不易,所以要更加谨慎,不能自恃阳刚就疏忽大意,否则很可能功败垂成。

王船山曰:"故君子积慎以思永,恒豫治其未至之日月。端士纳正以消邪，必多得之继起之后贤。养勇静谧，而怀情延揽，用斯道也。象所谓'利有攸往'者也。'刚长乃终'，刚不长，则无以保其终矣。夬之众，不如复之独也。"（《周易外传》）

以上是我们对于夬卦总体形势和内部问题的分析，结合社会人事以及君子修德进行的一些阐发，下面我们进入夬卦文本的学习和解读。

讲　解

先看卦辞：

夬：扬于王庭，孚号，有厉。告自邑，不利即戎，利有攸往。

夬：在王庭之上公布宣扬，以至诚之心呼号，告诉大家有危险。颁告政令于城邑上下，不利于马上动用军队，利于有所前往。

夬卦的卦辞让人有一种山雨欲来风满楼的紧张感，既要"扬于王庭"，又"不利即戎"，也就是说，与小人决裂之志已坚定不移，但行动却是充分准备，不轻易动兵戈，这样做想达到什么效果呢？那就是气势上压倒小人，逼小人就范，希望达到不战而屈人之兵的效果。

在夬卦中，君子道盛，而小人势微，君子与小人的较量已经到了决断的时刻。小人在君王之侧，决去不容易，这场行动要分以下几个步骤进行。首先，造势。为了优先掌握道义的主动权，君子应光明正大地将小人的罪恶宣扬于王庭，让正义之气得到鼓舞，并起到敲山震虎的作用。其次，发动群众。虽然正义的力量占有绝对优势，但君子仍需真诚告诫众人警惕危险，提醒众人常存戒惧之心，以发动群众力量共同与小人对决。再次，颁布政令。不利用武力取胜，迫使小人在大势所趋的压迫下就范，并留下一条可供投降的出路，正是善处夬之道。阳刚必然能最终制胜，且能够"健而说，决而和"。

那么，实施这个行动的是谁？按照我们前面的分析，应该就是那位阳刚耿直又能中道处事的大臣九二了。

来看彖辞：

《彖》曰：夬，决也，刚决柔也。健而说，决而和。"扬于王庭"，柔乘五刚也；"孚号，有厉"，其危乃光也。"告自邑，不利即戎"，所尚乃穷也；"利有攸往"，刚长乃终也。

《彖传》说：夬，是决断的意思，阳刚决断阴柔。刚健的品格令人心悦诚服，决断的气势使众志成城。"在王庭之上公布宣扬"，是因为一个柔爻凌乘在五个刚爻之上；"以至诚之心呼号，告诉大家有危险"，让这种危险显明出来。"颁告政令于城邑上下，不利于马上动用军队"，因为阴柔小人已经到了穷途末路；"利于有所前往"，是因为刚者盛长最终必能决柔制胜。

来看《大象传》：

《象》曰：泽上于天，夬。君子以施禄及下，居德则忌。

《大象传》说：泽水蒸腾上升于天（会变成雨而决然下落），是决断的象征。君子看到这样的卦象，施泽惠于下民，若是自居德惠而不施予，就会被人憎恶。

泽水化为水汽升腾到天上，并决然下雨，化为甘霖浇注灌溉万物，君子看到这样的卦象，明白事物发展的趋势是高而就下，如不主动散施下去，高处的水最终将有决溃之时，于是果决地施恩泽于下民，如果自居有德而不施予，必会被憎恶和忌恨。

"居德则忌"也可以理解为，君子施禄及下，恩泽下民，但不要以此为德，如果把这当作恩德，那就是君子修德所应该畏忌的了，就像佛家常说的布施应是无心布施，不要有求福田之心，一旦有求回报之心，布施便成了市恩于人，在佛家看来，这样就毫无福田可言了。

传统的儒家的解法，就是"财聚则民散，财散则民聚"之意，不能积累太多财富禄位而不施于人，那不只是没有好处，在高处聚财多了还会带来害处，所以从修德避害、无大过的角度讲，"施禄及下"是要去做的，这是君子从夬卦卦象得到的启示。

下面来看六爻的解释：

初九：壮于前趾，往不胜为咎。
《象》曰："不胜"而"往"，咎也。

初九：脚趾莽撞前行，前往不能取胜反而导致咎害。《小象传》说："不能取胜"而"贸然前往"，招致咎害。

卦的初爻就像人的脚趾，前面很多卦有类似的爻象。夬卦的卦时是决断，初九以阳刚处下体乾卦初爻，有着刚健进取的本质，所以有壮于趾之象。就其主体能力和客观条件来看，初九无位又无应，而且总体的事态发展尚不明朗，如果就这样"壮于前趾"，莽撞行事，是果决有余而慎重不足的表现，不但难以取胜，还会招致咎害。君子应谋定而后动，而不是逞血气之勇。我们在例解中用的是孔子和子路非常有名的一段对话。孔子说："赤手空拳和老虎搏斗，没有船硬要涉水过河，死了都不知后悔的人，我是不跟他共事的。和我一同去的一定是面临事情而警惕、讲求谋略而能够成功的人。"

来看九二爻：

九二：惕号，莫夜有戎，勿恤。
《象》曰："莫夜有戎"，得中道也。

九二：时时警惕呼号，防止夜间会有战事，能做到这样就无所忧虑了。《小象传》说：时常警醒"夜间会有战事"，说明九二深得居中慎行之道。

在我们前面的分析中，九二是夬卦之时真正能担当决断重任的人，那是因为他具备这样的智谋和能力，外部条件也适合由他来主导这件事。九二刚中守柔，能够刚柔并济，做事既果断又审慎，处在阳刚渐长的有利形势下，身居大臣之位，又得中道，在平时就提高了戒备。"孚号，有厉"，提醒所有的阳爻警惕危险，所以在深夜出现战事时亦无须忧虑了。九二的居中慎行、果敢持重使这场以刚决柔的行动具备了胜券在握的可能性。

来看九三：

九三：壮于頄，有凶。君子夬夬独行，遇雨若濡，有愠，无咎。

《象》曰:"君子夬夬",终无咎也。

九三:脸部显现壮盛之气,怒形于色必有凶险。君子刚毅果断独自前行,途中遇雨被打湿,有人非常生气,最终没有咎害。《小象传》说:"君子刚毅果断独自前行",终究没有咎害。

九三在夬卦下体乾卦之极,以刚居阳,刚已过中,急欲以刚决阴的样子显现在脸上,这样做是有凶险的。九三在群阳之中,是唯一与上六相应的阳爻,因此被众阳疑心与上六有勾结,我们前面说到,九三与上六相应,于客观形势上来说,他们是一荣俱荣、一损俱损的命运共同体,周围的人都知道这里面的干系,而九三又是阳刚急躁的性格,爻辞里说他常常独行,更像是行为上有污点的人,于是周围就有人表现出很生气的态度,如果放在朝堂中,九三就很可能成为被弹劾的对象。但实际上九三是阳刚君子,以刚居阳代表他有决断的能力,对于以刚决柔这件事有着坚定的决心,因而能够去除私欲,最终决去小人而不会有咎害。我们举的例子是东晋初年的温峤,类似于进入敌军中的我方力量,在决断小人的最终行动中发挥了重要作用,这是对于九三爻的辨别和期许。

九四:臀无肤,其行次且。牵羊悔亡,闻言不信。
《象》曰:"其行次且",位不当也。"闻言不信",聪不明也。

九四:臀部受伤没有好肉,他走起路来越趄难行。如果能像被牵着的羊那样随头羊前行,悔恨就会消亡,可惜他听了这话并不相信。《小象传》说："他走起路来赵趄难行"，是因为居位不当啊。"听了这话并不相信"，是因为他糊涂啊。

九四以刚居于阴位，已经进入上卦兑体初爻，在夬卦要求有刚决果断品质的时候，九四显得刚决不足，有些犹豫不前。但后面乾卦三个阳爻正在齐头并进，健行向前，使得九四居坐不安，如同臀部受了伤一样，勉强欲行，又因居阴位，缺少阳刚的勇气，以致走路赵趄难进。如果九四能够与上面的九五和下面的三阳爻一同向前，像羊群跟随头羊被牵着前进一样，就能够补其不足，消除悔恨，而九四却又因为是阳爻，刚愎自用而不能听信忠言，这样下去，其凶可知了。在夬卦中，以刚决能断为佳，九四居位不当，闻善不听，不能克己从义，最终难免受害。

接着是九五爻：

九五：苋陆夬夬，中行无咎。
《象》曰："中行无咎"，中未光也。

九五：像斩断马齿苋和章陆草那样地果断清除小人，中道行事不会有咎害。《小象传》说："中道行事不会有咎害"，说明九五的中正之道尚未光大。

《朱子语类》记载："苋、陆是两物，苋者马齿苋，陆者章陆，一名商陆。皆感阴气多之物。药中用商陆治水肿，其子红。"

苋陆是感阴气多且易折易断的植物，这里以取象九五的处境。九五阳刚中正居于尊位，本是一卦之主，然而却与阴爻上六切近相比，感阴气较多。上六是全卦唯一阴爻，又和悦之极，所以九五极易被上六的阴气所感。如果九五不能够与上六决断，必然会受其害，所有阳爻以刚决柔的愿望也就不能实现。九五作为一卦之主，应秉持阳刚中正的原则，坚决行动，如同苋陆那样的植物，虽感于阴气，却能够最终决断，以行于中道而获无咎。九五在阳气占绝对优势的情况下，仅得无咎，是因为中道在此卦中未得到光大。

处夬之道应本着"健而说，决而和"的原则，动态掌控全局，而不是简单地由一方彻底消灭另一方。中道是把握动态平衡的原则，在解决矛盾的过程中，新的矛盾又会产生，能够守住中道这个原则，从根本上解决问题，灵活运用刚柔合宜的方法，以实现总体平衡，就会有不错的结局。

上六：无号，终有凶。
《象》曰："无号"之"凶"，终不可长也。

上六：不必痛哭号啕，终归凶险难逃。《小象传》说："无须号啕"的"凶险"，是因为居上作恶终究不可能长久。

上六以阴极居夬卦之终，凌驾于群阳之上，居高作恶，得势一时，最终被五阳一举决除，已经无力回天。面对不可逆转的局面，上六无须痛哭号啕，因为其结果已经是凶险难逃，号呼也无济于事，可见小人居上作恶的情势终归是不能长久的。

答　疑

问：清除小人，为什么要采取"决而和"的态度？
答：孔子说过："人而不仁，疾之已甚，乱也。"孔子说，对于不仁的人，不能把他逼急了，否则就会出乱子。所以，对决开始时，要特别谨慎，尽量以最小的代价取得最后的胜利。我们在例解中用的是西汉周勃和陈平联手平定吕氏的例子，大家可以读一下《资治通鉴》关于这一事件的描述，整个过程可以说是非常好地诠释了夬卦"健而说，决而和"的理念，没有大动干戈，以最小的代价平定诸吕，大功告成。

夬卦小结

本卦阐述了果决行动清除邪恶小人的原则。卦中五阳决一阴，阴阳双方力量悬殊，小人被决除的形势已定，在这样的情况下，君子应采取的举措和应遵循的原则是：一是公开宣判小人的罪恶，夺取道义上的绝对优势；二是提醒己方要时刻危惧戒惕，越是看似容易的事，越要倍加小心，做到先谋而后动；三是冷静中道，以德取胜，不可偏激滥用武力，尽可能做到控制局面，以"决而和"为目的，做到从根本上解决深层次问题。

在具体的六爻分析中，初爻事态不明，力量不济，爻辞告诫其莽撞行事必然会有咎害；二爻形势有利，也有了一定的地位权力，爻辞告诫其不可放松警惕，应时刻审慎行事，平时要提高戒备，做好防范；三爻阳刚气盛，爻辞告诫其刚壮而不知隐蔽则会有凶险；四爻到达高位却刚决不足，爻辞勉励其要与众阳爻携手并进，如果不听忠告就难免会受害；五爻感阴气太重，爻辞告诫其要免受迷惑，要有决而又决的决心，同时中道慎行才可无咎。由此可见，五阳决一阴也绝非易事，爻辞反复叮咛，无所不至，说明对小人的戒防和斗争是长期而艰难的，时刻不可忽视。到上六时，邪不压正，小人已成众矢之的，终被决除。

读卦诗词

别怨·泽天夬

寇方墀

说甚惜别，苦经营，只为决绝。
王庭申诉罢，兵戈暗动镇官阙。
暮夜惕号吴钩月。

夬夬独行客，言不信、遇雨逢劫。
岂容苟且？牵羊正是时节。
莫沉迷欲壑，肠断处，泪飞血。

姤卦第四十四

巽下乾上

导　读

　　在上一卦，我们学习了夬卦，夬卦是讲如何进行决断的一卦，经过周密部署，谨慎安排，抱着"决而和"的目的，以决而又决的决心，在夬卦的最后一爻，最终完成了阳对阴的决断。然而，世间万物生生不息，孤阴不生，独阳不长，《系辞上传》曰："乾坤其《易》之缊邪？乾坤成列，而《易》立乎其中矣；乾坤毁，则无以见《易》；《易》不可见，则乾坤或几乎息矣。"乾坤所象征的阴阳是《周易》精蕴之所在吧？乾阳坤阴出现并排列出来，《周易》就确立其中了；乾坤如果缺毁，那么《周易》就无法显现了；《周易》无法显现，乾阳坤阴的推衍化育之功也就接近于止息了。所以，夬卦刚刚决去一阴，接着阴就穷上反下，到了初爻的位置，形成姤卦，这与当初我们所学的剥卦转复卦是一样的道理，剥卦是一阳被群阴剥蚀，最终穷上反下，成为复卦，一缕阳气隐藏于下，孕育生机。夬卦是一阴被群阳决断，最终穷上反下，成为姤卦，一缕阴气始凝于下，渐次向上剥取阳气。在卦气图中，复卦对应的是阴历十一月卦，冬至节气，一阳初动，自此天气逐渐回暖；姤卦对应的是阴历五月卦，夏至节气，一阴初凝，自此天气开始转凉。结合卦气全图来看，姤卦在图的上方位置，对应的是五月。

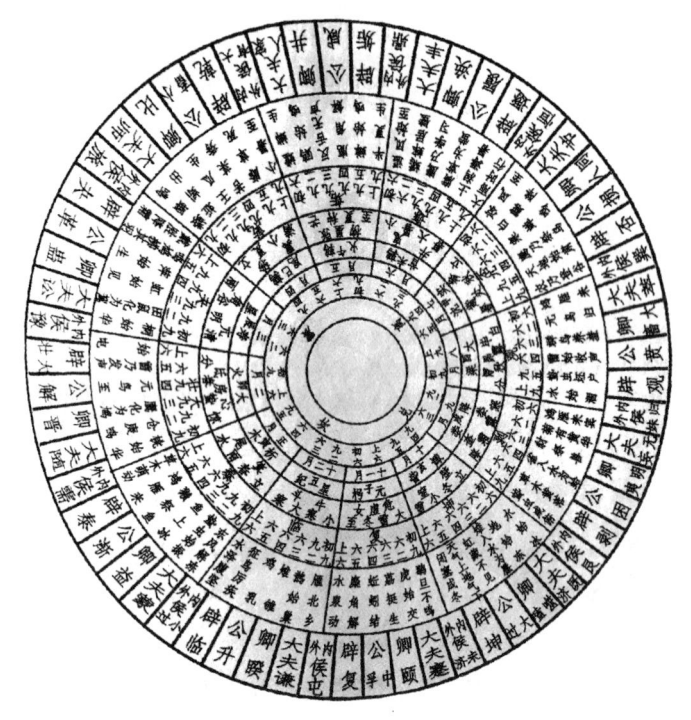

图 44-1　卦气全图

《序卦》：夬者，决也。决必有遇，故受之以姤，姤者，遇也。

《序卦传》说："夬是决断的意思。决断之后就会有新的遇合，所以在夬卦后面是姤卦，姤的意思是遇合。"

"姤"指遇合，《广雅》曰："姤，遇也。"遇的本义是相逢，不期而会。《春秋公羊传》曰："夏，公及宋公遇于清。遇者何？不期也。"就是没有约定，偶然相逢，叫作"姤"。对于此卦用这样的命名，就隐含着不合于礼的成分。对于自然节气来说，阴阳消长是一派自然，没有是非善恶，而在社会人事中，人们的活动交往则要合于规矩、符合礼，如果不按照礼来约定相会，可能会破坏社会秩序。

从卦象看，上体乾为天，下体巽为风，风行天下，与万物接触，有遇的含义。从爻象看，初六一阴爻初生于五阳之下，其余都是阳爻，是阴与阳相遇，所以有遇合之象，是谓姤。

姤卦是一阴始生于下，开始逐渐上升壮大，阴长必然就会阳消。姤卦的"姤"字是女字旁，因此卦辞中称为"女壮"，在卦辞中讲到"女壮，勿用取女"，将阴爻渐长类比于社会中的男女婚姻，阴长阳消，类比于女壮就会男弱，我们已经学过家人卦，在中国传统家庭中，男主外，女主内，男子娶妻，希望阴阳相应，彼此扶持，而姤卦的阴爻却要把阳爻一步步地削弱，呈现壮而不止的态势，这样会失男女之正，家道难以长久，所以卦辞警诫说"勿用取女"，也就是那种太过强调自我，做事太过强势，甚至为人自私邪僻，不行正道，不能成全家人、承载家道的女子，最好不要娶，免得日后家庭破裂，家道衰落，后悔莫及。这是姤卦就娶妻不能娶什么样的女子提出的警告。同样，选择丈夫也要谨慎，前面的随卦就提出了"系丈夫，失小子，随有求得，利居贞"的劝告。无论是择夫还是择妻，一旦选择错误，都要为自己的选择付出代价，因此，要在选择之初就慎之又慎，这是从姤卦卦象上引申运用到社会家庭。这个卦象当然也可以引申运用到社会的其他层面，比如合作伙伴的选择，上司对亲信下属的任用，以及君子对自己内在信念付诸实践的选择等，都要有所警惕，谨慎选择，体察到一点恶念出现，便不可姑息养奸，免得最后被阴气侵蚀殆尽，事业付诸流水，君子变成恶人，空余嗟叹。

以上是就社会人事来讲姤卦相遇而有所选择之道，再说回自然天地中来。遇，又是美好的，天地相遇而有万物生生；君臣相遇，天下治道乃成；男女相遇，而有人类繁衍；圣贤相遇，道德文脉相承。因此，阳阴的相遇又是美好而又伟大的。天道如此，大化流行，永无止息，相遇相合是天地大义。人道是要在这大义之中，知道人类自身的不足与缺陷，扶清阳向上之气，抑污浊沉沦之气，在扶持和抑制的选择实践之中，向着至善不断修进。

讲 解

下面来看卦辞：

姤：女壮，勿用取女。

姤：女子阴柔的势头强盛，不宜迎娶此女。

《彖》曰：姤，遇也，柔遇刚也。"勿用取女"，不可与长也。天地相遇，品物咸章也。刚遇中正，天下大行也。姤之时义大矣哉！

《彖传》说：姤，是遇合的意思，是指阴柔遇合阳刚。"不宜迎娶此女"，是因为不可能相处长久。天地阴阳之气相遇合，万物森然，得以彰显。阳刚遇合中正，天下人伦教化的刚柔遇合之道就会大为畅行。姤卦的时义真是太伟大了啊！

姤卦一阴在下，上有五阳，呈现出阴长阳消、以一柔变五刚的态势。阴与阳的关系是相反相成的，在阴阳循环消长中产生了万般变化，成就了万事万物。阴阳不相遇就不会有天地万物的化育成长，因而阴阳相遇的时义是非常伟大的。然而在姤卦中，一阴遇五阳，如以阴爻喻女子，则一女周旋于五男，且阴气向上浸长，有"女壮"之象，卦辞告诫"勿用取女"。如以修身为喻，阳刚君子积德不易，必坚持中正之德，持之以恒，对滋生的不良德行应有如临大敌的警惕性，切不可姑息养奸。姤卦提倡"刚遇中正"，方可使正德教化大行天下。

关于"女壮"的解释，历史上的易学家理解有所不同，有的学者认为下卦是巽，为长女，所以是"女壮"。一阴生在内卦而为主于内，阳反而成了客位，阴的势力自然壮盛起来。用在社会政治中，就是小人道长的开始，君子如果不警惕，而赋予其权力，那么这一个阴爻就会迅速成长起来，最终不可遏制。另有易学家从阴爻居于初位的上升趋势而言，认为一阴呈向上进发之势，志在消除阳的势力，不可不防。而对于"勿用取女"的解释，则除了看到其壮盛消阳之势，同时也强调了它的不正，阴居阳位，失正，与蒙卦的六三爻爻辞相类似，"勿用取女，见金夫，不有躬"，这样行为不正、品行不端的女子，不可以娶。

我们在此处引用的例解，是《史记·佞幸列传序》中司马迁对佞幸之臣的一番评论，带有讽刺的意味，最终以各个朝代的佞幸之臣的悲惨下场提醒后人引以为戒。历史的教训告诉世人：靠谄媚奉承、阿顺求宠获得的一切皆不能长久。为人处世，当以"刚遇中正"之德自持，才是"天下大行"之道。

下面来看《大象传》：

《象》曰：天下有风，姤。后以施命诰四方。

《大象传》说：天下有风在吹行，有风行天下遇合万物之象。君王看到这样的卦象，于是施发命令，传布四方。

"后"，《尔雅·释诂》说："林、烝、天、帝、皇、王、后、辟、公、侯，君也。"这些名称都是"君"的代称，所以"后"也是指居君位者，我们译为君王。

姤卦巽下乾上，天下有风之象，风行于天下，遍及万物，万物由此获得了天的讯息。从这个卦象，居于君位者得到启示，效仿风行于天下的方式，发布命令，传告四方，使天下所有的人都得知政令，然后依照政令去做事。姤卦的"天下有风"与观卦的"风行地上"有所不同，姤卦的风是由天而下行，是施发宣告命令之象，而观卦是风吹行在地上，是亲自出巡视察。"天下有风"，风会吹拂得更为广远，象征着承天施命，发布号令，巽就有发布号令之象，而其作用则是巽顺和洽而不逼迫，就如同君子之风会吹动草，草顺风而伏，这就是信从。居君位者发布号令，有简有详，各有所当，"君子喻于义，小人喻于利"，各得其所，如《大学》中所言："君子贤其贤而亲其亲，小人乐其乐而利其利。"居于君位者能够修德化民，同时以施命诰于四方，成就协和万邦的功业。

下面来看姤卦六爻：

初六：系于金柅，贞吉；有攸往，见凶，羸豕孚蹢躅。
《象》曰："系于金柅"，柔道牵也。

初六：牢牢地拴在刚硬的车闸上，专一守正就会吉祥；若是有所前往，必会出现凶险，就像瘦弱的牝猪那样浮躁不能安定。《小象传》说："牢牢地拴在刚硬的车闸上"，是要把阴柔的发展势头牵制住。

初六一阴在姤卦之初，处于遇的开始，是卦中唯一的阴爻。以一柔爻承五刚爻，阴气始萌，自由放纵，没有归属，所以必须专一系于某处才能安定。"金柅"即刚硬的车闸。初六就像没有约束的车子盲目前行，要有坚固的刹车装置才能保证自身和他人的安全。乾坤并建，阴阳和合，彼此配合，是"一阴一阳之谓道"。乾坤阴阳之道，从作用上来说，阴阳同等重要，而从实际运行层面来说，阴阳则有主有从。从本身气质而言，阳先倡而阴随从，是阴阳和合之道。姤卦初六，阴遇阳而有主，则阴阳相合而稳定平衡。只是卦中有五阳爻，对于唯一的阴爻初六来说，追随哪一个阳爻，也是一种考验。记得以前读过一篇文章，讲的是二战日本战败后，一群日本兵被困在一座孤岛上十多年，其中只有一个女子，士兵之间出现了各种暗杀和火并，形成了极不稳定和杀机四伏的状况，直到他们被发现并被解救。据说，这个事件还被拍成了电影。

回到姤卦中来，初六先遇到了九二，并与之达成亲比关系，阴阳正比，如果初六能够贞守此道，可以获得吉祥。如果不够专一，心浮气躁还急于与九四相应，就必定像瘦弱的牝猪那样，阴柔又浮躁放恣，内心踯躅，徘徊不静，不能贞守正固，因而失去牵系，就会偏离正道，促进阴长阳消的势头，带来凶险。对于君子来说，要在阴气未壮大的时候，尽早牵制，使其不至于盛长。

这个爻对于君子修身同样适用，即一旦出现细微的恶念，就要尽早制止，不可姑息，这是修身的关键。

我们在例解中举的例子是刘邦发现苗头而没有防微杜渐，以致姑息养奸，最终有了七国之乱。

九二：包有鱼，无咎，不利宾。
《象》曰："包有鱼"，义不及宾也。

九二：厨房中有鱼，没有咎害，不利于宴享宾客。《小象传》说："厨房中有鱼"，不宜把鱼让给宾客。

"包"，通"庖"，厨房。九二阳刚居中，在姤之时，与初六不期而遇，形成正比的关系。初六阴柔上承于九二的阳刚，九二包容接纳了初六，如同庖中有了鱼。对于九二来说，自身刚中有力，包容接纳初六没有咎害。在姤之时，对于初六这唯一的阴爻，五阳爻先遇到的先得到，同时尽早将初六牵制住，使之被正道所控，可以免除后患，所以"义不及宾"，按正理不宜再让给其他人。

在这一爻的例解中，我们举的例子是一位佛家居士娶妻的故事，这位居士是我认识的，他做出这样的选择，着实让很多人不理解，但他确实度化、拯救了一个善良而又不幸的女子，直到现在，他们仍然生活得平淡而幸福。这让人想起杜十娘，杜十娘虽有金银满箱，却遇到了一个自私怯懦而不敢担当的李甲，没有遇到能够与之共度一生的九二，远不如这位居士的妻子幸运。我们看到，各个卦的九二爻，几乎都有一种舍身而担当大义的责任感，令人敬佩。

来看九三爻：

九三：臀无肤，其行次且。厉，无大咎。

《象》曰："其行次且"，行未牵也。

九三：臀部受伤没有好肉，走起路来赵趄难行（犹豫不决）。危险，但没有大的咎害。《小象传》说："走起路来赵趄难行"，说明九三的行动没有受到牵累。

赵趄难行，说明心有疑惧，犹豫不决。姤卦九三与夬卦九四有相似的遭遇，在处理与唯一阴爻周围的阳爻的关系时，进退维艰，行动失据。这是因为姤卦九三刚居阳位，在下体巽卦之极，过刚而不中，在姤遇之时，既无应也无比，如果居于原地不往外走，有跟九二抢夺初六之嫌。如果往上前进，又是重重刚爻，没有接应，因而"臀无肤，其行次且"。所幸九三居位得正，虽未与阴爻相遇而一无所得，但也因此不会被阴爻牵累。所以虽处境危险，但终无大咎，此爻可见祸福相依的道理。

阴爻既可以看作是阳爻必争之事物，又可以看作是祸端，有争就有祸，无争则无祸，但如果孤阳不与阴合，那么阳的生命力和要建立的功业则无法完满。九三居不能安，又下不遇于初，上不应于上，所以进不能进，退不能退，很是难过，但正由于得不到阴爻，也就对别人没有危险，自身也就没有大的咎害。

九四：包无鱼，起凶。
《象》曰："无鱼"之"凶"，远民也。

九四：厨房中没有鱼，凶险将会发生。《小象传》说："没有鱼"的"凶险"，是因为远离了民众。

九四本来就与初六正应，在姤遇之时理应担当起包容牵制阴爻的责任。然而，初六却已先遇于九二并归附了九二。这是因为相比于九二而言，九四不中不正，导致厨房无鱼，丢失了本该属于自己的阴爻，如同地方官失去了臣民拥护，上下离心离德，九四这样的处境，祸乱将生，灾难将作了。

在这一爻中我们看到，阴爻也可以指民众，因为九四在上卦居于高位，九四远离阴爻，也就是远离民众，居于上位而没有民众，那么就像厨房中没有鱼一样，是悬空的，高而无民，所以称为"包无鱼，起凶"。

来看九五爻：

九五：以杞包瓜。含章，有陨自天。

《象》曰：九五"含章"，中正也。"有陨自天"，志不舍命也。

九五：用杞柳枝编筐盛装瓜果。内含文采，有理想的遇合自天而降。《小象传》说：九五"内含文采"，是因为能够居中守正。"有理想的遇合自天而降"，说明九五的心志不违背天命。

这里的"包"与九二、九四的"包"不同，这里的"包"是动词，"用杞柳枝编筐盛装瓜果。内含文采，有理想的遇合自天而降"，这是在盛赞九五的德位之美，由于九五刚健中正居于尊位，在姤遇之时，君道广大，刚健涵容，懂得"水可载舟亦可覆舟"的道理，采取容蓄裁护之道，善待异见，曲成万物，使阴柔与阳刚和谐共存，相得益彰，君民共荣。有这样中正且能掌控全局的君主，尊重自然规律，正德立命，因势利导，自然会有理想的遇合自天而降，成就圣功伟业。

我们举的例解是舜以德化民，得到尧的信任，尧乃命舜摄行政务。对于舜来说，这就是"以杞包瓜。含章，有陨自天"。这种遇合是他去争取来的吗？是他抢夺来的吗？不是，是他自身内在"含章"，自然就会有上天给他的遇合，这就是天命。上天的天命给有德的人，这正好应合了西周初年提出的"以德配天"的认识，"皇天无亲，惟德是辅"，修好了德行，"以杞包瓜，含章"，自然会有好的遇合自天而降。

接着我们来看最后一个爻：

上九：姤其角；吝，无咎。
《象》曰："姤其角"，上穷吝也。

上九：用头顶的角去寻求遇合；有遗憾，无咎害。《小象传》说："用头顶的角去寻求遇合"，说明上九穷高极上而只能接受遇合无人的遗憾。

前面我们看到有些卦把上九爻比作角，尤其是阳爻居上时，就会用角来比喻。姤卦上九以刚爻居卦最上端，就如同姤卦头顶的角，向前行进，已无可相遇，因为已经在最上边了，再向上跟谁相遇呢？在整个卦中，上九与唯一的阴爻初六相距最远。在姤遇之时，不能与阴相遇，本来是可吝恨的，是有所遗憾的。但是从另一个方面来说，上九所居无位，九五再往上，就没有居位了，初爻和上爻是无位之人。王弼和程颐都对初上两爻的无位做过解释。上九在穷极无位之地，就像是一个隐士，一个修道的人，一个不在社会事务中、不担当社会事务的人，制阴原不是他分内的事，既然没有机遇，也就没有争端，因而也就没有什么咎害。就像一个怀才不遇而选择远离政治的人，不参与政事，最终没有过咎，叫作"上穷吝也"。

答 疑

1. 问：上九爻的这个"吝"是好还是不好呢？

答：要看评价的标准是什么，如果他是一个儒家式的人，他不能够担当社会责任，不能够完成事功，就会是一种遗憾，而如果他是一个道家式的人，他本来就不想从事世俗中的事务，那么这种"吝"对他而言，反而是一种超然。所以在这一爻的例解里面，我举的例子是庄子。庄子是一位高士，不屑于追逐名利，宁愿追求精神的逍遥，但也充满了无奈与孤寂。他追求逍遥，才华极高，不流世俗，精神高妙，言论汪洋恣肆，又没有可以倾心一谈的朋友。他在《庄子·齐物论》中写道："万世之后而一遇大圣，知其解者，是旦暮遇之也！"也就是说，他再往上跟谁相遇呢？向下又没有人能够理解他，可以和他合拍。王蒙先生曾经写过一本《庄子的快活》，他说读庄子就是像是与庄子共舞一样，但庄子的舞步太高超，没有人能跟得上庄子的舞步，所以庄子感叹，希望在万世之后能和一个与他心灵相通的人相遇，或许那个人可以理解他。

这样，姤卦的最后一爻反而呈现了关于人类向上超越的一种孤寂和无奈，同时也充满了一种审美的情怀、超越的情怀，这样一种孤寂和寄托，那个万世之后的大圣是谁呢？只有那个人才可以理解他，"上穷吝也"也可以说是这样一种情怀的映射。

2. 问：阳来下阴是复，是站在阳的立场说的，阴来下阳是姤

（遇），此遇是何真意？阳势强盛，阴初来乍到，此遇是在提醒阳还是警戒阴？卦辞与各爻似乎在变换立场述说。

答：阳是主动的，阴是被动的，因此对待对方的方式不同，阳的恢复称作复，是由剥而来，剥极必复；阴的恢复称作遇，是由决断而必有合而来，以阴遇阳，决定权更多地在阳那里，遇到谁，归于谁，阴的主动干预力相对于阳而言是不足的，所以，阴能够干预阳，是阳给予的。这就引出了下一个问题，卦辞提醒的是阳，而爻辞提醒的是每一个爻，这就是卦为时、爻为用的关系，在其他卦里面也是如此。

姤卦小结

姤卦的卦义是柔遇刚，阴长阳消，阴对阳形成了侵迫之势，然而阴阳相遇、变化不息，才有万物的生长，才有君臣、上下、男女、夫妇，从而形成生生不已、五彩缤纷的世界。然而相遇必有道，姤卦阐述了阴阳相遇所应遵循的原则，卦辞从宏观上提出相遇之道必合于礼的主张，如以一女壮而遇五男，则"勿用取女"，鲜明地反对不正当的遇合。

在遇合要合于正道的前提下，本卦通过六爻阐明了具体情况下对待阴势渐长、小人渐盛的原则：初六阴爻必须专一系应于阳爻，守贞则吉，不可轻浮自纵，否则往则有凶；二爻以刚中之德包容牵制小人，因而无咎；三爻过刚无遇因而进退艰难，但"无大咎"；四爻失掉了所遇，强争就会有凶险；五爻阳刚中正，有君德，能包容，含藏美质等待"有陨自天"，是尽人事听天命的正确态度；上九居穷极，远离是非，无遇也无伤，因而无咎。可见，阴应守贞顺从阳，阳应包容牵制阴，阴阳相遇以正，是姤卦中所蕴含的深义。

读卦诗词

相见欢·天风姤

寇方墀

风花一朵旖旎，舞天低。
仲夏阴生一缕判云泥。

花有主，宾来迟，女为妻。
自是人生相遇运难期。

萃卦第四十五

坤下兑上

导 读

上一卦我们学习的是姤卦，姤卦的卦义是以柔遇刚，以阴遇阳，阴长阳消，产生各种矛盾和机遇，阐明了阴阳相遇所应遵循的原则。卦辞从宏观上提出相遇之道必合于礼的主张，而各爻则体现了阴应守贞顺从阳，阳应包容牵制阴，阴阳相遇以正的含义，从而形成生生不已、五彩缤纷的世界，《彖传》赞叹说："姤之时义大矣哉！"

姤卦讲的是相遇之道，接下来就到了萃卦的卦时，《序卦传》说："姤者，遇也。物相遇而后聚，故受之以萃。萃者，聚也。""姤"是遇合的意思。事物相遇然后得以会聚，所以在姤卦之后是萃卦。"萃"是会聚的意思。

我们在《全本周易导读本》中给萃卦起的小标题是"吹响集结号"。这其实是用一个形象的句子来表达萃聚的意思。人类作为地球上一个物种，先天有很多弱点，《荀子·王制篇》说："力不若牛，走不若马，而牛马为用，何也？曰：人能群，彼不能群也。人何以能群？曰：分。分何以能行？曰：义。故义以分则和，和则一，一则多力，多力则强，强则胜物。"人既不如牛有力气，也不如马能奔跑，更不如虎狼有爪牙之利，但是，为什么这些动物为人所用？就是因为人能聚集成群，能够团结合作。柏拉图《国家篇》说："我们每个人都不能自给自足，相对于我们自己的需要来说，每个人都缺乏许多东西……由于有种种需要，我们聚居在一起，成为伙伴和帮手，我们把聚居地称作城邦或国家。"作《周易》的圣人看到人类需要聚合和必然聚合的情况，于是以萃卦来揭示人类聚合之道，以使人类能得聚合之利而避聚合之害。

从人类历史的发展来看，人类是越聚越多，越聚越广泛和紧密，这个聚合的过程中产生了很多冲突甚至流血事件，然而聚合却是大势所趋，不可逆转。虽然我们常说"分久必合，合久必分"，但那只是阶段性的过程和现象，从人类的总体发展来看，大势就是不断地萃聚相合，在现代，互联网和现代交通工具更是使所有人类聚集而成为一个地球村。然而会聚相合并不是一件容易的事，也不会是一帆风顺的事，因为聚集的人越多，越容易出问题，冲突和矛盾就越多，祸乱和争端也越多，人类需要有大胸怀、大智慧来形成和维护这种会聚，要形成良好的治理，以使数十亿人安其所居，得其福祉。因此，如何会聚，以什么原则和方法来会聚，是至为重要的问题。

从世间万象来看，纷繁复杂的多元聚合，充满了不确定性和危险性，矛盾和危机无处不在，但如果用《周易》的思维来考量，观其根本，无非是阴和阳、刚和柔的相聚和配合，《易》曰："立天之道曰阴与阳，立地之道曰柔与刚，立人之道曰仁与义。"有阳必有阴，有刚必有柔，有仁必有义，阴阳、刚柔、仁义是彼此互补、双向配合的关系，北宋大儒张载说："有象斯有对，对必反其为，有反斯有仇，仇必和而解。"阴阳达成和解，才能相聚相合。结合我们每个人的身体来说，人体中的阳气要靠阴气来收敛和保有，阴气则要靠阳气来宣发，阴阳良好地配合，人才有健康的机体。人类社会也是如此。人类社会健康的机体，要靠阴和阳的良好配合来形成，而不能因为对方与自己不同，就视为异类并试图消灭之，殊不知正是对方的不同，才保有并成就了己方的存有以及整体的健康。

那么，人类萃聚的难点和障碍在哪里？答曰：在精神。王弼说："情同乃聚，气合乃群。"情同气合，需要一种能产生共鸣的精神。萃卦提出了一种虔诚的精神，以这种精神来聚合天下人心，才能有最为庄严崇高的力量，将人类聚合成为文化共同体。那么，什么样的精神可以为天下不同的人类族群所共同接受？那一定是最为朴素、符合人情人性、尊崇天道天理的精神，这种精神能够兼容并包，并能唤起人们心中的神圣情感，可以内化成为"百姓日用而不知"的崇高的精神信仰，这种精神不唯我独尊，不排斥他者，既庄严又温暖，在这种精神的感召下，"万物并育而不相害，道并行而不相悖"。萃卦以宗庙祭祀这个意象来象征这种虔诚温暖的精神。古老的东方文化，既崇拜自己的祖先，也尊重他人的祖先。具备多元并包的文化基因，或许可以为人类大家庭共同的未来提供更多的启示和借鉴。

《白虎通义·宗族篇》说："生相亲爱，死相哀痛，有会聚之道，故谓之族。"人类聚合并逐渐形成社会是从亲情开始的，"生相亲爱，死相哀痛"，这就形成了族类，聚集而成群，所以称作萃。

我们来看这个"萃"字，《说文》曰："萃，草貌。""萃"是草丛生的样子。从萃卦的卦体卦象来看，三个阴爻聚集在下面，形成阴气会聚的基础，而萃卦的最上面一爻又是一个阴爻，这样就把两个阳爻包在里面，而这两个阳爻却是在卦中最重要的五爻和四爻的位置，阳是向外耗散的，阴是向内收敛的，以阴包阳，确保了阳的位置稳定而不会散失，而阴整体又是以顺以悦来拥护和成全阳的，阳则是以刚而能柔、刚而得中来主导阴，使阴有方向，有聚集和依靠的核心，所以萃卦整体形成了良好的萃聚关系，因此，萃卦六个爻的爻辞中都有"无咎"两个字，说明虽然人群聚集会导致矛盾重重、隐患众多、问题尖锐，但只要萃聚得其道，就会避免咎害，而最终用人类的智慧使会聚得以成功。

我们从三方面来对萃卦进行解题并分析卦义：从卦象来看，萃卦坤下兑上，是泽上于地，水在地面上聚合而形成兑泽，有萃聚之象。从卦德来看，下体坤卦，其德柔顺，象征民众顺服；上体兑卦，其德和悦，象征领袖和悦，上和悦而下柔顺，上下能够聚合，有萃聚之德。从爻象来看，六二与九五中正而应，刚柔并济，下卦三阴爻都能够与上卦的两阳爻相和合，因而有聚合之象，所以称为萃。

讲　解

下面我们结合文本来进行具体的解读，先看卦辞：

> 萃：亨。王假有庙，利见大人，亨，利贞。用大牲吉，利有攸往。

萃：亨通。君王来到宗庙祭祀，利于出现大人，亨通，利于守正。用大牲畜祭祀吉利，利于有所前往。

前面我们学习过观卦，观卦讲"盥而不荐，有孚颙若"，讲的是圣人以神道设教，突出的是内心的诚敬肃穆，这种诚敬肃穆类似于一种宗教情感，虔诚、洁净。观卦以此来感化天下民心。而萃卦的侧重点不是观瞻，而是聚合，所以卦辞里面既提到了"王假有庙"，也提到了"用大牲吉"，更注重具体的仪式和内容。观卦里面的主角是圣人，萃卦里面的主角是君王。圣人是精神领袖，君王是世俗世界里的核心，当然，内圣外王的哲人王是合二为一的圣王，是最佳人选。我们看到萃卦里的君王是群众的代言人，代表万众来组成会聚，并以神圣的降神仪式，祭祀人类共同的来源，礼敬天地的赐予，合万国之欢心，成就和美的汇聚。所以萃卦之象是庄严而又丰富的，王来到宗庙，用大牲畜祭祀，会聚民众于此，举行大型的聚会，亨通、吉利、祥和，充满希望。

来看《彖传》的解释：

《彖》曰：萃，聚也。顺以说，刚中而应，故聚也。"王假有庙"，致孝享也。"利见大人，亨"，聚以正也。"用大牲吉，利有攸往"，顺天命也。观其所聚，而天地万物之情可见矣。

《彖传》说：萃，会聚的意思。顺从而又喜悦，阳刚居中而彼此中正相应，所以能够会聚大众。"君王来到宗庙祭祀"，是在表达孝心而向先祖神灵祭献。"利于出现大人，亨通"，因为是以正道来会聚。"用大牲畜祭祀吉利，利于有所前往"，这是顺承天命。观察如何会聚，就可以知道天地万物的情状了。

中国的传统文化是敬天法祖的文化，家国一体，从人的天性亲情出发，因此，孝既是敬也是爱。王到宗庙中祭祀，表达对祖先和上天的爱和敬意。中国传统文化认为，天地是万物生命的本原，而先祖是人类生命的本原，在人类聚合成群后，出现君王和师长，他们是人类治理的本原。所以祭祀之礼是上敬天，下敬地，尊先祖而敬君师，这是礼的根本精神。明白了这里面的道理，就知道了为什么中国人讲究孝道，这是从内心情感出发，用礼的精神来规范，并上升到天地信仰的一条精神超越之路。无须外在另设一个至高无上的神，就可以具备契合人性人心的宗教作用。

儒家所致力倡导的礼，有着收束人心、规范人群的很强的凝聚力，当然，从另一个方面讲，如果过度强调，也可能会造成对个体的强迫，因此，中国传统文化中还有佛家对这种体系的解构与化解，道家的弥补与融合，而儒家作为具有阳刚气质的文化，是中国传统文化的主干，佛道两家是具有阴柔气质的文化，犹如两翼而辅助之，经历两千多年的历史，形成了三家互补的文化形态。无论外在的社会形态如何变化，作为一个生于斯长于斯的族群，文化的大根本不能失。我们今天所讲的萃卦，卦时是讲如何聚合的，正是儒家所擅长的，是儒家在社会中所担当的主要功能。《周易》"推天道以明人事"，天地间万物相聚，森然快乐，生生不息，体现了天地万物之情，儒家所倡导的会聚，是顺天道而为。

君王到宗庙举行祭祀，表达对祖先神灵的恭敬与孝心，相聚以正，以此聚合民心，淳化民风，使民众在精神上有归属感，形成文化认同。萃卦的聚合是有组织、有秩序的聚合，"大人"以正道感召会聚民众，使上下相聚，和悦顺服。"用大牲"是指祭礼隆重，在民众的眼中吉祥而有利，这样顺应天意民心，必会亨通。阴阳聚散，天道自然，是万物运行的规律，萃卦"顺以说，刚中而应"的萃聚之道，体现了天地万物之情。

《孟子·离娄上》说："得天下有道，得其民，斯得天下矣。得其民有道，得其心，斯得民矣。得其心有道，所欲与之聚之，所恶勿施尔也。"孟子道出了为君者得天下的大道在于得民心。以正道顺承天命，躬身为民，与民众风雨同舟，淳化民风，会聚民心，使上下同欲，是天下大治的根本。

下面来看《大象传》：

《象》曰：泽上于地，萃。君子以除戎器，戒不虞。

《大象传》说：泽水汇聚于地上，有萃聚之象。君子看到这样的卦象，在会聚之时修整兵器，提高戒备，预防因人群会聚而发生意外。

水是随形流动的，若要使水汇聚成泽，就需要土地上有容纳之处并用堤岸围护起来，这样，散漫的水就可以汇聚成泽，在自然界中可以供植物、动物饮用，在人类社会中可以用于防旱和灌溉了。泽水聚集既是好事，也会带来麻烦，历史上就记载了有些族群为争夺水源而抢夺和撕杀，因此，在萃聚的同时，要考虑好对随之而来的危险的防备。

在自然物象里边，水代表生命之源，在社会中，水代表财富、土地、民众。所以，泽上于地是萃聚之象，象征人或物聚集到一起。众人聚集就容易出现争端，物类汇聚容易出现抢夺，萃聚极易出现变故，其中最大的问题就是安全问题。所以，组织者要事先做好准备，安排布置人力，修整武器，提高戒备，预防意外。这一点很好理解，当前无论哪个国家，举办大型集会的时候，安保措施是必不可少的，否则就可能出现事故。所以《大象传》强调在会聚之时，君子要修整兵器，提高戒备，预防因人群会聚而发生意外。我们看到，这里的主角是君子，是会聚的具体执行者，王船山在《周易大象解》中解释说："既不可弛武备而不修，抑不可散民间以启乱，无事则藏，有事则给，所谓觐文匿武，建威销萌，皆此道也。"崇尚文治，隐匿武备，建立威势以消灭祸乱于萌芽状态，讲的就是这个道理。

我们看到，卦辞、《象传》在价值理念、精神信仰层面讲会聚之道，《大象传》在具体操作层面讲如何顺利地实现会聚之道，而爻辞则具体而微地探讨不同阶层或阶段的人群如何达成会聚。

下面我们来看六爻的解释：

初六：有孚不终，乃乱乃萃。若号，一握为笑，勿恤，往无咎。

《象》曰："乃乱乃萃"，其志乱也。

初六：有诚信但没有坚持至终，在迷乱中找不到相聚之人。就那样大声呼号，终于与友朋相聚双手紧握而笑，不用担心忧虑，前往没有咎害。《小象传》说："在迷乱中找不到相聚之人"，是因为他的心志乱了。

初六在萃聚之时，本来与九四正应，但由于初六居于下卦坤体初爻，自身柔弱没有主见，心中与九四相应的诚信不能保持始终，又有六二、六三两个同类隔在中间。在萃聚的时候，心志疑惑迷乱，不知该与谁相聚才好，这时初六大声地呼号，寻找自己的正应，求其所聚，初六的呼声得到九四明确的回应，双方相握而笑。因为初六和九四本为阴阳正应，所以初六不必再有疑虑，往而从之，相聚无咎。

我们看到初六是弱小而居于低层的人，在萃聚的时代，希望找到组织，成为有主心骨可依靠的人，但他自身的条件和能力太弱，目标也没有明确，所以，初六经历了迷茫和痛苦的寻找过程，这类似于许多年轻人的经历，甚至有的人终生迷茫而没有出路。还好，萃卦的初六在大声呼号，努力奔走之后，找到了相会聚的人，"若号，一握为笑"，往前走吧，没有咎害。

在例解中，我们举的例子是曹文轩教授讲述自己还是个八岁小男孩时候的经历，那时他是小学生，随着老师和同学到码头集合，准备一起坐船去无锡。码头上人山人海，为了不让大家走散，老师给每个同学发了一只能吹得响的瓷水鸟，并指着船上的大烟囱说要在那下面集合。于是大家分头行动，很快就走散了。他只能看到大人们缝了补丁的裤子在眼前晃动，晕头转向地努力钻过去，终于挤上了船，挤到烟囱下坐等。当船开动时他才发现，只有他一个人上了船，他跑到船舷边，拼命地吹瓷水鸟，泪水掉下来被风吹走，没有回声。他终于绝望了，颓废地坐在烟囱下，一直等到晚上月亮升起来，他又拿起瓷水鸟，悲伤地吹起来，这时却听到船的另一边有水鸟声呼应……他兴奋地跳起来，边吹瓷水鸟边循着声音跑去，终于在船头和另一个同学相遇，两双小手一握为笑。记得二十多年前听曹老师讲这个故事时，听得我泪水盈睫，那种孤单与寻找或许是小孩子们都曾有过的心路历程，所以极易产生共鸣。"若号，一握为笑"，非常生动形象，这是初六在萃聚之时所经历的。

六二：引吉，无咎，孚乃利用禴。

《象》曰："引吉，无咎"，中未变也。

六二：牵引会聚可得吉祥，没有咎害，以诚信之心用简约的禴祭等待前来会聚。《小象传》说:"牵引会聚可得吉祥,没有咎害",是因为六二居中守正的心志未曾改变。

六二柔中居正,处于坤体中位,与九五刚中之君正应。六二以诚信之心守正自持,以朴素简约的禴祭等待九五前来礼贤下士,牵引萃聚,从而保持了臣者恭敬而不谄媚、简朴而诚信的品格。九五真诚求贤,君臣得以正道相聚,刚柔相应,吉祥无咎。

六二是有了居位之人,自身有贤德才华,他与九五的会聚就不应像初六那样大声号哭去找自身的依靠,而是要保持独立的品格,等候君王求贤,这样才不会失于谄媚。所以,以什么样的态度和途径会聚,是要根据时位来选择的。我们在例解中用的是百里奚的例子。道合则聚,道不合则去,这是六二的会聚原则。

六三:萃如,嗟如,无攸利;往无咎,小吝。
《象》曰:"往无咎",上巽也。

六三:希望相聚,嗟叹不已,没什么有利的事;前往没有咎害,会小有憾惜。《小象传》说:"前往没有咎害",是因为向上可以顺从于阳刚。

在萃聚之时,九五与九四是其余阴爻所萃聚的核心。初六、六二已分别与九四、九五正应,六三所居不正,向上又与上六无应,求聚不得,处境不利,因而嗟叹不已。然而在萃之时,九五、九四发布政令汇聚各方,各爻就应顺应时命前往萃聚,六三可以亲比于九四,以阴顺阳,不会有过错。由于九四已与初六正应,虽然接受了六三的亲比,但相聚不谐,因此存在小小的憾惜。

前面我们所学的诸卦,六三之位向来是尴尬的位置,有所嗟叹在所难免，幸而萃卦六三生逢其时，是在九五招兵买马聚合天下的时候，顺应时命前往会聚，上卦是巽顺之卦，因此，六三往无咎。

九四：大吉，无咎。
《象》曰："大吉，无咎"，位不当也。

九四：大为吉祥，没有咎害。《小象传》说："大为吉祥，没有咎害"，说明九四居位不当。

九四以近君之位处萃聚之时，上与九五相聚，下与众阴爻亲比，既得君又得民，可谓左右逢源，上下机会集于一身。然而九四以阳爻居阴位，所居不正，其位不当，又是近君多惧的位置，如不能做到方方面面周全吉祥，就会有僭越本分、收拢民心的嫌疑，所以必要做到"大吉"，顾大局，立大功，没有差错，才可以无咎。

九四这样一个不中不正的近君之臣，在万众会聚之时，独得天时地利人和，有着大为吉祥的条件，但如果不能谨守本分，也会造成咎害，所以，有大吉的条件，还要有保有大吉的德行，才能做到无咎。我们在例解中举的例子是曹操挟天子以令诸侯，至死不称帝，这样，才为他的儿子曹丕称帝打下了基础。当然，曹丕称帝之时已经是另一个卦时的事了，而曹操当时要做的就是尽本分辅佐九五，会聚天下人心。

九五：萃有位，无咎。匪孚，元永贞，悔亡。
《象》曰："萃有位"，志未光也。

九五：会聚而居于高位，没有咎害。没有广泛取信于众，只有自始至终永久地坚守正道，悔恨才会消亡。《小象传》说："会聚而居于高位"，说明九五会聚民心的志向还没有光大。

九五是萃卦主爻，阳刚中正，是萃聚的中心。九五持中守正，居于高位，没有过咎。但会聚人心并不能全部依靠高位去获取，如果有臣民游离于号召之外，甚至发出反对的声音，作为掌控全局的九五就应反省自身。修养其恒久、正固的君德，居安思危，励精图治，做到德与位相称，使民众信服，就会消除悔恨，成为民众真心拥护萃聚的中心。

这一爻可以和观卦的九五爻相对应地看，观卦九五爻说："观我生，君子无咎。《象》曰：'观我生'，观民也。"九五：反观省察自身的治政效果，君子这样做没有咎害。《小象传》说："反观省察自身的治政效果"，观察民风就可以知道了。

如果有民众不愿前来会聚归附，就要反躬自省，改善自己的行为和执政方略，君子这样做没有咎害，只有自始至终永久地坚守正道，悔恨才会消亡。这是爻辞对于九五爻所提出来的要求。

上六：赍咨涕洟，无咎。
《象》曰："赍咨涕洟"，未安上也。

上六：痛哭流涕，没有咎害。《小象传》说："痛哭流涕"，是因为上六穷极无聚，不能安处于穷上的位置。

上六处于萃卦之终，向下与六三无应，向上穷极无聚，又以阴爻乘于九五阳刚之上，孤立无援，求聚不得，处境非常不好。幸而上六居于上体兑悦之极，不敢自以为是，不以疾愤处世，而是以痛哭流涕表达求聚之情，这样可以得到众人的同情，免去咎害。

上六到了萃之极而穷极无聚，孤处无依，所以痛哭流涕。哭，代表着他内心希望有所会聚，他并没有自暴自弃，也没有放弃追求，主动寻求会聚，而人同此心，心同此理，上六的真挚求聚之情得到人们的同情和理解，咎害也就消除了。从这里我们看到，中国的文化中是含着情义的，有其理，亦有其情，对处于逆境中的人抱有同情的理解。所以，上六最后也得到了无咎的结果。

答　疑

1. 问：九四《象》曰："'大吉，无咎'，位不当也。"应该如何理解这句话？既然是阴居阳位不当，何以大吉呢？

答：前面我们讲九四时提到，九四在萃聚之时，独得天时地利与人和，有着大为吉祥的条件，但如果不能保证万无一失，就会造成咎害。所以，有大吉的条件，还要有保有大吉的德行和能力，做到大吉，才能做到无咎。

2. 问：九五是吹响集结号的召集人吗？初六是应九四而往，还是应九五而往？

答：是的。九五是核心，是卦辞中"王假有庙"的君王，卦中其他五爻都是应九五的号召而前往会聚，只不过在会聚的过程中有层次，九四是政令的执行者，大家向他会聚，而最终会聚的核心是九五，精神领袖也是九五。这样才是一个稳定的结构。当然，九五可以是一个人，也可以是一个制度完善的领导团体。

3. 问：萃卦各爻似乎都是战战兢兢，吉凶断辞最好就是"无咎"，但是萃卦的卦辞却很好，"利见大人，亨"，何以卦"亨"而爻最多"无咎"呢？

答：不只是萃卦的爻辞战战兢兢，其实《周易》六十四卦的爻辞都有这个特点，《系辞传》说："《易》之兴也，其于中古乎？作《易》者，其有忧患乎？"《周易》里充满着忧患意识，是防微杜渐之书，是迁善补过之书，孔子说："假我数年，五十以学《易》，可以无大过矣。"《周易》学好了，不犯大的错误，就已经是卓有成效了。所以，无论是吉卦还是凶卦，都在提醒人们要谨慎戒惧，反省自身，做事要反复思量，不能马虎大意。我们在讲萃卦的《彖传》和《大象传》的时候提到，萃卦的卦时是好的，是团结起来共同合作的卦，是欢乐而有力量的卦，然而，会聚同时是一个伴随着矛盾和危险的事，能够做到无咎已经很不错了，如孔子所言，"无大过"就很不容易了。

4. 问：寇老师解读六三爻时说，九四、九五发布政令，天下理应萃聚归附。问题是，九四能够且应该自己发布政令吗？他自己不是也应该萃聚于九五吗？即使发布政令，九四也应该是代九五发布吧？如果九四也可以根据自己的意思自主发布，他怎么处理与九五的关系？下面的人怎么处理自己与九四和九五的关系？

答：正如这位学友所谈到的，九四是代九五而发布政令，而战略性大方向的政令，真正最后的决策权在九五。联系社会形态，就很容易理解，任何一个组织机构，都是要分级管理的，以九五一人之力，不可能做所有的事情，更不可能以一己之力来治理天下。九四是这个管理层级里居高位者，负责执行和发布政令。相对于九五而言，九四是具体执行者，九五是众人会聚的核心。九四在处理事务的过程中可以有自己的意志，但他的意志一定是在大框架下以及不违背原则的情况下，做这种具体的发布。那么九四跟九五当然是上下级的关系。九四下面还会有分级，这样一层层就形成了社会管理体系，才形成一个有秩序的社会结构。无论是什么样的文化，或者什么样的社会制度，最终大家要有共同的精神核心，才会形成体系完备的集体，这样才能够形成凝聚力。

萃卦小结

人类有组织地聚合起来，就能够凝聚起力量，朝向共同的目标努力。人群会聚要有原则，才不致横生变乱，萃卦阐述了人类会聚的原则：倡导会聚的领导人要"聚以正"，聚集目的要正当才能够吉利，同时，要修治兵器，以备不虞，提前做好安全防范；前来萃聚者应互相信任，心怀诚意，互相激励，不生抱怨，且始终坚贞如一，会聚才能够有序有效；位卑者应真诚地寻求会聚，位尊者要尊重追随者，主动牵引追随者，并且要本着以德化民的原则，以恒久贞固的君道博得民众的爱戴和拥护；有的人在众人以正道萃聚之时却游离于群体之外，处于孤立无援的境地，这时就应及时反省自己，痛定思痛，忧惧知危，主动地寻求会聚，免除咎害。

读卦诗词

龙山会·泽地萃

寇方墀

萃聚高台庙,攘攘纷纷,云雾香炉燎。
众声齐祝祷,天顺保,人寿年丰征兆。
天下望升平,大人现,庄严礼乐。
爱群生,独行若号,相逢为笑。

尘世错落难平,泽水无根,漫漶浮云漂。
赖宽和大地,兴众庶,清浊皆在怀抱。
相聚乐陶陶,享朝暮,清辉日照。
莫遗失,赍咨涕洟,唱悲伤调。

升卦第四十六

巽下坤上

导　读

在上一卦，我们学习了萃卦，萃卦讲如何凝聚起更多人的力量，朝向共同的目标努力，因此强调了"聚以正"，以及如何修治兵器以备不虞。爻辞里面则针对不同的时位，探讨了如何达成会聚的方式方法和处事原则。最终，各爻达成会聚而无咎。接着卦序进入了升卦的卦时。

《序卦》：萃者，聚也。聚而上者谓之升，故受之以升。

《序卦传》说：萃的意思是会聚。会聚而能上进就叫作升，所以在萃卦之后是升卦。

"升"为上进、上升的意思，萃卦把人们聚集到一起，各方面的力量团结起来，就会有日益高大壮盛的趋势，整体的状态就会有所积累而向上，所以在萃聚之后为升卦。从卦象来看，升卦是巽在下，坤在上，就五行而言，巽为木，坤为土，木在地下，是地中生木之象。木从地下生长出来，不断成长上升，所以称为"升"。从卦德来看，巽德为入，坤德为顺，具有柔顺巽入之德的人，必会因时处顺，向上进升，所以称为"升"。

这是我们对于升卦的解题，升指高升，是人们所追求和向往的，每个人一生中向上升的阶段，往往是成长向上、生命力强盛的时期。世间的万物，无不欣然于富有生命力的时期，蓬勃向上，充满力量与希望。所以人都希望上升。正是因为人们都有这样的愿望，当人类社会形成，有了君臣上下的关系时，为君者就设定爵位、俸禄以及荣誉、财富，来激发和满足人们上升的愿望，将天下那些有上进心、学习积累了才华和能力的人提拔上来，为君所用。通过提拔得到上升的人欣然于才华得到重用，英雄有用武之地，可以实现做出更大事功的愿望，因此用心辅助君主，君臣上下彼此相与，共治天下，可谓政治隆盛兴旺之道。因此，升是充满喜悦和希望的一卦。

但是，上升的愿望虽好，官爵俸禄的设置虽佳，却同时也会带来不好的一面。老子《道德经》第二章曰："天下皆知美之为美，斯恶矣；皆知善之为善，斯不善矣。"由于官禄、爵位、荣誉等标志着人的社会地位上升的事物是人所共求、人所共美的，人们对此趋之若鹜，久而久之，就会造成争权夺利、尔虞我诈、违背良心、虚伪造作等恶行，人心变得迷乱、贪恋、扭曲变态，追求升的愉悦转而变成争夺倾轧、患得患失的苦恼。在这种恶劣变质的升迁环境下，上升得越高，人便越是惊惧不安、本性丧失，原本追求上升的喜悦与满足变成了精神的劳役之苦。所以，爵位名利的升，并非人们获得精神幸福的良好途径。

另外一种升，就是学问德慧之升。君子每日于德慧上用功，或于日常百事的劳作中，体悟天地造化的美意，提升心性的纯良；或者研读圣人经典，通过学思践行，体悟廓然大公、生生不息的宇宙大道，时时修进，日日更新，一点一滴地积累，向着光明终身上升，不惰不辍。这样的升，是内在的上升，不受外物的干扰，又能以身教带动淳然之风，使外物受其泽惠，返其本真。这样的修为和上升的状态，使人获得恒久深沉的精神滋养。君子若能于此修持，时时存养，便可获得不忧不惧、心地朗然的一生，实现德慧不断提升的一生。

这就是外在的升和内在的升的不同，君子对此不可不辨。

有时，外在的升会促进内在的升，因此，君子得其时，并不拒绝官禄爵位，儒家甚至倡导"学而优则仕"，这就是天爵和人爵的关系。

孟子曰："有天爵者，有人爵者。仁义忠信，乐善不倦，此天爵也；公卿大夫，此人爵也。古之人修其天爵，而人爵从之。今之人修其天爵，以要人爵，既得人爵，而弃其天爵，则惑之甚者也，终亦必亡而已矣。""修其天爵，而人爵从之"，在有了人爵时，仍不失其天爵，君子应时刻保持的内外互养的状态，最佳状态就是内外兼升。然而外在的升往往会阻碍或毁掉内在的升，那是因为没有把握好主次，以致迷失在途中。若要把握好这内外之升的关系，就需要对人生有一份确定的认知，要有坚定的心力。人如果对于天道有坚信不疑的信愿力，一生都不会迷失方向。只要信愿德行在，则随时都可以升，也随时都能升。无论外在的环境和遭际如何，要使信愿德行不亏，则没有什么能够使人丧失上升的路径。

有的人在遇到逆境险境时，就对天道产生怀疑，转而对自身的坚守产生怀疑，丧失了信愿力，于是自贬其志，变得苟且、懦弱，或自暴自弃。而更多的人，将外在的功名当作立身之基，得之则喜，失之则悲，被外物牵引，在起起落落里宠辱皆惊。这些都是因为信愿德行不够。

古圣先哲对于吉凶祸福持淡然的态度，就是因为他们对天道之正有着坚定的信愿力，因此尽其道而行，无所疑虑，这种信愿力使他们的德慧终生向上升，成圣成贤。他们不朽的德行、功勋以及哲思道论，指引着一代代人的上升之路，这便是生前死后永不停止的升。

升卦中有几个关键字可以提炼出来，帮助我们体会升卦之大义。

第一个关键字是：深。升卦的卦象是巽下坤上，地中生木，我们都知道树木是生在地面上的，地面以下的叫作根。升卦将木在地下作为升的意象，说明圣人是要强调根的重要，地下的根扎得越深，地上的树升得越高。所以，君子要追求上升，先要做扎根的功夫，将根扎得稳固而深入，自然会有高大的树木顺势长成。

第二个关键字是：积。积累的积。日积月累，做慢功夫。巽是巽入，坤是柔顺，象征着上升应为巽顺而入、柔顺而成，是顺时顺势的卦象，所以，升不是阳刚强劲地以求速成，更不是拔苗助长地违背规律，那样只能事与愿违。

升的关键在于积累，《道德经》说："合抱之木，生于毫末；九层之台，起于累土；千里之行，始于足下。"讲的就是要做长期的耐心的积累，才能"积小以高大"。

《周易·系辞下传》说："善不积不足以成名，恶不积不足以灭身。小人以小善为无益而弗为也，以小恶为无伤而弗去也，故恶积而不可掩，罪大而不可解。"积小善，日久必有善名；积小恶，日久必会灭身。这就是积的力量。因此，君子修德，要在点点滴滴、一言一行中长期积累，便是上升的第二个关键。

第三个关键字是：时。我们看到升卦的上下两卦都是阴柔之卦，阴柔本没有上升的力量，但却可以因时而上升。所以，时在升卦中是又一关键处。

前边有了深的功夫，有了积累的功夫，根基深了、积累足了，就如同树根在地下扎稳了根基，具足了能量，一旦大地回春，树芽便应时而萌发，随时令而生长上升，一切自然而然，巽入而顺成。这也正是前面深积的功夫所应该出现的结果。对应于君子学问德慧的修炼而言，平日只管潜心学修，天天学习、修持，深扎根基，慢慢积累，不问前路，不急于求成，结果不期然就会在哪天哪时出现了，修成了，实现了上升，这就是无心修炼而道自成。如果未遇其时，也不必怨尤，因为自开始时便是无心而修炼，又有何怨？《道德经》第八章说"上善若水"，并列举了水的七种德行，水自我修德，从不懈怠停顿，以此利万物而不争，最后两句提到："夫唯不争，故无尤。"本来就没有争的心，所以成功于否都不会有怨尤。继续安心已事、自我修为就可以了。

第四个关键字是：贞。如果实现了阶段性的上升，则不能自满而停顿。如果自满而不再学习积累，只是欣然于已获得的成绩，放弃了下学而上达的积累，已有的德行就会倒退，正所谓"学如逆水行舟，不进则退；心如平原跑马，易放难收"，所以，升卦强调"利于不息之贞"，"贞"既有守正的含义，也有坚贞不移、坚持始终的含义。人要不间断地修进一生，才能一直行走于向上的路途。人要在德慧不断的上升中才能获得精神的满足和境界的提升，而人生的价值和意义就在这不断向上的路途中，君子为学修道，又怎能不守正而坚持始终呢！

以上的四个关键字，深、积、时、贞，是我们结合升卦的卦时卦义进行的概括与阐发，把握了以上这些，升之大义庶几不差矣！

讲 解

下面我们进入文本,来看升卦的卦辞:

升:元亨,用见大人,勿恤,南征吉。

翻译成白话文是,升:大为亨通,利于晋见大人,不必忧虑,向南方征进吉祥。

《彖》曰:柔以时升。巽而顺,刚中而应,是以大亨。"用见大人,勿恤",有庆也;"南征吉",志行也。

意思是,《彖传》说:以柔顺之道适时上升。温逊而又柔顺,阳刚居中而能与上层的君主相应,所以大为亨通。"利于晋见大人,不必忧虑",是因为顺时上升必有福庆;"向南方征进吉祥",志向可以实现。

升卦上下二体都是阴柔之卦,初六从最下爻向上生长,逐步上升到六五,这种积小以成高大的上升,顺应自然规律,其势不可当,是大为亨通的,不必有忧虑。

在前面的概述中,我们说到君主设爵位俸禄以得人才为国所用,因此,升有君臣上下彼此相与之意,这样才有由下而上的升进。这与前面我们学过的晋卦有相似之处,晋卦是火地晋,上卦是离卦,代表光明,下卦坤卦,代表顺从,因此晋卦中君的作用更为重要。升卦中,上卦是坤,并非明君,下卦是巽,并非阳刚之臣,因此更多地修巽入而柔顺之德,正如我们所提到的四个关键字。而

《象传》中的"刚中而应"则专指九二，巽卦柔中寓刚，象征着修德上升的信念，刚而能中。

我们在例解中用的例子是狄青的人生故事，他从士兵做起，点滴积累，丝毫不懈怠，终成一代名将。狄青的一生都在对自我德行与才能的严格要求和不断砥砺中前行。

江山代有才人出，每个时代都会涌现出一些出类拔萃的人物。他们在道德、事功等方面能够有所成就，大都具备一些相似的特征：发挥自身在某方面的天赋，加上坚强的意志和坚持不懈的努力。这就是上升之道。

下面来看《大象传》：

《象》曰：地中生木，升。君子以顺德，积小以高大。

《大象传》说：地中生长出树木，有上升之象。君子看到这样的卦象，以逊顺的德行，积累点滴以成就高大。

《孟子·尽心上》曰："其进锐者，其退速。"前进太猛的人，不能坚持长久，其退步也会很快。升卦卦象正是反对了这一点，而昭示后学，不要进锐而退速，不要贪大而忽小。

升卦之象是地中生木，不断向上成长，由弱到强，由小到大，由低到高，在积累中上升。君子看到这样的卦象，学习树木成长的韧性与恒心，一点一滴地积累。不断修养德行，顺时而进，顺正道前行，勤勉不辍，使学业、道德得以积累，"积小以高大"，上升到更高的境界。

下面来看六爻的解释：

初六：允升，大吉。

《象》曰："允升，大吉"，上合志也。

初六：正适宜上升，大为吉祥。《小象传》说："正适宜上升，大为吉祥"，是因为与上面的心志相合。

"允"是诚的意思，说明诚然可以、正好适宜。升卦下体为巽，巽为木，初六阴柔居下，是巽木之主，如同树木的根，得到地气的滋育，上承九二、九三两爻的阳刚之气，顺应自然，向上生长。上体为坤为土，柔顺相接，正适宜树木的生长，这种上升的态势非常顺利，欣欣向荣，必获吉祥。用在社会人事中，初六正是深居下位的贤士起步上升之时。

我们在例解中用的是李白的《行路难》，"长风破浪会有时，直挂云帆济沧海"，踏上人生的旅途，虽然行路步步艰难，但是要坚信心中的理想，并为之不懈地前行。

九二：孚乃利用禴，无咎。

《象》曰：九二之"孚"，有喜也。

九二：有诚信可以用简约的禴祭进行祭祀，没有咎害。《小象传》说：九二有如此的"诚信"，可以带来喜庆。

升卦九二与萃卦六二的爻辞均说到"孚乃利用禴"，可见居于下卦中位的大臣当以内心诚信而形式简约为佳。萃卦六二以中虚为孚，与九五相应；升卦九二以中实为孚，与六五相应。在不同的卦时，有不同的虚实，虚实虽不一样，但孚诚是一样的。升卦九二居下体巽之中爻，如同树干，刚直居中，与居于君位的六五刚柔相应。在上升之时，阳刚之臣与阴柔之君相应，更需持守至诚中道，去除矫饰，上下孚诚相应，没有过咎。这样的诚信美德会带来喜庆。

升卦九二爻再次用到了"孚乃利用禴"，这往往用在二爻的爻辞中，以提示居于二爻的大臣之位，当用贤之时，以至诚为本，而形式上尽可能简约，以免有虚饰媚君之嫌。

九三：升虚邑。
《象》曰："升虚邑"，无所疑也。

九三：上升如入无人之境。《小象传》说："上升如入无人之境"，没有什么可疑惑的。

苏轼解释此爻说："九三以阳用阳，其升也果矣。……故曰升虚邑无所疑也。不言吉者……其为祸福未可知也，存乎其人而已。"

九三到达了下卦巽体的极位，即将以阳刚之质进入上卦坤体。坤为土，有土地国家之象，在升之时，九三刚居阳位，上面全部是阴爻，又有上六相应，向上升进时，如入无人之境。九三勇往直前，没有疑惑畏惧。虽然如此顺利，爻辞并没有言吉凶，是因为正在上升的势头下，暂时没有吉凶之辞，但是终究不如二、五爻至诚中道及初、四爻的巽顺应时更为稳妥。

六四：王用亨于岐山，吉，无咎。
《象》曰："王用亨于岐山"，顺事也。

六四：君王来到岐山进行祭祀，吉祥，没有咎害。《小象传》

说:"君王来到岐山进行祭祀",是顺应时事民心。

"亨",通"享",指祭祀、祭享。岐山是周朝的发祥地。古公亶父迁于岐山,他以柔顺谦恭之德得到民众的爱戴。六四以柔居于阴位,当位得正,上有六五,下有九三,向上服从于君王,以柔事君,不逾越为臣的本分,向下对于寻求晋升的贤士从不拒绝,并以柔德进行抚顺和接纳,帮助他们得以晋升。这样顺时顺事,无不接纳,不断累积,吉而无咎。古公亶父的基业发展到文王时已是天下归心,奠定了周朝八百年的根基,可谓吉祥无咎。爻辞中直接说到了岐山这个地名,就是指古公亶父迁于岐山的史事。

六五:贞吉,升阶。
《象》曰:"贞吉,升阶",大得志也。

六五:守正吉祥,沿着台阶步步高升。《小象传》说:"守正吉祥,沿着台阶步步高升",充分实现了上升的志向。

六五以柔爻居尊位,得上卦中位,且在坤卦中爻,具有坤德,恰可与九二阳刚之臣相应,得到刚中之臣的有力辅佐,君臣通力合作,使国家形势蒸蒸日上,如同沿着台阶逐步攀升。王船山认为,爻辞中先言"贞吉",然后才说"升阶",是因为六五以柔顺为志,不自以升为吉。所以先说"贞吉",而"升阶"是"贞吉"之后的结果。萃卦九四爻辞"大吉,无咎",升卦六五爻"贞吉,升阶",说的是同样的道理。在不断上升的良好态势下,六五作为柔中之君,要注意保持正固,对贤能之士委以重任,坚持用贤不疑的原则,以使上下同心,刚柔并济,必会得遂大志,获得吉祥。

上六：冥升，利于不息之贞。

《象》曰："冥升"在上，消不富也。

上六：昏昧地求取上升而不知停止，此时利于不断地修养正道德行。《小象传》说："昏昧地求取上升而不知停止"，已经上到了无可上升的地步，其发展趋势必然会遭到削弱而不会增富。

"冥"，指昏昧冥顽、不通事理。因一路上升顺利，晋升的思维形成了习惯，以致升到了上极之地无可再升时，仍昧于形势，盲目进升而不知停止。上六以阴柔处于极端，继续进升只能使好的形势消亡，最终消而不富。在这种情况下，上六应幡然醒悟，反身修德，收回心来不再外求，修养巩固自身的正道德行，才是有利的选择。

我们在例解中，对升卦上六爻做了进一步的分析，升卦上六"冥升"居于升进的顶端，与乾卦上九"亢龙有悔"的处境有相似之处，而升卦上六又是阴爻，因此有"利于不息之贞"的告诫。事物不可能永远上升，因此知进知退、知存知亡、知得知丧才是常道。在升进到一定程度时，当及时修整，反身修德，有意识地让升进的速度慢下来或停一停，这样有利于反省和稳固已有的成绩，防止升进太快而导致折断或颠覆。

答 疑

问：卦辞中为什么说"南征吉"？

答："南征"代表向着光明前进，前进就可以得吉。上卦坤体柔顺，下卦巽体顺入，初六以巽顺之道顺时上行，到达六五君位，而能够得到九二大臣刚中相应，所以"大亨"。上升之道用在社会人事中：处下位者必要得到居上位者的提拔，才能上升。在进德修身时，进升于道的高境界需要有圣贤的指引。用刚中巽顺之道利见"大人"，必会获得福庆，顺遂上升的心愿。在升卦中，贤者一步步向上升而无所阻碍，因此"元亨"。这充分体现了《周易》的尚贤之道。

升卦小结

升卦阐明了事物顺势上升、积小以大的道理。升卦的卦时是亨通的，卦中六爻逐次体现了顺势上升之道：在升进的过程中，宜于追随志同道合且具备刚中美德的"大人"，以他们的成功经验作为自己升进的借鉴，则可以顺畅地上升；进一步升进要具备实力，并且要心存诚信，坚持顺以升的原则；遇到上升的大好时机，应及时把握，顺势而为，勇于奋进；升到高位时，要善于处理上下级的关系，诚信待人，谦虚顺事，就不会有过咎；上升到至尊位置的时候，不可失诚信的本质，要坚守中道，用人不疑，与下属和衷共济，事业就会如登台阶一样，逐步上升；升进的过程重点体现了顺势上升、遵循事物发展规律的原则。升进也有极限，在到达极限，其势将消的时候，不可昏冥不悟、妄动向前，而应审时度势，适时收敛，修正德行，以化解不利的势头。

读卦诗词

步蟾宫·地风升

寇方犀

东风遂与青云便,高阶进、琼楼玉殿。
允升虚邑踏平川,抬望眼,银河如练。
岐山献祭虔诚宴,等闲视、风行云变。
莫凭冥昧妄升迁,留归处、清香庭院。

困卦第四十七

坎下兑上

导 读

上一卦我们学习了升卦，升卦阐明了事物顺势上升、积小以大的道理，我们提炼了四个关键字——深、积、时、贞，并且探讨了不同情况下如何把握升进的原则。升卦整体在讲上升，事物上升是由下向上行进，由下向上是要消耗力气的，如果一直上升不已，终会有力竭气乏的时候，所以在升卦之后是困卦。

《序卦传》说："升而不已必困，故受之以困。"上升不已必然受困，所以在升卦之后是困卦。"困"有疲惫困乏、困难、穷困之意。

从卦象看，坎为水，兑为泽，水本来该在泽中，现在却到了泽下，说明泽中已经枯竭无水，因而有困乏之象。从爻象看，上卦两阳爻被一阴爻所掩蔽，下卦一阳爻被两阴爻所围困，是君子被小人所困之象。从卦德来看，坎为险，兑为悦，意指虽陷于坎险之中，却仍以欣悦面对，象征着君子纵然在穷困之中，仍然能够保持乐观积极的心态。

困卦为《周易》第四十七卦，承接升卦而来。在解读卦义之前，我们还是先来对卦名做一下分析，对于"困"字的理解将有助于对卦中各爻的理解。

"困"字，大家都很熟悉，有困乏、困顿、困穷、受困等意思，此字给人总的印象是困乏没力气、困顿受拘束、困穷而不自由……为什么要用"困"来表达这些意思？尚需认真分析。"困"字的甲骨文写法是"囗"。看字形，是一个围起来的区域里种有树木。清代段玉裁《说文解字注》解释"困"字："故庐也。庐者二亩半一家之居，居必有木。"意思是，"困"是指居住了有些年月的家园房舍，称"故庐"。

房舍的主人在周围四面墙下种上桑树，"自有旧田庐，令子孙勤力其中"，让子孙守住祖业，勤力于其中。这样说来，"困"就有保守、守成的意思了。

仔细体味"困"字：有所守，就会有所困。有外来之困，有内在之困，外来之困易知，内在之困难解。

我们来看一下"困"字的引申义。《说文解字注》："困之本义为止而不过，引伸之为极尽。"因此，"困"的一种异体字写法为"朱"。从字形来看，是止于木，或为木所止。后来，"困"引申为极尽。例如《论语·尧曰》中尧对舜所说的话："天之历数在尔躬，允执其中，四海困穷，天禄永终。""四海困穷"是指君德充塞宇宙，与横被四表之义略同。"困"既可解为囊括穷极，亦可解为困穷无路；"终"既可解为"长终"，亦可解为"永绝"。

汉字字义这种正反一体的特性蕴含着易道思维：事物的阴阳两面总是如影随形，祸福相伴，吉凶相循，极则必反。

明白了这个道理，就能预判趋势，立身决策。把握了这个规律，面对外在境遇的变化，就会有"得之何欢，失之何悲"的超拔心态，则虽困而何惧哉？

所以，我们给这个卦取的小标题叫作"豪饮寂寞当美酒"，面对困途、困境要有一股豪气在。

我们在解读每一个卦的时候，都有意识地结合我们当下的时代，用《周易》的思维和智慧，试图分析和看清当下的一些问题。人类在物质生活逐渐丰富的过程中，其实也面临着很难解决的心灵和精神上的困境。困卦是《系辞下传》中"三陈九卦"中的一卦："困，德之辨也。"越是处于困境，越能辨别一个人的品格德行。王船山认为，易经的卦象，有天化和人事而来，有兼天化和人事而来。困卦则是专取人事，因为不是天道有困，只是人道有困。人道的困也不是天道有意造成的，而是时位错综，人时运不济，便处于困境之中了。

困于外在的困境终有解脱之时，而人困于学却是很难解脱的，愚钝的人会困于无知，聪明的人却会困于有知，这些都是要仔细用心体会的。读圣贤之书，了解通达于解困的路径，用心用力于此，方有望让心灵脱离困境。小人有小人之困，君子有君子之困，大人有大人之困，所困不同，对应困的方式也不同。所以，困卦逐层阐释，让我们看到困于不同层面的人们。这倒让人想起卢梭的那句话："人生而自由，却无往而不在枷锁之中。"

讲　解

我们来看卦辞：

困：亨。贞，大人吉，无咎。有言不信。
《彖》曰：困，刚掩也。险以说，困而不失其所，"亨"，其唯君子乎？"贞，大人吉"，以刚中也。"有言不信"，尚口乃穷也。

困：亨通。守正，大人吉祥，没有咎害。说出来的话未必有人相信。

揜，即"掩"。《彖传》说：困，阳刚被掩蔽。危险之中仍能心存喜悦，困顿之时依然不失操守，"亨通"，大概只有君子才能做到这样吧？"守正，大人吉祥"，是因为阳刚之德存于心中。"说出来的话未必有人相信"，此时崇尚言辞争辩就会导致更严重的困厄。

孔颖达解释说："小人遭困，则'穷斯滥矣'。君子遇之，则不改其操。君子处困而不失，其自通之道，故曰'困，亨'也。""处困而能自通，必是履正体大之人，能济于困，然后得吉而'无咎'。"

朱熹："处险而说，是身虽困而道则亨也。二五刚中，又有大人之象，占者处困能亨，则得其正矣。非大人其孰能之？故曰贞。"

阳刚被欺压、掩蔽，君子处于困境之中，处困而能"亨"，才算得上是真正的"大人"。宝剑锋从磨砺出，困境是对人格信念的磨炼与考验，君子"险以说"，在险难之中信念坚定，乐天知命，不悲观丧志，不怨天尤人，以刚中的德行贞守正道，坚忍性情，以待转机。处于困境中时，言行要警惕谨慎，尽量少发表意见和言论，因为在困顿之时的言论不但不会有人相信，有时还会给自己带来更大的厄运。要懂得随时善处，等待脱困之日。

我们在例解中引用了唐代诗人罗隐的诗《筹笔驿》，其中的两句是："时来天地皆同力，运去英雄不自由。"时运来时风云际会，诸事顺利，而当运势去时，英雄被困，无法施展抱负。时势造英雄，时势亦困英雄。

那么，处于困的时势下，英雄当如何自处呢？我们来看《大象传》：

《象》曰：泽无水，困；君子以致命遂志。

《大象传》说：泽中无水，象征着困穷；君子看到这样的卦象，于是在人生处于困穷之时，以有限的生命去追求崇高的理想，实现自己的志向。

泽中无水，是困乏之象。君子在困顿途穷的时候，应尽力去改变困境，不可坐以待毙。自古以来，受困而不能脱身的君子，在患难之中，不会动摇内心坚守的原则和志向，将良知、道义、责任作为自己价值追求的终极目标，将生死置之度外，以有限的生命去完成自己的使命与责任，虽身困而志亨，以追求内心崇高的理想，实现自己的志向。

下面我们来看困卦的六个爻，先看初六爻：

初六：臀困于株木，入于幽谷，三岁不觌。
《象》曰："入于幽谷"，幽不明也。

初六：臀部困在没有枝叶的树木之下，入于幽深的山谷，多年不见露出面目。《小象传》说："进入幽深的山谷"，那里幽暗不明。

"株木"，没有枝叶的树木。"臀困于株木"是坐在没有枝叶的树下，得不到荫护和援助，这里指初六阴爻居于困卦最下，又在下体坎险之下，如同入于幽谷一般困顿不能出。初六本可以与九四相应，而九四在困卦上体，被上六所遮掩，不能够为初六提供庇护，阴柔处下的初六没有能力从困顿中解脱，多年见不到天日，没有人发现。在卦象中，初六得不到九四援助，还可以上承于阳刚的九二，但在困境中，九二被初六和六三所困，这也是初六不能守正、不明事理所致，竟意欲与六三共同围困九二，这样反而使自己在困境中越陷越深。

我们在例解中用的例子是《论语》中孔子的弟子公伯寮毁谤子路的事。在人生中，有时人会被蒙昧无知的人所困，讲道理也讲不清楚，正因为他们自身昏昧，不知道自己做的是错的，他们自身昏昧而困住别人，自身也在被困之中，真是让人很无奈又很恼火的事，但孔子对此淡然处之，因为他对天道之正有坚定的信念，认为世上难免会有这样的昏昧之人，而大道之行却是没有人可以阻挡的。这样的信念在处于困境时是很重要的。

我们来讨论困卦九二爻：

九二：困于酒食，朱绂方来，利用享祀，征凶，无咎。
《象》曰："困于酒食"，中有庆也。

九二：困在酒食之中，朱红色的官服刚刚送来，利于用来进行祭献，进取就会凶险，没有咎害。《小象传》说："困在酒食之中"，守中道就会有福庆。

"朱绂"，古代礼服上的红色蔽膝，指官服。九二刚爻困于初六和六三之中，陷入了困境。小人以潦倒贫穷或自身利益得不到伸张为穷困，而君子无论在什么境况下，都以道义不能伸张为穷困。九二居大臣之位，并非衣食缺乏，而是因报效天下苍生的志向得不到实现而深觉困顿，丰厚的酒食成了麻痹和束缚志向的绳索。九二以阳刚中道坚守赤诚，得到同样有刚中之德的九五的赏识，"朱绂方来"，任命刚到，九二不敢以自养，而是用在尽职尽责上。九二能够在受困之时，安守自处，没有妄动失节，终于等来了九五的任命相求，因而不会有咎害，君子之道得以亨通，保持中道就有福庆。

在例解中，我们引用的是春秋时期的晋文公在做公子流亡期间，在齐国得到好的待遇，因此耽于安逸，放弃了志向，在文姜和其随从人员的安排下重新走上路途。九二之困是酒食之困，一旦贪图安逸享乐，便被困在酒食里，精神失去了追求和活力，也就失去了未来的希望。

六三：困于石，据于蒺藜。入于其宫，不见其妻，凶。

《象》曰："据于蒺藜"，乘刚也。"入于其宫，不见其妻"，不祥也。

六三：被前方巨石困住，后面踩在蒺藜丛棘之中。退回到家里，见不到他的妻子，凶险。《小象传》说："后面踩在蒺藜丛棘之中"，是因为凌乘在阳刚之上。"退回到家里，见不到他的妻子"，是不祥之兆。

唐代孔颖达《周易正义》："'困于石，据于蒺藜'者，石之为物，坚刚而不可入也。蒺藜之草，有刺而不可践也。六三以阴居阳，志怀刚武，己又无应，欲上附于四，四自纳于初，不受己者也，故曰'困于石'也。下欲比二，二又刚阳，非己所据，故曰

'据于蒺藜'也。'入于其宫，不见其妻凶'者，无应而入，难得配偶，譬于入宫，不见其妻，处困以斯，凶其宜也，故曰'入于其宫，不见其妻，凶'也。"

宋代朱熹《周易本义》："阴柔而不中正，故有此象，而其占则凶。石，指四，蒺藜，指二，宫，谓三，而妻，则六也。其义则《系辞》备矣。"

六三以阴居阳，所居不正，虽质柔却有刚武的作风，在下体坎卦的极位，欲铤险冒进，但向上与上六无应，想要比附于九四，九四已经与初六相应，不但不提供帮助，反而成了挡在前方的巨石，坚高难攀。求前进而不能的六三回身退据，却凌乘于九二之上，形成了阴乘阳的危险局面，如同踩入了蒺藜丛棘之中，难以迈步；在这样穷困险恶的处境中，六三被牢牢困住，进退不能，就算固守于家中，也是茕茕独身，见不到配偶，可以说是非常不祥而凶险了。

九四：来徐徐，困于金车，吝，有终。
《象》曰："来徐徐"，志在下也。虽不当位，有与也。

九四：缓缓地来了，被金车所阻困，有憾惜，但结果挺好。《小象传》说："缓缓地来了"，志向在下边。虽然居位不当，但有援助。

九四进入了困卦的上体兑卦，已经从下体坎险中脱离出来，渐渐具备了解困的条件，但力量尚不足，欲与初六相应，帮助初六脱困，内心不免戒慎恐惧，行走非常缓慢。因为两者之间隔着九二，如同被金车所阻困。坎体有弓轮之象，九二如车轴，阻挡了九四的道路，所以九四行动迟缓并为此深感憾惜。九四解决这个问题没有用武力，而是以"险以说"的态度，质刚用柔，履行谦和之道，以求解救初六。九四虽力量不足，但与初六是正应，初六如同寒士的妻儿、弱国的臣子，守贞重节，苦苦等待与九四相应，终于得到了好的结果。

九五：劓刖，困于赤绂，乃徐有说，利用祭祀。
《象》曰："劓刖"，志未得也。"乃徐有说"，以中直也。"利用祭祀"，受福也。

九五：施用削鼻、截脚的酷刑，被困于权力的傲慢之中，后来缓慢有所解脱，改为利用祭祀来归拢民心。《小象传》说："施用削鼻、截脚的酷刑"，不能实现心中的志向。"后来缓慢有所解脱"，用的是刚中正直之道。"改为利用祭祀来归拢民心"，这样就会受到福祐。

"劓"是割鼻的酷刑，"刖"是截脚的酷刑。"绂"，古代作祭服的蔽膝，缝于长衣之前，为祭服的服饰。周制帝王、诸侯及诸国上卿皆着朱绂。"赤绂"在这里代表九五的尊位和权力。"说"，通"脱"。从整个卦象来看，在困之时，九五刚居阳位，有行事刚猛之象，施用刑法以治理天下，使得众叛亲离。初爻和上爻皆变为阴，是九五因小刑而失大柄之象，这正是由于九五居于尊位滥用权力，却反而困于权力。在以刑治国出现严重后果后，九五有所醒悟，改正刚猛行为，发挥中道之德，渐渐摆脱了困境，并利用祭祀来归拢人心。祭祀代表着九五的敬畏之心和诚信之意，以此广泛地取信于民，这种中正刚直的表现终于使社稷重新获得了福祐。

我们在例解中用的是汉武帝"轮台罪己诏"的典故，武帝执政中后期，由于汉武帝穷兵黩武、连年征战和肆意挥霍，吏制腐败，国力耗竭，接连爆发起义，然而汉武帝却能够"有亡秦之失而免亡秦之祸"（《资治通鉴》卷二十二《汉纪十四》），其原因是什么？很重要的一条，是他最后能够反省自己的错误，摆脱了滥用权力和武力的困缚，悬崖勒马，调整了政策，回到了与民休息、重视发展经济的轨道，从而避免了像秦朝那样迅速败亡的结局。

上六：困于葛藟，于臲卼，曰动悔，有悔。征吉。
《象》曰："困于葛藟"，未当也。"动悔，有悔"，吉行也。

上六：困在葛藟的缠绕之中，在那里危动不安，自我思量为什么行动就会有悔恨，对此有所悔悟。向前征进会有吉祥。《小象传》说："困在葛藟的缠绕之中"，居位不妥当。"行动就会有悔恨，对此有所悔悟"，这样前行就会吉祥。

"葛藟"，一种藤类植物，纷繁缠绕，不能理断。"臲卼"，危动不安的样子。上六处于困卦之极，凌乘于二刚爻之上，又与六三无应，本质柔弱，向前没有前行的余地，向后如同困于葛藟之中，所以上六危惧不安。兑有"尚口"之象，上六居于兑的上爻，正是开口处，话多而缭绕不清，牢骚申辩太多，致使困扰不断，于是上六自我思量，在这样的困境下动辄生悔，是否因为自己"尚口乃穷"？于是吸取教训，及时悔悟，以喜悦的心态争取解脱困境。因上六已居于困之极，物极则反，加之上六采取了正确的行动，将会获吉。

答疑

问：何谓"致命遂志"？

答：来知德援史证曰："患难之来，论是非不论利害，论轻重不论死生。杀身成仁，舍生取义，幸而此身存，则名固在；不幸而此身死，则名亦不朽：岂不身'困'而志'亨'乎？身存者，张良之椎、苏武之节是也；身死者，比干、文天祥、陆秀夫、张世杰是也。"

读来氏的这段文字，有一股悲壮之气。这正是历史上的英雄志士用生命追求的气节，身虽困而志亨，"时穷节乃见，一一垂丹青"，他们是国家民族的脊梁，是"贞，大人吉"。

我们处在和平年代，遇到的困往往不会是性命攸关的生死困境，那么又如何理解和践行"致命遂志"呢？

《说卦传》中言"穷理尽性以至于命"。命，是人与天地万物共有的本体，是道德修养所追求的最高目标。就本原意义而言，人莫不有命，有本体，但基本处于不自觉的蒙昧状态，正所谓"日用而不知"，困于蒙昧，因而必须在穷理与尽性两方面下功夫，通过一番向外穷理、向内尽性的修养功夫，才能回到自己精神的本原，以合内外之道。穷理尽性若能做到极处，则"至于命"。向外穷理以求自己的智慧，聪明睿智，有如天之高明；向内尽性以求自己的人格，气象恢宏，有如地之博厚，这就达到了天人合一的最高境界，是人性的完满实现。

困卦小结

本卦阐明了如何处困、脱困的道理：卦辞首先阐释了要持守正固、洁身自守、谨慎行动的原则；要坚守"困而不失其所，'亨'"的信念，在困穷之时所言不能被人们所相信，因而处困尽量少言语，免得使处境更糟。

卦中六爻分别通过"困于株木""困于酒食""困于石""困于金车""困于赤绂""困于葛藟"等比喻，揭示了具体情况下如何应付困境的原则：陷入困境而又力量薄弱时，必须隐忍等待转机；酒食富足、条件优越时，不可荒废了志向，当及时警醒，秉持阳刚中道，切勿困于享乐而丧失志向；当陷入极端困境，进退均危险时，要有勇于面对最坏情况的思想准备，不能泯灭希望，在艰难中待时脱困；自身处于困境又要去解救同道时，面对阻碍要谦谨缓行，不可太过急切；领导使团队处于困境中时，首先当自省，不可依赖酷刑解决问题，而应亲贤远佞，以中直诚敬博取民众的信任，必会带领团队慢慢走出困境；困极之时，也是将通之时，不能怨天尤人，应以"险以说"的心态调整自己的行为，看准时机采取正确行动，以脱离困境。

读卦诗词

醉落魄·泽水困

寇方墀

人生落魄，由来何处无枷锁？哪堪困顿穷乡陌。
株木无枝，幽谷埋名客。

纵贵何人能避得？金车酒食伤沦落。
位高犹困凭权策。葛藟多言，不若笙箫默。

井卦第四十八

巽下坎上

导 读

在上一卦，我们学习了困卦，困卦阐明了如何处困、脱困的原则。卦辞强调了处困要持守正固、洁身自守、谨慎行动的原则，要坚守"困而不失其所，'亨'"的信念。困卦中的六爻则分别通过困于株木、困于酒食、困于石、困于金车、困于朱绂、困于葛藟等一系列象喻，揭示了人都有其相应的困境，有的自知，而有的不自知，困卦六爻让人能认清自身的处境，并因此采取相应的应对措施，以免事情由好变坏或由糟变得更糟。

困卦六爻分析论述了在具体情况下应如何应对困境的原则。在这里，我们继续引申阐发一下，君子平素修德行、慎选择、善处事，就是要防止自身陷入像困卦六三那样极端的困境。

关于这方面的论述，大家可以参考《系辞下传》第五章的解释，第五章整篇通过对十一条爻辞的次第阐发和深入解释，如一篇结构严密的议论文一样，论述君子应如何在实践中运用《周易》所蕴含的大义，将各爻的象征意义引申到客观事物中，以达到"精义入神，以致用也"的效果。其中，困卦六三爻是受到批评的，认为六三之所以陷入如此困境，与他自身的行为选择有关，因为在不该去的地方被困，在不该待的地方滞留，所以"名必辱""身必危"，这是开始时行为选择上的错误所导致的，《系辞下传》由此爻继续引申阐发，讲到解卦上六爻的君子"藏器于身"，射落顽固凶残的小人，接着又用噬嗑卦中的初九、上九爻说明了对于小恶一定要严惩，以防止小恶变成大恶，而作为君子，则要有居安思危的意识，要在安全的时候就有所警惕，这里用否卦的九五爻"其亡其亡，系于苞桑"来说明，后面又用到了鼎卦、豫卦、复卦和益卦，阐明了既要居安思危，又要德位相符，德行不够不但不足以承担重任，还可能因选择居位的问题带来严重的后果，所以，君子要从细微的苗头上严格自律，避免犯错，一旦有了犯错的倾向要及时修正。这样，就可以避免陷入像困卦六三那样的处境。这整篇论述雄辩而有条理，可以说是振聋发聩。

以上是我们对于困卦六三爻的一点补充。困卦的四、五、六爻，对居于高位及君位的人提出了警告，居高位者自身处困又要去解救同道时，要谦谨缓行，不能太过急切、声势扰动，否则会使矛盾更为激化，或者掩盖矛盾而不能很好地解困。居于君位者，很容易会出现依赖权力、刑罚的弊病，爻辞称作"劓刖，困于赤绂"，这是不可取的，因为这只能短暂地起作用，不会成为长治久安的良政方案。为政者要警惕这种倾向，不能沉湎于权力中，被权力困住了眼光、格局和智慧。

学习了困卦，我们可以从中得到一些心得体会：落魄者困于生存，富贵者困于精神，高位者困于权策，无知者困于学，有知者困于知，依赖什么便困于什么，困无所不在，观照明白即是心灵的解困。只有首先意识到自身的困境，才有下一步解脱困境的可能。

在困卦之后，我们就来到了井卦的卦时。

《序卦》：困乎上者必反下，故受之以井。

《序卦传》说："在上面受到困顿必然会返归趋向下面，所以在困卦之后是井卦。"这里可以从卦象上进行理解，泽水困，泽中无水，水到了下面，所以是困。而水在下面体现在自然、社会现象中，除了地下河，可能就是井这样的事物了。所以在困卦之后，是井卦。《序卦传》是从事物发展的过程来形容的，事物发展有一定的规律，物极则必反，上一卦是困卦，困卦由升卦而来，升到极致就有困乏之象，困极则反于下。把几个卦连起来解释，就像一条曲线，蹇、解、损、益、夬、姤、萃、升、困、井，聚散离合、起起落落，升卦达到曲线的最高点，然后就耗散困乏，曲线下落到最低点，便是比地面还要低的井。

世间日常事务之中，井的位置最为处下，所以在困卦之后是井卦。这是从卦序曲线起落上来解释。

如果从事物演变规律来解释，事物困极了，就如同泽中无水，亟须得到水的滋养和润泽一样呼唤水源，而水井中有源泉，可以滋润干渴，解救困顿，所以困之后是井。

如果从卦象上来解释，上卦的坎为水，下卦的巽为木，木到了水下面，有用木桶到井中汲水之象，所以此卦为井卦。这是主流传统的解释，以木桶到水下面打水来解释卦象。其实严格来说，木桶到井中打水，并未到水井底部水的下边，当水被盛在木桶中，也不是木在水下之象，况且在卦辞中，用来打水的是瓮，是一种陶器，不是木制的水桶。以木桶打水来解释井卦的卦象，其实是以后来人的想当然来考虑上古的情况，不符合历史实际，只不过大家都这么解，也就约定俗成了。我认为这或为古代井底的木栏之象。因为近年来考古有一些新的发现，在山西襄汾发现了陶寺遗址，考古学家考察后认为是尧的都城，那里发现了中国目前为止最早的水井。先民们为了防止井壁坍塌，在陶寺水井的底部用木结构的围栏进行围护和加固。所以，古老的井卦卦象中，巽卦之木象征的应该不是木桶，而是井底的木栏。

下面我们来谈谈井卦。

井卦定居于一处而不改其所居，往来皆能够得到井水的滋养，且取用不穷。如果只是一个水瓮，取用几次就用完了，而井水因为有地下水源，在古代象征着取用不穷。实际上，井卦是既穷又不穷的卦，井要常存水源，又要真能供人取用，而且井水有甘泉的清冽，这便是可以提供滋养的好井。所以，要掘井及泉，才能源源不断。井卦中也强调了要用好的方式方法和器皿工具将水取上来，对于井要善加修护，这样才能长久有益于人。这些都是象征义，可以指君子之德要与人有益，亦可以指为政者以善政惠民，源源不断，滋养不穷，才是美政，才是一口好井。

王船山认为，井卦当为衰微之世，刚脱离了险难的困卦，得不到人们的认可和取用，但自身以寒微和俭德来自洁其身心，涓涓水流，用心不已。井卦中的阳爻、阴爻以井水、井体来讲清、浊、用、舍，象征着君子之德。

井卦既然是滋养施惠于人，那么必然就会有些劳苦，我们有一个成语叫"劳苦功高"，功高是从劳苦而来，井水之功，长久才能收到功效，是一个潜移默化、默默奉献的卦。井卦下卦的巽德是入，水源长久不断而顺入不绝，是劳苦的；上卦是坎，坎卦象征井中出水，出水是劳苦的。人来取用时，也要打水、担水才能受水滋养，也是需要付出劳苦的。所以，井卦让人知道生命滋养得之不易，这不由得让人想起"一粥一饭，当思来之不易。半丝半缕，恒念物力维艰"的古训，能体会至此，便理解了一些井卦的深意。井卦中有水，水是用来滋养的，水有上善之德，但同时我们还常说"君子之交淡如水"，井是安静内敛的，水是无声无息的，但其培养和滋润却是长久不息的，这也提醒我们，君子不求大善大名，不求热烈喧闹，但得恒久滋养，与人为善，淡然而不绝，终会有内在的喜悦和同道的友朋相伴相随，淡然相辅而又自然长久。

井，因为它既深沉且宁静，所以有其源泉和立身之本，而后井水才可以泽及于物。人的涵养德行要学习井的深和静，而后可以泽及于人。井能够居其定所而独立不迁，但井水却可以因供人取用而泉脉流通并且日日更新，如此思之，井又是将静和动结合得很好的一个卦，所以井是上善之卦。

讲 解

下面，我们来看井卦的卦辞：

> 井：改邑不改井，无丧无得，往来井井。汔至，亦未繘井，羸其瓶，凶。

"繘"字读 yù，井上用来汲水的绳索，"繘井"指用绳汲取井水。

卦辞的译文如下：

井：村庄城邑可以迁移而水井不能迁移，取水不见丧失而注水不见涨满，人们来来往往以井水为养。汲水时水瓶提到了井口，还没有升出井口外，如果把水瓶打翻了，就会有凶险。

这里面说到了三个方面的内容，也就是井的三个重要的德行：第一，井有坚定不移的品格，有定位，有定分；第二，井可以供往来的人和动物取水饮用，而自身既不会自满，也不会枯竭，淡然处之，无丧亦无得；第三，井中有水，但要靠人来主动汲水，如果不来取用，或者用的工具和方法不对，也不能发挥井水之功。因此，井卦既是养贤之卦，也是用贤之卦。不养贤，则无贤才可用；有贤才之人而不取用，则等于无贤才。这是双方互相辅助、共同完成、彼此成全的关系。

来看《象传》的解释：

《象》曰：巽乎水而上水，井。井养而不穷也。"改邑不改井"，乃以刚中也。"汔至，亦未繘井"，未有功也。"羸其瓶"，是以凶也。

《象传》说：顺着水性向下挖掘并将水带上地面，这就是水井。井的滋养源源不断。"村庄城邑可以迁移而水井不能迁移"，这是井的品格阳刚守中的表现。"汲水时水瓶提到了井口，还没有升出井口外"，说明还没有实现井的功用。"如果把水瓶打翻了"，这是凶险的。

井卦的卦象如同水井，村庄城邑可以迁移，而水井是不可迁移的，这正是井坚定不移的品格；人们从井里汲水，井水不会枯竭，地下泉水注入井中，井水也不会满溢，无所丧失也无所获得，保持恒常的德行，这是井深邃包容的品格；人们来来往往不断地从井中取水，井水养育众人，为民所用，养物之德没有穷尽，这是井能够平等周全地对待众人的品格。那些来汲水的人也要有汲水之道，如果已经打到水并升到井口，这时候把水瓶倾覆打翻了，就会无所获而有凶，象征做事如同汲水，一要用心专注，二要善始善终，如德行不能守恒，就会获致凶险。此道理用于任贤、养贤同样适用。

我们在例解中用的是《论语·子罕》中的句子："譬如为山，未成一篑，止，吾止也。譬如平地，虽覆一篑，进，吾往也。"这段话意在说明，每做一件事都在于人自己的选择，或者半途而废，或者坚持到底，都在于个人的决心和毅力。有决心有毅力，纵使在平地上仅仅倒上一筐土，也会坚持不懈地干下去，直到堆成巍巍高山。如果没有决心和毅力，哪怕只差一筐土，也会停下来，这就叫功亏一篑。井卦卦辞中的"汔至，亦未繘井"，"羸其瓶"，亦是此意。

《象》曰：木上有水，井。君子以劳民劝相。

《大象传》说：木之上有水，是水井的象征。君子看到这样的卦象，效法井养之德，俯身为民众操劳，劝勉民众相互帮助。

"相"读四声 xiàng，是帮助、互助的意思。君子看到井卦这样的卦象，效法"井养而不穷"的德行，善用汲水之道，俯身为民众操劳，劝勉民众相互帮助而不是私自占有或者彼此抢夺，使井水的润泽能够滋育遍及万物。汲水要有器具，君子为民众做事不仅要有良好的品德，还要有正确的做事方法，采用适当的政策、方法、措施，才能将恩泽施予百姓。

来看六爻的解释：

初六：井泥不食，旧井无禽。
《象》曰："井泥不食"，下也。"旧井无禽"，时舍也。

初六：井中有污泥不能食用，废旧的水井连鸟儿都不会飞来。《小象传》说："井中有污泥不能食用"，因为污泥阴暗卑下。"废旧的水井连鸟儿都不会飞来"，是因为这口井落后于时代而被抛弃了。

初六在井卦的最下端，如同井底之泥。好比被舍弃不用的旧井因没有吐故纳新的功能而堆满了污泥。人们到井中汲水，是因为井水清洁甘冽，可供饮用，而充满泥污的旧井不但会被人类所舍弃，就连鸟儿也不会飞来饮水了。能够吐故纳新不断进取的时代，会为社会注入活力，为民众带来福祉，而一个陈旧不思进取的时代，积累了陈规陋习和腐败不公，就如同堆了污泥的井，散发着腐朽的气息，这样的井终将被抛弃。

我们在例解中用了班固《汉书》中借用《史记·平准书》的句子，其中"陈陈相因"这个成语，被引申为因袭旧制、不事创新之义，不自我更新就会腐朽而被时代抛弃。个人的德行如此，为政者的政体也是如此。

来看九二：

九二：井谷射鲋，瓮敝漏。
《象》曰："井谷射鲋"，无与也。

九二：井水向下灌注小鱼小虾，瓮瓶破旧漏水。《小象传》说："井水向下灌注小鱼小虾"，因为九二向上没有相应的援引。

刚才我们提到了，井卦中的阴爻是井卦的结构部分，而阳爻是指泉水，九二是阳爻，居于下卦中位，阳刚中道是有泉之象。井水要向上被汲取才能供人饮用，而九二居于下卦之中，与上卦九五无应，却与下面的阴爻初六相亲比，就是说九二之泉没有上行却转而向下注流，初六阴柔居于井底，如同那些幽暗之处的小鱼小虾，九二的水仅灌注到了那些小鱼虾的身上，没有得到大用。这个卦象又如同汲水的瓮瓶破旧漏水，导致井水汲不上来。易道讲上下交往才是好的形态，井本来就处下，该向上行才能实现沟通，如今九二之水向上得不到重用，反身向下行，是上下不能交通之象，所以说"无与也"，九二不能起到为社会出力的作用。

我们在例解中用"野无遗贤，万邦咸宁"来象征清明用贤的好时代，但有些时代却是打着这样的旗号做着闭塞贤路的事情，"瓮敝漏"，水汲不上去，那些贤能之人就只能在底层"井谷射鲋"了，九二爻就是这样的遭遇。

来看九三：

九三：井渫不食，为我心恻。可用汲，王明，并受其福。
《象》曰："井渫不食"，行恻也。求"王明"，受福也。

九三：井淘干净了而井水却得不到饮用，使我内心感到凄恻。可以用来打水饮用，君王英明，大家就都可以一起受到福泽。《小象传》说："井淘干净了而井水却得不到饮用"，九三这样清洁自身却得不到取用，让人心生同情。希望能够求得"君王英明"（懂得任用贤才），让大众都能受到福泽。

在这一爻中，九三象征一个有能力的贤才，自身德行淳正干净，但却得不到重用，因此也就不能服务于民众，为民众带来福祉，所以希望有明君出现，来任用九二九三这样的贤才。"渫"，清除污秽，使污垢不会停留。九三居于井卦下体的上爻，刚居阳位，当位得正，不断地进行修养、清洁自身，是洁净可供饮用的泉水。又与上六相应，本可以得到重用，却因为上六太过阴柔，如同井上的汲水工具力量不足，无法将井水汲取上来，以至于优质的井水得不到使用。好井形同虚设，就像资质柔弱的上司不能提拔重用人才一样，这样的情况使周围的百姓都感到心痛。他们希望能够有一位英明的君王来治理这个地方，建造良好的汲水工具，将水汲取上来，使人才得到重用，国家上下都能受其福惠。

我们在例解中引用的是燕昭王搭建黄金台招贤纳士的典故，这个典故成为历代不得志的贤士心中的向往和心结。

六四：井甃，无咎。
《象》曰："井甃，无咎"，修井也。

六四：砌好井壁，没有咎害。《小象传》说："砌好井壁，没有咎害"，是说要修治水井。

"甃"，砌井壁，修治水井。六四已进入井卦上体，以柔居阴，当位得正，又上承于九五，渐渐具备了致通的条件。九三爻在内卦，渫洗而使井水清洁，六四爻在外卦，修整井壁以防止污垢进入。六四虽不能直接广施恩泽给万物，但能够进行自我修治补过，使井不致荒废，为井水洁净顺畅地"养民不穷"创造了条件，因而无咎。

九五：井冽，寒泉食。

《象》曰："寒泉"之食，中正也。

九五：井水甘美清冽，洁净寒凉的井水可供食用。《小象传》说："寒凉的井水"可以食用，是说九五具有阳刚中正的美德。

九五阳刚中正，居于尊位，是井卦上体坎卦的中爻，象征着甘冽的泉水，清澈寒凉，是可以供人饮用的优质甘泉，在"井道"中可谓至善了。九五作为居尊位者，如果能像清凉甘甜的泉水那样中正清廉，养民不穷，必然会得到天下人的拥护（相反，如果不能做到中正清廉，将会像井泥、污秽那样被民众所抛弃）。九五阳刚中正的美德，将滋育百姓，惠及万物。

我们在例解中举的是马援和刘秀见面的经典场景，马援抱着"非独君择臣也，臣亦择君矣"的态度来见刘秀，刘秀表现出了帝王气象，令马援十分钦佩，刘秀所掘的这口"井"中正清廉，能够为投靠他的将士民众提供清冽的水源，可以"养民不穷"，自然为众人所依归。他收纳各方贤才，成就了复汉大业。

上六：井收勿幕，有孚元吉。

《象》曰："元吉"在上，大成也。

上六：收起从井中汲水的绳子，不要把井口盖上，诚心博施于众必然大吉。《小象传》说："大吉"在井卦最上方，说明此时大功告成。

井卦叙述了从井底到井口的整个取水过程，到达上六就已经到井口了。"井收"，是指收起从井中汲水的绳子，将水提出井口。

"勿幕"，是提完水后并不把井口盖上，以使井水可以广博地施予更多人，如此诚信爱人，推己及物，必然会获得大成功、大吉祥。卦中各阳爻为实，象征有泉水；各阴爻为虚，象征井的框架结构。初六是井底，六四是井壁，上六是井口，水到了井口就可出井被人饮用了，说明井道已经成功。

我们在这一爻的例解中，引用的是《史记·樗里子甘茂列传》里贫家女和富家女在一起搓麻线的故事。贫家女说："我无以买烛，而子之烛光幸有余，子可分我余光，无损子明而得一斯便焉。"这个故事说的道理与井卦上九的意义相近，广施博予能够使更多的人受益，烛火的光明、井中的泉水因为共享而实现更高的价值和更大的意义。

答　疑

问：井卦是"三陈九卦"中的一个卦，当如何理解？

答：井卦如困卦一样，也是《系辞下传》中"三陈九卦"之一，这九个卦分别是：履、谦、复、恒、损、益、困、井、巽。其中，困和井三次都是成对而出："困，德之辨也；井，德之地也"；"困，穷而通；井，居其所而迁"；"困以寡怨，井以辨义"。

困卦，象征困穷，"时穷节乃见"，人的品格操守在困穷之时能够辨别出来。

井卦，象征水井，含有"井养而不穷"之义，人能够遵循"井养"之道，则为养正守德之所。

困卦教人处穷困而坚守正道，以致亨通；井卦教人效法井的润泽施予之功，居其所而迁施德泽于人。

困卦的作用在于处于困穷守于正道而不会怨天尤人，井卦的作用在于广施"井养"之德，辨明道义，爱民济物，是君子之义。

这样三次反复阐述困、井两卦的要义，重在守正修德、养贤济物，如果联系到《礼记·大学篇》，困卦向内，"致命遂志"，"明明德"；井卦向外，"劳民劝相"，"亲民"，是君子道德人格提升的次第和途径。

井卦小结

井卦以井为喻，阐述了君子当修行美德、惠物无穷的道理。水井有着坚定不移、不盈不竭、广施博予、取用不穷的高贵品格，是君子效仿的楷模。井卦同时以汲水为喻，告诫汲水者在德行上要守恒、善始善终，在操作上要采用良好的方法和器具，不要在水瓶将出井口时漏水或打翻水瓶，以致前功尽弃。卦中六爻，阳爻象征井水，阴爻象征井体。井底有泥或井壁有损坏时，都应当及时清理修补，防止污垢进入；井中有水且洁净可用时，就当及时汲取，不然井将荒废；井水清寒甘冽，要广泛施予，使井水达到施用无穷的功用。通过这六爻，喻示在修身方面，君子要不断地修养自身，像甘冽的泉水那样为万物谋福祉；在社会政治方面，要像井水那样公平、清正、廉洁、养民，就会得到百姓的真诚拥护，反之，就会如同不能提供清洁水源的坏井、臭井，被人们所抛弃。

读卦诗词

酒泉子·水风井

寇方墀

村邑可迁，惟井默然不改。
挹无失，添不满，众欢颜。

宁修得井壁清鲜，酣畅饮甘泉冽。
燕飞来，孩提笑，见炊烟。

革卦第四十九

离下兑上

导　读

在上一卦，我们学习了井卦，井卦以井为喻，阐述了君子当修行美德、惠物无穷的道理。水井有着坚定不移、不盈不竭、广施博予、取用不穷的品格，是君子应效仿的楷模。我们看到井卦六爻中，强调了井要不断进行清洁，才可以提供甘泉供人饮用，否则就会成为被人抛弃的废井，而另一方面则又强调了人要主动汲取井水，才能得到水的恩惠和滋养。就这个意象而言，我们可以得到更深一步的体悟：井中甘洌的生命之泉，可以看作滋养生命德行和精神性灵的道，甘甜清洌，混混源源，可以提供取用不竭的滋养，但是如果人不来主动汲取，那道就不能够达致其用，这就是《系辞下传》所说的："苟非其人，道不虚行。"井水是要靠人来汲取的，道是要靠人来推广和践行的。井卦的六爻运用在修身方面，提醒君子要不断地修养自身，要像甘洌的泉水那样为万物谋福祉；而运用在社会政治方面，则提示为政者要像井水那样公平、清正、廉洁、养民，才会得到百姓的真诚拥护。

井卦之后，就来到了革卦的卦时。《序卦传》曰：

革卦第四十九

井道不可不革，故受之以革。

《序卦传》说："水井的道理是时间久了不可以不整治变革，所以在井卦之后接着是革卦。"水井有一个特点，那就是一经挖掘就不能改移。由于结构稳定，长期存在，其存在的弊端就是很容易产生僵化和腐败。因此必须经常修治清理，清除井中的淤泥污秽，要时常革新，才能保证井水不致腐朽，故而井卦之后是革卦。革卦是专门讲如何变革以求新的一卦。

从卦象看，革卦离下泽上，泽水向下要浇灭火，火则向上要烧干水，两者相灭相熄，互为变革。前边我们学习过睽卦，火泽睽，上火下泽，火向上，泽向下，是两相睽违之象，只需想办法合睽便可。革卦的矛盾冲突则更为激烈，水火不相容，彼此冲突相克，想要灭掉对方，所以称作革；又因为上、下两体是少女与中女，二女同居一室，少者在上而长者在下，秩序悖谬，志向各异，必须进行变革才能解决矛盾，所以为革。

后面我们还会学到既济卦，水在上，火在下，水火既济，看上去跟革卦的结构类似，但其象征义却完全不同，既济卦的《大象传》说："水在火上，既济。"水和火这两者的关系并不是彼此相灭，而是彼此成就，火可以把上面的水烧开，以成其用，水可以为下面的火降温，免得烧干，因此坎离之卦是水火既济，象征着事情成功完成。而在革卦的《大象传》中，我们看到泽火革卦没有说"泽在火上"，而是说"泽中有火"，说明水和火两者并存一处，而且已短兵相接，有彼此要灭除对方之象。所以是革之象。

我们不妨先来看一下这个"革"字，《说文》："兽皮治去其毛，革更之。象古文革之形。凡革之属皆从革。古文革从三十。

三十年为一世，而道更也。"

　　《说文》从两个方面来解释这个"革"字：一方面，从字源字形来讲，"革"是象形字，金文字形表示被剖剥下来的兽皮。从字形上来看，就像两只手在剥兽皮。

　　王船山对此解释得很详细，说这是治皮之事，将兽皮用水泡过之后再放在火上烤，去掉皮的内膜，梳理皮外和毛，使皮毛坚韧耐用而不会腐坏。这里说到先用水后用火，对应的是革卦的上下卦象，上卦兑为泽，下卦离为火。这种对兽皮的处理是为了防止腐坏，其内含的道理是对于已然存在的东西进行一番更新改制，革故以成新。《说文》解释里的另一方面是说："古文革从三十。三十年为一世，而道更也。"革字的古文写法是上"廿"下"十"，我们今天正在使用的"革"字，上面的部分也是"廿"，是二十，下面有个"十"字，加起来是三十。《说文》认为三十年为一世，"革"字代表着一世就要更道了，这是与时偕行的思想。这样每三十年就需要更道变革，代表着每到一定时间就要进行变革，这是符合天道规律的事情。

　　天道自然的变革可以自然而然地完成，比如四时更替，比如对于水井的修治，而社会政治人道的变革，却不像自然那么顺畅和自然。小的变革时时可有，而大的变革，在社会中则是非常之事，代表着一个时代的衰废和另一个时代的兴起，前面的陈旧敝坏要被革除，新生的力量要取而代之。这后来兴起者，就是主持倡导变革的人，如果德行、能力、孚信、民心、时机不足，是断不敢轻易变革的，如果以上条件不具备而贸然变革，很难变革成功，并且可能要付出很大的代价。历史上大的变革往往伴随着血的代价，而取得大成功的几率却是非常小的。我们在《全本周易导读本》中为革卦起的小标题是"打碎一个旧世界",颇有一番革命的豪迈气概。但其实改良亦可,真正的革命不到万不得已、旧世界腐坏已极时,不是轻易可做的事。

因此,在革卦六爻中,首先提出了"巩用黄牛之革",这个意象,一方面是说旧势力非常顽固,变革不是一件容易的事;另一方面是说,革是一件可能要动刀兵的大事,不可以轻举妄动,必须具备审慎务实、牢固如黄牛之革的能力和条件才可以进行。因此,革的时机又是至关重要的一个条件。

综上可见革卦的主旨所向,变革的信念是坚定的,坚而又坚;而变革的态度是谨慎的,慎之又慎。

革卦下卦为离,上卦上为兑,从卦德上分析,离代表有德之明,兑代表有德之悦,明德的意义在于:推行变革者能够有大格局、大见识、大气魄,明于事理之当为,革的过程不苟于一偏、不拘于形式,如此除弊兴利,方向明晰而坚定,方法明确而切于实用;悦德的意义在于顺时顺势而得民心,民心悦于变革,推行者悦于民众的支持,有此两德,变革就有可能成其大功。所以,革卦上下两卦的配合是"文明以说",此为卦德的启示。

讲 解

下面来看革卦的卦辞:

革:已日乃孚,元亨,利贞,悔亡。

革:变革时机已经成熟的时候,民众才会信任,开始就意味着亨通，利于守持正固，悔恨自然消亡。

卦辞里说到了几层意思：其一，"巳日乃孚"，变革时机已经成熟的时候，民众才会信任。变革需要民众的信任与支持，否则很难顺畅有效地推行下去。其二，"元亨，利贞，悔亡"。对于"元亨，利贞"这四个字，既可以断句为"元亨，利贞"，开始就意味着亨通，利于守持正固，突出革之时的重要。在准备变革的时候，是已经到了该变革的时候，所以开始就意味着亨通，用守正的方式去施行，悔恨就会消亡。这四个字也可以断为"元、亨、利、贞"，以乾之四德来解释，重点则是强调主持变革者的德行，若德不够，即便得其时、得其位，也不能获得最终的成功，比如历史上的王莽，既得其时，又得其位，轻而易举就获得了皇权，改国号正朔，推行新政，结果其德性能力不足以当此大位，致使百姓劳苦，社会动荡，最终众叛亲离，国破家亡，王莽自己的结局则是被杀后斩下首级悬于市中。

中国古代历史上最成功的一次革命，应该是武王伐纣的那次，后世认为，商周之际的变革，因为周世修其德，顺天应人，才取得了最终的成功，在成立周王朝之后，将"以德配天"作为为政的根本理念，制礼作乐以成其政，才有了近八百年的周朝历史，成为中国历史上持续时间最长的王朝。

我们来看一下《彖传》的解释：

《彖》曰：革，水火相息。二女同居，其志不相得，曰革。"巳日乃孚"，革而信之。文明以说，大"亨"以正，革而当，其"悔"乃"亡"。天地革而四时成，汤武革命，顺乎天而应乎人，革之时义大矣哉！

《彖传》说：革，水和火彼此想要熄灭对方。卦中所含的兑卦和离卦就像两个女子同居一室，但心志并不相同，所以此卦称作革。"变革时机已经成熟的时候，民众才会信任"，是指通过真正的变革来获得民众的支持和信任。用文明来获得喜悦，大为"亨通"以行于正道，变革适时而又恰当，"悔恨"才会"消亡"。天地变革而形成四季，汤武革命，顺乎天意而应合民心，变革的时机和意义是多么伟大啊！

对"巳日"的解释基本有三种：

第一种解作"天干"之"己"，居"十天干"也即甲、乙、丙、丁、戊、己、庚、辛、壬、癸的顺序之六，已过戊，己之中，代表事物的发展已经过中，已进入变革之时。

第二种解作"地支"之"巳"，居"十二地支"也即子、丑、寅、卯、辰、巳、午、未、申、酉、戌、亥的顺序之六，已到了跨越"巳午"中界之时，代表事物已经到了变革之机。天干地支共同组成了中国古代传统历法纪年，"巳日乃孚"，无论是以"己"还是以"巳"来解，都是指时间上已经过中，进入了变革之时。

第三种解作"已然"之"已"，直接表示已经到了变革之时。

统而观之，三种解释均表达时机已经成熟，到了该变革的时候的意思。

"革"就是要变革故旧的东西。变革旧势力不是一件容易的事，必须能正当其时，又可取信于民才能成功。但旧的习惯势力已经形成日久，变革往往会触动一些人（尤其是既得利益者及掌权者）的利益，因此变革会受到极大的阻碍。而被侵夺应得利益的普通民众往往又害怕变革，所以，要到时机成熟时才可以开始变革。

在变革之初，很难得到民众信任，甚至还会遭遇抵触和不解。

主持变革的人一定要有勇气面对困难，敢于向坏风俗、腐朽的旧势力发起挑战，革除弊坏，终将获致亨通。当变革收到成效而民众得到益处时，就会理解信任了。在变革中，要遵循"文明以说，大'亨'以正"的原则，变革符合"文明"的要求，将民众引向光明正途，变革者有明察之慧，变革的成果能使民众喜悦，这样的变革是正当而顺应民心的，能够成功，不会有悔恨。懂得革卦的时义，对于人类社会来说意义重大。

我们在此处的例解引用的是《左传》记载的子产相郑的历史典故，子产要在郑国进行改革，郑国民众不理解，唱着歌咒他，希望有人杀死子产。改革三年后，百姓的歌谣变了唱法，对子产感恩戴德，说明这时百姓已经了解了子产的政策，并得到了改革的好处。可见刚开始革新不容易被理解，当时机成熟，成效显现，就会出现新气象，民众就会支持。

《象》曰：泽中有火，革。君子以治历明时。

《大象传》说：泽水中有火，是变革的象征。君子看到这样的卦象，撰制历法，辨明时令。

革卦的卦象水火相息，两不相让，表现出一种结构性矛盾，到了必须变革的时候。君子看到这样的卦象，明白变革的道理，因而撰制历法，向民众昭示四时更替的规律，以日月的运行、四时的变化来阐明"天地革而四时成"的道理。在社会人事中推天道以明人事，顺时而为，以变革来预防和解决矛盾。懂得了变易是时刻存在的规律，只有应变、通变、适时变革，才能顺应天道以变革旧弊，为建立更合理、更具生命力的新事物铺平道路。

下面来看六爻的阐发：

初九：巩用黄牛之革。
《象》曰："巩用黄牛"，不可以有为也。

初九：用黄牛皮牢固地包裹住。《小象传》说："用黄牛皮牢固地包裹住"，难以有什么作为。

变革需要时、才、位三者都具备，才有成功的把握。初九在革卦之初，居位最下，时机未到，财力不足，而初九所处的境况是保守势力经过长期积累的结果，对现有模式已经形成强大的保护势力和惯性，非常顽固和强大，如同用黄牛皮包裹起来一样，很难穿透和改变。这时的初九不宜轻举妄为，而要从长计议，暂时维持现状，以待时机成熟。

另一方面，变革需要各方面条件具备，才有可能顺利进行，主持变革者要有强有力的领导能力，要代表社会的先进性，要有明确的目标和思想体系做指导。这些都要能够穿透习惯势力的束缚才可能成功。因此，必须待时机成熟才可行动。

在爻辞部分，我们强调的是要充分认识到习惯势力的顽固与强大，重点强调了变革者要积累足够的能力，等待恰当的条件和时机，才可以考虑变革。

来看六二爻：

六二：巳日乃革之，征吉，无咎。
《象》曰："巳日革之"，行有嘉也。

六二：时机成熟于是开始变革，前行吉利，没有咎害。《小象传》说："时机成熟开始变革"，这样的行为会获得嘉许和赞扬。

我们在初爻时就提到了时、才、位的重要，三者都具备，才可以考虑变革的可能。六二爻处于变革之时，柔中得正，在下体离卦的中位，有文明中正的德行，又上应于九五，说明变革的时机已经成熟，可以前行去顺应九五的倡导，辅助九五坚定地推行变革，上下同心，刚柔相济，革故除弊，这样做不但不会有过咎，还会获得嘉许和赞扬。同时也提醒六二，柔居臣位，当以辅佐顺从九五为己任，不可专权独断，擅作主张。在革卦六二爻中出现了"巳日乃革之"的爻辞，与卦辞有相同的词语，说明这一爻辞体现了卦辞卦义的重点，六二的时、位、德俱备，但要与九五形成充分互信，这样去进行变革，才可以做出成绩。

我们在这一爻的例解中举的是商鞅变法的例子，商鞅在秦孝公要大力进行变革的时候进入秦国，得其时；他提出了一整套变法求新的发展策略，有其才；他深得秦孝公的信任，给予他变革的权位，得其位。商鞅得时、得位、有才干，又与秦孝公彼此充分互信，因此商鞅变法成功，使得秦国一举成为战国后期最富强的国家。

当然，六二的变革是辅助九五的行动，在革卦中，就六二这个阶段来说，变革之道还没有成功，还处在一个进行的阶段，还在不断努力的过程中，接下来进入三爻的阶段。来看九三爻：

九三：征凶，贞厉，革言三就，有孚。
《象》曰："革言三就"，又何之矣！

九三：急于求进会有凶险，坚持这样做下去会出现危厉的局面，变革的过程中要多番俯就人心民意，要有诚信才能获得民众的信任。《小象传》说："变革的过程中要多番俯就人心民意"，此时又何必急进呢！

"三就"是指多次俯就。九三在下体离卦上爻，刚居阳位，过刚而有失中道，急于变革，想在短时间里就变革成功，躁进妄动，这是很危险的，极易为变革带来凶险的结局。虽然经过初九、六二的过程之后，变革的时机已经成熟，但仍要充分认识到艰难与隐患，应自我克制，想尽办法争取民众的理解与支持，将变革的言论和变革大义向民众宣传，要尊重民意，维护民众的权益，不断地俯就民心，取信于民。变革的时机既已成熟，接下来行动的重点是俯就人心掌控局势，时势俱足，才能大功告成，稍有不慎仍将危及大局，所以此时的九三又何必过于急进呢？

我们看到，九三有些躁动而操之过急了，改革、变革、革新不是一蹴而就的事，要一而再、再而三地去申明道理，让民众看到诚意，根据实际情况反复修订完善改革措施，要避免过刚过急，否则很容易"其进锐者其退速"，开局轰轰烈烈，结局不可收拾。我们在例解中引用了范仲淹切身体会的一段话："上用我至矣，然事有后先。且革弊于久安，非朝夕可能。"范仲淹推行庆历新政，提出十项改革纲领，主张澄清吏治、改革科举、整修武备、减免徭役、发展农业生产等，内容涉及政治、经济、军事、教育、科举等各个领域。新政实施的短短几个月间，政治局面已焕然一新。他的话中提到，虽然得到皇帝的委任，然而事物发展有其规律，革除旧弊，搅动安于现状的众人的生活状态，这是对旧势力的挑战，要不断地去维护民众的利益，俯就人心，如果操之过急，很可能导致改革失败，可见范仲淹对变法革新有着非常清醒的认识。我们也列举了王安石变法的例子，王安石变法因为急于求成，过急地侵犯了很多人的利益，不但遭到许多重臣的反对，民众也反应强烈，王安石又十分固执严苛，不能做到"革言三就"，矛盾积累很深，当支持他的宋神宗一死，新法即废，变法失败，这是历史上变法失败的一次教训。

来看九四爻：

九四：悔亡，有孚改命，吉。
《象》曰："改命"之"吉"，信志也。

九四：悔恨消亡，有诚信可以革除旧命，吉祥。《小象传》说："革除旧命"的"吉祥"，说明变革之志得以伸张。

九四已经进入上体兑卦，在水火交际之处，到了不可不变的时候，如果下体三爻体现了离卦审慎明察的特点，那么上体兑卦已经有喜悦之象，说明民众已经认识到变革的必然及其好处。变革的形势已经非常有利，保守派的势力渐衰，改革派可以大刀阔斧地进行变革了，九四的时势、才能、地位俱足，正是变革的大好时机，可谓"革而当"。九四以阳刚居柔位，刚柔相济，举措得宜，以至诚之心行动起来，大胆进行变革，改革的使命可以完成并获吉祥。

王船山认为，经过离卦的三个阶段，文明之德已经显著，而九四又在连续的三个阳爻中居于中，正是大有为之时。这时正是当争、当为之时，可以大胆变革了。

我们在例解中举了西方宗教改革的例子，当时教会腐朽已极，又做出了向教徒兜售赎罪券这样的愚蠢行为，到了不得不变革的时候，马丁·路德撰写了著名的《九十五条论纲》，开启了西方宗教史上著名的、影响深远的宗教改革的序幕，最终改革成功，极大地改变了西方的社会文化形态，解除旧弊，使社会焕发蓬勃的生机。

来看九五爻：

九五：大人虎变，未占有孚。
《象》曰："大人虎变"，其文炳也。

九五：大人革新创制如同虎变斐然可观，不用占卜就已经世所公认。《小象传》说："大人革新创制如同虎变斐然可观"，说明九五的文采光泽斑斓。

"虎变"指老虎每到春、秋换季脱换新毛之后，虎皮的文采更为光泽，斑斓耀目。"虎变"比喻因时制宜，革新创制，斐然可观。九五居革卦尊位，阳刚中正，称为"大人"，是领导变革的领袖。改革至此阶段，其成就已经有目共睹，炳然昭著，不需要占卜，就已为世所公认。在初爻时，时机不到，二爻时以顺从为宜，三爻时谨慎勿躁，四爻时革道已行，到了五爻，已经是天时、地利、人和俱备，如同汤武革命，一呼而天下皆应，"顺乎天而应乎人"，获得了民众的信任与拥护，这种变革的成功乃是势所必至，所以九五"其文炳也"。

来知德解释此爻，认为乾卦的九五爻是龙象，革卦的九五爻是虎象，从义理来说，揖让而求贤是以龙德来体现，所以乾卦九五是龙德。革卦是革除旧弊，因此以征伐的形式出现，要见其威，所以是虎德。虎威所带来的新局面，有"大人虎变"之象。

来看上六爻：

上六：君子豹变，小人革面，征凶，居贞吉。

《象》曰："君子豹变"，其文蔚也。"小人革面"，顺以从君也。

上六：君子的变革如同豹纹那样焕然一新，小人表面上也纷纷表示服从，此时再向前激进会有凶险，居静守正可保吉祥。《小象传》说："君子的变革如同豹纹那样焕然一新"，是说他的文采清朗分明。"小人表面上也纷纷表示服从"，这是在顺从君主的变革。

到了上六爻时，变革之道已完成，革命已经成功。君子虽不能像九五如虎纹般文采炳著，但也像新换的豹纹那样文采斐然。上六支持充满生机的新政。小人由于昏昧，一时不能适应新形势，但表面上已经服从，接受了新政的现实。社会经历一场大的变革，就如人体生病动了一次大的手术。手术成功，人体终于获得了新的生机，但大病初愈还很虚弱，有很多不稳定的因素。这个时候，居于领导地位的人要及时调整方向和思路，变革要适可而止，应以包容宽厚之德使百姓休养生息。如果一味地变革下去，必将招致凶祸。上六居革之极，以柔居阴，能够贞守柔德正道，将获致吉祥。

在革卦上六爻，"君子豹变，小人革面"，君子焕发出文采，小人表面上也表示服从，那么对于这些人应采取爱护宽容的态度，以柔德正道获得广大民众的真心拥护，必然吉祥。我们看到，小人虽然只是"革面"，但爻辞也予以嘉许，就算心里还没有顺从，但只要表面上改变了，就不必再苛察其内心。不可能使每一个小人在变革之时就马上表里如一地拥护，所以要宽容以待。

答　疑

问：为什么看到泽火革的卦象，君子不是去推行变革，而是做"治历明时"这样的事情呢？

答：因为在古代，治历是非常重要的一项工作，代表着人代天工、顺天制用，以合四时之变，与天合其序。因此，治历既有其象征义，又有其实践义。"明时"象征着申明时序之变，倡导应时而动，开创一个新的纪元。

革卦小结

革，是变革、更革之谓，朱熹说"须彻底重新铸造一番，非止补苴罅漏而已"。所以，革是彻底的、激烈的。革卦阐释了变革的原则：在卦辞中首先强调了变革所应具备的两个要素，即时机和民心。推行变革的前提是把握恰当的时机，当革则革；变革过程中要以至诚行正道，为民请命，以孚诚取信于民。具备以上因素，"顺乎天而应乎人"，变革才有成功的可能。

革卦六爻具体阐述了变革过程中应遵循的原则，集中显示《周易》对变革的深刻认识和谨慎态度：条件尚未成熟时，要审慎时势，不可妄动；条件基本具备时，可着手准备变革，但仍需谨守中道，顺时量力；变革之势已成，箭在弦上，这时变革者仍需深思熟虑，再三讨论，达成一致意见，获取更多的支持，赢得广大民众的信任，才能付诸行动；时机完全成熟，各方面条件已经具备，变革的领袖当如猛虎一样果断发动变革，创制新政，一举成功；变革成功后，要及时地调整战略思路，适时地休养生息，稳固变革的成果,使民众享受到变革的红利,过上安定的新生活。

读卦诗词

撼庭秋·泽火革

寇方墀

时逢泽火相灭,铸革心如铁。
革言三就,行嘉巳日,起西风烈。

维新改命,文明以悦,正当时节。
看千古风云,秋来夏逝,入冬飞雪。

鼎卦第五十

巽下离上

导　读

在上一卦，我们学习了革卦。"革"是变革、更革的意思，革是彻底的、激烈的，我们给革卦起的小标题是"打碎一个旧世界"，革卦的功能，用我们现在常说的词语就是"解构"，革卦重点阐释了如何进行变革的原则，在卦辞中首先强调了变革所应具备的两个要素：时机和民心。然后，革卦六爻具体阐述了变革过程中第一步应遵循的原则，从审慎时势、等待时机，到顺时量力、再三讨论，争取广大民众的信任支持，直到时机完全成熟，一举发动变革，创制新政，可以说是既谨慎务实，又大胆缜密。而当变革成功后，则马上提出了要及时地调整思路，适时地休养生息，稳固变革的成果。这样，在革卦的上六爻阶段，就已经从解构模式转换进入了建构模式，解构是为了建构，革故是为了鼎新，如果一直革而不及时生息和稳固，就会破坏已获得的革的成果，解构过度而使民众因革搅动难安，得不到休养生息，也就无法享受到革的红利，会使民众受革之苦。因此，革道已成之后，就该及时进入鼎道了，按照《周易》的卦序，革卦之后也就来到了鼎卦的卦时。我们在《全本周易导读本》中给鼎卦起的小标题是"建造一个新世界"。

革和鼎是同一项事务的先后两个阶段，革是为了鼎，鼎的工作是完成革，革是鼎的前奏和铺垫，鼎是革的延续和完成。我们经常说"周虽旧邦，其命维新"，清末有百日维新运动，如果认为革命就是维新，其实不然，革是革故，鼎才是维新，造就并完成新世界的，是鼎。

《序卦传》说："革物者莫若鼎，故受之以鼎。"变革事物没有比鼎更有力的器具了，所以接下来是鼎卦。

《序卦传》言说鼎的功能时，是从鼎有革的功能来说的，在革卦的爻辞中，我们看到的"大人虎变""君子豹变，小人革面"这样的词语，革是大刀阔斧式的，作用体现在表面上，这些外在的表现很是突出，但内在并没有得到稳定和深入融合，只是外面的形式变了。要想使内容和关系达成革新，就需要鼎卦的力量。革卦的九五是阳刚之爻，用刚；鼎卦的六五是阴柔之爻，用柔。《序卦传》说，能够使物体变革的莫过于鼎了。鼎完成变革的方法是把不同的东西放在一起煮，鼎能使生的变熟，能使硬的变软，能使不同的东西融合在一起，能使水火并用而互不伤害。可以说，鼎是最具备革物功能的器物，是深度地革，就像把各种金属按配比放在炼铁炉里冶炼一样，最后形成的是合金，一种新的金属。所以在革的后面是鼎卦。

《杂卦传》说："鼎，取新也。"革以去故；鼎以取新。

我们前面讲革卦时曾经提到过既济卦，说到水火既济，水和火相互配合可以烧水做饭，完成对水火的共用并达到可以享用食物的目的，因此象征着成功，其实，真正使水火可以并用时，还是要有一个鼎才可以完成，鼎是烹饪用的器具，相当于我们现在用的锅，不过鼎不是一般人家可以用的炊具，所谓钟鸣鼎食之家，鼎是王族或贵族才可以用的。总之，鼎可以使水火得以并用，以完成烹饪。鼎可以妙用水火，使相反的事物得以相成，完成伟大的变革，熔铸新的世界。

从鼎卦的卦德来看，离卦有文明之德，巽卦有巽顺之德，上文明而下巽顺，表示君王有文明之德，贤士、民众有巽顺之德，这样上明下顺，共同建造一个新世界，有鼎新之义，所以称作鼎。

从人的身体的生命修养方面来说，养生之道就在于调节阴阳、巧运水火。东汉魏伯阳所著的《周易参同契》，参同《周易》、黄老、炉火三家之理而会归于一，"以乾坤为鼎器，以阴阳为堤防，以水火为化机，以五行为辅助"，主要借助《周易》来论述炼丹的原理和方法。中国传统道教中从古代黄老道家发展而来的丹鼎派，以《周易参同契》为理论根据，在炼丹功法上，则是把人的身体当成"炉鼎"以炼取内丹。总之是要把鼎中物运化以凝定，达到水火既济的效果，以求健康长寿之道。

若是从熔炼学养以修德行的方面来说，则要体会和践行鼎卦的"正位凝命"，学习鼎卦的稳重、端正和庄严的品性，以鼎的精神，固其才学，安其正位，成其德威。

从鼎卦的上下卦体来看，下卦是巽，五行属木，上卦是离，五行为火，两卦组合在一起，是下面为木，上面为火，点燃的木柴正在燃烧之象，在这里看到不到鼎象。这是《周易》象思维的奇妙处，也是中国典型的意出象外的思维特点。

我们不妨举一个跟考试有关的例子来说明中国传统文化象艺术思维的旨趣。宋徽宗赵佶是一个艺术修养很高的书法家、画家，他创建并主管最早的皇家画院，为了培养和提拔绘画人才，他亲自出题、批考卷。有一次考试，他出了一个题目叫作"深山藏古寺"，这里面有一个"藏"字，绘画是有形而表象的艺术，"藏"怎么表现呢？最终有一个画家是这样表现的：他没有画古寺，而是画了崇山峻岭和山泉水，一个老和尚在泉边舀水倒进桶里。通过这个画面，就已经蕴含了深山中藏有古寺这个事实了。这就叫作意出象外。这种巧妙地含而不露的构思深得徽宗赞赏，这位画家被点为第一名。

回到鼎卦来，巽下离上，木上有火之象，木柴在燃烧，烧火干什么？煮饭啊。从这个木火组合来说，鼎便是意出象外的事物，那火上架着的便是鼎。

当然，《周易》的卦象是可以充分展开想象力的，可以从不同的角度看到不同的象，这就是发散式象思维的妙处。在上下两卦的组合中看不到鼎象，但卦形却让我们看到这个大鼎。从整个六爻组成的卦形来看，初六像鼎足，九二、九三、九四像鼎腹，六五像鼎耳，上九像鼎铉，整体是一个鼎的形象。

看到青铜鼎的实体形象，从视觉上就可以体会到鼎的形象、气质和品格：安定、中正、稳重、凝固、庄严，给人以雄浑大器的观感。鼎在古代是一种大器，同时也是一种法器。从生活层面来说，鼎是烹饪食物的器皿；从社会政治、宗教信仰层面来说，鼎是祭祀神明的祭器，是代表政治权力的法器；而在社会功能方面，则象征着养贤的功能和责任，彖辞里说："圣人亨以享上帝，而大亨以养圣贤。"一方面祭享天帝，另一方面来养天下的圣贤之士、豪杰、精英、志士、仁人，达到养天下之民的大功用。

在王船山的解释中，他没有把巽解作"木"，而是解作"风"。他认为，风力可以促成火势，就好比天下刚经过变革的乱局，还没有安定的时候，要先以风来清扫和驱除，然后可以接纳文明。风吹开阻隔的雾霾灰尘,太阳光才可以照射进来。王船山这样的解释,更注重鼎道初期对旧事物进行扫除的重要性。因此还留有革的余绪。这样的思想指导,会使得建鼎初期有一些清肃之气。为避免执政者陷入用刚的偏颇,他接着又强调鼎卦六五爻是以柔正来接纳天下的,这样才能安其位,乘着驱除的余绪,重点放在"合万方之散"的目标上,把形散神散的各方面合归一处,凝为一体,不能用阳刚强捏到一起,而是以柔中之道,用鼎来慢慢熬制。

我们看到好的思想家,一定要防止思想理念上的偏颇,而这种刚柔的拿捏配合和时机的恰当运用,应是有大胸襟和大智慧的人才能做得到。历史上那些革故鼎新的王朝统治者,要么是失之于过刚而速致颠覆,如秦朝;要么是失之于过柔而自废武功终被侵辱,如宋朝。比较起来,革故鼎新做得比较好的政治领袖中,大概汉光武帝刘秀算得上数一数二的人物了,他既能驰马带兵以扫清乱局,又能及时罢兵息武以文明柔中之德来凝聚天下,可以说是拥有高超的政治智慧。因此,鼎卦中还蕴含着以柔来养刚、以刚来资柔的蕴义。六五与九二的配合即是此意。

讲　解

下面我们进入鼎卦的文本,先来看鼎卦的卦辞:

鼎:元吉,亨。

鼎:大吉,亨通。卦辞很简单,充满吉祥的气息,"元吉",即大吉。

在六十四卦的卦象多从自然物中取象，唯有井卦和鼎卦是以人工制作的器物来取象和命名。有易学家认为，这是因为井是日常用来取水的，一日而不可离，鼎是日常用来做饭的，日用而常新，所以圣人把这两个日常应用的器物作为取象的对象。

《彖》曰：鼎，象也。以木巽火，亨饪也。圣人亨以享上帝，而大亨以养圣贤。巽而耳目聪明，柔进而上行，得中而应乎刚，是以元亨。

《彖传》说：鼎，是取象（取象于鼎器）。用木柴燃起火焰，用来烹饪。圣人烹饪用以祭祀天帝，而大量地烹饪时则用以供养贤士。下卦表示巽顺，而上卦表示耳目聪明，柔顺者前进而向上，最终取得中位并与阳刚者相应，所以大为亨通。

鼎卦卦象木上有火，是烹饪之象。革卦是去除旧弊，鼎卦是烹物成新。鼎既是烹饪的器具，也是象征权力的"法象之器"。变革之后，要及时建立新法规、新秩序，革故鼎新，使各方面力量、各种关系得以融洽调和，才能元吉而亨通。

圣人用鼎主要是两种用途：一是供祭祀，二是奉养圣贤。敬享天帝，大养天下贤士，使百姓在安定的环境下休养生息。六五有光明柔中之德，自新而新人。鼎卦上光明而下巽顺，一幅崭新的治世景象，可获大亨。

我们在此处的例解中提到了大禹治水划分天下为九州，铸了九鼎，鼎逐渐成了国家政权的象征，得到中原王权者被称作"定鼎中原"。九鼎成为传国的法器，政权获得九鼎，象征着拥有了君权神授的政治合法性。程颐在《周易程氏传》中说："鼎，大器也，重宝也。"重点强调了鼎是法象之器这一特点。

再来看《大象传》：

《象》曰：木上有火，鼎。君子以正位凝命。

《大象传》说：木上有火，有（烧火做饭）用鼎煮食之象。君子看到这样的卦象，效法鼎的德行，端正居位，安重使命。

对于"正位凝命"的解释，历代易学家侧重各有不同，苏轼认为，革是改命，鼎是凝命。而对于这个"凝"字，有人认为是固的意思，凝命就是使天命稳固（《周易折中》引王申子）；朱熹认为是协和的意思，协于上下，使各方协调合作；还有人认为凝命就如同《洪范》里面所说的建极敛福，把福德天命收敛而存有。程子则偏重解释"正位"，认为君子要效法鼎的端正安重，并且要从小处做起，比如席不正不坐，要站有站相，坐有坐相，不能随便跷脚、偏倚，要有安重之象。这也就是"君子不重则不威，学则不固"的意思。而王船山则是将劝诫的矛头对准君主，他认为，此时大位既定，天命已归，这时要居上以凝，意思是要凝定而静，不宜多事，要"宜若无事"，有无为而治的意思。

鼎的形态端正而安重，其德贵在守正，如果鼎不正，鼎中的食物就会倾洒出来；如果鼎不能收敛食物使它们凝聚，就会使内部散漫游离，出现不良后果。君子看到鼎卦的卦象，在修德方面，效法鼎之德，端正自己的居位，安重自己的使命，不偏倚，不懈弛，不动不迁，使自己具备像鼎一样的德行。此处可以结合《礼记·大学》中所说的"知止而后有定，定而后能静，静而后能安，安而后能虑，虑而后能得"来用心体会，止、定、静、安就是鼎之精义，而后才有虑和得，这就是鼎象的"正位凝命"对于德行修持的启示。

在社会治理方面，一个刚经过革新的社会，面临的首要任务是使社会各阶层各安其位，实现新的秩序，同时要使各方面能够凝聚在一起，形成一个既井然有序又和谐融洽的整体，所以要"正位凝命"。"正位"是前提，"凝命"是效果。

下面来看六爻的解释：

初六：鼎颠趾，利出否。得妾以其子，无咎。
《象》曰："鼎颠趾"，未悖也。"利出否"，以从贵也。

初六：将鼎器颠倒，鼎趾朝上，利于倒出鼎中的废物。就像是居于卑位的妾因母以子贵之故得以扶为正室，没有咎害。《小象传》说："将鼎器颠倒，鼎趾朝上"，没有违背常理。这样"利于倒出鼎中的废物"，是说初六应向上从于尊贵者。

从主动进行"颠趾"的角度来阐释，初六柔爻居于鼎的最下边，如同鼎的鼎趾。由于初六是柔爻居阳位，又与上体九四相应，因而有质柔用刚、一心上行之象，鼎趾颠倒上行到了上边，导致鼎身颠倒倾覆，鼎口朝下，这看上去是有悖于常理的，但在用鼎烹煮之前，应该先清洁鼎腹，将其中的污物倒掉，鼎卦初六的"颠趾"之举正是去旧纳新的第一步，所以没有违背常理。卦中初六上从于九四，以阴从阳，期待能够得以纳新，犹如居于卑位的妾因母以子贵之故得以扶为正室，并没有违背常理，因此不会有过咎。

九二：鼎有实；我仇有疾，不我能即，吉。

《象》曰："鼎有实"，慎所之也。"我仇有疾"，终无尤也。

九二：鼎中装满了新鲜的食物；我的伴侣有疾患，不能来支持我，吉祥。《小象传》说："鼎中装满了新鲜的食物"，是说九二对自己的行动要谨慎。"我的伴侣有疾患"，是说九二终将没有过失。

"仇"指配偶，同伴，搭档。经过初六"颠趾"清除了鼎中的污秽残渣，到九二时已进入鼎的腹部。九二是阳刚之爻，代表鼎中有实，象征鼎腹中装满了新鲜的食物。九二以阳刚之质居于下体巽卦中位，有刚中之德，是定鼎之世建设新秩序的贤臣重辅，其作用举足轻重，与上卦六五彼此正应，刚柔相济，共同开创大好局面。但是作为与九二相互扶持的"搭档"——君主六五本质柔弱且有乘刚之疾。六五畏惧九四，不能给予九二更强有力的支持，不能将烹煮的食物全面地用以养贤，所以九二仍当谨慎行事，戒骄戒躁，坚守刚中之德，真诚地辅助六五，为稳定大局、创建新秩序奠定坚实的基础。随着定鼎之世的进一步稳固，其结果必然会吉祥而无过尤。鼎卦是一个吉祥顺利的卦，只不过在过程中会遇到一些曲折的问题，只要解决这些问题就终将亨通。

九三：鼎耳革，其行塞。雉膏不食，方雨亏悔，终吉。
《象》曰："鼎耳革"，失其义也。

九三：鼎耳发生变形，行动受到阻塞。雉膏美食不能被取出食用，一旦时雨降临，悔恨必将消除，终将获得吉祥。《小象传》说："鼎耳发生变形"（使美食得不到取用），失去了烹饪美食的意义。

从鼎卦整体卦象可以看到，初六为鼎趾，上六为鼎铉，六五为鼎耳，真正盛放食物的是鼎腹位置的阳爻二、三、四爻。九三爻居三阳爻之中，是顶好的美味，所以称"雉膏"。然而有如此美味却不能食用，这是因为在鼎中的食物只有到了鼎口才能取用（类似于井卦的泉水到了井口才能取用），而九三向上与六五中间隔着九四，与上九亦不相应，如同鼎的耳部被堵塞，"雉膏"美食被堵在鼎腹之中，不得获食。在这样的情况下，九三当自省而改变以阳居阳的刚亢之性，懂得刚柔相济、虚中的妙处，以阴阳和通来解决"耳革""行塞"的问题。待到阴阳调和，时雨降临，悔恨必将消除，"雉膏"美食得以见用，终将获得吉祥。

我们在例解中举了现实中的例子，提出一方面要健全完善以实绩用才的选拔任用机制，坚持全面辩证用才，打破体制论、资历论、学历论，树立唯贤是举、注重实绩的用才导向；另一方面要积极探索人才培育机制和激励机制，积极为各类人才干事创业、成长成才搭建平台、创造机会，让各类人才竞相涌现，充分展现才华，推动社会发展，实现"方雨亏悔，终吉"的可喜局面。

九四：鼎折足，覆公餗，其形渥，凶。
《象》曰："覆公餗"，信如何也。

九四：鼎足折断，王公的食物被倾覆，鼎身沾濡龌龊，凶险。《小象传》说："王公的食物被倾覆"，这样的人怎么能够信任呢。

鼎卦九四是一个形象突出而鲜明的爻，常用来提醒那些才力不足却居位有余的人。此爻也成为鼎卦最具警醒意义的一个爻。我们知道《周易》是充满忧患意识的，常提出警诫之辞以防止人犯错，居安而思危，居常而思变。鼎中盛放烹煮食物，当留有余量，如果过满就会有溢出和倾覆的危险，鼎卦九四爻已经过中，鼎卦中三阳爻为实，到四爻时已达盈满。九四作为近君的大臣，担负重任，但它向上逆比于六五，有进逼之势，已经隐藏祸患，同时又向下与初六相应，任用阴弱无能的小人，结果小人不堪其任，鼎足折断，导致鼎倾覆，将王公的鼎食倾泻而出，鼎身沾濡龌龊，样子很难看，显现出一派凶象。

《系辞下传》："子曰：'德薄而位尊，知小而谋大，力小而任重，鲜不及矣。'《易》曰：'鼎折足，覆公𫗧，其形渥，凶。'"九四蔽于所私，德行浅薄却地位尊贵，智能微小却谋求很高，力量孱弱却担当重任，最终导致这样凶险的后果。痛定思痛，像九四这样的人是不能够托付重任的！

我们在例解中举的例子是三国时的马谡失街亭和战国时的赵括长平之战，都是因为"德薄而位尊，知小而谋大，力小而任重"造成关键战役的失败，导致己方整体失利，影响了大的局势。在非战争状态下的日常政治运作中，也常因用人不当而出现"鼎折足，覆公𫗧，其形渥"的凶象，残局难以收拾。

六五：鼎黄耳，金铉，利贞。

《象》曰："鼎黄耳"，中以为实也。

六五：鼎器有着黄色的鼎耳和金色的铜铉，利于守正。《小象传》说："鼎器有着黄色的鼎耳"，是说六五居中而笃实。

《说文·金部》云："金，五色金也。黄为之长。"银是白金，铅是青金,铜是赤金,铁是黑金。"金"一般指黄金,亦为五金之总名。但古制器多用铜,故经典中通称铜为金。

六五位于鼎的重要位置,形状如同鼎的双耳,因其居尊位,有柔中之德,因而称"黄耳"。"铉",举鼎的器具,铜制,以之提鼎的两耳。"金铉"指铜铉,是贯穿鼎耳用来抬鼎的鼎杠。六五鼎耳与阳刚上九鼎铉密切配合,才能够使食物得以取用。六五之君有虚中之德,以中道来凝聚各方力量,信赖和接受阳刚上九的辅助,又与九二贤臣相应,九二的才干得到赏识,并在上九的配合下共同努力,克服了九四的阻碍,将鼎中的美食取出付与百姓,贤臣得以见用于天下。六五在实施取用鼎食的过程中,要防止阴柔太过的偏颇,当坚守中道,利于守正,实实在在为天下人造福。

上九:鼎玉铉,大吉,无不利。
《象》曰:"玉铉"在上,刚柔节也。

上九:鼎器有着玉制的鼎铉,大为吉祥,无所不利。《小象传》说:"玉铉"在上面,表明上九是一位刚柔相济的君子。

玉在中国传统文化中是受到推崇的,在古代,玉既是一种礼器,也代表着君子之德。"玉铉"指上九刚实而温润的品质。井卦与鼎卦都是以将腹中之物从上口取出为成功。鼎卦到达上九鼎铉的位置,鼎的功用才得以全面完成。上九居鼎卦之终,质刚用柔,是一位既有才能又谦逊温和的贤士君子,刚柔相济,与六五成正比,共同完成了鼎道大功,因而大吉而无所不利。上九有如此"大吉,无不利"的境况,是六五之君正位凝命、柔中尚贤、君臣上下信任协调的结果,鼎卦到达上九,新的社会秩序已经成功建立,鼎功大成。

答 疑

问："颠趾""出否"可否再深入讲一讲？

答：我们的解释强调了"颠趾""出否"的主动性，也符合日常用鼎的程序，但《朱子语类》却对这种解释提出了反对意见。朱子认为初爻本是不好的爻，只是偶然"颠趾"却因祸得福，把恶秽之物倒了出去，反而得利而无咎了，这是不幸中的万幸。他认为不能把颠倒常理的事当作正途，并且认为圣贤做事，要"正其谊不谋其利，明其道不计其功"，不应该用权变机心来做这等事，否则，先把自家的心术给坏了。圣人说话是光明正大的，自家心要先正了，然后天下事自有次第。朱子在此段理论的最后还叹息道："不知瞑目以后，又作么生。可畏！可叹！"从这一番解释中我们看到，朱子强调从"明明德"的功夫做起，不应该将心力用在权变功利上，他引用孔子的话："可与立，不可与权。"朱子的忧虑和担心不是没有道理，因为理念德行上的认识和运用，差之毫厘，失之千里，如不从德上发心，则很可能造成权谋的结果。但历史上那些政权鼎新的过程中，我们更多看到的却是权谋。在例解中，我们举了嘉庆帝扳倒和珅的例子，当然，也可以联想到杯酒释兵权、火烧庆功楼等历史事件。

鼎卦小结

本卦借烹煮食物同时又象征权力的鼎阐述了建立新制所应遵循的原则：革为革故，鼎为鼎新。鼎的最大功用，是变革旧制，调剂为新，以成养贤爱民、修德治国之功。

具体到卦中六爻，可以看到在鼎新的过程中，不同的阶段所应遵循的原则：在鼎新之初，首先要革除旧制，颠倒鼎趾，清除废旧污秽，呈现全新底色；在下卦巽体以巽顺为佳，鼎中有了食物，希望得到取用，但处于鼎新的前期阶段，条件尚不具备，当以中道自律，终将得吉；鼎中烹煮了美味食物，贤士具有嘉美才干，但取用的道路却被堵塞，当以调和阴阳为主，守正等待，必将有时雨降临。到达上卦离体以明智中道为佳，进入上层，任人当谨慎，如果所用非人，将重任交付给才德力量不足以胜任之人，将有鼎折足的危险；掌鼎大局的领导人须中道守正，"正位凝命"，与贤能之士共同配合，使定鼎之功得以实现，新的社会秩序必能稳固地建立起来，鼎道大成。

读卦诗词

宝鼎现·火风鼎

寇方墀

苍茫神禹，铸九鼎、九州新立。
望不尽、滔滔江河，宛转东流融海底。
歌声颂、百族齐欢聚，致礼庄严神器。
夏后氏、王朝四百，敬宝鼎飨天帝。

夏末犹记商汤事。
至盘庚、迁鼎殷墟。
商六百、年年凭祭，数世奢华天命弃。

周室起、鼎迁营洛邑，礼乐兴衰痕迹。
八百年、鼎之轻重，觊觎凭谁问起？

风雨数世更迭，唯鼎道、千秋不易。
鼎方成、颠趾除污，现清新鼎底。
善调剂、烹和五味，
奉鼎求贤士。
鼎黄耳、玉铉合功，成就万民福祉。

震卦第五十一

震下震上

导　读

在上一卦，我们学习了鼎卦。鼎卦借着能够烹煮革新食物同时又象征权力法器的鼎，阐述了建立新制所应遵循的原则。鼎的最大功用，是变革旧制调剂为新，以成养贤爱民、修德治国之功。当读到鼎卦六五、上九爻时，明君与贤臣共同配合，使定鼎之功得以实现，我们给鼎卦取的小标题是"建造一个新世界"，鼎卦结束时，新的社会秩序已经建立起来，鼎道大成。接下来就需要有主持鼎器者来主掌大局了。因而，接着便进入了震卦的卦时。

《序卦传》说："主器者莫若长子，故受之以震。"主持鼎器进行祭祀的人，没有比长子更合适的了，所以在鼎卦之后是代表长子的震卦。震卦为长子，我们在开始学《周易》时就以"乾坤六子"进行了讲解。而在中国古代宗法制度中，长子是家族权位的继承者，最有资格主持宗庙社稷的祭祀。因此，在定鼎建立了新政权之后，国家要进行宗庙祭祀，于是就有了长子主器的安排，所以鼎卦之后是震卦。

从卦象看，震卦由两震相叠而成，如同雷声滚滚，一声接着一声，相继不断。从爻象看，上下两体均由一阳两阴组成，阳气在下，向上升腾，刚爻雷动而上往，震动了上面的两个阴爻，有惊惧、振奋之象。从爻象中再细致分析一下，阴爻为静，有凝滞之气，震卦上下两体，均是两阴爻凝聚于上，有怠惰安逸之象，下面一个阳爻，阳爻有向上冲散宣发之气，这样就冲击了上面的阴气，震动了阴气，使得阴不再继续怠惰安逸，而能够活动运行起来，唤起生机。

王船山认为，阳爻的这种做法是以威为恩，其取象为雷。船山的这种说法，倒让人想起佛家常说的一句话："菩萨心肠，霹雳手段。"在世间，有时仅用和风细雨是不能够解决问题的，要有雷霆霹雳的震动，才能够震醒沉寂的大地，惊醒沉睡的万物，而后振奋出勃勃生机。这就是震卦的以威为恩。人的心灵亦是如此，人生在世，何事哀悲？其实哀莫大于心死，悲莫大于麻木，沉沦久了，安逸久了，就会使人产生因循怠惰之气，平时一些小的恶念、恶行，若得不到强烈的反对与回应，往往就陈陈相因、积重难返，情况越来越沉重而不自知，再加上只停留在自己习以为常的人事和环境中，坏习惯互为影响，积习日深，成为习气，最终彼此苟安，若没有人来当头棒喝地唤醒，恐怕便如此一路沉沦下去，心灵终其一生昏昧而难见天日了。这就如同被重阴之气重压和包裹，不能振发。这个道理讲起来很容易明白，但最为关键的是，有时我们会把怠惰、耽于安逸当作安静、不动心来安慰自己，把自己的心灵拘束于幽静温暖的舒适之中，怠于行动。因此，安身立命、用舍行藏，要于内心一念中，明白这动与静的交际处，不能借静心、不动心的借口丧失刚健之气，丧失生生不息的动力。王阳明心学讲："此心不动，见机而动。"此心不动，讲的是无论遇到什么样的突发情况，心都不会被扰动，沉稳安泰，如海深沉，这是定力；见机而动，讲的是行动，当时机到来时立即行动，毫不迟疑，尽现活泼灵性的生机与魄力。震卦卦义颇有此八字的神韵。

人有贪恋安逸之心，沉溺于安逸久了，也就渐渐失去灵性和虎虎生气。我们在前面讲蛊卦时，侧重于积习日久产生祸乱，讲如何救乱，而震卦则是于乱未生之时，就要发现积阴之气的凝结，因而以阳刚健动之气震发之。结合最为平常的日用生活，平时无论是工作、生活、锻炼、德行、学问哪方面，一旦有懒惰、安逸之气滋生时，当以自省、以内在的阳气震发之，则无论年岁几何，其活泼的生命之气必昂扬而不息。

震卦的功用，若用在治国理政之中，则提醒为政者不可怠于政事以求安逸，不可陷于空谈而不作为，不能饱食终日而不肯为民作主，既然肩负重任，就应负重前行。负重，才有脚踏实地的扎实与坚定。要敢于冲开重阴之气，才能开拓出一片开阔的天地。伟大的才能是在负重前行中练就的，在遇到突然而至的大灾难时，仍能使肩头所担负的重担安稳如山，心神魂魄仍能于这担负处清醒用力，脚步从容而不乱，其中无不体现着阳刚之气的内在驱动力。因此，震卦的卦义更符合儒家阳刚主动、积极入世的气质。

讲　解

以上，是我们从阳气震动积阴之气的卦形、爻象结合人事修为进行的分析，在卦辞、《象传》以及《大象传》中，则主要是分析站在被震动者的角度面对突如其来的大震动所应采取的态度及措施。卦辞中说"震来虩虩，笑言哑哑。震惊百里，不丧匕鬯"，是一位遇变不惊、指挥若定的长子形象。面对突然出现的大震动，如何才能做到如此镇定呢？第一层面，持有匕鬯者正在进行祭祀，内心怀着至诚虔敬之心，这种虔诚是一种信念，信念崇高坚定，则自身的安危生死就会置之度外，生死尚且不惧，外在突发的震雷之声当然不会扰乱内心，这就是拥有大定力的源泉，这种精神是近乎宗教的虔诚。第二层面，面对突发的变故，能够处变不惊，是因为平时注重生命哲学的修养，修炼心性，平日常戒惧修省自身，不曾懈怠，当震动来时，已具备了应对突发情况的心理素质。象辞里面说："'震来虩虩'，恐致福也。"意思是"震雷声突然袭来时，内心感到震动和恐惧"，心存戒慎恐惧则可以获致福泽。平时心存戒慎恐惧之心，以忧患之心思忧患之故，对各种情况有所预料，沉稳理性自足于心，突发的变故虽出乎意料，却不足以使心惊慌失措。具备这样的修养，终会获致福泽。

象辞中接着说到了另外一条："'笑言哑哑'，后有则也。"在遇到突发情况时，还能够谈笑风生，说明心境不但沉稳，而且生机与灵动根本没有受到影响，因此受到震动之后，做事有法度、不违则，一切按部就班进行，这都是因为日常修为到了一定境界，才能于紧要时尽显指挥若定的领袖气度。记得2008年汶川大地震，全国人民都关心灾区，每天在电视前看直播，有一次直播中，当时的总书记胡锦涛去慰问灾区，正站在废墟上讲话，忽然发生了余震，整个画面摇晃起来，周围的人就慌乱起来，胡锦涛却站在那里一动没动，脸上无一丝慌乱之色。当时我就对着电视感慨不已，一个人的生命气度在突发情况下方能得以充分彰显。

从《象传》的解释来看，震雷突然炸响，象辞对于主器的长子一系列的描写可以概括为以下几个字：恐、笑、出、守；而对于众人的描写则为两个字：惊、惧。

恐，是自然产生的第一反应；笑，是良好的心理素质迅速做出的从容应对；出，是卓越的品质得以凸显并得到众人的认可；守，是可以托付社稷，可以守护宗庙。

在轰隆隆的雷声和众人惊惧的表情中，一位主持祭祀的长子展示了自己卓越的领袖素质，得到了上至君王、下至百姓的赞许。这就是震卦卦辞、象辞为我们所展现的一幅景象。

对于震卦大体的卦义，我们做了以上阐发，下面来看震卦的文本。先看卦辞：

震：亨。震来虩虩，笑言哑哑。震惊百里，不丧匕鬯。

我们的译文是，震：亨通。震雷声突然袭来时，内心感到震动和恐惧，继而谈笑自若。震雷惊动百里，手中用来祭祀的匕和鬯没有失落。

《象》曰：震，"亨"。"震来虩虩"，恐致福也。"笑言哑哑"，后有则也。"震惊百里"，惊远而惧迩也。出可以守宗庙社稷，以为祭主也。

《象传》说：震，"亨通"。"震雷声突然袭来时，内心感到震动和恐惧"，心存戒慎恐惧则可以获致福泽。"继而谈笑自若"，因为在恐惧之后做事就会遵循法则。"震雷惊动百里"，震惊远方的人而使近处的人心存恐惧。这样的长子就可以出来继承和守护宗庙社稷，成为祭祀之主了。

震为雷，雷震使阳气由下方振动，能够使上面密集的阴气被震开。阴阳之气冲和，从而达致亨通。

《周易折中》引邱富国的话说："惊者，卒然遇之而动乎外。惧者，惕然畏之而变于中。"惊，是忽然间遇到突发事物，外在会表现出震惊之色。惧，是内心害怕而有所变动。惊是外在，惧是内在。

震雷响起的时候，会瞬间使人内心感到震动和恐惧，外表显现出恐惧的样子。但这种恐惧是使人提高警惕、确保安全的前提。恐惧可以使人保持戒慎、冷静的状态。因而在遇到大的变故和大的震动时，就有了心理准备，从而能够谈笑自若，镇定若素，具备常人难以具备的大气度，拥有沉稳、诚敬而无畏的大胸怀。无畏正是由恐惧而来，是在经历了考验和磨炼后所具有的心态与涵养。

在鼎新之后，主持大局难免会遇到突如其来的变故。对于突然出现的变故不可以掉以轻心，要有恐惧之心，要意识到变故可能带来的灾祸，从而有所防备。这样恐惧反而能带来后福。这表明心理上要充分地重视，同时也要有沉着冷静的心态，不可惊慌失措，自乱阵脚，在处理事务时仍然谈笑风生，有条不紊，具体的应对措施、规则和法度已经在安排之中。雷声震惊百里，远近的人都感到恐惧，长子却能够以不丧匕鬯、指挥若定的姿态稳定大局，这样的长子可以继承宗庙社稷，成为祭祀之主，担起国家的重任了。

由此可以看出，面对突如其来的变故，更能考验人的应变能力和心理素质，懂得心存敬畏才能避免浮躁浅薄，才会因恐致吉，具备知忧患、敢担当、沉稳凝练、知惧能守的大气度，这种人足堪大任。

在例解中，我们引用了苏洵在《心术》一文中的话："为将之道，当先治心。泰山崩于前而色不变，麋鹿兴于左而目不瞬，然后可以制利害，可以待敌。"意思是说：作为将领的原则，应当首先修养心性。必须做到泰山在眼前崩塌而面不改色，麋鹿在身边奔突而眼睛不眨，然后才能够控制利害因素，才可以对付敌人。

王船山在《周易内传》中说："恐者，非有畏于物，使人恐者，亦非威以慑之，但专气以出，唯恐理不胜欲，义不胜利，敬不胜怠，发愤内省，志一气动，而物自震……凡人之情急慌退缩，则心之神明闭而不发。……唯使此心之几震动以出，而与民物之理相为酬酢而不宁，然后中之所主，御万变而所守常定。"王船山的意思是，震卦中的"恐"，不是被吓坏了的恐，而是恐于在此状况，自身的修持不能固守，比如遇到突然情况就欲望战胜理性、利战胜义、怠惰战胜虔敬等，这些才是要恐的事情。如果能面临变故而大节不亏，使心之神明能为主于中，那么就可以驾驭万变而守常定了。王船山在这里强调于心上下功夫，就如同王阳明所说的于事上磨炼，致良知，时时做知行合一的功夫，是一样的道理。

来看《大象传》：

《象》曰：洊雷，震。君子以恐惧修省。

《大象传》说：滚滚而来的雷声，象征着突发的震动。君子看到这样的卦象，常怀戒慎恐惧之心，自我修身省过。

"洊"是屡次、接连的意思。"洊雷"是指雷声滚滚而来，声威愈盛。君子看到这样的卦象，以恐惧之心自修，不断反省，克己思过，努力提升自己的德行修为。君子对于震道的态度，不是将威势强加于外物，也不是因受外界的震动而张皇失措，而是保持这样的态度：心中常存忧患意识，如履如临，自省不懈，才能锻炼出坚韧的品格，对外来突然的变故充分重视，应付自如，冷静处理。能够做到"临事而惧，好谋而成"，必将成就相应的功业。

下面来看六爻的解释：

初九：震来虩虩，后笑言哑哑，吉。

《象》曰："震来虩虩"，恐致福也。"笑言哑哑"，后有则也。

初九：震雷声袭来惊恐畏惧，继而谈笑自若，吉。《小象传》说："震雷声袭来惊恐畏惧"，戒慎恐惧可致福泽。"继而谈笑自若"，恐惧之后做事就会遵循法则。

初九爻居于震卦最下方，是卦中体现阳刚力量的主爻。初九处于震的初始，在震雷将至的时刻，能够心存敬畏，恐惧修省，从而审慎行事，未雨绸缪。当震雷突然炸响、局面出现震动的时候，初九能够从容不迫，应付裕如，毫无畏惧之色，继而谈笑自若，做事不失法度，确保了安泰吉祥，这正是对其初知惧乃能最终不惧的最好诠释，"恐"而"致福"，"后有则也"。

历史上那些成大事业者，都是既知畏惧又有胆识的人，而且要惧之早，提前有所戒惧和筹备，比如成汤放桀、武王伐纣，都是夙夜戒惧，反复思量，埋头准备，待机而动，最终获胜。历史上那些不知恐惧者，往往凭一时之勇前行，最终失败。我们在这一爻的例解中用的例子是三国时期陆逊面对刘备迅猛而至的大军，先是恐惧而退，最终一战成名。

六二：震来厉，亿丧贝，跻于九陵，勿逐，七日得。

《象》曰："震来厉"，乘刚也。

六二：震雷骤然到来，危险，损失了大量的货币，升举远避到高高的九陵之上，不用追寻失去的东西，七天左右会失而复得。《小象传》说："震雷骤然到来，危险"，是因为凌乘在阳刚之上。

震动突然到来，危险将至。六二自知处境危厉，为躲避危险，它损失了大量的财物，升举远避到高高的丘陵之上。避过锋芒后，不需太多时日，就会出现转机。六二不要去刻意追逐失去的东西，七日之期必将失而复得。六二在震之时凌乘于初九阳刚之上，是被动的受震对象，下面初九的阳刚之气锐势正盛，向上震动驱散积累已久的阴气。六二柔中且正，能够不顾恋其"贝"，以中道避之，待阴阳之气调和，所失终会复得。

对于六二的解释，一般来说都是讲六二主动退避，损失的东西过一段时期会失而复得。这是从六二居于中位而言的，且是将每一个爻作为每个人自身摆进去，来为居于此爻者提供一些启示劝告指引之辞，是从正面提议和劝导。

孔颖达疏中有不同的解释。孔颖达的《周易正义》是为王弼注作疏，因此他的观点是阐发王弼的观点。王弼对此爻的解释是从阳爻、阴爻出发，阳爻代表正义、正气，阴爻代表惰慢积阴之气，这样说来，六二是阴爻，便是惰慢者。王弼认为："震之为义，威骇怠懈，肃整惰慢者也。初干其任而二乘之，'震来'则危，丧其资货，亡其所处矣……犯逆受戮，无应而行，行无所舍……虽复超越陵险，必困于穷匮，不过七日。"震卦就是阳爻震动阴爻，六二被震动逃走，向上无应，不必追逐，他的资粮不过七日就用尽了。这是王弼的解释，是从阴阳对立的角度来解释的，没有考虑六二居中的位置与德行，我们不取王弼的解释。

我们在此爻的例解中用的是刘邦和项羽的例子，刘邦避项羽的锋芒，主动退避，几年后获得了最终的胜利。

来看六三爻：

六三：震苏苏，震行无眚。

《象》曰："震苏苏"，位不当也。

六三：震雷声吓得人惶惶不知所措，震动使人心怀恐惧，前行没有灾祸。《小象传》说："震雷声吓得人惶惶不知所措"，是因为六三居位不当。

"震苏苏"这个词很有意思，吓苏了，精神都吓散了。六三以阴柔之质居于阳位，在下体震卦之极，受到大的震动，一时精神涣散，不知所措。处在三爻的位置，本就是上下之交，凶惧难安，六三又本性柔弱，平时就常惶惶不安，在震卦上下二震之交，震雷滚滚，更使六三精神失其所守，惶惶不可终日。然而，六三虽居不正，但下不乘刚，上又承阳，如果能够惶恐修省，变恐惧为力量，怀恐惧而前行，脱离不正的位置，改变处境，则可以远祸避难，最终不会有灾眚。

我们在这一爻的例解中，用的是《资治通鉴·周纪·周赧王五十七年》中围魏救赵的典故，魏王被秦国吓得"震苏苏"。其实，秦国最终能统一六国，主要是各国只考虑自身的利益，被秦吓坏，不敢抵抗，一盘散沙，被秦逐个拿下，就只是时间的问题了。

九四：震遂泥。

《象》曰："震遂泥"，未光也。

九四：受到震动而坠入泥中。《小象传》说："受到震动而坠入泥中"，说明九四的阳刚之德没有发挥出来。

卦中两个阳爻，本应都是阳刚震动之主，下卦初九以一阳动于两阴之下，是震的本象，具备震卦长子的德能，阳刚有主，所以爻辞与卦辞相合，可以因恐惧而致福；而上卦九四与初九的位置不同，乃是以一阳动于四阴之间，形成了一个坎卦卦象，九四陷溺于众阴泥泞之中不能自拔。九四以阳居阴，所居不正，在四阴之间困顿不能奋发，阳刚得不到光大，如同一个人困心衡虑，坠落萎顿，沉陷阴气之中，志气未能自遂。若从君子修省的角度看，雷非发于地而震于空，乃是心生妄欲之象。心坠入私欲中，心绪不宁，其志不光。因而君子当自省其德，使心向光明，德行从善，以图自救。

历史上有些人曾经有过志向追求，但却在命运的打击下失去原有的志气，陷于沉沦。在例解中我们举的是宋代词人柳永的例子，是根据他的生活状态来说的，他终生羁旅行役，流连于风尘，但在填词方面开拓了长词慢调，却是另一番人生的收获了。历史上那些因遭受打击而再也没能重现人性的光彩，甚至坠入邪途的人，可谓多之又多，令人叹息，也使人警醒。

六五：震往来，厉。亿无丧，有事。
《象》曰："震往来，厉"，危行也。其事在中，大无丧也。

六五：震动无论过去还是到来，都有危险。没有大的损失，有事情要做。《小象传》说："震动无论过去还是到来，都有危险"，要心存危惧前行。做事情时谨守中道，没有大的损失。

六五居于震卦尊位，以柔居阳，往而向上就会以柔居于震动之极,向下来则以柔凌乘于阳,因而往来都面临危险。然而仔细分析六五的处境,已到了重震之上,前面的震雷已经过去,第二次震雷来时,其威势已大不如前。况且六五居于君位,是柔中之君,以中道处事,万无一失,主持祭祀,能够"不丧匕鬯",长保宗庙社稷,虽然往来皆危,但能够谨慎戒惧,恐惧修省,中道自守,主器以君天下了。

我们在例解中举的例子是王船山在《宋论》中的精彩论述,他论述了宋朝为何能得天下并保有三百多年的国祚:帝王承受天命,最高的境界是凭借有德,商、周即如此;其次是凭借有功,汉、唐即如此。宋朝既没有仁德的积累,也没有戡乱的功绩,宋太祖接受了不同寻常的天命(得天命于孤儿寡母之手),最终得以统一天下,大局稳定,延续百年,后世称道为盛世,凭的是什么呢?正是由于恐惧之心。恐惧之心,即辗转反侧不容得自身安宁的心情。这恐惧之心突然出现,使人怵惕而不受蒙昧,正是神秘莫测的神明震动了他的幽隐之情,无比明了而又难以解释。恐惧产生谨慎,谨慎产生勤俭,勤俭产生仁慈,仁慈产生和睦,和睦产生文治。

王船山不禁赞叹道:"盛矣哉!天之以可惧惧宋,而日夕迫动其不康之情者,'震惊百里,不丧匕鬯'。帝之所出而天之所以首物者,此而已矣。"意思是:盛大啊!上天以天命可惧使宋王朝心存戒惧,迫使这个王朝终日常怀不安之情,不敢放松警惕,所以"当震雷突然袭来惊动百里之时,手中的祭器不会失落"。震卦的位置处于东方,是阳气产生的方位,天德之所以为万物之首,就是因为这个道理。也就是说,宋王朝因惧而得天下。

再来看上六爻:

上六：震索索，视矍矍，征凶。震不于其躬，于其邻，无咎，婚媾有言。

《象》曰："震索索"，中未得也。虽"凶""无咎"，畏邻戒也。

上六：震雷将人吓得瑟瑟发抖，两眼惶恐不定，前行会有凶险。震动不在自身，而在邻居那里，没有咎害，婚姻之事将有争议。《小象传》说："震雷将人吓得瑟瑟发抖"，是因为没有行于中道。虽然"凶险"而"没有咎害"，是因为从邻居所受的震惊中预先有了戒备。

上六以阴柔处于震动之极，受到了过度惊吓，惊恐得双脚走不动路，畏缩不能向前，两眼惶恐不定，闪烁难安，有时恐惧会导致铤而走险，而这是不足取的。这时如果贸然前行去做事情，因为心志已经大乱，必然会遭致凶险。上六应该做的是：在震动尚未及于自身时就要有所警惧，看到近邻受到震动就预先做好戒备，恐惧修省，未雨绸缪，降低危险系数，提高抗击打能力，或许可以免除咎害。内心的极度恐惧还会导致猜忌多疑，这时不宜达成阴阳合作的意图，因为前有征凶之戒，心志尚未平和，不能得于中道，急于谋求阴阳应合，难免会受到责难。

在例解中，我们继续引用王船山《宋论》的论述："惧以生疑，疑以生猜，猜以生妒，妒以生乱，乱以生亡。"恐惧产生怀疑，怀疑产生猜忌，猜忌产生妒恨，妒恨产生动乱，动乱产生灭亡。恐惧的种子开出了两朵花，一朵善之花，一朵恶之花。善之花绽放出谨慎与文治的光彩，恶之花则散发着猜忌与多疑的气味。宋王朝正是如此，恰当的恐惧使这个王朝得天下并兴天下，但过分的恐惧又使这个王朝失去天下。恐惧权力丧失，因而对外在的一切产生疑忌，其结果就是妒恨、动乱和灭亡。宋王朝因惧而得天下，然而又因惧失天下。可见心存恐惧修省，有利于居安思危，安定大局，但过分的恐惧则会导致多疑猜忌等恶德，以致因恐惧而害人，最终自取灭亡。

答　疑

问：如何解释上九爻《诚斋易传》中的"江亡而秦穆惧，吴亡而晋国吊"？

答：这出于两个历史典故：

其一，江是春秋时期一个小的诸侯国，《史记·秦本纪》载，江氏是秦国嬴姓的分支："秦之先为嬴姓。其后分封，以国为姓，有徐氏、郯氏、莒氏、终黎氏、运奄氏、菟裘氏、将梁氏、黄氏、江氏、脩鱼氏、白冥氏、蜚廉氏、秦氏。"《世本》也说："江、黄皆嬴姓国。"江国介于楚、宋、齐三国势力之间，经常受这些大国操纵，加之淮水泛滥，往往淹没江国的中心地带，所以江国一直没能强盛起来。

公元前624年，楚师围江。晋国出兵救江，楚师暂时撤走。第二年秋天，楚穆王再次出兵，一举灭掉江国。《左传·文公四年》记载，江的亡国大大刺痛了同姓秦国，秦穆公为之服哀。楚人灭江，秦伯为之降服（杜预注："降服，素服也"），意思是秦伯穿朴素的衣服，表示悲哀谦卑，和现在的降半旗意思类似。大夫谏，秦伯说："同盟灭，虽不能救，敢不矜乎！吾自惧也。"意思是虽然江国也为嬴姓，但不能相救，实为惭愧，当以此为惧。

其二,《史记·仲尼弟子列传》记载:"故子贡一出,存鲁,乱齐,破吴,强晋而霸越。子贡一使,使势相破,十年之中,五国各有变。"吴国灭亡,越国由此而成为新的霸主,晋国虽强,却要面对已吞并吴国而气势正盛的越国,晋国因此哀悼吴国之亡。

《诚斋易传》使用这两个典故的意思是:上六在面临大的震动时,表现出"震索索,视矍矍"的恐惧貌,如果出征就会危险,结果是,震动并没有对上六本身造成损害,却震动损毁了他的邻居(杨诚斋认为从爻位相应的关系来看,上六与六三是邻居),邻居的危难足应引起自身的警戒,唇亡而齿寒。江国的灭亡,使同姓的秦国伤痛;吴国的灭亡,使晋国为之哀悼,这就是所谓虽无咎而畏邻戒者。

震卦小结

本卦阐述了在突发事件来临时应采取的原则,揭示了知惧致福的道理:在惶恐惊惧之中能够修身省过,是应对震动危局并使之转危为安的正确心态。卦中通过六爻所处的不同情状,阐明了处震之道:当首次遇到令人震惊的情况时,恐惧在所难免,但要及时调整心态,以戒惧审慎的心沉着应对,冷静处理,并时刻警惕,提升自身应对突发事件的心志和能力;遇到危险,要以柔中处世,即便是积累已久的财货名利,该舍弃的就舍弃,"留得青山"以待转机;所居不正,往往遇事会加剧恐惧感,不能安然自处,所以应当慎行以免祸,去不正而就正,行得正、走得端自然会减免祸患;受震动之时内心要坚守原则,不可丧志,不为外势所陷,同时防止坠入私欲的泥潭中不能自拔;处于领导者的位置,当持守中道,惕惧修德，镇定处世，最大限度降低损失，确保大局的稳定；如果在别人受到震动患难时就能预先戒备，可使危难免于危及自身。总之，"生于忧患，死于安乐"，始终戒惧才可以免祸而致福。

读卦诗词

水龙吟·震为雷

寇方墀

迅雷滚滚而来，震惊百里如天吼。
谁持匕鬯？指挥若定，笑言依旧。
麋鹿奔前，山崩其左，无眉头皱。
念江山万里，云翻波聚，堪担负，方为首。

君子修身省过，寸心知、惧常无咎。
九陵跻至，勿逐丧贝，复得当有。
因惧得天，失天因惧，翻盘覆手。
且荣观看透，如临如履，清风盈袖。

艮卦第五十二

艮下艮上

导 读

在上一卦，我们学习了震卦，震卦主要讲了如何应对突发事件，揭示了知惧致福的道理，提出在惶恐惊惧之中，要能够及时修身省过，保持镇定谨慎的心态。震卦的六爻则根据不同的情状提出了处震之道和应对的方法，从震动突至的恐惧，到避其锋芒的躲避，以及时时处处慎行以免祸，克己不正而就于正，坚守信念和志向，行中道而修慎德，能从别人的危难中汲取教训，提前预备以免祸，终致福泽，这都是处震之道的要义。

震卦的卦象是雷，卦德为动，因此，整个震卦都是在雷声滚滚中围绕突发的震动探讨问题，其实，动中寓静，外动内静，始动终静，是事物趋向动态平衡的内在规律。我们看到震卦表面上一直在讲动，其实内在却强调心的静定，初始恐惧是应激反应，也是预防机制，继而"笑言哑哑"，镇定自若，便是动中之静。这是内外之动静，还有终始之动静，北宋大儒周敦颐在其著名的《太极图说》中写道："太极动而生阳，动极而静，静而生阴，静极复动。一动一静，互为其根。分阴分阳，两仪立焉。阳变阴合，而生水火木金土。五气顺布，四时行焉。五行一阴阳也，阴阳一太极也，太极本无极也。"濂溪先生以太极之理非常精辟地论述了阴阳动静的关系。

《周易》的六十四卦都是成对出现的，当进入震卦之时，已在朝向艮卦发展了，《序卦传》说："震者，动也。物不可以终动，止之，故受之以艮。艮者，止也。"震卦是奋动，而事物不可以一直奋动，要适当地抑止它，所以在震卦之后是艮卦。艮卦的卦德是止。因此进入了艮卦的卦时。我们在《全本周易导读本》中为此卦取的小标题是"时止则止"，表明艮卦的核心精神是"止"。

事物的动与静是互相承袭、互为促进的。动极必然会静，静极必然会动。前一卦震卦是动卦，所以在震之后是艮卦，艮德为止，有静止之义。同时，因为艮的卦象是山，山的形象高大安稳，坚实厚重，给人以笃实可靠、屹立不动之感。从卦象看，卦象为山，安于静止，上下两体为两山并立，有对峙静止之象，是为艮。从爻象看，在上下两个艮体中，一阳爻升到两阴爻之上，阳本性好动但已至极，无处可进，动极而静，转为静止，两个阴爻本性好静，静待于阳爻之下，呈现为上止而下静之态，是为艮。

我们在前面讲震卦时曾提到，震卦积极入世、指挥若定的风格颇具儒家风范，而我们今天学习的艮卦，却有着类乎佛家的神韵。明代的莲池大师在《竹窗随笔》中记载："宋儒有言，读一部《华严经》，不如看一艮卦。"说是宋代有儒者认为，读一部佛家的《华严经》，不如看《周易》一个艮卦。当然，莲池大师在引用这两句话后进行了辩解和批评。但既然宋代有此说法，说明艮卦内在的修持动静止观的功夫颇合于佛家的气质。

鉴于上述说法，我们今天读艮卦，不妨参考一下明末高僧智旭禅师在《周易禅解》中对于艮卦的阐释，智旭禅师字蕅益，是中国佛教净土宗第九代祖师,著作极多,《周易禅解》为其代表性著作,是将禅与易进行会通的集大成者。

我们来领略一下这位高僧对于艮卦的阐释:"夫动与止,虽是相对待法,亦是相连属法,又是无实性法,究竟是无二体法也。不动曰止,不止曰动,此约相对待言也;因动有止,因止有动,此约相连属言也。止其动则为静,止其静则为动,动其止则为动,动其动则为止,此约无实性言也。止即是动,故即寂恒感;动即是止,故即感恒寂。此约无二体言也。知动止无二体者,始可与言止矣。"

这一段解释动与止的关系,讲得既思辨又灵动。蕅益禅师将两者的关系归结为三层:对待、连属、无实性。并得出结论:说到底,动和止是一体不二的关系。就两者互为对待的关系而言,不动就是止,不止就是动,这就是对待。之所以有止,是因为有动;之所以有动,是因为有止。这就是彼此相因,连续相属的关系。停止了动,就是静;停止了静,就是动。同样,反过来说,动了止就是动,动了动就是止,所以两者皆无实性。这样说来,止也就是动,是动的一部分,佛家称此为"即寂恒感",也就是空寂恒于感动,静中寓动,生机不泯。

同样,反过来说,动也就是止,是止的一部分,佛家称此为"即感恒寂",所有的感动都是空寂,无实相可存留。这就是"无二体法",也可以叫作"一体不二"。所以蕅益禅师感叹说:"知动止无二体者,始可与言止矣。"明白动和止是一体不二的人,才可以开始与他讨论艮止之道。关于动与止一体不二的关系,也可以看作是阳与阴的一体不二,这个一体不二的思想就蕴藏在《周易》之中,北宋大儒张载在《正蒙》中说过:"一物两体,气也。一故神,两故化。"讲的也正是这样的关系,既真实,又神妙。

蕅益禅师在阐释了动与止的关系后，接着将这动和止对应于人体的正面和背面，并结合人的五官、五脏来解释卦辞中"艮其背，不获其身"的道理之所在。此处不再引其原文，仅简述其阐释的理路：人的身体，五官长在正面，由五脏管辖，五脏居于腹内，依赖后背得以各居其位。平时外在世界的缤纷色彩显现在人的正面时，五官就会接收到信息而受到影响，七情六欲随之纷然而起。如果这些缤纷的色彩放置在背后，后背没有五官，不接受这些外在的信息干扰，因此不会受到影响。所以世人都以背面为止，以正面为动。艮卦的卦形卦象以及爻象都是以人的背面的取象。但是背面又不是单独存在的，人体的正面和背面本就是一体，背面通过五官、内脏的感动和传输而受到正面的影响，正面同样也会通过这样的信息通道受到背面的影响，关键在于，应物生心之时，以哪一面为主导，哪一面为随从。以背从面，则情动；以面从背，则情止。在艮卦中，上下两者都是艮卦，是止而又止，所以在艮卦中是以背面为主的，因此卦辞说："艮其背，不获其身。行其庭，不见其人，无咎。"那么为什么艮其背就能无咎呢？这时蕅益禅师的解释就尽显禅解之趣了。他说，人身本非实性。前面他已经论述了动与止的第三层关系是无实性，人体的面和背亦无实性，只不过人们被情绪欲望所蒙蔽，妄见有身。对身体的执着是一种虚妄之见。如果用止观的方法，就会观察到，整个身体中坚者属地，润者属水，煖者属火，动者属风，身体无非是地、水、火、风的聚合体，眼、耳、鼻、舌只是这四大的外用，四肢头足只是四大的不同名称，而三百六十骨节、八万四千毫窍只不过是这四大的不同相，究竟哪一部分才是自身呢？蕅益禅师回答说：身了不可得。四大本空，无实性，身也即是空。以空无实性的身去经历世间的万种变化，哪一桩不是虚幻呢？有了这番体悟，则"行其庭，不见其人"，止不碍行，即行恒止，动静以时，行止不二，因此"无咎"。从蕅益禅师的这番解释，可以一窥佛家论禅的思辨与沉静，同时，他又不是在否定生机与光明，蕅益禅师在对《象传》的解释中，强调"止非面墙之止"，止不是面壁不动，而是此卦上下各爻都不相应，说明"觅身了不可得"，行其庭仍是在行，但心无妄见，动中有止，这就是合于光明之道，因此没有过咎。

我们看到《周易禅解》其实是儒释合参来进行解释，只是向本体、自性处有更深的分析和论述，从佛理、易理的究竟处来进行解释和阐发。

明代的易学家来知德也以艮卦各爻均为敌应来解释"艮其背，不获其身。行其庭，不见其人，无咎"，他认为这就是《易传》里所说的"退藏于密"，也即《庄子》里所说的"深根宁极以待"，也即《礼记·中庸》里所说的："夫焉有所倚，肫肫其仁，渊渊其渊，浩浩其天。"其内涵是沉静、内敛、悠久、深厚、正固和养育。由此，中国人的人格、精神、德行方能得其大养，切实体认，人生由此养生命德慧，深蓄厚养，方能通达于道。艮卦蕴含了易道深厚精微之旨。

从上述解释我们体会到，艮卦是修行之卦，不但与佛家的禅修相契合，且与老庄道家也有很多相通之处，静观的功夫也是道家时刻修身养德的关键。

现在我们回到卦形卦象上来。艮卦上下都是艮，艮是一个阳爻居于外，阳刚坚定，不害怕外来的压力和逼迫，如同泰山一样安静沉稳，保护着内在的柔中之气，调养生息，化天地之机，敦厚而不移。这就是艮卦的气象。艮卦的卦象是山，孔子曾经说过"仁者乐山""仁者静""仁者寿"。山是安静的，也是长寿的，人有山的气象，便是仁者。

王船山对于艮卦亦有非常精彩深入的解读，尤其在其《周易外传》里面对于《象传》"艮其止，止其所也"的解释，回答了君子应止于何处的问题，何为"止其所"？船山认为，如果能够根据每个人的禀性而给予他居处的地方，就是"得其位"，如果处于这个位置而身心皆安于这个位置，就是"得其所"。所以首先要定性，然后才能找定位、居定所。否则，性都未定，如何能知定位、定所？定性才能够不为外物所迁。定性，要在修心，外物纷起干扰时，能够自心镇定、绝除忧患而抑止外物的侵扰，因此不移不迁，只在于完成自己的人格，完成本自光明的本性。只要有了定性，即便是无定位，但仍致力于完善本性的努力，这番实现光明本性的功夫，下济而光明，就叫作"尽性"。王船山用一生亲身经历了有定性而无定位、无定所的人生，因此有着深刻的体会，在其解释艮卦时有长篇文字多角度深入的解读，此处不多引用，大家有时间可找来认真研读体会。同样是在《周易外传》中，王船山提到了《说卦传》对于艮卦的解释："帝出乎震，齐乎巽，相见乎离，致役乎坤，说言乎兑，战乎乾，劳乎坎，成言乎艮。"艮卦是万物之所成，亦即万物之所终。艮是止，止就是终。船山认为，万物至艮卦为终，也正是由艮卦起始，因为艮卦有敦厚之德，敦厚就是养育，万物生生不息，大化流行，因艮之敦厚，静定养育，新的开始便已经孕育于其中了。正如夏至在一年中是阳气达到极点的日子，白天日照最长，夜晚最短，阳气达到极致，到了半夜子时一阳生，与冬至一阳生正是阴阳转换的两个极点，阳之终即阴之始，阴之终也即阳之始，因此，这个终只是说它主导地位的终，是由显而至隐的关系，阴与阳永远存在，没有哪一方会彻底消失。所以艮卦以其厚而化育万物，艮止震起，天理存存。在《系辞传》中有"成性存存，道义之门"两句，王船山将艮卦的厚终看作对于天理的存而又存，有震起，就有艮止；有艮止，就有震起。如此往复，生生不已，是天道运行之理，是君子修身的道义之门。

讲 解

下面，我们来看一下艮卦的卦辞：

艮：艮其背，不获其身。行其庭，不见其人，无咎。
《彖》曰：艮，止也。时止则止，时行则行。动静不失其时，其道光明。艮其止，止其所也。上下敌应，不相与也。是以"不获其身。行其庭，不见其人，无咎"也。

我们的翻译是，艮：用后背去抑止，不让身体直接面对。走在庭院里，见不到他本人，没有咎害。《彖传》说：艮，是抑止的意思。当抑止的时候就抑止，当行动的时候就行动。动静都不违时，他的道路就会畅通光明。艮卦所说的止，是说要栖止在应该栖止的地方。卦中的六爻都不相应，说明不相交往亲近。所以卦辞说"不让身体直接面对。走在庭院里，见不到他本人，没有咎害"。

前面我们对于卦辞、《彖传》已经综合了诸多解释，联系到我们每一个普通人的日常生活，人总是很难静下来，那是因为人有太多的欲望。艮卦所言的艮之道，是以后背取义，背是全身最安静和无欲的部位，对私欲和诱惑转过身去，以背相对，不闻不见，无欲无求。脱离私欲的境地，进入忘我的状态，不让欲望乱了心志，从而获得内心的静止与安宁。如果人能够做到内欲不萌，那么外物就不会扰动和影响心灵之正，即使行走在庭院中，欲望和干扰近在咫尺，也会如同以后背相对一样，丝毫不为所动，这样无私无欲的状态必不会有咎害。然而，艮止之道，要诀是在不可行之时，当止则止，可行之时，亦要当行则行。只有动静都不失其时宜，不失其正，才是光明的艮止之道。

在例解中，我们引用了《红楼梦》"风月宝鉴"的故事，使我们看到饮食男女的沉溺与无明，以及作者蕴含于作品中深深的悲悯。

下面来看《大象传》：

《象》曰：兼山，艮。君子以思不出其位。

《大象传》说：两座山静止矗立，是艮止的象征。君子看到这样的卦象，抑止内心不正当的欲望和想法，所思所虑不逾越自己的本位。

艮卦的卦象是两山对峙，各自安静地立于自己的位置，君子看到这样的卦象，于是效法山的品格，谨守自己的本分，抑止自己内心不正当的欲望，思虑不逾越自己的本位。万事万物都有自己所应守的位置，如果彼此不侵不乱，则能各居其所，各得其安。君子当遵循"时止则止，时行则行"的原则，知止而后有定，抑止邪欲，止于正道，立于本位，不妄动贪求，亦不流于怠惰，坚而能容，静而能守，和而不流，以一种独立挺拔的姿态如高山那样卓立于世。

我们的解读重点在"不出其位"上，而王船山的解释则着重于"思不出其位"的"思"字上，他认为，两座山定固于其位，酝酿灵气，对应于人，灵气对应的是心之有思，要坚定地针对这一思而穷之，其义乃精，思这件事，就要针对这件事钻研，其道始定，这就是君子体悟艮止之道，尽心于此，不能心猿意马，心思驰骛于外，这就是"君子思不出其位"的道理。

王船山从心性修持上进行了解释，正好与我们以思虑不逾越自己的本位内外补充。

下面来看六爻的解释：

初六：艮其趾，无咎，利永贞。
《象》曰："艮其趾"，未失正也。

初六：抑止脚趾的初动，没有咎害，利于守正。《小象传》说："抑止脚趾的初动"，没有失去正道。

前面我们说到了，艮卦整体是以人的身体背面取象，如同一位背面而立的人。六爻由下而上，用以比拟事物进行的阶段和状态，讨论如何"止"（即静下来）的问题。初六在全卦的最下边，是脚趾部位，象征事物的初始阶段。脚趾最易行动，是动之初，但由于是阴柔居下，因此较为薄弱，容易改变行为状态。如果要抑止一件事，在事物的初始阶段更容易做到，如同一个邪恶的念头刚萌发时就彻底打消它，像王阳明所说："破山中贼易，破心中贼难"，一旦心中出现恶的念头，就要破除它，那么它就不会有进一步的实施和发展，这样做不会有咎害。同时，还要将这样的守正意识长久保持，不断巩固才会不失其正，最终有利。

来看六二爻：

六二：艮其腓，不拯其随，其心不快。
《象》曰："不拯其随"，未退听也。

六二：抑止小腿的行动，不能拯救他所追随的人，心里很不畅快。《小象传》说："不能拯救他所追随的人"，因为对方没有退而听从他的劝告。

六二爻在初六爻脚趾之上，如同小腿部位，外无系应，上承于九三，本是以中正之道随顺辅助于九三的，但九三却"艮其腓"，以阳刚失正之心抑止六二的行为。六二虽有中正之德，却无力拯救九三不中不正的妄动行为，其言不听，其计不从，其道不行，这种被九三强力抑止而勉强跟随的状态使六二心中非常不愉快。可见真正做到"时止则止，时行则行"，不但要有主观的正确判断和努力，还要有客观条件的允许。六二在这样的处境下，当自守中正之德，随时做好准备，再寻时机以拯救九三的过失。

接着来看九三爻：

九三：艮其限，列其夤，厉薰心。
《象》曰："艮其限"，危"薰心"也。

九三：抑止腰部的行动，使脊背肉骨断裂，危险熏烤着内心。《小象传》说："抑止腰部的行动"，危险"熏烤着内心"。

九三处在艮卦上下两体交界，犹如人的腰，腰是人全身的枢纽部位，然而九三居于下体艮卦之极，阳刚而不中，有刚决抑止之象，又以一阳而居于四阴之中，隔断了上下的连接，如同腰部强硬止动，致使肩胛骨断裂，肩胛骨正与心相对，它的断裂使心也处于危厉之中，这样的危险如同将心放在烈火中熏烤一般。从这一爻可以看出，艮止之道贵在得宜，"时止则止，时行则行"，根据情况和时势随时调整，以中道处世，不能固执于一端。九三不考虑客观实际，乖戾武断，强行抑止，这样的行为是非常危险的。人如果这样偏执，必不能与世人融洽，会遇到种种障碍，不断积攒种种不良情绪，以致整日心如油煎，不得安宁，这是愚痴而危险的。

六四：艮其身，无咎。
《象》曰："艮其身"，止诸躬也。

六四：抑止上身，没有咎害。《小象传》说："抑止上身"，使自身安止在本位。

人的身体，整体上可称为"身"，如果分部位来说，那么腰以上称为"身"。六四处在下体之上，已进入上体，是身背之象。六四以阴居阴，阴柔居正，得其正位，能够安于自己的位置，守其本分，止其身而不妄动，得其所宜，思不出其位，符合艮止之道，所以没有咎害。

此处的例解用的是春秋时期齐国的相国晏婴不侍夜宴的典故，来佐证大臣应守其本分，思不出其位如何在现实中以行为来践行。

来看六五：

六五：艮其辅，言有序，悔亡。
《象》曰："艮其辅"，以中正也。

六五：抑止颊骨的动作，使说话谨慎有序，悔恨消亡。《小象传》说："抑止颊骨的动作"，因为能够居中守正。

咸卦上六爻辞"咸其辅颊舌"，是指说话部位。这里只说"辅"，是因为从背后只能听到颊骨两侧的声音，也是指言语之处。六五正处在辅的位置，以柔居于尊位，说的话初出时虽声音低柔，但发出后却成为极具力量的君王"诏书"。所以六五要"艮其辅"，对语言有所限制，言不轻发，发出时就要谨慎而有秩序。六五以阴居阳，本疑于有悔，但因为能够得其中道，有柔中知止之德，所以悔恨得以消除。人处世莫大于言行，初六、六四"艮趾""艮身"艮其行，六五"艮辅"慎其言，君子思不出其位，自然行止得宜，不会有什么悔恨了。我们在上经中学习了颐卦，讲到了如何管好嘴巴的问题，颐卦讲得更为深入详细。艮卦六五的"艮其辅"相当于颐卦。

上九：敦艮，吉。
《象》曰："敦艮"之"吉"，以厚终也。

上九：敦厚于艮止之道，吉祥。《小象传》说："敦厚于艮止之道"的"吉祥"，因为以厚重处世能够保持至终。

静与动互相为因，彼此促进，这是天道自然的道理。把握人心的微妙之处，懂得当止则止，并能够贯穿始终，堪称深得艮止之道的精髓。能够达到这种境界的人，必然是经历了许多的磨难，尝遍了世间的艰辛，才能体会出世间有必不可行的时候，才深谙"时止则止"的至理，心静安然，不离本分，即使再遭遇什么外在的干扰，也会如山一般岿然不动。上九立于全卦之上，经历了路途中的种种考验，对于物情事理的明察已经达到正而无妄的境界，因而能够敦厚于艮止之道，修己治人莫不吉祥。

答　疑

问：如何"敦艮"？

答：艮卦的上九爻是艮之终，其爻辞是"敦艮"，强调的就是艮卦的敦厚，是君子修厚德、行艮止之道的至高境界。如何做到"敦艮"呢？从儒家的角度来说，对天道，存诚敬之心；行人道，以尽己之性。人道所追求的终极目的是完善光明的本性，这就是尽己之性，有这样坚定又明确的目标，就不会被外物利害所侵扰、左右。对天道存诚敬之心，就能够抑止情欲的迁流。所以，自古那些伟大的圣哲，功配天地而诚敬谦下，辅助万物而不争。自儒家而言，这就是"敦艮"之道。

人应该安止于何处？知止，是止于至善的终极目标，也是修身的根基和起点，先要明白"物有本末，事有终始，知所先后，则近道矣"，因此《礼记·大学》的"八条目"是"知止而后有定，定而后能静，静而后能安，安而后能虑，虑而后能得。"具体到社会人事中，则是："为人君止于仁；为人臣止于敬；为人子止于孝；为人父止于慈；与国人交止于信。"人要时刻提点自己，恒久用力于此，这便是儒家"敦艮"的功夫。

自道家而言，道家"三宝"：曰慈、曰俭、曰不敢为天下先。是以慈仁、节俭、退让、素朴之德，修长生久视之道，践行"善建者不拔"的"敦艮"功夫。

自佛家而言，前面我们引用了蕅益禅师的以禅解易，是以禅定、止观的功夫，修"敦艮"之道。《圆觉经》云："无碍清净慧，皆依禅定生。"《诸法无净三昧法门》云："无量佛法功德，一切皆从禅生。"《法华经》曰："在于闲处，修摄其心，安住不动，如须弥山，观一切法，皆无所有，犹如虚空，无有坚固，不生不出，不动不退，常住一相，是名近处。"

结合我们日常的为学、修身、求道、工作、家庭等方面，"敦艮"之道则体现在坚毅、敦厚、包容、恒久、定力等人格品质上。

我们给艮卦起的小标题叫"时止则止"，其中包含行、止、时三义，是在人生具体情境中应对变化以尽事理的行为取舍的原则，合于天道正理，动静不失其时，便是止其所止的含义。这里的止便是行。

当然，止还有止于何处之义，前面我们分析过了，要先定性，再定位，然后有定所。止于能够完善自我光明本性之处，便是知其所止。

艮卦义理深湛，《朱子语类》对其他卦的讨论往往寥寥数语，而对于艮卦却有诸多的讨论和解释。其中涉及的问题，前面我们分析过的不再重复，列几条我们没有涉及的朱子与学生讨论的问题。学生问"艮之象，何以为光明？"（按，《象传》曰："动静不失其时，其道光明"）朱子回答说："定则明。凡人胸次烦扰，则愈见昏昧；中有定止，则自然光明。《庄子》所谓'泰宇定而天光发'是也。"意思是说，人如果中有定见，知道自身当安止于何处，那就自然光明；如果心志杂乱，中无定见，就越发地昏昧糊涂。

《朱子语类》中还讨论到了，艮卦是最好的卦，六十四卦中，凡是艮卦居于外卦的八个卦，都是吉卦。除了蒙卦是半凶半吉外，贲卦、大畜卦、蛊卦、颐卦、损卦、艮卦都是上九爻（笔者按，还有剥卦上九"硕果不食"），都是吉爻。艮卦居于外卦，代表着君子与世事交接的行为方式是阳刚、笃实、敦厚、沉稳，自然是吉祥的。

《朱子语类》中还从"艮其背,不获其身"讨论到了《老子》所说的"不见可欲,使心不乱",并引用司马光的解释,说老子是"圣人之治实其心",是要让人们无思无欲;"实其腹",是要让人们能够充饱;"弱其志",是要让人们不争;"强其骨",是要让人们勤于劳作。

朱子与其弟子还有其他讨论,关于天理、人欲,以及克己复礼,限于篇幅,我们就不再多引用。

艮卦小结

本卦取义于"止",阐释了当止则止的道理,并通过"艮其趾""艮其腓""艮其限""艮其身""艮其辅""敦艮"等一系列比喻,阐述了在不同情况下"时止则止,时行则行"的原则。艮卦取象是一个背面而立的人的形象,卦辞首先提出了抑止邪欲的最佳方式是"背对"诱惑与邪恶,保证客观条件的正当性,视听言动,非礼不处,这样才能够促进身心止于至善,知道自己要止于哪里,要坚守什么。

卦中六爻针对艮的各个阶段论述了止的原则:凡事要从一开始就把握好分寸,不该做的从开始就不要做;中正之德是知止的内在力量,在无力把握时局的时候,内心应有所坚持,当止则止;在抑止某件事物的时候,要合于时宜,符合事物发展规律,行止合于中道,不能盲目地强力抑止,否则将生祸患;何时行,何时止,当自我约束,合于正道;言语是用来表达心志的,适可而止、清晰有序的表达,才是把握了语言的根本所在;能够敦厚笃实地运用艮止之道,是智慧和成熟的表现。

读卦诗词

山花子·艮为山

寇方墀

两立青山相对看,光阴如水静如莲。
犹止尘心对风信,水云间。

庭院日斜随步影,阑干荫重伴人娴。
花落雨停行且止,合十参。

渐卦第五十三

艮下巽上

导　读

《周易》的六十四卦，按照卦序，都是成对出现的。之前我们学习了震卦和艮卦，震卦取义于动，讲知惧致福的道理，卓越的才能要在负重前行中练就，当遇到突发而至的情况时，仍能使肩头所担负的重担安稳如山，心神魂魄仍能于这担负处清醒用力，脚步从容不乱，其中无不体现着阳刚之气的内在驱动力。因此，震卦的卦义更符合儒家阳刚主动、积极入世的气质。艮卦则取义于止，讲"时止则止"的道理，有着类乎佛家的气质和神韵，我们通过蕅益禅师的《周易禅解》分析了艮卦中所蕴含的动与止的关系，以及如何"行其庭，不见其人"，以使心无妄见，动中有止，从而合于光明之道。艮卦进行到上九爻时，提出了"敦艮"之道，讲君子要终生涵养敦厚笃实之德，必得吉祥而厚终。

在讲艮卦时，我们提到了艮止也有完成、终止的意思，《说卦传》说："帝出乎震，齐乎巽，相见乎离，致役乎坤，说言乎兑，战乎乾，劳乎坎，成言乎艮。"万物至艮卦为终，由于艮卦有敦厚之德，敦厚就可以养育，万物生生不息，大化流行，因艮之敦厚，静定养育，于是新的开始便已经孕育于其中了，紧跟着就是新的开始和出发。艮止的阶段完成后必然会有所进，这是事物屈伸消长的规律，所以在艮卦之后是渐卦。

《序卦传》说："艮者，止也。物不可以终止，故受之以渐。渐者，进也。"艮的意思是抑止。事物不可以终久抑止，所以在艮卦后面是渐卦。渐的意思是渐进。这就来到了渐卦的卦时。

渐卦中所运用的意象，最为明显的是以两种事物进行取象比类的象征，一个是以女子婚嫁为喻，一个是以鸿雁渐次高飞为喻，用来表述事物的秩序性和渐进性。

先来说第一件事物，"女归"。渐卦在卦辞中简洁显明地提到了人类所特有的人生大事——婚嫁，且以女子嫁归夫家吉祥作为卦辞的主体。女子嫁人这件事，在古代礼仪中是非常重要的一件事，因为这不但是男女双方人生重要的大事，同时也是双方父母以及两个家族联姻而缔结亲戚关系的大事。《周礼》中主要有"五礼"：吉礼、嘉礼、凶礼、宾礼、军礼。吉礼主要是有关祭祀的礼；嘉礼则是有关和合社会人际关系的礼，婚礼是嘉礼中非常重要的礼。古代婚礼的礼仪有许多细致的规定，这些规定既有形式上的庄重义，也有现实中对于双方感情、权益的实际保障和促进意义，目的是秩序、和谐、长久。

古代的择偶跟我们现在不一样，要复杂得多，首先是双方家族相互充分了解，彼此衡量，慎重选择。婚姻一定要男女双方的地位相宜，家世般配，对彼此家底、家风、家长的为人有较深入的了解，然后再以男方的媒人、女方的媒人还有中间的媒人来说合及沟通。在男女双方及家族都感到满意后，才进入"六礼"：纳采、问名、纳吉、纳征、请期、亲迎。这些步骤循序渐进，一项一项遵礼而行。最后男子亲迎，女子嫁归男家，举行庄严隆重的仪式，完成婚礼。这就是人们常说的传统婚礼中的"明媒正娶，三媒六聘"，尽显慎重、庄严及重视。这些步骤和程序都是渐次进行的，不能省略和逾越，环节中有哪一项不合适，都会影响最后的联姻，这些步骤使双方充分打交道，彼此磨合，以达到彼此的了解和尊重，最后各得其所，各得其正，将来的婚姻就会互敬互让、稳定长久，这就是渐进的道理。婚礼具备这样的特性，所以卦辞以"女归吉，利贞"来象征渐进之道。现代社会，有的年轻人选择"闪婚"，其实婚姻的根基是不够牢固的，虽然我们不一定要像古人那样，用那些古礼来维护婚姻的庄严性，但其中所蕴含的精神还是可以借鉴的。

第二个意象是爻辞中的鸿雁。其一，鸿雁是一种候鸟，多居于水上，秋天来时，鸿雁南飞，春归大地时，鸿雁北归，行止有时，非常有规律。其二，雁群在飞翔时，排成队列，非常有秩序。其三，每只鸿雁一生只有一个配偶，代表着坚贞和专一，所以前面我们说到的"六礼"的六个环节中，有五个环节要用到雁，要用双雁做礼物，取的就是雁的品格：有时、有序、有别、坚贞不渝，与渐道相合。所以渐卦诸爻皆取鸿雁之象。

在周代，不只是婚礼用雁，大夫日常执贽亦用雁，大夫拜谒尊长及走亲访友时携带的见面礼，按规定就是用雁，取其既有别又有序之义。

《白虎通》云："贽用雁者，取其随时而南北，不失其节，明不夺女子之时也。又是随阳之鸟，妻从夫之义也。又取飞成行、止成列也，明嫁娶之礼，长幼有序，不相逾越也。又昏礼贽不用死雉，故用雁也。"

鸿雁这个物象，在漫长的历史长河中，已经被赋予了很多的喻义，成为一种文化符号。因其有上述高洁的品格，且有渐进之德，古来士大夫多以鸿渐为名，或以此来取字。可见其对于鸿雁的渐近之德及"其羽可用为仪"的尊崇和向往。

以上，我们看到了鸿雁高洁的品格及其所象征的秩序和美好。鸿雁这个文化符号还有另一面的蕴意，即劳苦。因为渐进之路并非一帆风顺、青云直上，而是在漫长的旅途中充满了艰辛、诱惑、苦难和漂泊。需要有坚定的信念和持之以恒的坚毅与努力。

我们在《全本周易导读本》中给这个卦取的小标题是"鸿雁于飞"，这四个字指爻辞中鸿雁渐次向上飞翔的意象，也是一句诗，来源于《诗经·小雅·鸿雁》："鸿雁于飞，肃肃其羽。之子于征，劬劳于野。爰及矜人，哀此鳏寡。鸿雁于飞，集于中泽。之子于垣，百堵皆作。虽则劬劳，其究安宅？鸿雁于飞，哀鸣嗷嗷。维此哲人，谓我劬劳。维彼愚人，谓我宣骄。"诗以鸿雁起兴，写劳作者像鸿雁那样劳苦。韩诗云："劳者歌其事。"我们看到钱锺书先生在《围城》中所写的主人公方鸿渐，其命运是漂泊不定的，真正的鸿雁渐进之道需要坚强的意志、明确的人生信念，行止有时，动静有序，坚贞不渝，才能超越环境的束缚和磨砺，而方鸿渐不具备这些品格，空有"鸿渐"之名，却无鸿渐之德，极易受环境支配，被他人所牵制，饱受世态炎凉的折磨，成为中国现代讽刺小说中一个有代表性的人物形象。

而另一位以"渐"字取名的大学问家，则是真的名副其实。近代著名的佛学居士欧阳竟无，是一位哲学家、唯识学大师，名欧阳渐，字竟无，而他一生致力于唯识学的扎实精进和修为，体现了渐德实学的生命真意。

以上是我们对于卦爻辞中"女归"和"鸿渐"两种事物丰富的

意涵进行的分析。接下来我们来看这个"渐"字。

什么是渐？《尚书·禹贡》曰："东渐于海。""渐"指流入，另外还有淹没、浸泡、浸润、熏染等义，都表达了一种逐渐变化发展的状态，而这种发展是一方对于另一方的浸染，"渐"更侧重于相近的事物彼此浸染，最终达到彼此相浃洽的状态。比如前面我们说到的男女双方通过渐进有序的沟通礼节，最终达成婚约之事，就是渐而相洽。

那么，从卦序来说，从艮到渐，是事物从静止状态过渡到运动状态，要经过一个渐进的过程，"渐"有渐进、缓进的意思，指有次序地循序渐进。从卦象来说，艮为山，巽为木，木因长在山上才会显得如此高，可见凡事发生必有根据和原因，其最终出现的结果必是依据条件顺次发展而来，正所谓"其所由来者渐矣"，所以此卦称为渐卦。

从卦变的角度来说（我们在解读中很少用到卦变，渐卦是一个转换和渐进的卦，所以涉及一下卦变），渐卦自否卦变化而来（在朱熹的《周易本义》图目中有卦变图，其中说到："凡三阴三阳之卦各二十，皆自泰、否而来。"）按照朱熹的说法，凡是三阴三阳的卦，都是从泰卦和否卦变来，我们来看一下卦象：

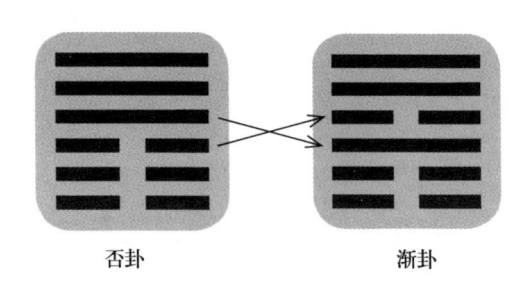

否卦　　　　　渐卦

由否至渐，产生变化的就是三爻和四爻，否卦下面三阴爻，上面三阳爻，彼此否塞不通。三爻和四爻之间是阴阳交割之处，如果在彼此相邻对立的关系中，经过长时间的渐次浸染，潜移默化，上面的阳爻变阴爻，下面的阴爻变阳爻，这样阴阳相交，渐次深入，就能消除否塞，慢慢地和浃起来。这就是渐的功用，使刚柔相交，化凶为吉。

当然，渐次浸染相交，不必一定在距离上接近，只要心意相通，至诚相感，中正相应，也可以达到渐次和浃的良好交往，比如渐卦中的六二爻和九五爻，不是客观距离上的相近，而是心灵、德行、道义上的相通，也会达到渐进和浃之道。

结合我们日常的求学、修身、悟道等修为来说，渐卦内艮止、外巽顺，是既艮止又巽顺，不疾不徐，一步步展开。就如同我们学习《周易》，要用"静、时、化、养"四个字来观照自身，不急进，不停顿，循序向前，这个过程其实就是在修渐进之德。

《孟子·离娄下》："君子深造之以道，欲其自得之也。自得之，则居之安；居之安，则资之深；资之深，则取之左右逢其原。故君子欲其自得之也。"这就是渐进之学。有人喜欢强调顿悟，但没有渐学，何来顿悟，当然，这个"学"不仅仅是指书本上的知识，重要的还有事上的磨炼，心灵上的充实，下学才能上达，否则就会流于空疏、狂妄，不够真切和扎实。

王船山说："不逢其欲，不丧其实，则虽否塞之世，而冲和之气，固未尝亡。欲为功于天地者，自有密运之权，斯以变而不失其正。不然，无所违之，无所就之，以恝于往来，则乘秋而击，为鸷鸟而已矣。当春而振，为昆虫而已矣。其将以鸷鸟、昆虫，为性命之正哉？"船山先生这段话，强调渐进之德中，内在有艮止之德的重要性，内心平静、坚定，知道自己的方向，并朝向这个方向一步一步坚实地努力，那么无论外在环境如何变化，也都不会失其正。渐进之境是必然会实现的，这才是人不同于鸟兽昆虫的性命之正。只要有不急进、不停顿的坚定从容，受到阻碍时，也可以不急着向前。停下来谦静自守，无欲则刚，待时有所转，再相时而动，便也是体会和活用了渐进之意。讲到这里，大家应该也联想到了另外一个卦，那就是恒卦，艮止之德，就是内含在渐卦中的恒德，渐与恒是彼此滋养和促进的，我们已经读过这两卦，当用心体会。

讲　解

以上是我们对于渐卦的概括与阐发，下面来看渐卦的文本，先看卦辞：

渐：女归吉，利贞。

渐：女子出嫁吉祥，利于守正。

《彖》曰：渐之进也，"女归吉"也。进得位，往有功也；进以正，可以正邦也。其位，刚得中也；止而巽，动不穷也。

《彖传》说：渐卦所说的渐进，如同"女子出嫁吉祥"。渐进而能得到适当的地位，前行可获取功绩；渐进遵循正道，可以端正邦国。渐进而居于尊位，阳刚中正；能够沉静而又谦逊，所以渐进的行动不会困穷。

卦辞以"女归吉"讲渐进之义,象辞则由此生发开来,扩展到遵循正道、端正邦国的渐进之道。《孟子·尽心上》说:"其进锐者,其退速。"从容渐进之道,止而巽,才可以有动而不穷的效果。渐卦阐明事物渐进之理,以女子出嫁必须按照一定的礼仪程序逐次进行来比喻。古代女子出嫁要六礼俱备,必须按照纳采、问名、纳吉、纳征、请期、亲迎的程序逐次进行,不能省略也不能急进,守持正道合于礼仪才会有利吉祥。由此推理出天下万事万物的发展也需遵循客观规律,不可急于求成,当渐进而有序,循正道、按阶段逐步前进,就可以开创功业,成就梦想,兴邦立国。在卦中,九五循序渐进而居于尊位,阳刚中正,与六二刚柔正应,可以端正邦国民心。卦体艮下巽上,艮止巽顺,艮由静向动渐次发展,巽以顺行而不阻碍,静止不躁又谦逊和顺,所以渐卦的行动不会困穷。

我们在此处的例解用的是《孟子》中关于牛山之木的比喻,就是讲事物逐渐变化的渐进之理。

《象》曰:山上有木,渐。君子以居贤德善俗。

《大象传》说:山上长着树木,有生长渐进之象。君子看到这样的卦象,逐渐地积累贤德,善化风俗。

看到这里,我们可能会联想到升卦,地中生木,是升之象。而渐卦是山上生长着树木,看上去很高大,这种高大是树木立足于高山,经过日积月累渐渐长成的。君子看到渐卦之象,便明白积贤德、善风俗也需要渐进的道理。人要修进贤德,必须逐渐积累,不断沉淀和实践,才能有所长进,不是朝夕可以骤然提升的。君子要淳化民风，化美民俗，行教化之功，也需要渐次深入，逐步积累，风俗才会渐渐改变。

《大象传》强调了君子要有善化风俗的责任，因此要从积累善德做起。同时，《大象传》也提醒我们，对于每个人来说，要选择有贤德之风的地方居住，比如孟母三迁的故事就是在讲要警惕环境对人的影响，近朱者赤，近墨者黑，这种潜移默化的作用，在日常生活中的作用隐于无形，但时间长了之后，就会对人生产生影响，甚至决定一生的命运，因此不可不防，不可不警惕。

下面来看六爻的解释：

初六：鸿渐于干，小子厉，有言，无咎。
《象》曰："小子"之"厉"，义无咎也。

初六：鸿雁渐进到了水涯边，就像年少的人遇到了危险，被嘲笑诽谤，没有咎害。《小象传》说："年少的人"遇到的"危险"，按其渐进向上的态势看没有咎害。

爻辞中的"小子"，既可以解作年少的人，也可以解为德行低的人，即小人。《论语》中常用"小子"来指学生、弟子或年轻人，比如："子曰：'小子！何莫学夫《诗》。'"《周易》随卦中有"系丈夫，失小子"的爻辞，也可以解释为小人。因此，我们在渐卦初六爻的解读中，合而用之。初六在渐卦之初，如鸿雁自下而上飞翔，刚刚从水面飞到涯边，既无应又无比，无所依托，柔弱处下，不得安宁。如同一个年轻人刚进入社会做事，地位卑下，无依无靠，体质柔弱，不能展翅。此时最易被欺侮凌辱，也常会被小人谤言所伤，因此居处不安。君子看到这样的爻象，知道初六虽柔弱，却有着必然上进的趋势，如若能以柔而不躁的心态处世，循正道踏实渐进，必会按规律逐步上进，不会有咎害。

我们在例解中用的是丑小鸭变白天鹅的故事，处在渐卦初六位置的年轻人，不必在意别人的误解与嘲笑，只要在自信与拼搏中不断进取，向着心中的梦想努力飞翔，就会认识到自己原来也可以"变成白天鹅"，而现实中真的也可以"变成白天鹅"。

六二：鸿渐于磐，饮食衎衎，吉。
《象》曰："饮食衎衎"，不素饱也。

六二：鸿雁逐渐飞到了水边的磐石上，呼唤友伴一起和乐安然地饮食，吉祥。《小象传》说："和乐安然地饮食"，是因为不白吃饱饭。

《周易折中》："六爻以鸿取进象，自水涯以至山上，自远而近，自下而高也。干为最远，是士之将进而不苟进者。故在《诗》曰：'置之河之干兮，彼君子兮，不素餐兮。'二虽近为时用，'渐于磐'矣，而不忘不素餐之义，所谓达不变塞者也。"如《中庸》："国有道，不变塞焉，强哉矫。"

鸿雁飞行渐进落在了磐石之上。鸿雁飞翔而渐进于磐，位置渐高。磐石在江河之滨，安稳平坦，鸿雁在磐石上呼唤友伴共同饮食，衎衎和鸣，和乐安然，一派吉祥景象。六二从初六危厉有言的"小子"进而成为衎衎而乐的大臣，是因为时位已经发生变化。六二柔顺中正，居于大臣之位，上有九五之君相正应，近处又有九三可以亲比，时局有磐石之安，可谓条件优裕。六二柔中以尽臣道，食国家俸禄，并不是白吃干饭，而是辅助九五推行渐进之道，促成和乐向上的局面。

九三：鸿渐于陆，夫征不复，妇孕不育，凶；利御寇。
《象》曰："夫征不复"，离群丑也。"妇孕不育"，失其道也。"利"用"御寇"，顺相保也。

九三：鸿雁逐渐飞到了小山的顶端，就如同丈夫出征去而不返，妇人有孕而不能生育，凶险；利于抵御外寇。《小象传》说："丈夫出征去而不返"，脱离了自己的群类。"妇人有孕而不能生育"，背离了正道。"利于"用来"抵御外寇"，顺应正道才可以相保。

九三是渐进的过程中失去了方向的一个反例，用以警醒世人，在渐进途中要守正，不要失去渐进的正道。九三是下体艮卦之顶，如同一座小山的顶端，象征着鸿雁飞到了较平的小山顶上。九三所居位置，向上与上九无应，本应带领下边的两阴爻循序渐进，但九三刚居阳位，急于前进，有失中道，向上与六四逆比，却与其阴阳投合，乐而忘返。爻辞中将其比喻为出征的丈夫在外耽于邪遇，离弃自己的群类，放弃责任，去而不返，与六四失正道而邪配，如同妇不能守贞，致非夫而孕无颜生育，这种见利忘义的行为，贪图前进而忘记旧情，是取凶之道。对于九三来说，如果能够在渐进之时慎用刚强，戒贪戒躁，不走邪路，与其类和顺相保，不失正顺，并遵循渐进的原则，那么以其过刚之资抵御强寇是有利的。这样，九三爻辞以一反一正给出九三两条道路选择，也是在警醒世人这一正一邪两条路，不可不察，正如我们当下常说的话："不忘初心，方得始终。"

六四：鸿渐于木，或得其桷，无咎。
《象》曰："或得其桷"，顺以巽也。

六四：鸿雁逐渐飞到了树枝上，或许能寻得平整的树枝，没有咎害。《小象传》说："或许能寻得平整的树枝"，是因为柔顺又随和。

鸿雁继续飞翔，渐渐飞到了高坡的树枝上，所处位置更高了一层。由于鸿雁的脚趾有蹼，各趾相连，握不住树枝，在树上并不能安稳，所以鸿雁平时并不在树上栖息。只有落在平整的树枝上，才能安处，不会有咎害。九四所处位置恰如这只鸿雁，位置更高了，然而六四阴爻乘于刚躁急进的九三之上，立足不稳，处境危险，并不是长久安居之所。这时的六四如果屈身俯就九三，就会丧失其原则操守；如果与九三决裂相抗，又会因阴弱不敌刚强，致使灾祸及身。六四只有坚定地贞守正德，以巽顺上承于阳刚中道的九五，获得九五的支持，才能求得平安无咎。

九五：鸿渐于陵，妇三岁不孕，终莫之胜，吉。
《象》曰："终莫之胜，吉"，得所愿也。

九五：鸿雁逐渐飞到了高陵上，如同妇人三年都没能怀有身孕，外物的阻隔终究不会得逞，吉祥。《小象传》说："外物的阻隔终究不会得逞，吉祥"，愿望终于得以实现。

鸿雁飞行渐进到达了高陵之上，如同夫君远征终获高位，家中的妻子三年都不怀身孕，这是彼此忠贞相守之象，外物的阻隔不会得逞，夫妻终究会重新相聚，彼此相合的愿望终将实现，获得吉祥。

九五通过渐次地进取,终于到达尊位,以刚爻居阳位,居中得正,是一位阳刚中正的领袖形象。九五刚中之君与六二柔中之臣彼此正应,或者说,是九五阳刚中正之夫与六二阴柔中正之妻彼此心心相印。九五需要得到六二的辅助,但二者之间却隔着九三和六四,九三乘于六二,六四承于九五,在中间横加挑拨,造成障碍。在渐卦之中,以缓进为佳,审时度势之后,六二不轻易冒进,九五不轻易任命,心中彼此信任,以中正之德共待时机,三、四爻必不能久塞道路。不过三年,九五和六二必能得其所愿,吉祥如意。

在这一爻的例解中,我们用了古希腊著名的荷马史诗《奥德赛》中奥德修斯和他的妻子佩涅洛佩的故事。奥德修斯在外征战漂泊二十年,等他回到故乡伊萨卡时,他坚贞的妻子一直在等他回来,漫长的岁月和权贵们的逼迫诱惑都没有使他的妻子背叛他,因此"终莫之胜,吉",一家人终于团聚,得其所愿。

上九:鸿渐于陆,其羽可用为仪,吉。
《象》曰:"其羽可用为仪,吉",不可乱也。

上九:鸿雁逐渐飞上了云天,它的羽毛可以用为人们的仪饰,吉祥。《小象传》说:"它的羽毛可以用为人们的仪饰,吉祥",任何力量不可扰乱。

"陆",胡瑗、程颐解作"逵",指天上的云路。鸿雁群起而高飞,离开高陵飞到了云天之上,其羽毛高洁华美,仪态飘逸远举,雁阵整齐有序,在天空中自由飞翔,吉祥无比,足可以成为人们的仪饰,让人们赞叹效法。上九爻居于渐卦顶端,鸿雁从水岸逐渐飞行到了广阔的天空,终于大展鸿图,如同贤人君子循序渐进到达了人生的理想境界，所积累的功业、德行隆盛高远成为天下人的表率，可谓吉祥圆满。贤人君子的志向高洁，不为外物所动，不为情欲所迁，不为俗位所累。其高洁的志向和积累的德业卓然光辉，任何力量不可扰乱。另，茶圣陆羽的姓名和字就是取自于渐卦上九爻。

答疑

问：渐卦与晋卦，都是讲进，有什么关联呢？

答：渐卦与晋卦的相同处，都是在向上，向前行进。而两卦的不同之处在于，渐卦侧重于讲事物发展过程中的规律性，君子要认识和遵循这种规矩，循序渐进，以内艮止、外巽顺之德一步步展开，重在强调君子要修渐进之德，可运用于社会人事的各个方面；晋卦，火地晋，上文明、下顺从，讲晋升之道，侧重于上下的呼应，君道文明而用贤，臣道顺从而得到提拔，主要运用于政治人事方面。这两个卦在卦时和侧重点上是有所不同的。

渐卦小结

渐卦阐明了事物发展过程中的渐进规律。卦辞中以"女归"为喻，概括地说明了事物要遵循正道、按步骤逐次完成的道理。六爻通过鸿雁飞行的经历，以水涯边、磐石上、小山顶、山上树木、高陵、云路等形象，揭示了事物由低渐高、循序渐进的发展过程。其中应遵循的原则是：力量弱小时，不可急进，也不必在意别人的嘲笑，要量力而行，逐渐进步，不断磨砺自己；渐进过程中要靠自己的力量获取"食物",还要懂得与人分享;积累渐进的路上,会遇到一些困难和诱惑,要守正不邪,不可刚躁冒进;随着地位逐渐升高,危险会时刻存在,当处于不太安稳的环境中时,要善于寻找平衡点以保全自身,不可放弃原则误入邪路,同时应以柔顺正道争取强者的支援;在渐进过程中会遇到诸如压力、诱惑、挑拨离间等阻碍,对于这种复杂性要有心理准备,能够冷静处理,和志同道合的人向着光明的目标携手前进;在通过不断积累渐进、渐道大成,终于达到理想境界时,要秉持志向高洁、卓然超脱的品格德行,为世人做出精神表率。

读卦诗词

山渐青 · 风山渐

寇方墀

孤雁飞,众雁飞。飞过水涯陡岸危,远空隐隐雷。

劲风吹,弱风吹。振翅高天云梦追,羽仪映日辉。

归妹卦第五十四

兑下震上

导　读

在上一卦，我们学习了渐卦，渐卦阐明了事物发展过程中的渐进规律，并指导人们如何修行渐德，在不断的积累渐进中，追求理想的人生境界。卦辞中以"女归吉"为喻，我们在讲解的过程中，对于"女归"（迎娶女子完成婚姻）的三媒六聘的礼仪以及内在的用意进行了解读。卦辞主要强调了事物要循正道、守礼仪法度、按步骤逐次完成的道理。六爻中以鸿雁渐次向高处飞翔的动态形象为象征，展现出鸿雁经历重重考验最终飞上云天，成就志向高洁、卓然超脱的品格德行，为世人做出了精神表率。因此，渐卦是既有理想追求，又有务实精神的一个卦。渐卦之后，卦时就转入了新的一卦：归妹卦。

《序卦传》说："渐者，进也。进必有所归，故受之以归妹。"渐的意思是渐进，渐进必然会有所依归，所以在渐卦之后是有依归之义的归妹卦。从渐卦到归妹卦的转换，既可以从事物发展的方向角度上来解释，由此处去往彼处，是进，但如果站在彼处等而观之，来者就是归。渐进必会有所到达，到达也具有依归的意思，所以在渐卦后边是归妹卦。另一方面，也可以从事物循环不已的发展规律来解释，所有的进最终都是一种归。《道德经》说："大曰逝，逝曰远，远曰反。"（二十五章）"夫物芸芸，各复归其根。"（十六章）

渐卦与归妹卦除了在运行规律上有这样的相关性之外，还都是以女子嫁归为象征的主体。

渐卦"女归"，重点在"归"，六礼俱备而渐次进行；归妹卦的"归妹"，重点则在"妹"，少女出嫁没有按照渐进的礼仪进行。这两卦，一守礼，一非礼，因此，一吉一凶。

从卦象看，归妹卦兑下震上，震为长男，兑为少女，是少女嫁归于长男，少女为妹。"归妹"不是将妹送回去，而是娶这个妹。在清代段玉裁的《说文解字注》中，"归"这个字的意思就是女子出嫁。"妹"是指女弟，女子后生曰妹，指出生比较晚的女子，也就是年轻的少女。少女是青春美丽的，容易使人喜悦，在归妹卦里面，这个女孩子不像咸卦里的那个女孩子那样矜持，咸卦中的少女在彼此相感之时，等待少男来追求，归妹卦的少女是主动出击，其目标是具有长子之权位的长男。

从卦德来看，震为动，兑为悦，兑为内卦，震为外卦，泽悦于内，而雷动于外，也就是说少女喜悦在先，急于嫁归，因悦而动，这种不待礼备迎娶而自己求嫁的心态有失矜持与庄重，显得轻佻不自重，且以少女急归长男，既失礼节又不合常理，我们给这个卦起的小标题是"少女主动要出嫁"。

六十四卦中，明显讨论男女相配之义的卦有四个：咸卦、恒卦、渐卦和归妹卦。

咸卦，少男少女二气相感，性情相通，少男追求少女，少男表现得既尊重又笃定，少女则既矜持又喜悦，因此，咸卦是美好的恋爱之卦。

恒卦，长男长女阴阳相得，中正相应，男主外，女主内，是男女夫妇伦常之道。恒卦注重责任，长女顺从长男，巽顺而后动，因此，婚姻有恒久之道。

渐卦，讨论女子遵循礼节，三媒六聘，嫁归于男子，少男追求长女，古代男女结婚早，常有女孩子比男孩子年龄稍大的情况，直到现在民间还有"女大三，抱金砖"的说法。渐卦中男女双方配合各得正位，笃定而顺从，渐近而有序，符合婚姻之礼，因此，女归吉祥。

归妹卦，讨论少女嫁归男子，主动取悦于长男，悦而后动，居位不正，缺少渐进的过程，没有遵循社会所规定的礼，发乎情，却没有止乎礼，卦中自二爻至五爻皆不当位，行为不符合正道，将来必有弊病产生，所以归妹卦的卦辞是"征凶，无攸利"。

这四个卦，都是关于男女情感和婚嫁的卦。

咸卦和恒卦，讨论的是恋爱和婚姻之道，从情感到责任，都遵循正理，合情合理，必获吉祥长久。

渐卦、归妹卦讨论的是女子嫁归男子之义，强调要守礼节，行正道，不能急于求成。

咸卦和归妹卦，都是讨论男女之情。咸卦是止而悦，真挚专一；归妹卦是悦以动，情动而失礼。

恒卦和渐卦，都是讨论夫妇之义，恒卦是巽而动，夫唱妇随；渐卦是止而巽，笃定从容，循序渐进，水到渠成。社会伦常日用，饮食夫妇，有其相处之道，也有其相处之理，《周易》中这四个卦将男女之道、夫妇之义做了近乎全面的分析和论述。虽历经千年的变迁，最根本的道理和原则却是一脉相承、亘古常新的，是男女、夫妇、婚姻、家庭之间处事为人的行动指南。人们如果能够体会和践行这四个卦中所蕴含的道理，就可以尽可能地避免纷争和灾祸，获得和谐笃定的幸福。

这四个卦关注的是男女相处的实际问题，体现了《周易》这部书既有最高的价值理念，又有中层的思维架构，更有接地气的伦常日用的具体指导，解决人生的根本问题，正所谓"《易》之为书也，不可远"，体现了易学的实用性。

人生而有情，两情相悦本是美好的事情，然而归妹卦下卦为兑，由情而发，以情而动，所行不正，没有以礼来节制，就如同洪水漫溢，没有堤岸进行约束，因此造成水灾，既耗损了自己，又伤害了别人。人类社会设置了礼制和法度，以礼节之，使得男有室，女有归，男女正而家道立。男女双方在被约束的同时得到保护。其实这个道理可以运用到其他方面，在任何社会关系中，唯有自律节制，才有自由和互爱。

历史上有很多所谓"红颜祸水"的例子。文姜、哀姜、夏姬、妲己、褒姒等，历来被斥为祸水。其实，关键还在于君子应从历史中获得怎样的教训。天下的美色、美味、财货、爵位、名利等，都是诱惑。关键还在于君子自身，是否以中正之德对待，不能为了欲望的满足而不顾长远利害。君子择妻、娶妻，乃为人生大事，要慎重进行选择。居于君位者娶妻，就是国之大事，一定要高度重视，慎重选择。归妹卦警醒世人：在迎娶女子之始，就要考虑女子的品质、德行和素养，要考虑这段感情和婚姻是否正当，能否保持长久。反过来，女子择婿亦应慎之又慎，首先自身要修德守正，要选贤德的君子托付终身，才能获得婚姻长久的幸福。

那么，男女在择偶时，哪些才是可依托的呢？有的人以婚姻追求权势，然而势有尽时，势尽则情绝，不可能长久。有的人追求美貌，然而色有衰时，色衰则爱弛，也不能长久。世上多少失败的婚姻，都是因为当初选择不慎而自吞苦果。君子佳人在择偶之初就要有清醒的省察和认识，要看双方相合是建立在什么基础上的，发心追求的是什么？归妹卦《大象传》里所说的"君子以永终知敝"，"永"是长久，相对于短暂而言；"终"是结局，相对于初始而言。欲善其终，必慎其始。《周易》提醒人们，想要得到好的结局，必须在最初选择之时就把握好原则：自身必须先立德行，以德立身，出于真诚，理性选择，不为情欲之私所动，合于正道，依礼而行，才能选得佳偶，彼此扶持，琴瑟相和，共度一生。

讲　解

下面，我们来看卦辞：

归妹：征凶，无攸利。

归妹：前行凶险，没有什么好处。

《彖》曰：归妹，天地之大义也。天地不交，而万物不兴。归妹，人之终始也。说以动，所归妹也。"征凶"，位不当也；"无攸利"，柔乘刚也。

《彖传》说：少女出嫁，这是天地间阴阳相合的自然法则。天地阴阳之气不相交，那么万物就不会兴起繁衍。少女出嫁，是人伦延续、终而复始。因喜悦而行动，这就是少女出嫁的动因。"前行凶险"，是因为居位不正当；"没有什么好处"，是因为阴柔凌乘于阳刚之上。

归妹卦的卦辞直言"征凶"，而且"无攸利"。在《周易》六十四卦中，有直言其吉的，比如大有卦和鼎卦，而在卦辞中这样直截了当言"征凶"的卦，只有归妹卦。可见是郑重警告世人，于此时一定要慎重，要明白自我节制的重要，否则将来各种烦恼祸患，后悔莫及。

《彖传》主要说了五层意思：第一层说到男女结合是天地之大义，符合阴阳相合的自然法则，少女从长男，可以解决生育子嗣的问题，人类由此而得以生生不息。第二层说到女子出嫁是人生大事，少女之道由此结束，为妻之道由此开始，需要明确这种角色转换，由感情为主到责任为重的转换。第三层说到归妹是悦以动，这是人生的事实，如果没有悦，又如何能共度漫长的岁月。但也正是在这里需要有选择和把握，悦以动，如果正，则可行；不正，则要舍弃。归妹卦的凶，是因为少女不守婚姻之礼，自媒自荐，主动地归从长男，长男心生喜悦而有所行动，接受了少女，男女之情胜过了夫妇之义，情欲胜过了责任，因悦而动，有失端正，所以前行有凶，无所利。第四层说到归妹卦的征凶，是因为居位不当，失时失位，二、三、四、五爻皆不当位，没有尽自己应尽的责任，错位而行，征而有凶。第五层是因为以柔乘刚，初上两爻虽当位，却又是阴上阳下，并且三爻以柔乘二爻之刚，五爻以柔乘四爻之刚，阴阳不能正位，所以总的来说这样的婚姻不会有圆满的结局。

下面来看《大象传》：

《象》曰：泽上有雷，归妹。君子以永终知敝。

《大象传》说：水泽上面有雷声震响（泽悦雷动，有欣悦而动之义），是少女出嫁的象征。君子看到这样的卦象，恒久地保持夫妇之道，察知可能敝坏此道的原因。

泽上有雷，雷动雨沛就会使泽水滋盛，兑卦阴气悦于下，震卦阳气动于上，有少女悦以动长男之象，因而称为归妹。君子看到这样的卦象，明白夫妇之道宜于"永终"，永久保持才有好的结局。应该防止淫佚，不可敝坏夫妇之道。在夫妇关系中，"永终"有白头偕老之意，而归妹这样的婚姻缺乏道义的基础，是极容易敝坏的，动摇了夫妇恒久之道，应及早有心理准备，预防和避免敝坏。不仅在婚姻中是这样的，扩展到社会人事中也是如此。君子当有远虑，及时警醒，防止悦以动产生敝坏，以保其善始善终。

也有易学家将震卦对应于春天，兑卦对应于秋天，君子知春知秋，知始知终，依理而行，方能合造化之机，顺自然之理。君子观雷泽之象，思其永而防其敝，当有所戒惕。

下面来看六爻的解释：

初九：归妹以娣，跛能履，征吉。
《象》曰："归妹以娣"，以恒也。"跛能履""吉"，相承也。

初九：少女出嫁成为侧室，就如同人的脚跛了还能走路，前行吉祥。《小象传》说："少女出嫁成为侧室"，以此能够恒久。"脚跛了还能走路""吉祥"，是因为可以辅助顺承。

爻辞涉及古代的媵妾制，以妹妹陪姐姐同嫁一夫，称妹为

"娣",相当于侧室。正配的女子婚嫁须具备六礼,年龄也有界限,否则就是失礼,就会如卦辞中说的"征凶"。而作为陪嫁的娣,因其地位卑下,可不备六礼,也不受年龄限制。初九在归妹之时,处于最下位,上无正应,因而是归妹中的娣,不是君子正配,就如同人的跛脚,虽不正,却能够辅助行走。又初九以阳刚之德居于初位,说明初九是具有贤德的娣,能够安守本分,以偏助正,辅佐嫡夫人承助君子,因而"征吉"。在归妹卦中,阳爻均有吉象,阴爻均有凶象。初九爻这里强调的是,女子虽有居位卑下之时,但不失阳刚之贤德,常以善行正道来要求自己,则会吉祥。我们可将其看作一个出身低微的女孩子,但却有阳刚居正的品格志向,以德来补位之不足,将来必可获吉。

九二:眇能视,利幽人之贞。
《象》曰:"利幽人之贞",未变常也。

九二:有一只眼睛,视力不好只能勉强视物,利于幽静的人守正。《小象传》说:"利于幽静的人守正",没有改变常道。

那么什么是"幽人"呢?履卦的下卦也是兑卦,九二爻"履道坦坦,幽人贞吉",是既具有刚中之德,又能够不争不躁、幽静内敛、守持中道之人,是一位贤能中道、德行清廉的贤士。归妹卦的九二爻,如履卦九二爻一样,居于下卦兑体之中,阳刚居中,在归妹的卦时之下,是一位贤惠守中的刚正女子,与六五阴阳相应。但在归妹之时,六五阴柔不正,这样的相应是以阳应阴,反类相应,说明九二嫁夫不良,如同大臣遇君不明,只能勉力相从来辅助。九二处于这种境况下,有"眇能视"之象,与初九的"跛能履"相仿，不能两目皆明，只能勉强视物。这时的九二只能坚守己志，幽静安恬，以刚中之德执守中道，不变常道之贞，守志以免祸。相当于一个刚正贤德的女子，嫁的丈夫并非佳偶，但她能尽力当好贤内助，弥补丈夫的阴柔与不足，所以是"利幽人之贞"，没有改变夫妇恒常之道。

六三：归妹以须，反归以娣。
《象》曰："归妹以须"，未当也。

六三：少女急于出嫁却只能等待，反归成为娣媵嫁出去。《小象传》说："少女急于出嫁却只能等待"，是因为她行为不当。

六三是一个没有把握好自己的女子，居于下卦兑卦之上，阴居阳位，不中不正，又以急切取悦的姿态求嫁于人，然而却上无相应，像六三这样失德、失位又失时、失礼的女子，没有人肯接受和迎娶，六三只能等待，最后也只能落得作为娣媵嫁出去的下场。此爻提醒少女在追求自己的幸福时，应以自尊、自爱、自强的态度去赢得尊重，以合宜正当的途径获取幸福，避免自甘流落。当然，现代社会中的女子已与古代有所不同，女子在修德行才华的同时，也不能一味地消极等待，还是要广泛地参与社会活动，以期能够遇到自己的佳偶。

九四：归妹愆期，迟归有时。
《象》曰："愆期"之志，有待而行也。

九四：少女出嫁拖延了时期，迟来的出嫁终得其良时。《小象传》说:"延期待嫁"的心志,是因为她有所等待才这样做。

"愆期",误期,失期。归妹卦中的刚爻代表女子有才质贤德,九四以刚爻居阴位,与初九无应,表示这位有才德的女子不肯轻易委身于人,已经过了适婚的年龄而仍然未嫁。这种愆期未嫁,并非无人愿意娶,而是女子要静等有德的君子而后才肯嫁。同理,这样的等待也似良臣蛰伏不出,等待明君,是矜持自重、不轻易从人的智慧而高贵的表现。

王船山《周易内传》:"待年待礼,阴之志本正而未尝不欲行,九四急于往而不姑为待,何也?男择配,臣择君,士择友,岂有定期哉!急于立身,缓于逢时,则己不枉而物可正,推而上之,圣人之养晦而受命,待贾而沽玉,亦此而已矣。"

在中国文化传统中,尤其在诗词歌赋等文学作品中,常以女子出嫁来比喻贤士择主而进仕做官,所以我们在此卦的例解中多引用历史上贤士择主而仕的典故。王船山认为君子应"急于立身,缓于逢时",君子不应该急于出来做官,就如同女子应努力修自己的才德,不急于嫁人一样,这才是应有的正确态度。无论是女子出嫁也罢,士子出仕也罢,不怕嫁得晚,关键是要嫁得对,嫁得对的前提是要修德立身,完善自我。

六五:帝乙归妹,其君之袂,不如其娣之袂良,月几望,吉。

《象》曰:"帝乙归妹","不如其娣之袂良"也,其位在中,以贵行也。

六五:帝乙嫁出王室少女,嫁为正室的女子的衣饰不如陪嫁女子的衣饰华丽，就像月亮快要满圆，吉祥。《小象传》说："帝乙嫁出王室少女"，"她的衣饰不如陪嫁女子的衣饰华丽"啊，是因为她居中不倚，因此显示出品行的高贵。

"帝乙"具体是谁，历史上有很多解释，但其实在这里并不是很重要，只知道他地位至尊就可以了。这样至尊的帝乙嫁出王室少女，其衣饰不如陪嫁女子的衣饰华丽，说明少女位尊而谦逊，守中而不偏，衣饰虽不如陪嫁的女子，但她的品德高贵而谦和，如同月亮接近圆满而不过盈，这样的婚嫁是吉祥的。六五居于尊位，在归妹之时，象征王室女子出嫁，居震卦之中，是主动下嫁。普通女子主动下嫁有违常礼，而"帝乙归妹"地位尊贵，无人敢攀，必须主动表示愿嫁的态度，是屈尊降贵，以诚从人，而且在嫁归时尚德而不贵饰，表现出良好的德行，所以是吉祥的。

帝的女儿（或妹妹）要出嫁是非常吉祥的事。如此高贵的女子，在出嫁的过程中，显现的应是德行之美而不是衣饰的华丽，因为她出嫁的衣饰阵仗将成为天下女子羡慕和效仿的样本。作为有德有位的女子，当然应该倡导美德而非奢侈。在中国传统文化价值观中，越是高贵的人越不需要钱财和美饰的装扮，而简约、高贵、文雅、善良、纯洁才是真正的美德，才是值得尊敬和祝福的。

上六：女承筐，无实，士刲羊，无血，无攸利。
《象》曰：上六"无实"，"承"虚"筐"也。

上六：女子背着筐子，里面却没有实物，男子用刀宰羊，却没有取到血，没有什么好处。《小象传》说：上六"没有实物"，背着一个空筐。

这个爻象很诡异，仅从爻象和爻辞上来看，就显现出一副不祥之象。上六是归妹卦的最后一爻，无应无比，说明女子嫁归的愿望不能实现。在古代婚礼中，男女须到宗庙去祭祀祖先，女子背着装满祭祀用品的竹筐，男子宰羊取血进行祭祀。祭祀后，婚姻才具有合法性。就相当于现代社会中，男女双方去到政府部门领取结婚证，没有法律认可的婚姻是得不到保障的。在上六爻辞中，女子的筐里没有祭品，男子宰羊没有取到血，象征着婚礼祭祀没有完成，而婚姻关系就没有确立，女子归嫁不成，没有找到归宿，这个境况对上六来说是不利的。也有解释认为，"女承筐，无实，士刲羊，无血"是指没有生育能力，不能够延续血脉、承接祭祀，所以处境是非常不利的。其实，结合现代男女婚姻的特点，筐实和羊血也可以理解为双方的诚意，真正幸福的婚姻一定是男女双方心怀诚意，如果没有诚意，缺乏真心，这样的婚姻不会有好的结局。

答　疑

问：爻辞中涉及古代的媵妾制，可以介绍一下吗？

答：归妹卦爻辞中涉及古代婚姻的媵妾制，《春秋公羊传·庄公十九年》中解释道："媵者何？诸侯娶一国，则二国往媵之，以侄娣从。诸侯一聘九女，诸侯不再娶。"《春秋左氏传·成公八年》中记载："凡诸侯之嫁女，同姓媵之，异姓则否。"

在周代的婚礼制度中，一个诸侯国的国君或世子要迎娶其他诸侯国国君的女儿为妻，出嫁国除了要嫁出一个将成为正妻的公主，另外还要选公主的两个姐妹一同陪嫁过去，如果公主没有待嫁的亲姐妹，就要选国君的侄女来补充。这样出嫁国一次就嫁出了三女。同时，按照规定，与出嫁公主之国同姓的诸侯国中还有两国要出陪嫁，这两个诸侯国各自选个三女子进行陪嫁，可以是该国国君的女儿或侄女。三个诸侯国一共嫁出九个女子。这样，娶亲的那个诸侯国君一聘就娶回了九女，以后这一生就不能再娶了。这九女中除正妻外，其余八人就是"媵"，也称"媵妾"。诸侯的婚礼这样规定的理由是什么呢？《白虎通》云："备侄娣从者，为其必不相嫉妒也。一人有子，三人共之，若己生之也。"马其昶释曰："是为娣者，所以绝嫉妒、广嗣续，以恒夫妇之道，故曰以恒也。嫡无子，侄娣有子亦不出，所以必有侄娣之义。"意思是，一次娶这么多女子回来，一方面是为了多生子嗣，保证将来国君后继有人；二是为了防止后宫彼此嫉妒闹事，大家是亲姐妹或亲姑侄女，如果其中一个生了孩子，因为有血缘，另外两个就都会呵护这个小孩子。大家读两汉的历史，那些皇帝虽然有那么多的后宫嫔妃，却往往临死时都没有子嗣可以继承皇位，就是因为后宫的嫉妒和权争，那些小皇子一出生就被害死了，宫廷斗争非常残酷。

媵妾制随着秦帝国大一统而消失了，因为天下只有一个国了，皇帝娶妻就成了一妻多妾制，但作为陪嫁女的媵却在后来相当长的时间内都存在着，只是含义有所变化，没有了周代的严格规定，没有了严格的身份与人数的限制。

现代社会婚姻制度是一夫一妻制，已经彻底打破了原来的一妻多妾制，媵妾、侄娣已成为历史。因此，在对于归妹卦中的解读中，我们得其卦义、爻义的精神，结合当前的时代，着意进行了现代性转化，意在为新时代的女子择偶提供有益的指导和帮助。

归妹卦小结

　　本卦以少女出嫁为主题，阐释了少女择偶出嫁应遵循的原则。男婚女嫁是天经地义的事，是人类生生不已的根本。然而女子出嫁应严守正道，顺乎情理，不可违逆常规，过分强求。待嫁的女子如果才貌能力并不优秀突出，或者出身寒门，要以柔顺厚德来要求自己，努力培养自己的品德和才华，以守分、坚贞的品德使自己成为具备人格魅力的女子，将来辅助夫君共同走向吉祥；才德平凡的女子待嫁，对男方的期望不可奢求过分，更不可好高骛远，强人所难，以致婚配不谐，自食其果，只有各方面般配才能够有长久稳定的婚姻；才德兼备的女子应保持适当的矜持，充分显示自尊、自信的品质，不轻易许人，不急于求成，谨慎地选择佳偶以成婚配；客观条件比较优越的女子，应更注重培养内在的气质修养，以优雅的气质和谦逊的品格获得幸福的婚姻，而不在意是否有华丽的服饰和奢华的物资；女子是否能够找到归宿并拥有幸福的婚姻，关键在于男女双方内心的诚意，如没有诚意和真心，不可能获得美满的婚姻。在现代婚姻中，同时也要注重婚姻的合法性，得到法律的保护以及双方父母亲朋的祝福，是双方建立在真诚基础上的婚姻能够获得一生幸福的客观保障。

读卦诗词

罗敷媚 · 雷泽归妹

寇方墀

千般娇媚寻归宿,独上西楼,
望断江头,何处云帆鸾凤俦?

古来女子择佳婿,心慕情柔,
祈愿白头,尤恐袂良无德羞。

丰卦第五十五

离下震上

导 读

在上一卦，我们学习了归妹卦，《杂卦传》解释说："《归妹》，女之终也。"归妹卦以少女出嫁为主题，阐释了少女择偶出嫁应遵循的原则，提出了要严守正道，顺乎情理，不违逆常规，不过分强求等原则。在六爻中，则对于不同情况的女子该如何择偶提出了忠告和建议。归妹卦之后，就进入了丰卦的卦时。

《序卦》说："得其所归者必大，故受之以丰。"事物得到依归必然会丰大，所以在归妹卦之后是丰卦。我们看到从归妹卦到丰卦的这种递进关系有些勉强。之前我们在学到咸卦时，曾经邀请张丰乾教授就卦序的问题专门做过一次讲座，张教授认为："《易》学的象术和义理相互发明，同归而殊途，可以区别，而不可以割裂，在卦序的研究中尤其如此。"意思是，我们看到今本卦序以及《序卦传》中的解释时，不应该仅看到文辞中的义理解释，还应注意到其内在的象数依据。卦序是象数和义理互相发明所呈现的结果。因此有时为了符合象数的安排，义理的解释看上去就有些牵强。在那次讲座中，张教授探讨了诸多易学家在卦序方面的研究成果，其中提到了张清宇先生在沈有鼎先生有关研究的基础上，采用数学内涵格的方式，把卦的交错和交综解释成内涵格中的代数运算，提出了错综不变组的概念，用以分析《周易》卦序结构，进而在《周易卦序结构分析》中提出了比二进制更合理的卦序解释：《周易》卦序错综复杂，不呈线性序，而显两项多层次的平面结构。上下篇各有抱、插、钳三势，又有回互、交错、顺布三序：上篇用回互，下篇用顺布，交错通上下篇。井然森然杂而不乱，逆顺错综，处处对称，一往一复，妙趣无穷。内涵格的积的说法统一了卦图演成的重卦法和邵雍的连续二分法。张教授认为，张清宇先生的内涵格解释比二进制解释更好。可见二进制的解释局限于对卦序的线性理解，还是有改进的空间（张丰乾《〈周易〉之卦序及其义蕴》）。从《序卦传》的文字叙述来看，呈现的是单线义理化的解释，这种线性的理解不能涵盖《周易》丰富的象数和义理交互发明的特征，因此会使读者感到牵强，我们如果突破这种单向度的线性思维，把这样的卦序只当作多层次交错的整体结构中所呈现的某一条路径来看待，就会释然并豁然了。

关于卦序的研究，大家可参看李尚信《今本〈周易〉六十四卦卦序的基本骨架》、张清宇《周易卦序结构分析》等学术著作及文章。

我们回到丰卦中来，《序卦传》说，事物得到依归，必然会丰大起来，因而在归妹卦之后是丰卦。归是归属、归附。得到归附就会丰大起来，这是事物发展的一个自然规律。从卦象看，震为震雷，离为电火，雷电同时出现，声光互助，声势浩大，因而称为"丰"。从卦德看，离为明，震为动，只有以明而动，才能够致丰，只有动而能明，才能够丰大亨通。但在丰盛之时，人们常会陷于安乐，以致判断事物昏昧不明，当时刻警醒。丰卦中各爻的丰却是以日食遮蔽太阳的阴影丰大为喻，以此来论述如何应对暂时的黑暗，动而能明，从而保持光明丰大的局面。

"丰"是丰硕、茂盛、丰盈、盛大。我们前面学习过大有卦，火天大有，我们在《全本周易导读本》中给大有卦取的小标题是"盛大丰有"，大有卦在同人卦之后，六五之君居于尊位，以柔中应五刚，整体局面是内刚健而外文明，阳气充沛，团结和洽，因此到了上九爻时，是"自天祐之，吉无不利"。丰卦与大有卦有很大的不同，一是，丰卦从归妹卦顺承而来，归妹卦的《大象传》就提醒君子要"永终知敝"，非礼而行带来的繁荣是不可能长久的，归妹卦与同人卦不可同日而语，丰卦也就无法与大有卦同日而语。二是，丰卦的卦象及其所带来的气息，却是强烈而夺目的，我们可以用《红楼梦》中的一段来进行解读。在《红楼梦》第十三回，秦可卿临死前托梦给王熙凤，说道："眼见不日又有一件非常喜事，真是烈火烹油、鲜花着锦之盛。"这"烈火烹油，鲜花着锦"就是丰卦的卦象。接着秦可卿提醒说，这一切不过是瞬息的繁华，一时的欢乐，万不可忘了那"盛筵必散"的俗语。于是提出了两条规避风险、留下退路的建议，第一要王熙凤在祖坟附近多置田庄房舍地亩，以备祭祀、供给之费，第二要设置家族私塾，这样将来祖先能得到祭祀，子孙读书务农有生存的基本来源。最后临别，秦可卿还念了两句话："三春去后诸芳尽，各自须寻各自门。"

这一段描写和铺垫为整部《红楼梦》奠定了悲剧性的底色，越是繁华，就越是悲凉，其中蕴含着作者对于尘世繁华、人生意义的理解。

丰卦不同寻常，本来是"宜日中"、日上中天之卦，却处处被黑暗遮蔽，以至于白天看到星斗，看到极小而幽暗的沫星，可见遮蔽有多么严重和恐怖，很有些意识流的感觉，到了上六爻时，竟然到了"窥其户，阒其无人"的神秘凶险的地步，处处暗藏着忧患与灾殃，所以丰卦是充满忧患与危惧之卦。

丰卦本义是丰美，追求丰美本是人之常情，亦是人类共同的目标，然而达致丰美很难，保持丰美更难，丰卦便是探讨如何致丰、保丰的一个卦。

王船山对于此卦有很深的领悟，他认为那些伟大的圣哲，能够尽人之所以为人之性，以此正其性情而安于生死。能够尽人之性，则处盈的时候可以持满，居虚的时候可以保和，既不伤生，亦不忧死，常以不丰为乐，以丰盈为戒，一本于真诚，常求其缺。这样，可以安身立命，不忧不惧，以一体之仁合于天德，实现圣哲完满的人格追求。

而普罗大众的俗人往往以不丰为忧，用尽心力、时间和精力去求取丰盈，甚至不惜以各种失信悖德、巧取豪夺的手段去夺取，终生陷于此中，就如《庄子》所说的"其寐也魂交，其觉也形开。与接为构，日以心斗"，成为物的奴隶。这是过分追求丰盈的多数人的写照。而另有一些人，对于人生不能够丰盈感到恐惧，于是以一种逃避脱离的方式，厌恶人世，出离世间，放弃追求，冷却了生命的热量，放弃了社会人生的责任，这便是走了另一个极端。

以儒家为主、佛道为辅的中国传统文化所崇尚的生命，是在入世出世之间获得平衡，圣人及贤哲之士对于丰盈的态度是既不决然拒绝，又充满戒惕，明知道人生终而有死，于是并不追逐满足感官、口、体、世俗的欲望等不断流迁幻灭的外物的丰美，而在有限的人生中，尽其性，得其命，活得从容自得、独立自在、确然自信，从而获得精神自由、丰美而超越的人生，向内完成人格的丰美,是内圣之道;继而如坤卦《文言》所言"君子黄中通理,正位居体,美在其中,而畅于四支,发于事业,美之至也",便是外王之道。内圣外王,是人生达致丰美的最高境界。

那么,在具体的丰的情境中,每一个人该如何自我修持、进德修业呢?丰卦卦爻辞对此进行了多方位的阐释。丰卦离下震上,离卦的卦德是明,震卦的卦德是动,丰卦的核心观念就是"明以动",明动相互促进,成就了丰的局面。明,是指明白、光明、文明、明照,先要明,而后才有行动,有明的指导,动才不会是盲动。就如同王阳明所说的"致良知",致良知即明。仅有明还不够,还要有动,如果没有行动,那么明就没有实际应用,明就是空明,知也非真知。需要以明来指导动,以行动来证这个明,明与动互为验证,彼此发明、纠偏、促进,明动相资,也就是王阳明所说的"知行合一",如此才能达致充实明达的丰美。

那么,如何做到"明以动"呢?《礼记·中庸》提出:"自诚明,谓之性;自明诚,谓之教。诚则明矣,明则诚矣。"孚诚是关键,通过诚,既可以贯通天道,达到至诚如神之明,又可以成为付诸行动不竭的原动力,正所谓"诚于中,形于外",如此,可以做到"明以动"。丰卦六二爻辞中说:"丰其蔀,日中见斗,往得疑疾,有孚发若,吉。《象》曰:'有孚发若',信以发志也。"其中就特别强调了"有孚发若"也即诚的重要性。

以上,我们结合卦爻辞探讨了如何求丰、致丰。各方辐辏而致丰的太平时代,物质极大丰富,百姓安居乐业,宫室歌舞升平,因此有了一个成语,叫作"丰亨豫大"。丰指丰卦,丰卦卦辞第一个字便是"亨";豫是指豫卦,《象传》说"豫之时义大矣哉",是富裕安逸之卦。这两个卦合起来,本来是指富饶安乐的太平景象。后来这个成语就转为特指好大喜功，奢侈挥霍。《朱子语类》："宣政间有以奢侈为言者，小人却云当丰亨豫大之时，须是恁地侈泰方得，所以一面放肆，如何得不乱。"处于丰和豫的时候，本应该自我警醒，以丰为戒，但那些贪于奢华逸乐的小人却以夸耀和奢侈为务，必然是要迅速地由盛转衰了。

讲　解

下面我们来看丰卦的文本，先来看卦辞：

丰：亨，王假之。勿忧，宜日中。

丰：亨通，王到达这里。不必忧虑，宜于日上中天。

《彖》曰：丰，大也。明以动，故丰。"王假之"，尚大也。"勿忧，宜日中"，宜照天下也。日中则昃，月盈则食。天地盈虚，与时消息，而况人于人乎？况于鬼神乎？

《彖传》说：丰，大的意思。在光明中行动，所以丰盈盛大。"王到达这里"，是崇尚丰盈盛大。"不必忧虑，宜于日上中天"，是说宜于用丰大明亮的光辉照耀天下。太阳到了正午，到达中天接着就会向西倾斜，月亮圆了的时候就会开始亏缺。天地间的盈满亏虚，随着时间的变化而消长，何况人呢？何况鬼神呢？

丰卦电光雷动，光明照彻天地，震雷借光明而震动，气势盛大，天下只有王者才能达到这样丰大至极的气势。在盛大的气势下，做事就会亨通无阻。然而，世间的道理往往是盛极而衰，就如同太阳到达中天，再向前就会倾斜，所以丰大之中隐含着忧患。这时仅有忧患意识是不够的，要能够执守中道，以清醒务实的态度，"明以动"，不使过盛才能防止衰落，以保持丰大的局面。同时，要明白"日中则昃，月盈则食"的现象是天地自然运行的规律，因此不要整日忧虑惊慌，应及时修德，宜于像日上中天那样，用光明照亮天下，以宽容、大度的风范顺应天地盈虚之理，积极主动采取措施，将光明施予四方，防止过盛。

王船山《周易内传》对于卦辞中的"王假之。勿忧，宜日中"解释道："一受习俗柔暗之蔽，百炼之刚且化为绕指之柔，若非日中之德，则肘腋之下，蒙蔽所积，而况四海之遥，兆民之众，一叶蔽目，不见泰岱矣。故丰者，忧危之卦也。非德位兼隆，固当以为忧也。"意思是"王假之"是王者有外王之道，要防止习俗的蒙蔽习染，要如日上中天那样有光明的内在，具备日中之德，清醒明白，既照亮自己，也照亮天下，可以"勿忧"，否则被周围的人所蒙蔽，就会一叶障目，不见泰山，有位无德，则不能无忧。对于一个王朝来说，天子一跬步，皆关民命，故而要求其有圣明的德行和政治才能，以实现内圣外王之道。对于每个人来说，也应修持光明的德行，不被习俗所遮蔽，以实现自我内圣外王的人生。

下面来看《大象传》：

《象》曰：雷电皆至，丰。君子以折狱致刑。

《大象传》说：雷声和电光一起到来，有丰盈盛大之象。君子看到这样的卦象，效法雷的威势和电光的明亮去判决讼狱、施用刑罚。

　　丰卦下离上震，光明与震动同时发生，构成了丰大的气象，这也符合自然界雷电交加并行的现象，因此是雷电皆至之象。离火有明察之象，而震雷有威断之象，君子看到雷电明动的卦象，明白了决断讼狱、施用刑罚应遵循的原则，决断讼狱的时候必须明察事情的虚实，动用刑罚的时候必须轻重得中，如果动刑而不明察，就会滥用刑罚；如果明察而不威慑，就会姑息养奸，所以君子从丰卦中获得了折狱致刑的道理。

　　与丰卦卦象相似的噬嗑卦，火雷噬嗑，是离火光明在上，震雷威动在下，是上面明察立法，向下以警醒世人遵守，所以噬嗑卦的《大象传》是"先王以明罚敕法"；而丰卦是王法已威立于上，君子明察在下而依法折狱致刑，所以丰卦的《大象传》是"君子以折狱致刑"。雷电皆至，可见威势迅猛，君子不敢轻用，然而一旦明察断狱，刑罚已判，就应迅决而不滞留，这样既避免了有罪的人规避钻营，又免得无辜之民往返听审，劳苦破费。君子从丰卦中得到的启示是效法雷的威势迅猛和电光的彻照明察去判决讼狱、施用刑罚。

　　下面来看六爻的解释：

　　初九：遇其配主，虽旬无咎，往有尚。
　　《象》曰："虽旬无咎"，过旬灾也。

　　初九：遇到了可以相配的主人，虽然阳刚均等也没有咎害，前行必受到赏识。《小象传》说："虽然阳刚均等也没有咎害"，超过了均衡会有灾祸。

"旬"是均的意思，是指初九与九四均为阳爻，同时也代表明与动配合均衡。在其他卦中，诸爻取阴阳刚柔相应为正，丰卦却取明动相资助为正，初九以阳刚之质居于下体离卦之初，是明之始；上体震卦的九四爻居于上体离卦之初，是动之始。初九与九四同德相遇，明与动互为支持，共同起动盛大丰满的态势，所以初九将与九四的相遇看作得遇配主。初九的明察与九四的威动在相互配合中，起到了均等的作用，既不过明，也不过威，彼此资助，没有过咎，这种明与动良好的配合是值得效法和推广的。其中明与动的均衡作用非常重要，如果平衡被破坏，无论是哪一方面过度了，都会导致灾祸。初九爻辞中不言丰，是因为初九还未达至丰，只是明之始。

六二：丰其蔀，日中见斗，往得疑疾，有孚发若，吉。
《象》曰："有孚发若"，信以发志也。

六二：张大了障蔽物以遮蔽光明，正中午看到了星斗，前往会遭到猜忌，发挥自己诚信的美德，吉祥。《小象传》说："发挥自己诚信的美德"，以诚信开拓自己的志向。

"蔀"是覆盖于棚架上以遮蔽阳光的草席，引申为覆盖。"丰其蔀"是指张大了障蔽物以遮蔽光明。六二以阴柔中正之德居于大臣之位，是离体主爻，其品德像悬挂于中天的太阳那样光明，然而此时却被巨大的障蔽物遮蔽，如同出现了日食一般，天色昏暗到有如黑夜，以致大白天能够望到星斗。张开遮蔽物的正是居于君位的六五，是一个柔暗不正的昏君，遮蔽了六二的美德与光辉。这时的六二不可轻动前往，否则必遭猜忌，六二应发挥自己的柔中诚信之德，谦虚低调，至诚无私，以感发君主的心志，若能以诚信开拓和发展君主明动之志，可获吉祥。我们看到，六二中正光明，居于大臣之位，但不幸上面的六五是柔暗之君，没有光明的德行和判断是非忠奸的能力，所以这时的六二既不能放弃责任，又不能曲意顺从，也不能犯颜直谏，否则会往遭疑忌，失掉大局，爻辞给出的建议是"有孚发若"，以至诚感发君主明动之志，可获吉祥。我们在例解中举的是唐德宗时期陆贽的例子。六二以光明中正的德行，处柔暗昏君之世，着实不易。

九三：丰其沛，日中见沫；折其右肱，无咎。
《象》曰："丰其沛"，不可大事也；"折其右肱"，终不可用也。

九三：丰大遮掩光明的幡幔，正中午的时候看到了极小的小星；折断右臂，没有咎害。《小象传》说："丰大遮掩光明的幡幔"，这种情况下做不成大事；"折断右臂"，终究不能够施展才用。

"沛"指用来进行遮蔽的幡幔。"沫"，通"昧"，微暗，一说为北斗辅星，一说为极小的小星。九三之象，丰大遮掩光明的幡幔，比"丰其蔀"时更为昏暗，以至于日当正中的时候，天空却被遮蔽得漆黑，是日全食之象，甚至能够看到极小的小星。古人常以天象来对比人世的吉凶，日食被看作是灾异之象。九三以阳刚之质居于离体之上，当位得正，刚明有才干，但是与其相应的上六却是阴暗动极之徒，达不到"明以动"的配合，不但如此，上六之阴还形成了遮蔽光辉的幡幔，阴气遮蔽了九三的明德，如同日全食中的太阳被昏暗整个遮盖。九三在这样的情况下，不能施展作为去做大事，应认识到黑暗势力是强大的，但也是暂时的，因而需痛下决心，舍车保帅，屈身断腕，以待时机。爻辞中的"折其右肱"比喻将最得力、最常用的部分主动断除，以保无咎。舍车保帅是被黑暗遮蔽时的无奈之举，也是在危急情况下自保的明智之举。自断右臂是痛苦惨烈的，但又是不得不做的选择。

九四：丰其蔀，日中见斗，遇其夷主，吉。
《象》曰："丰其蔀"，位不当也；"日中见斗"，幽不明也；"遇其夷主"，吉行也。

九四：张大了障蔽物以遮掩光明，正中午看到了星斗，遇到了与自己等同的人，吉祥。《小象传》说："张大了障蔽物遮掩光明"，是因为居位不当；"正中午看到星斗"，说明幽深黑暗不见光明；"遇到等同的人"，吉祥宜于前行。

在上位而交于下，称作"夷"。九四以阳刚居于阴位，居不当位，其处境与六二相似，却又不居于中位，不中不正而居于两阴爻之下，光明被遮蔽得更深。虽然九四是上体震卦之主，但是以刚居柔，在近君大臣的位置，与六五相逆比，所处地位危险，且已经离开离体的光明，独自一个阳爻不能胜过众阴。于是九四向下寻求，遇到了与自己阳德等同的初九，与初九互为资助，动与明遥相呼应，上下同德，真是难得的吉兆了。丰卦之所以能够"明以动"，功劳在九四，九四又因为有了初九的鼎力相助，才能使丰之世的光明不被昏暗彻底遮蔽。而九四退身下求，是使局面转而为吉的关键举措。

九四是近君大臣，其能否做到"明以动"，会直接影响到居于君位的六五，我们不妨在此处举晏子谏齐景公的例子，《晏子春秋·内篇问上》记载，景公问求贤，晏子对曰："观之以其游，说之以其行，君无以靡曼辩辞定其行，无以毁誉非议定其身，如此，则不为行以扬声，不掩欲以荣君。故通则视其所举，穷则视其所不为，富则视其所分，贫则视其所不取。夫上士难进而易退也，其次易进而易退也，其下易进而难退也。以此数物者取人，其可乎！"这正是一个光明中正大臣的劝谏范例。

六五：来章，有庆誉，吉。
《象》曰：六五之"吉"，有庆也。

六五：前来彰显光明，有福庆和赞誉，吉祥。《小象传》说：六五的"吉祥"，有福庆。

王船山这样描述六五："阴尚未盈，能下受之，故二来而施之以明，弥缝其不善而著其善。"六五以阴暗之质坐在君主的位置上，它的势力足以障蔽阳刚与光明，这样的君主本来没有吉道可言。所幸它能得守中道，能够虚其心而不盈满，居于上体震卦的中位，是六二"有孚发若"的对象，六二以至诚中道前来启发协助，六五虽阴暗但没有达到满盈，能够虚心向下接受六二，六二是离体之主，给六五带来了光明，弥补了六五的昏暗不善而彰显了它中道纳谏的善举，使六五得到了福庆和赞誉。所以，六五本不应有吉，以六二"来章"而获吉。

上六：丰其屋，蔀其家，窥其户，阒其无人，三岁不觌，凶。

《象》曰："丰其屋"，天际翔也。"窥其户，阒其无人"，自藏也。

上六：丰大屋宇，遮蔽居室，从门口向内窥视，里面寂静无人，三年没见有人露面，凶险。《小象传》说："丰大屋宇"，在天际高翔。"从门口向内窥视，里面寂静无人"，那是在自我深藏。

"阒其无人"指空荡荡没有一个人。上六以阴居丰卦之极，阴柔昏暗，却住着很大的屋子。居室被障蔽遮盖，有高处深藏之象，令人颇感神秘。然而窥视屋内却寂静无人，三年不见有人露面，这一切都预示着凶象。在丰大的时候，本应谦虚处世，上六住处规模很大，品质本应刚健光明，而上六阴暗至极，幽深昏暗，遮蔽了九三的光明，迫使九三"折其右肱"。上六这样自高自大，自以为飞翔于天际而遮蔽家室，居处昏暗不明，是自我隐藏、自绝于人的表现，而上六本身只有阴柔之质，并无大才，其凶可知了。

如果我们读读中国历史，那些高官、外戚、宦官虽得一时之盛，居于高位，作威作福，多行不义，早已经暗藏祸端，一旦积恶日满，在其极为丰盛之时，那"丰其屋，蔀其家，窥其户，阒其无人，三岁不觌"的凶象已经暗含其中了，其发生只是时间早晚的事，当为后世所戒。

答　疑

问：如果人们不期然获得丰美之时，当如何自处？
答：丰卦上六爻给出了特别的警示，上六爻象异常凶险，关门闭户，三年不见其人，内含着杀身亡家之象，正如我们前面说到的秦可卿提出的警语："三春去后诸芳尽，各自须寻各自门。"求丰、致丰不易，保丰、持丰更难。正当丰盛之时，还是不要沾沾自喜沉溺于"丰亨豫大"为好。因此，丰卦本为丰盛热烈之时，而卦爻辞中却充满了严厉的警诫之辞，呈现了因沉迷于逸乐、昏聩于感官享乐、懒惰于修身自持的悲惨痛苦的后果。《周易》教人无论在什么情况下，尤其在顺境、丰盛的情况下，不要放纵逸乐，应常怀戒惕警惧之心，勤于好学力行、修德进善，以丰盈为戒，一本于真诚，常求其缺，在物质上保持克制节俭，在精神品格上追求至高的人生丰美的境界。这便是丰卦所蕴含的谆谆深意。

丰卦小结

本卦说明事物丰大时如何求丰保丰的道理。卦辞重点阐明了处丰的两个原则：一是要有盛美之德，二是要常保光明，照耀天下，防止被自身或外来的昏暗所障蔽。丰卦的卦名为丰，而卦中各爻却处于"日中见斗"的昏暗之中，可见求丰保丰非常不容易。

居于下位，自身具备光明的才智时，要寻求有行动能力的人，彼此资助，将光明付诸行动，以求丰大。当具有一定的地位，能够中正处事，又有光明的才智，却没有遇到善于识人用贤的领导，自身的光明被遮蔽时，不可妄自行动，以免遭猜忌，而应以至诚至信的柔中之德感化他人，可致丰获吉。自身刚毅履正，光辉日盛，却被巨大昏暗势力所遮蔽时，要能够忍辱负重，必要时要能够主动折损自己，保存实力，以待重见光明。如果身至高位，因为自身遇事不明而陷入昏暗之中，应积极主动寻求下层明德之士的支持帮助，同舟共济，求得丰大。居于领袖位置而自身缺少刚明之质的人，更应礼贤下士,广开言路,以获得志士贤才的真诚辅佐,才能保丰不衰。切不可自高自大,深居简出,自绝于人,否则凶兆必现,丰极而衰。总的看来,丰卦讨论了在不同的境况下怎样保证明与动的良好配合,以确保明以动,动而明,从而实现致丰保丰的总体目标。

读卦诗词

最高楼·雷火丰

寇方墀

花着锦,犹烈火烹油,雷电遇相酬。
日中则昃安可久,月盈即缺鬼神愁。
须知它,丰有度,预绸缪。

遇配主、往行知大节。有孚若、窃疑如暗夜。
明与动,不能休。
光风霁月一江水,天高云淡半庭秋。
莫封尘,高遮幕,自为囚。

旅卦第五十六

艮下离上

导　读

2019年7月22日上午，恩师余敦康先生的遗体告别仪式在八宝山举行，我们向余先生做最后的告别。余先生一生经历过许多的坎坷与磨炼，却从未放弃他的追求，走过了近九十年的春秋，到达了生命旅程的终点，但他的精神和思想会长久地留下来，不会随着生命的消亡而消失。澎湃新闻和北大出版社的博雅好书公众号刊发了一组怀念余先生的文章，其中有我的一篇名为《贯通之路》的文章，在此我将文章的最后一部分与大家分享，并以此形式表达对恩师的崇敬与缅怀：

> 余先生指出，传统与现代是一个连续与中断的统一，大批现代哲学家，融贯中西，通释古今，上下求索，为建立传统与现代的联结点，延续中国文化的慧命，作了艰苦卓绝的努力，他们怀着现代人的焦虑而复归于传统，根据《周易》中"太极""太和"概念，阐发了其中所蕴含的中国哲学的精神以及中华民族的文化价值理想，为陷入困境的中国文化重新点燃了精神的火焰。余先生指出，这种哲学追求的理想目标，就是凝

结着真善美的太极，是贯穿着和谐统一的太和。太极和太和是中国哲学的永恒价值和全人类的普遍意义。虽然在现实中，会有许多诸如"理有固然，势无必至"的困惑，当前面临现代性的中国文化仍在努力走出困境，但只要精神的火炬重新点燃，和谐的理想被重新发现，只要抱着强烈的忧患意识去探寻，就可以找到并达到理势合一、真际与实际交相辉映的太和境界。余先生充满希冀与热情的论述，饱含着他对中国文化复兴的热切期望，饱含着一位哲人对这块悠久深厚的文化土壤的反思与热爱。他以冷静的哲思和生命的热度贯通了这条从起源到目标的中国哲学之路，先生的忧思和追寻以及途中的困惑可以稍解了。

以上是我的怀念文章，同时也契合我们今天要学习的旅卦。人生如逆旅，最终都要走到生命的终点，但这趟人生旅途的意义是什么？走过之后，我们会留下什么？什么才是不朽的、永恒的？我们学习《周易》已经学完了五十五卦，离六十四卦结束只剩九个卦了。在学习的过程中，我们除了要学习《周易》知识，更要体会蕴含于其中的文化精神，体会其中所崇尚的品格气象、胸襟格局及忧患意识，并让这样的精神薪火相传。余先生研《易》多年，逐渐具备了这样淳和的气象，我们学习《周易》，就是要学习这样的精神，体会生命的意义，做一个像余先生那样具备如此大气象、有更高境界追求的人，我愿与大家共勉！

下面，我们进入今天对于旅卦的讲读。

在上一卦，我们学习了丰卦，丰卦讲了如何求丰保丰的道理，卦辞重点阐明了处丰的两个原则：一是要有盛美之德，二是要常保光明，照耀天下，防止被自身或外来的昏暗所障蔽。丰卦的卦名为丰，而卦中各爻却处于"日中见斗"的昏暗之中，可见求丰保丰非常不容易。总的来说，求丰保丰的核心原则就是要达到明与动的良好配合，以确保明以动，动而明，从而实现致丰保丰的总体目标。在丰卦之后，就到了旅卦的卦时，《序卦传》说："丰者，大也。穷大者必失其居，故受之以旅。"翻译过来是：丰的意思是丰盈盛大。丰大到极致必然会失去居所，所以在丰卦之后是旅卦。之前给大家讲丰卦的时候讲到《红楼梦》，讲到贾府有"烈火烹油、鲜花着锦"之事，丰盈盛大到极致，正是丰卦的卦时，而《红楼梦》结束时，贾宝玉出家，孤独地走在茫茫雪原上，走向他当初的来路——青埂峰。来世间这一遭就是一场旅行，那孤独的背影就是一个旅客的意象。《序卦传》说，丰盛达到极致的时候就会衰败，会失掉曾经安居的地方，从而羁旅行役，过着漂泊的生活。因此，在丰卦之后是旅卦。

我们来看旅卦。从卦象看，艮下离上，山上有火，山是静止不移的，如同馆舍，而火是迅速燃烧移动的，有离开而不停留之象，如同旅人，所以称"旅"。又因为艮为内卦，离为外卦，离体之德是附丽，象征依托、附丽于外，有旅之象。从另一方面来说，山上的火不会漫无止境地燃烧下去，就像人漂泊在外，最终还是要回归故乡。旅卦主要阐述了在不安定的旅途中求得安定的原则。

旅卦可以给人很多的启示，从现实中的旅行可以对应到人生的这场旅行。比如我们旅行时，行囊里不能装太多东西，要简单，不能太烦琐，否则那不但是累赘，还会导致灾祸，财物随身带多了，会招致盗贼，正所谓"匹夫无罪，怀璧其罪"。这是第一条，不要贪图太多物质的东西，使得人生很多羁绊，不能洒脱。第二条，人在旅途，行为气量不能小气猥琐，否则不但会被人看低欺侮，也会因为自身的自私狭隘而最终自取灾祸。这表面上说的是旅行，其实说的是做人。总结这两条：人生旅途，物质上要求简单，气度上要求宽和。第三条，在旅途中，虽然不要贪求太多物质的东西，但旅行的经费要够用，以保证旅途平安、行止有度，可以更好地负起责任，可以有闲情来欣赏沿途的风景。这些经费，正是靠人在旅途中的担当、负责和努力得来。第四条，人在旅途，要有同道而行的伙伴，这样的旅途不会寂寞，而且可以彼此鼓励、互相帮助、共度旅途，这样的旅行是愉快而充实的，那么什么样的人可以作为自己旅途中的伙伴呢？《论语》里面孔子说过如何选择可与自己同道而行的人："可与共学，未可与适道；可与适道，未可与立；可与立，未可与权。"在人生的旅途中，最好的伙伴是既可与共学，又可与适道，既可与立，又可与权的人，如果人生旅途中遇到这样的同道，便是莫大的福气。还有更为重要的，如果有幸得良师指导，旅途就会少走很多不必要的弯路，少浪费人生宝贵的时间，那又是人生最大的幸运和福气了。当然，得遇良师益友，还要靠自己的修为和努力去寻找和遇见，如若遇见，那看待人生的眼光和高度就会随之大为开阔，而人生的境界也会大为不同。

旅卦的六五爻引用了一个意象："射雉，一矢亡。"用箭射鸟，本来就想获得雉这种文明的禽鸟，但结果不但没获得雉，连箭也给亡失了。这是一个比喻，就是旅途中本就不安稳，凄凄惶惶，匆匆忙忙，希望能够有所追求，希望追求能有所成就，但结果却常常是两手空空，甚至连用来打猎的工具也丢失了。

孔子曾筮得旅卦，他的一生就如同旅卦所象征的，带着弟子四处奔波，想要找到可以施行他的理念学说之地，但一路上遭受了太多的冷眼、嘲讽甚至威胁和围困，他在当世不但没有实现理想，还把自己的一生都搭在颠沛流离的旅途中。旅卦的六五爻用短短的九个字，就说了非常深刻的道理，有着人生意义的大转折在里面。孔子漂泊一生，不断地修身奋进，虽终其一生没有在当世达成志向，但为后世的文化传承和发展做出了无可替代的重要贡献，为后世所景仰，这就叫作"终以誉命"。

王船山对此有深刻的辨析，他认为，圣人对于手中有箭是否要射出去这个问题，是有着伟大而深刻的思考的，比如手中有箭，射出去可能射到雉，也可能射不到，那么要不要冒这个险，把箭射出去呢？可以这样考虑：射出去，没有射到鸟，那么箭就失掉了，鸟也没得到，但还有射到的可能。如果怕丢失箭而不射出去，那么就连获得鸟的可能性都没有，箭留在手里没有用，也相当于丢失。所以，不如就把箭射出去吧，还有获得文明之禽的希望，就算没有获得，也不遗憾了。这就是孔子的"知其不可为而为之"，不顾惜箭的丢失，将生命投入追求中去，无论结果如何，不留遗憾，这就是儒家。爻辞说"终以誉命"，孔子虽然生前没有射到雉，还把一生都献给颠沛的旅途，但他获得了后世长久不朽的荣誉和爵命。这是爻辞在鼓励旅途中的人，如果为了保住箭矢而前怕狼后怕虎，患得患失，最终将一事无成，空过一生。孔子是一位伟大的旅行者，他用一生不懈的追求，在不得其位的行旅之中，矢志不渝地走在弘道的路上，为文化续命做出了重要贡献，同时也成就了他的圣人之路。

讲到这里，我们应该得到一些鼓励和启发了，对于每一个人来说，又何必害怕牺牲那些箭矢呢？人生百年，如果总是患得患失，不舍得用力、用心，不舍得去付出和追求，最终会空过一生，这场旅途的意义又何在呢？这是旅卦给我们的启示，愿我们共思之。

讲 解

下面我们来看旅卦的文本，先来看卦辞：

旅：小亨，旅贞吉。
《彖》曰：旅，"小亨"，柔得中乎外而顺乎刚，止而丽乎明，是以"小亨，旅贞吉"也。旅之时义大矣哉！

旅：小有亨通，旅行守正吉祥。《彖传》说：旅行，"小有亨通"，柔顺者在外居于中位而顺从刚强者，栖止时能够附丽于光明，所以说"小有亨通，旅行守正吉祥"。旅行中的适时行止的意义是多么伟大啊！

旅行的人失去了固定的居所，旅行在外会有些不安定，但还不至于困顿。

卦中六五以柔爻居于尊位，能以柔中顺应上下两刚爻，可以在旅途中小有亨通，但不会有大亨。因为，一来旅居在外，身处异乡，有很多不安定因素，不太容易"大亨"，而途中遇到困难时须有阳刚中正的助手支助，但六五与六二不能形成刚柔相济的配合，所以六五在柔中顺刚的情况下只能有"小亨"。旅行在外，有些时候迫于环境，需要忍受委屈才能前行，虽然如此，也需在旅行中坚守信念，不离正道，以柔顺中正把握好处旅的原则，方可获吉。人生如逆旅，旅的时义是非常伟大的。

我们在例解中引用了《古诗十九首》中的《青青陵上柏》，将天地、陵柏、涧石这些永恒的事物与短暂的人生相比，人就像行色匆匆的旅客，只是到这天地间做一次短暂的旅行。而当主人公看到世间的人们以奢靡行乐消磨时光时，内心又被忧戚所迫，似在追寻人生的终极意义。《诗经·黍离》："彼黍离离，彼稷之苗。行迈靡靡，中心摇摇。知我者谓我心忧，不知我者谓我何求。悠悠苍天，此何人哉？"早在春秋时期，古人就已以诗意兼哲思来表达对于人生的追寻与感喟了。

来看《大象传》：

《象》曰：山上有火，旅。君子以明慎用刑而不留狱。

《大象传》说：山上燃烧的火在蔓延，有旅行之象。君子看到这样的卦象，用刑时清醒明察、审慎地利用刑狱而不稽留讼狱。我们读过的卦中，离卦在上卦的，多有明察之象，因此常与讼狱有关。《周易本义》说"慎刑如山，不留如火"。山上火光熊熊，光明炽热，无所不照，但这样的气势不能长久，有旅之象。君子看到这样的现象，懂得要明察审慎地利用刑狱而不能稽留讼狱的道理，牢狱是不得已而设置的机构，用以惩罚犯罪的人。如果糊涂决断、淹滞拘留，就会使无辜的人受牵累，所以君子审案决断时要至明至慎，以审慎的态度明察所有的讼狱而不稽留讼狱，如此可以称得上正确吉祥的刑狱了。

下面我们来看六爻的解释：

初六：旅琐琐，斯其所取灾。
《象》曰："旅琐琐"，志穷灾也。

初六：旅行之初行为猥琐小气，这是招致灾祸的缘由。《小象传》说:"旅行之初行为猥琐小气",意志薄弱自取灾患。

初六踏上了旅途,由于它地位卑微,不中不正,自身又阴柔懦弱,在旅途中遇到利益得失、穷途困顿的时候,就显得鄙猥琐屑,没有一点胆识和正气。这样的情状,怎会不招致侮辱和灾祸呢?虽然初六上有九四与之相应,有外援支持,但因它的才质能力实在太弱,又行事猥琐,意志薄弱,"君子固穷,小人穷斯滥矣",初六在行旅之中不能自持自保,以致自取灾祸。

"旅琐琐"提醒我们,一方面不要鄙猥琐屑,另一方面不要贪求物质之多,避免烦琐累赘,也免招祸患。

来看六二爻:

六二:旅即次,怀其资,得童仆,贞。
《象》曰:"得童仆,贞",终无尤也。

六二:旅途中住进了客舍,怀里藏着盘缠,得到了忠贞的童仆陪同。《小象传》说:"得到了忠贞的童仆陪同",终究没有什么过失。

六二居下卦艮体中位,既中且正,在旅行中,能够找到安居的客舍,又有足够的旅费,还有忠贞善良的童仆陪同,这样的旅行算得上是难得的惬意了。之所以能够如此,一是因为六二有一定的地位,客观物质条件优越,二是因为六二柔顺宽和,为人处事中正得当,使内外和谐,童仆忠贞可信赖,所以可以免于灾祸,没有什么过尤。

我们在例解中用的是晋文公的例子,晋文公在逃亡的旅途中有钱、有人接待、有随从、有收获,堪称旅卦六二爻的生动体现了。

来看九三爻：

九三：旅焚其次，丧其童仆，贞厉。
《象》曰："旅焚其次"，亦以伤矣。以旅与下，其义"丧"也。

九三：旅行中大火焚毁了客舍，童仆背叛了他，再坚持下去会非常危险。《小象传》说："旅行中大火焚毁了客舍"，自身也受到伤害。在旅行中以刚暴的性格与下属相处，"丧失"了待人之义。

九三以刚居阳，刚亢而不中，有自高自大、过刚致灾之象。刚亢过度，在平时尚且容易招祸，何况是在旅途之中呢？九三这种过刚的行为给自己带来了严重的后果，他所居住的旅舍被火烧毁，童仆也背叛了他，自身受到伤害，处境非常危险。这都是因为他处旅之时太过刚暴，丧失了待人之义，因而有这样的祸患。九三爻提醒我们，无论如何，切忌过刚。

九四：旅于处，得其资斧，我心不快。
《象》曰："旅于处"，未得位也。"得其资斧"，心未快也。

九四：旅行到了可以居处的地方，得到了货财器用，但我的心里并不痛快。《小象传》说："旅行到了可以居处的地方"，并没有得到正当的位置。"得到了货财器用"，心里没有感到痛快。

九四以阳居阴，在上体离卦之初，质刚用柔，有阳刚才质并能够谦逊柔顺，适宜于旅行。九四下与初六相应，善于与人交往，情况比九三要好得多，不仅有了歇身的住处，也有了旅行的资费，但是心情并不愉快。因为在旅途中很多因素并不稳定，又没有得到应得的正位，只能与下面的阴柔初六相应。其才能得不到施展，志向得不到实现，仍是一个旅途中的匆匆过客而已，因而心情并不痛快。

六五：射雉，一矢亡，终以誉命。
《象》曰："终以誉命"，上逮也。

六五：用箭射野鸡，丢失了一支箭，最终得到了荣誉和爵命。《小象传》说："最终得到了荣誉和爵命"，是因为向上达及光明之境。

雉是文明之禽，六五居于上体离卦之中，以柔中而文明的德行，旅行于众刚爻之间，不断地修身奋进，如同要射到文明之禽一样，希望将光明的理想广施天下。雉是文明之禽，射雉象征着希望将光明普济天下。但现实是六五却只能在旅途中追寻，不但没有射到雉，还损失了射雉的箭。六五志向光明、执守中道，处世又能够刚柔相济，追寻光明而不疲倦，虽不得其位，但在人生的旅途中彰显了高尚的德行，最终得到了美誉和爵命。

最后来看上九爻：

上九：鸟焚其巢，旅人先笑后号咷。丧牛于易，凶。
《象》曰：以旅在上，其义"焚"也。"丧牛于易"，终莫之闻也。

上九：鸟巢被火烧毁，旅人先是大笑后来又号啕大哭。就像在荒远的田畔丧失了牛，凶险。《小象传》说：以旅人的身份高居于上位，这就叫作"引火烧身"。"就像在荒远的田畔丧失了牛"，最终也没有人闻知他的遭遇而来救助。

上九居于旅卦的最上位，作为一个旅人，竟然意外得到了高位，上九大笑不止，却不知道自己是把极高而危险的地方当作了住宅。其结果是凶险随之而来，如同高枝上的鸟巢被火焚烧，荒远的田畔丧失了牛，旅人遭遇祸殃后痛哭号啕，可谓乐极生悲、亢极致祸。上九在羁旅中遭祸却没有人闻知，最终也得不到援救。作为羁旅之人，贵在柔顺中正，不惹祸端为好。上九却最为亢进，以居穷高为乐，以客旅之身得到上位，招致众人的忌恨，埋下凶险的祸根。结果不但栖身之所被毁掉，连财产也全部丧失。遭遇到这样的不幸，却因为身为羁旅之人而没有人闻知救助，可谓受伤到了极点。

我们在例解中用的是春秋时期楚国太子建的典故，他寄旅于郑国，却贪高位而谋不轨，结果被郑定公设计杀死。最后是"鸟焚其巢，旅人先笑后号啕"引火烧身的下场。旅卦上九以非常严厉的爻辞提醒世人：切莫在旅途中贪图高位，忘记了自己是羁旅之身这个事实。

答　疑

问：为什么孔子筮得旅卦而泣？

答：我们在旅卦六五爻的例解中引用了《乾凿度》记载："孔子生不知《易》本，偶筮其命得旅，请益于商瞿氏。曰：'子有圣知而无位。'孔子而泣曰：'凤鸟不来，河无图至，天之命也。'于是始做十翼。"

《乾凿度》里说，孔子偶尔占筮自己的命运，得到了旅卦，就去向商瞿氏请教，商瞿氏告诉他，"子有圣知而无位"，意思是，有其德无其位，是在旅途中颠沛一生的命运。孔子泣下，说出了"凤鸟不来，河无图至，天之命也"这样的话，感叹生不逢时，遭遇一个离乱忧患的时代，就像在离乱漂泊的旅途之中，不得安居，也就不能得其位。这就是旅卦的卦时：离乱、漂泊、不安定。

旅卦小结

旅卦阐明了在不安定的行旅状态下妥善处世的原则。羁旅生涯是孤独而难安的，所以在旅途中既要有坚强守正的品质，又要以柔顺持中为本。统观六爻，凡是阳刚高亢的都遇到了危险，尤其是得意忘形、居于穷高之地的人更是会招致凶祸，而柔顺中道者却能够得到支持、赞誉和财富。柔顺是旅人应遵循的处世之道，但是那种卑下自辱、行为猥琐的人，却会因志短卑贱而自取灾祸。可见，人在旅途，卑下就会被侮辱，高调就会被嫉妒，如果能够执中不偏、内刚外柔、柔而不失中，就算得上难得的智慧了。

行旅的意义不仅指狭义的旅行，更可以将人生看作一次旅行。不同的人生经历着不同的境遇，遭遇着不同的机会和危险，如何成为一个善于行旅之人，当从旅卦中得到启示。

读卦诗词

思远人·火山旅

寇方墀

苍翠青松陵上柏，不似人间客。
看匆匆羁旅，怀资携仆，悲喜皆行色。

客身何必强追索，梦断烟云阁。
叹笑罢号咷，丧牛于易，行人满城陌。

巽卦第五十七

巽下巽上

导　读

　　在上一卦，我们学习了旅卦，旅卦阐明了在不安定的行旅状态下如何妥善处世的原则。羁旅生涯是孤独而难安的，所以在旅途中既要有坚强守正的品质，又要以柔顺持中为本。统观旅卦的六个爻，凡是阳刚高亢的都遇到了危险，而柔顺中道者却能够得到支持、赞誉和财富。可见，柔顺是旅人应遵循的处世之道，但是那种卑下自辱、行为猥琐的人，却会因志短卑贱而自取灾祸。人在旅途，卑下就会被欺辱，而高调就会被嫉妒，甚至会招来灾祸。如果能够执中不偏，内刚外柔，柔而不失中，就算得上难得的智慧了。

　　《周易》旅卦讲完，意犹未尽，接着又另用一卦来讲如何才能够走好人生的旅途，这一卦就是巽卦。《序卦传》说："旅而无所容，故受之以巽。巽者，入也。"人在旅途无所容身，只能选择巽顺，以求入于安身之所，所以在旅卦之后是巽卦。"巽"的意思是顺入。

　　人在旅途，漂泊不定，如果不懂得巽顺之道，很难找到容身之地。如果能够以巽顺处世，顺而能入，终有一天会结束困苦的局面，从而得以安身。所以在旅卦之后继之以巽卦。

巽的本义为入，为顺。从卦象来看，巽为风，风吹过大地，将天的号令发布传送，万物都受到吹拂，号令一出，百姓顺从，是谓巽。从爻象看，上下两体的巽卦都是一阴爻伏于两阳爻之下，是阳入阴爻，阴顺阳爻。两个巽体反复重申政令，所以为巽。在六爻中，九五是刚中之君，号令天下，众爻顺从。

我们来看一下这个"巽"字。《尚书·尧典》云："汝能庸命，巽朕位。""巽"，古通"逊"，引申为卑顺、谦恭，比如《论语·子罕》："巽与之言，能无说乎？"唐代韩愈《答魏博田仆射书》："位望益尊，谦巽滋甚。"所以"巽"就有了顺的意思，而顺的事物善于进入，所以"巽"又有了入的意思。《序卦传》里就说到了"巽者，入也"。我们在刚学习八卦的时候，学习卦象和卦德，八卦各有其卦象和卦德。巽卦的卦象是风，卦德就是入。

另外，我们在六十四卦学习的过程中，多次提到过"三陈九卦"，《系辞传》中对"三陈九卦"的整体描述如下：

是故履，德之基也；谦，德之柄也；复，德之本也；恒，德之固也；损，德之修也；益，德之裕也；困，德之辨也；井，德之地也；巽，德之制也。

履，和而至；谦，尊而光；复，小而辨于物；恒，杂而不厌；损，先难而后易；益，长裕而不设；困，穷而通；井，居其所而迁；巽，称而隐。

履以和行，谦以制礼，复以自知，恒以一德，损以远害，益以兴利，困以寡怨，井以辨义，巽以行权。

这九个卦在六十四卦卦序中的位置依次为履 10、谦 15、复

24、恒 32、损 41、益 42、困 47、井 48 和巽 57。巽卦是"三陈九卦"中的最后一卦。

对于巽卦的"三陈"分别是:"巽,德之制也","巽,称而隐","巽以行权"。翻译过来:巽卦(有广施教令之意),是申明道德的规范;巽卦(教人顺势施发号令),与事物相合宜而不显露形迹;巽卦(强调顺势利导),其重点是通权达变。

《杂卦传》对于巽卦的解释是"兑见而巽伏",兑卦喜悦外显而巽卦巽顺伏藏。

综而观之,巽包含的德行有:逊顺、阴柔、隐含、伏藏、顺入、行权、申明广施等义。

从这些意蕴里面,我们可以看到巽卦颇有老子之风,老子就倡导柔弱,我曾对《老子》《庄子》的思想特色分别以三个字概括,《老子》的三个字是:后、静、柔;《庄子》的三个字是:反、虚、破(寇方墀《北大国学课精要:道家思想与领导智慧》)。

巽卦由上下两个巽体组成,巽下巽上,巽先巽后,都是巽,是柔之又柔,对应于《老子》之柔,颇能申发其深意。

人在旅途也罢,在世间生活工作、与人交往做事也罢,用刚容易,而真正用柔,而且把柔用得恰到好处,其实非常不容易。老子《道德经》就是通篇在讲柔的好处,以及如何能以"天下之至柔,驰骋天下之至坚"。

老子反复强调,"坚强者死之徒,柔弱者生之徒","人之生也柔弱,其死也坚强","草木之生也柔脆,其死也枯槁",所以,人要时刻保持柔的状态,不应动辄自恃刚强,唯有柔活才可以保持生机、把握先机,有足够的空间和余量来调和阴阳,以使气韵从容,持久不坏。老子认为,大道尚柔,人如果善于运用柔的道理,无论对于身心的健康修炼，还是对于为人处事的和气顺达，以及对于和于天下的治理，都大有裨益。所以《道德经》中有很多关于守柔的建议，守柔以达到虚静无为、柔弱不争。

但是老子却又感叹说："吾言甚易知，甚易行。天下莫能知，莫能行。"那是因为，人在平常无事的时候，心平气和，很柔和的样子，但一旦遇到事情，被激发、被触动，就一下子激变而为刚，甚至于刚亢而怒发，柔变成刚只是瞬间的事。在这样的时候，才能看出一个人的修养。这个时候的刚，不是真正的阳刚，而是老子所说的"益生曰祥，心使气曰强，物壮则老，是谓不道，不道早已"，被激而起的刚是冲动、是情绪、是逞强，人被这种激动带入非理性的状态之中，自我都很难控制。所以巽卦上下卦都是巽，象征始终巽顺，不被触发而激动为刚，这样才是要努力修养处，具备这样的修养之后，办大事、担大任，都有了大的涵养，做事就能够沉稳安泰而少犯错误了。

所以"柔"是巽卦第一德，是"德之制也"。制是控制、节制，以柔来节制刚。

巽卦第二德：隐。巽卦是一个阴爻入于两个阳爻之下，隐藏在下托举着阳爻，以顺德做幕后英雄，使阳刚不失其中、不失其尊，而自身则隐于下，以调济和协助阳爻，一理遇到时变，就裁度损益，与阳共担艰难。因此，巽德中又有了一层忍的意味，忍是为了和，不与阳争，不激变为阳，而达到阴阳和合。从这个角度而言，阴有时要比阳伟大，柔要比刚更难做到。

巽卦的第三德，是"行权"。我们知道《周易》崇尚"正"和"中"，在社会人事中，"正"往往以阳刚来体现，而"中"则是以阴柔进行调节的结果，这种调节就是"行权"。巽卦的卦象是风，风可以普致天下，卦德为入，可以相时而入，因势而行权。运用好柔，是一种高超的智慧，其德、其功最终会得到申明广施，因此巽又是申发号令之卦。我们《全本周易导读本》中给巽卦取的小标题是"君子之德风"，君子有化下之风，就是从巽有风德而言的。

我们对于巽卦的逊顺、阴柔、隐含、伏藏、顺入、行权、申明广施等义进行了这样一番阐发，可见，巽卦的卦义主要讲如何巽顺，如何用柔。

巽卦讲用柔巽入，有道家之风，同时也要有儒家最基本的原则做底线，这就充分显示了儒道互补、刚柔相济的重要性，而《周易》思维恰是可以调和阴阳、兼用柔刚的典范。

在巽卦六爻中，初六和六四两个阴爻有失之过柔的弊病，爻辞鼓励要柔而能刚；九三与上九分别处在下卦和上卦的极位，一个过刚，一个过柔，爻辞分别予以劝诫；九二与九五能居中而行权，符合处巽之道，因此，爻辞中均以吉兆以相应。这就充分显示了巽顺之道所要遵循的原则和要义。

讲 解

下面来进入巽卦文本的解读，先来看卦辞：

> 巽：小亨，利有攸往，利见大人。

巽：小有亨通，利于有所前往，利于见到大人。

我们在前面讲到"巽"字的几种含义，没有提到《说文解字》对"巽"的解释，《说文》："巺，具也。""巺"古同"巽"。徐铉解释说："庶物皆具，丌以荐之"。段玉裁的《说文解字注》认为，许慎将"巽"解释为"具"，乃是字的本义。可以这样理解：巽本来是祭祀时摆放祭品的几案，因人祭祀时充满虔诚逊顺，因而这个摆满祭品的具象的几案就成了抽象的逊顺的象征。

王船山从"巽"这个字的本义来解释巽卦的卦辞，他认为"巽者，选具而进之谓"。巽，就是谨慎地选择方式、方法、途径、器具去进入，这是一种柔顺修谨的态度，其愿望是顺从阳而求相入，以达成阴阳宣化，这就是巽之德。对于阴爻的这种顺入的态度，阳爻乐于接受，所以卦辞里是"小亨"，前面我们读过一些卦，明白这个"小亨"的"小"不仅是指程度的小，更是对应于阴爻而言的，阴为小，阴柔巽顺而得到亨通，就称作"小亨"。在巽卦的上下卦体中，阴爻虽然进入，而上下卦的中爻都是阳爻，象征着刚不失其中，这样刚柔相济，所以卦辞说"利有攸往"。而卦辞中的"利见大人"是指二爻和五爻而言，是德位并隆者，阴爻巽顺以入，济刚以柔，亨通而彼此有利。

《彖》曰：重巽以申命。刚巽乎中正而志行，柔皆顺乎刚，是以"小亨，利有攸往，利见大人"。

《彖传》说：上、下两个巽卦象征反复申说号令。阳刚者巽顺于中正的美德从而其志得以施行，阴柔者都巽顺于阳刚，所以"小有亨通，利于有所前往，利于见到大人"。

巽由上下两个巽体组成，一阴潜伏于两阳之下，可从两方面来说这个"入"：从阴的角度而言，阴自下以柔顺而入合于阳；从阳的角度而言，阳气由上方吹入，将阴气散开，如同风吹云散，从而阴阳合德，风调雨顺。上下两个巽体，象征反复申说号令，二和五是刚爻，巽乎中正以推行政令，初和四是柔爻，巽乎刚爻而顺从号令，这样双向沟通，其作用在于修敝举废，不断进行调整，所以是"小亨"。

如果将这个道理用在人心与修为，当心志柔弱处下时，要巽顺而入，协和于阳，获得阳刚的确信；当心处于阳刚之时，要用阳刚中正的心志去反思和察知内心隐伏的细微念头，以阳散阴。如果用在国家，就是要深入组织内部厘清弊端，使刚柔平衡。在巽之时，利于有阳刚之德的大人带领，同时刚爻应避免过于刚强而有违中正之德，柔爻应避免过度柔顺而丧失独立人格及原则立场，完美的巽顺以刚柔适中为佳。

王船山认为，巽卦内卦的三个爻皆取下顺上之义，外卦三爻皆取上施下之义。在例解中，我们用了论语中的"君子之德风，小人之德草"，阐明了君子之德如风，以巽顺入民心，而不是以强硬的手段去推行。立身行道，化民以德，这是为政者所应体会并努力践行的道理。这样，上施于下，下顺于上，就能形成良好的沟通和合作，是巽入之道的主旨所在。

《象》曰：随风，巽。君子以申命行事。

《大象传》说：相继不断的风吹来，有巽顺吹拂之象。君子看到这样的卦象，便效法风德，申发命令，推行政事。

巽为风，两个巽卦代表着两风相重。"随风"是指风相继不断地吹拂。君子看到风吹过万物，无所不至，无所不顺，于是效仿风之德，像春风那样发布命令，推行政事。发布的命令是顺民心而出，以德政行于天下，民众就会巽顺地听从号令，欣然顺从，这样的政令就会如风吹大地一样无所不至。

"申命"是指反复地申发，三令五申，就像风不断吹拂一样。风气需要逐渐形成，一种政令要始终相告，反复申明，长期施行，老百姓才能够明白并易于执行，这就是立法施教之道，即为巽顺之道。

下面来看六爻：

初六：进退，利武人之贞。
《象》曰："进退"，志疑也；"利武人之贞"，志治也。

初六：进退不决，利于像军人那样坚定。《小象传》说："进退不决"，是因为心无主见；"利于像军人那样坚定"，这样才能使志向得以确立。

初六是阴柔之爻，又居于巽卦的最下方，性格柔弱，地位卑下，没有阳刚的能力和胆量。当上面发布命令要求他执行政令时，由于本身柔弱自卑，他前怕狼后怕虎，茫然不知所措，进退不知所从。这个时候，初六应振作精神，学习军人的气质，以刚毅果断弥补自身柔弱的缺陷，顺应形势，敢于作为，执行政令，德业均会得以修立。初六如果自身不能焕发刚毅品质，就应寻求阳刚外援，虽然初六上无相应，但可上承于九二，巽顺于外在的阳刚，从而使自身行动能够刚决正固，形成刚柔相济的良好组合。

我们在例解中用的例子是春秋时期的晏子所提出的"君甘而臣酸，君淡而臣咸"，表达的是刚柔相济、优势互补的道理。初六太柔，需要焕发阳刚的勇气，或者借助外在阳刚的力量来弥补自身太过阴柔的缺陷。

来看九二爻：

九二：巽在床下，用史巫纷若，吉，无咎。
《象》曰："纷若"之"吉"，得中也。

九二：巽顺地俯伏于床下，这种无比恭敬的态度适合于史巫那样的神职人员纷纷俯地而拜，吉祥没有咎害。《小象传》说："纷纷俯地而拜的样子""得获吉祥"，是因为得其中道。

"纷若"，盛多的样子。"床"相对来说是较为卑微之地。"史巫"，史是祝史，巫是巫觋，指接事鬼神的神职人员。祝史司祭，巫以降神。

九二爻本来具有阳刚健取的本质，但由于处在巽体之中，又居于阴柔之位，所以太过恭敬谦逊，以至于接到上司的命令，就跪拜在床下，无比巽顺，形式纷繁，显得卑琐，行为有失中道。九二巽顺太过了，样子也太委曲卑下了。对于九二这样的人，不适合担负大臣的重任。这种无比恭敬的态度可用于对神的膜拜，并把神的意志传达给民众。至诚恭敬就不会显得过度，且有利于把民众的精神凝聚起来，更好地促进政令的推行。九二适合做一位宗教人士、神职人员或精神文化的传播者。由于九二内有阳刚的资质，又与初六亲比，有聚纳民众、所行不正的嫌疑，因而遭到九五猜忌，所以九二要不断地以刚中孚信之德和诚善之心为上下祈福，唯有获吉才可以无咎。这种"巽在床下"巽顺到无以复加的情态，只适合"史巫"这样的神职人员在宗教神话中对神的态度，否则就有悖于人性人情了。

九三：频巽，吝。

《象》曰："频巽"之"吝"，志穷也。

九三：频繁地违逆又顺从，有羞吝。《小象传》说：频繁地违逆又顺从最终导致羞吝，说明心志窘迫。

"频巽"是不甘心顺从，迫于形势不得不顺从，但因本性刚强又忍不住会违逆，迫于压力再次顺从，如此反复，称为频巽，这样做的结果必然会有鄙吝。我们以前学过复卦的六三爻是"频复，厉无咎"，三爻这个位置最为尴尬，"频复"是不断地回复于正道，因此"无咎"。巽卦九三以刚爻处于阳位，刚强过中，又在下卦巽体之上，本性刚亢不愿俯首帖耳听从命令，但是在巽之时，迫于形势不得不低头，这种顺从并非发自内心，所以称其"志穷"。以九三的本性，并不能长久巽顺，又加之向上无应，向下无比，居于上下两卦的交界，六四又以阴柔之质居其上，更使其心有不甘而忍不住进行违逆和冒犯，屡次犯错误，又屡次归于巽顺，一再反复，这样的态度必会招致羞吝的结果。九三就本质而言，是一位阳刚居正的君子，但其缺点是不能中道行事，骨子里刚强自恃，不能适应客观形势，形成矛盾冲突，这实在是由性格所致，刚居阳位，刚而不中，与巽卦的环境格格不入。朱子《周易本义》："过刚不中，居下之上，非能巽者，勉为屡失，吝之道也。"

再来看六四爻：

六四：悔亡，田获三品。

《象》曰："田获三品"，有功也。

六四：悔恨消亡，田猎收获三种猎物。《小象传》说："田猎收获三种猎物"，有功勋。

六四本质阴柔，与初爻不相应，没有外援，同时又处在上下都是刚爻的位置，是极易产生悔恨之事的。但是在巽之时，情况就会有所不同，六四以柔居阴，首先是得巽顺之正，向上巽顺于九五、上九，向下巽顺于九三、九二，行顺履正，顺势善处，所以悔恨得以消除。以六四这样巽顺的处事方式，能够获得上上下下的普遍认可，正所谓左右逢源，如同田猎会获得很大的收益一般。

六四在巽之时，能够行君的号令，又能够顺民意而执行，可以兴利除害，获得功勋。所以《小象传》认为六四爻能巽于上下的阳，可以"田获三品"。这个"田获三品"与柔顺的六四爻相结合，也可以这样理解：田获分而为三，遍及上下，以成巽顺之功。这里不但是六四有收获，更因六四能够分享，所以能成就功勋。

来看九五爻：

九五：贞吉，悔亡，无不利。无初有终，先庚三日，后庚三日，吉。

《象》曰：九五之"吉"，位正中也。

九五：守正吉祥，悔恨消亡，没有不利。开头不顺利但结果很好，在变更之前有所准备，在变更之后观察实效，吉祥。《小象传》说：九五的"吉祥"，是因为居位端正而守持中道。

庚，是十天干中第七位，过中之地，事情当变更的时候，所以"庚"是变更的意思。与蛊卦卦辞"先甲三日，后甲三日"中的"甲"区别在于：蛊是完全败坏，重新开始，所以以甲为节点，而巽是顺应时势兴利除弊，因而以庚为节点。

九五居于尊位，是巽卦之主，命令就是由九五发出的。九五既中且正，刚明无私，体现了巽之正道。巽道讲顺入，所以提醒九五号令天下要中正才会吉，顺入民心，会使悔恨消亡，无所不利。君王下达命令的目的在于变更旧有的制度与习惯，以除弊兴利。事物开始时会有很多问题，但推行新令后就会日臻完善，所以他必须在变更前有所准备，反复叮咛；在变更后他需要揆度考虑，观察实效，申命行事。

在例解中，我们引用了盘庚迁都的例子，变更旧制以除弊兴利。

上九：巽在床下，丧其资斧，贞凶。

《象》曰："巽在床下"，上穷也。"丧其资斧"，正乎"凶"也。

上九：巽顺地俯伏在床下，丧失了裁断事物的利斧，坚持这样做就会凶险。《小象传》说："巽顺地俯伏在床下"，是因为向上已无路可走。"丧失了裁断事物的利斧"，说明正处在"危险"的位置上。

"资斧"有两解：一是指货财器用，一是指能够断物的利斧。在巽卦上九爻中，这两种解释可以阐明同一个道理：上九处于巽卦的极端，过于巽顺，以至于卑微巽伏到了床下，丧失了其作为阳爻的刚断本质，失去了齐物的利斧，只是一味巽顺，没有了裁断事理的原则，因而也就丧失了自己的权利以及货财器用等本该维护的东西，上九这样做下去，必会招致凶祸。

例解中我们引用的是李斯的例子，李斯一味地巽顺于权力，不顾大义和原则，最后却失去了权力及身家性命，此堪为后世为官者之戒。

答 疑

问：用柔要注意什么？

答：我们讲了用柔的诸多大义及其好处，但也要警惕，防止用柔不当或者持柔过度，以致失去了原则和操守，这就适得其反了。在用柔的同时，要清醒地防止守柔变成乡愿。乡愿是指那种不分是非，同于流俗，处处讨好，没有原则，以不得罪任何人为目的，人们称作老好人、好好先生。孔子认为这种似德非德而乱乎德的人，是"德之贼"。

柔顺到没有了骨骼，也就乱了是非，没有德行操守，为害不浅，世人对之不可不辨。《孟子·尽心下》中更清楚地说明这种人，大体意思是说，万章问："一乡的人都称他是忠厚人，所到之处也表现出是个忠厚人，孔子却认为（这种人）戕害道德，什么道理呢？"孟子说："（这种人，）要批评他，却举不出具体的事来；要指责他，却又觉得没什么能指责的；和颓靡的习俗、污浊的社会同流合污，平时似乎忠厚老实，行为似乎很廉洁，大家都喜欢他，他也自认为不错，但是却不能同他一起学习尧舜之道，所以说是'戕害道德的人'。"虽然表面上看，是个对乡人全不得罪的好好先生，其实他抹煞了是非，混淆了善恶，不主持正义，不抵制坏人坏事，全然成为危害道德的人。

巽卦小结

本卦阐述了如何巽顺而入的道理。卦义中以巽顺为主，强调巽顺可以亨通，柔应顺乎刚，刚应顺乎中正，利于"大人"申命施治。在具体到六爻时，突出了巽顺过程中的权变之理，阐明了在不同的位置和具体情况下应遵循的原则。卦中两阴爻：初六位卑柔弱，进退疑惧；六四处于上下刚爻之间，不善处则有悔。因而巽卦勉励两阴爻要柔而能刚，才能够"利武人之贞"而志治、"田获三品"而悔亡。卦中四阳爻：九三与上九，一个过刚而生"吝"，一个过柔而有"凶"，可见巽顺要把握刚柔适度，以中道平衡为佳，过与不及都有问题；易道贵中，巽道尤其贵中，九二与九五居上下两体的中位，九二在下卦中爻，竭尽赤诚，申命行道，吉而无咎；九五"刚巽乎中正而志行"，在变更之前有所准备，在变更之后观察实效，通权达变，贞吉无不利。总的来看，巽顺的内在核心恰恰是刚正不阿，其目的是兴利除弊，绝非趋炎附势，更不是柔弱畏懦。

读卦诗词

杏花风·巽为风

寇方墀

杨花柳絮随风舞，宛转落，墙边沟渎。
风前亦有千竿竹，柔韧萧萧瘦骨。

方行路，亦趋亦步，进退间谁为心主？
巽风拂草穿庭树，化入春秋朝暮。

兑卦第五十八

兑下兑上

导 读

在上一卦，我们学习了巽卦，巽卦阐述了如何巽顺而入的道理。卦义中以巽顺为主，强调巽顺可以亨通，柔应顺乎刚，刚应顺乎中正。在六爻中则突出了巽顺过程中的权变之理，阐明了在不同的位置和具体情况下应遵循的原则。易道贵中，巽道尤其贵中，巽顺要把握刚柔适度，以中道平衡为佳，过与不及都有问题。在这里我们再多说几句，讲到巽卦最后进行总结时，我们曾经强调，巽顺的内在核心恰恰是刚正不阿，其目的是兴利除弊，绝非趋炎附势，更不是柔弱畏懦。强调这一点的目的是防止人们执着于顺而失去原则，但当前人们的通病往往是以自我为中心，只关心自己的感受，处事为人太过强势，过柔的情况很少，双方过刚，各不相让的情况却是屡见不鲜。因此，大家还是要尽量持守柔和之道为好。刚与柔还要有内外之分，在社会上，与人交往，以理为主，在与人为善的原则下，遇到不合理的事情时，可以以刚济柔，体现出内在阳刚的一面，坚持原则。如果是在家庭中，在亲人之间，则是以爱为主，家不是以讲理为主的地方，对亲人应充分体现柔和爱。我们学习过家人卦，家是港湾，是疗伤的地方，彼此关爱，才是温暖的家。尤其对待日渐衰老的、有病痛的父母，要充分地用柔、体谅，这时的巽顺之道，怎么柔都不为过。不要因为外在的一些理念、一些所谓的原则，破坏了这本应有的至爱。以上是对巽卦的补充，希望对大家在日常生活中处理工作、生活中的一些事情有帮助。

巽卦之后，就来到了今天我们要讲的兑卦的卦时。

《序卦传》说："巽者。入也，入而后说之，故受之以兑。兑者，说也。"巽的意思是顺入，顺入而后就会喜悦，所以在巽卦之后是兑卦。"兑"的意思是喜悦。我们学习巽卦讲顺入，以巽顺之道入于心、入于事，代表着事情得以顺畅和洽，教令入于人心，德政施其教化，民心顺服，自然会产生愉悦。"兑"在《周易》中，既通"说"，也通"悦"，也通"脱"。在兑卦中"兑"通"悦"，因其卦德为悦。事物彼此柔顺巽入就会相悦，所以在巽卦之后是兑卦。单卦的兑由一阴两阳组成，内刚而外柔，如同人内心刚直坦荡，待人接物又谦逊柔和，自身和悦也会使人感到喜悦。所以兑卦的卦德是悦。从卦象看，兑为泽，泽能滋润万物。两兑相连，象征两泽相邻，彼此润泽，喜悦而互助，更像是好友之间的关系，互相帮助，彼此关怀，愉悦和乐。

兑卦的卦德是悦，卦象是泽，卦德是悦。今天我们要学习的兑卦，由上下两个单卦兑卦组成，是悦而又悦，而整个兑卦的卦义就是要讨论如何获得愉悦和面对愉悦的问题。其实我们在《全本周易导读本》中的小标题已经把这个答案提示出来了，那就是要"小心愉悦"。这个标题可作两层意思来解，一个是有所愉悦时不要放肆，要有所节制，小心地愉悦；另一个是说对于使人感到愉悦的事物要多加小心、要警惕，要小心愉悦。衡量这两个层面的共同标准是：这种愉悦的来由是否合乎正道、俯仰无愧？是否充实真切、利人利己？正确的愉悦不应是投机取巧、虚伪偏狭、自私自利的，而应是真诚、充实、光明、长久，能给人带来喜悦及乐观的能量。喜悦的能量充实而美好，真正的喜悦是可以与人分享的，分享喜悦可以使喜悦倍增；喜悦也是可以产生教化作用的，能给人激励与信心。喜悦是发自内心的，不疾不徐、不温不火的喜悦，自然而长久，比如《论语·学而》第一句就是"学而时习之，不亦说乎？"这种喜悦是发自内心的涵养滋味，精义入神，心境愉悦，然后朋友自然前来，讲习交流，其乐融融，由悦而乐。以道义相勉励，以学习相切磋，彼此感发，共同促进，体会精神的充实与悦乐。

兑卦常用来形容朋友讲习之乐，就是因为上下两个兑卦，像两湖泽水，并肩携手、彼此润泽，是以道义互助的喜悦，朋友之间，尤其是道友之间的以道相悦，是去除功利、最纯粹的喜悦。兑卦的和悦之道也可以用在君臣、同事关系中，无论外在的关系如何，和悦之道宜以正，比如像刘备与孔明那样的君臣，比如像管仲与鲍叔牙那样的同事，比如像俞伯牙与钟子期那样的知音，比如李清照与赵明诚那样的夫妇，他们都是彼此欣赏，以心相交，以道相助，才会有那样真切而美好的和悦相契。

那么君与民的关系呢？兑卦也讨论到了这一点，王者顺乎天道而应乎人心，以喜悦之道引导民众，民众则喜悦跟从，虽劳苦而无怨言；王者以喜悦之道使民众趋赴危难，民众舍生忘死，死而无憾，这就是喜悦之道的伟大。民众情愿追随君王赴危犯难、忘劳忘死，这已经到了为道义、为宗教精神献身的境地，可见悦之道非同小可。在历史上的战乱年代，那些志士仁人、英雄豪杰奋起于忧患之中，以拯救时弊为己任，大呼"大丈夫生而何欢，死而何惧"，宁为理想而捐躯献身，人一旦深切地心悦于什么，就会甘愿为之劳苦甚至付出生命。再比如一些苦修的僧侣、道士、圣徒，悦于精神的至高追求，不辞辛苦，不畏艰险，愿将毕生奉献修行，穷苦一生，最终愉悦地面对死亡。这些都是人类与其他物类不同之处，在物质之上有着更高的精神的喜悦与追求，并会为此而投入一生。

以上说的是终极追求的层面。在中国传统文化中，无论是儒家还是道家，更关注于现世的修为，安身立命、从容豁达，以实现充实自足的愉悦的人生，中国人对于现世的生命是持乐观态度的。林语堂写的《苏东坡传》中，称苏东坡是"不可救药的乐天派"，无论经历多少挫折和打击，无论人生如何起落，苏轼永远乐观，他发明各种好吃的食物，写各种高水平的诗词文章，画各种独具风格的画，创造各种人生之趣。他使人生充满了悦乐，也使后世读到他的文章、吃到他发明的菜肴的人感受到生命的喜悦，而苏东坡正是集儒释道三家素质于一身的人物，给人以坚韧、洒脱、和悦的美好向往。

喜悦不是纵乐，它是一种内在的充实美好的情感，兑卦单卦的卦象是下面两个阳爻，上面一个阴爻，"刚中而柔外"，内在有阳刚之德，有阳刚的根基，外在是柔和而悦乐，这是中国人最喜欢的品格。这种外显的悦乐源于内在的阳刚与充实。《朱子语类》说："兑说，若不是刚中，便成邪媚。下面许多道理，都从这个'刚中柔外'来。"

如何来体现这种"刚中柔外"呢？对于悦乐的选择，是考验一个人品行的关键，在六爻的解释中可以看到这样的警诫之意。王船山在《周易外传》里说到"巽以近阴为美，兑以远阴为正"，巽卦以接近阴柔为美好，而兑卦则是以远离阴柔为正途。因为兑是愉悦，愉悦的对象如果是阴柔之物，就很容易被浸染，因狎昵而偏离正道。

小心愉悦，这绝不是一件小事，否则很可能一失足而成千古恨。

下面我们再结合当下的生活来说一下悦道的好处。人有七情六欲，喜怒忧思悲恐惊叫作"七情"，是人的七种情志活动，中医认为它是人体对外界环境的正常生理反应。但如果这七种情志活动过分剧烈，超越人体能够承受的限度，并持久不得平静，就会导致气血不平衡而产生疾病，正所谓"七情内伤"。悦，属于喜之情，恰当的喜悦可以使人身心舒畅，舒散郁结之气，长时间保持这样恰当的愉悦，可以使人健康长寿，而这样平和愉悦的情感可以培养高尚的追求，更容易趋向于对美学、艺术、哲学、宗教精神的追求，度过一个从容美好而情趣典雅高尚的人生。

对于悦的把握，要注意以下几个字：

（1）正。愉悦要守正道，合于正理，这样的愉悦才是光明的、从容的、深入的、长久的。

（2）诚。愉悦之心发乎至诚，发自内心之诚，真诚地悦于所悦，才有不断追求的原动力，而诚也可以获得真正的同道友朋的真诚相助，彼此润泽，愉悦同行。

（3）和。愉悦在于和洽，不和洽何谈愉悦？因此，真纯、和悦是把握悦道的又一个重要原则，和而悦才能呈现和美的境界。

以上是我们对于兑卦卦义的阐发，下面我们来看兑卦的文本，先来看卦辞。

讲　解

兑：亨，利贞。

兑：亨通，利于守正。

卦辞很简练，"亨，利贞"，是为"三德"。"元亨利贞"，此处独无"元"字，清代易学家李士鉁说："人有喜悦，必见乎外。内能诚实，外则和柔，说之道也。乾坤元而六子不元者，乾坤生六子，六子不相生也。他卦有元者，他卦或体乾德，或得坤道，不似六子之纯乎子。子得称为元乎？"从乾坤六子的角度，解释了兑有三德而无"元"的问题。其实，从义理来看，兑卦的喜悦之道，关键在于如何守持和运用，而非首开和创生。我们来看《彖传》的解释：

《彖》曰：兑，说也。刚中而柔外，说以"利贞"，是以顺乎天而应乎人。说以先民，民忘其劳；说以犯难，民忘其死；说之大，民劝矣哉！

翻译过来是，《彖传》说：兑是喜悦的意思。阳刚居中而柔和处外，带着喜悦之情并"利于守正"，所以能够顺应天道而又能合乎人心。以喜悦之道引导民众，民众忘记了劳苦；以喜悦之道趋赴危难，民众舍生忘死；喜悦之道的伟大，民众因此而自我勉励！

人心喜悦就容易使事情亨通。但使人喜悦的缘由不能脱离正道。如果脱离正道以悦己或取悦于人，就会邪佞谄媚而最终悔恨。君子应内正己心，坚持原则，阳刚中道，待人接物柔和谦逊，以利民为怀，才能够顺乎天的道理而又合于人心。君子、大人欣然喜悦于不辞劳苦地先于百姓去操劳，以喜悦之道引导民众，民众也必然能任劳任怨忘掉辛苦；君子、大人欣然喜悦于趋赴危难而不避艰险，百姓就会舍生忘死地追随。好逸恶劳、好生恶死本是人之常情，那些能够不辞劳苦、不怕死亡的人，是心甘情愿这样做并为此感到欣悦。民众欣于所悦时甘愿吃苦犯难并为此自我奋勉，可见悦道的伟大。

来看《大象传》：

《象》曰：丽泽，兑。君子以朋友讲习。

《大象传》说：两泽并连，有喜悦之象。君子看到这样的卦象，便效法泽水彼此滋养，欣悦于朋友在一起讲解道义、研习学问。

虞翻对此解释说："'学以聚之，问以辩之'，兑二阳同类为朋，伏艮为友，坎为习，震为讲，兑两口对，故'朋友讲习'也。"虞翻从卦象上进行了解释。

"丽"就是彼此相附丽，两泽并连，交相浸润，彼此滋益，有欣悦之象。君子看到这样的卦象，效法两泽相悦相助，欣悦于朋友在一起讲解道义、研习学问、彼此帮助，通过互相讲解而阐明道理，通过共同习练而熟悉学问。朋友之道，乐在其中。

兑卦是和悦之卦，兑卦的六爻充满了愉悦的氛围：

初九：和兑，吉。
《象》曰："和兑"之"吉"，行未疑也。

初九：和气喜悦，吉祥。《小象传》说："和气喜悦"的"吉祥"，是因为行为和洽不遭人疑忌。

初九爻突出了和悦的原则。在欣悦的总体环境下，初九以阳刚的本性，居于初始阳位，品行端正，又没有任何系应，象征没有党系之嫌。初九和悦待人，广泛交往，这样的和悦态度不存在任何谄媚私邪，是和而不流的君子作风。这样去做事，不会遭人疑忌，合宜而吉祥。

我们在例解中引用了《礼记·儒行篇》中的句子，儒者的行为以道为本而目的是树立道义，志向相同就一起前进，志向不同就自行离去。儒者的交友之道就是这样的。这就是和而不流的君子之道，和悦而吉祥。

来看九二爻：

> 九二：孚兑，吉，悔亡。
> 《象》曰："孚兑"之"吉"，信志也。

九二：诚信喜悦，吉祥，悔恨消亡。《小象传》说："诚信喜悦"的"吉祥"，是因为能够坚信自己的志向。

九二爻主要突出了诚的原则。九二以阳居阴，且上承亲比于阴柔的六三，这里的阴爻代表没有原则地去追求愉悦的人。如果九二悦于六三并受他影响，终将后悔。然而，九二有刚中之德，阳刚而有诚信，自守而不失德，坚持和而不同的处世之道，即便与六三这样的人相处，仍能持守正道，欣悦而纯正，所以悔恨得以消除，信守志向而吉祥。

> 六三：来兑，凶。
> 《象》曰："来兑"之"凶"，位不当也。

六三：前来求悦于人，凶险。《小象传》说："前来求悦于人"的"凶险"，是因为居位不正当。

六三作为一个反派出现，以不正之心和不正之行来求悦于人。正确的欣悦之道应是没有偏系和私欲的，更不可以用言语去求悦于人。六三居于下体兑卦之极，有口舌善言之象，且柔居阳位，不中不正，欲以柔邪谄佞来取悦上下阳爻，这种首鼠两端的做派是心中缺乏诚信的表现，欲其以巧言令色的伎俩谋取私利，虽然短时间内有可能博取对方的欢心，但时间不会长久，终将原形毕露、咎由自取，成为被鄙视唾弃的对象，所以六三这种做法的结果为凶。

我们在例解中引用了春秋时期伯州犁上下其手的典故。

九四：商兑，未宁，介疾有喜。
《象》曰：九四之喜，有庆也。

九四：商量权衡而有喜悦，尚未安宁，隔开疾患则有喜庆。《小象传》说：九四的喜悦，有喜庆啊。

九四进入兑卦上体，刚居阴位，上面有阳刚中正的九五，下面有阴柔谄媚的六三，何去何从？不能定夺。人都有爱听好话、喜欢被人奉承的弱点，九四质刚用柔，说明他不能果敢坚决地拒绝诱惑和奉承，在奉承面前意志动摇，但阳刚的本性又使他明白原则之所在，因此站在选择的十字路口，九四反复商度权衡，不能安宁。所幸九四阳刚的本质战胜了诱惑，使他最终选择了坚守原则，断绝了柔邪的诱惑，去除了弊坏，守持了原则，没有走上歧途，真是一件可喜可庆的事。

在例解中，我们引用了心理学中的"趋避冲突"的例子，从心理学的角度分析了"商兑，未宁"的内在冲突的形成状态。

再看九五爻：

九五：孚于剥，有厉。
《象》曰："孚于剥"，位正当也。

九五：轻信于消剥阳刚的阴柔小人，有危险。《小象传》说："轻信于消剥阳刚的阴柔小人"（而被小人所谄媚和引诱），是因为九五正居处在高位上啊。

居于高位者，往往会受到谗媚小人的侵蚀，在不知不觉中，阳刚被小人所剥。九五以刚爻居尊位，阳刚中正，本是大人、君子之象，但由于处在兑悦之时，顺境中往往容易丧失警惕，上六居兑卦之极，极尽阴柔谄媚之能事。九五不信阳刚九四的劝谏，却亲信于上六，九五与上六相亲比，彼此相得，形成了不正当的欣悦关系。九五的阳刚被上六所剥，国家社稷也遭到剥蚀，如此下去，是危厉之道。九五的高位和权力是小人所贪恋和觊觎的对象，所以巧言令色、趋附谄媚之事总是会不断发生，而其危险与祸端亦由此而来。居位掌权者当以此为深戒。

再来看上六爻：

上六：引兑。

《象》曰："上六：引兑"，未光也。

上六：引诱喜悦。《小象传》说：上六"引诱喜悦"，不会光明正大。

上六在兑卦的终极，是悦之极，本性阴柔没有真实才干，又没有阳刚的德行，但有一套善于谄媚取悦于人的本领，欲以柔邪之道欺骗引诱周围的人为其所利用。上六这套为私欲而表演的阴邪把戏是不可能施展广大的，即便暂时得势，蒙蔽了别人，但终究不会有好下场。

我们在例解中用的是宋徽宗的例子，其实历史上那些昏君多是被小人所惑而断送了江山，而那些引诱奉承昏君的奸佞小人最终也都未得善终。

答疑

问：九四为什么"商兑，未宁"？

答：九四爻"商兑，未宁，介疾有喜"，是说如何谨慎选择愉悦的严肃问题。王船山认为，君子修身，有些事物是要警醒和远离的，比如好音、美色，声色犬马，要及早远离，不要因为可以使自己愉悦，就在内心里跟自己反复商量，"商兑，未宁"，不肯远离，只怕将来后悔已晚。感官的愉悦是短暂的，且会使人产生嗜好并沉溺其中，"耳目不纷，嗜好不起"，要断然杜绝这种不正的感官享乐，否则最终会被它所控制，为其所害。九四在进行选择的时候，下面有六三与他为邻，成亲比关系，而六三以"来兑"取悦他，亲昵而不正，向上与他同在一体之卦中的上六，以"引兑"招揽他，都在拉他进入豫悦，而他阳刚的本质又使他明知如此实为堕落，九四内心里的正派和反派进行了激烈的较量，致使九四"商兑，未宁"。最终，正义战胜了邪媚，九四没有误入迷途，选择了远离诱惑，悦君子之德、乐君子之道，"介疾"而"有喜"，船山曰："然而神听和平，物亦莫能伤之矣。其庆也，非其所期也。则君子亦乐道其'有喜'而无容訾其初心之不决也。"既然最终选择正确了，以前曾经有过的动摇也可以原谅了。

兑卦小结

兑卦阐述了人应该以什么为悦，以及如何与人建立和悦关系的问题。愉快喜悦本是人所追求的，与人和悦相处也是一件好事情，所以卦辞言"兑：亨"，但悦的前提条件是"利贞"，贞固守正的欣悦、和悦才是于人于己都有利的。要做到贞固守正且能够和悦处事，就需要像兑体那样刚中而柔外，品质刚健诚信，做事柔和谦逊，这样才能既坚持原则又与人相处愉快。卦中六爻阐述了在不同情况下把握愉悦的原则：不偏私结党，无私欲妄求，做一个和而不流的君子，这样的愉悦是和谐而吉祥的。如果自身有原则性和判断力，但常与小人打交道，就要保持阳刚中道的品质，以诚信笃实来要求自己，洁身自好才能防止悔恨发生；如果求悦不以正道，做左右逢迎的两面派，就成了谄媚小人，终将被人鄙弃，结果是凶；在正义道德与利益诱惑面前，要保持清醒的头脑，不能贪图享乐愉悦而丧失原则；居于尊位掌握权力的人，更应时刻警醒，不要被小人的谄媚所蒙蔽蛊惑，否则江山社稷甚至身家性命都将面临危险；那些极善伪装，以悦人的面孔引诱人走向邪路的小人，即便暂时得逞也不会长久，邪恶终将失败。兑卦提醒所有君子要时刻警惕，小心愉悦，以免受其所害。

读卦诗词

调笑令·兑为泽

寇方墀

心悦，心悦，蹈刃迎难不怯。
君子朋友讲习，知行和悦未疑。
疑未？疑未？中正谦和为贵。

涣卦第五十九

坎下巽上

导　读

在上一卦，我们学习了兑卦，兑卦阐述了人应该以什么为悦，以及如何与人建立和悦关系的原则，其主要内容是：要小心愉悦，愉悦的前提条件是"利贞"，贞固守正的欣悦、和悦才是踏实而持久的愉悦，于人于己都有益处。把握愉悦之道的核心是刚中而柔外，品质刚健诚信，处事柔和谦逊，这样既坚持了原则，又能够与人相处愉快。卦中六爻则分别阐述了在不同情况下如何把握愉悦的原则，即和而不流、诚信笃实，不沉溺贪着于愉悦，头脑要保持清醒，不被谄媚所蒙蔽蛊惑，要能够辨别伪装的引诱和谄媚等，总之兑卦提醒人们要小心愉悦。

在兑卦探讨了愉悦之道后，我们就来到了涣卦的卦时。《序卦传》说："兑者，说也。说而后散之，故受之以涣。"兑的意思是喜悦，喜悦会使人气血舒散，所以在兑卦之后是象征舒散的涣卦。人在忧愁的时候，气血就会郁结，在喜悦之时，心情舒畅，气血就会舒散顺畅。可见喜悦有舒散的作用，所以在兑卦之后继之以涣卦。

涣卦由坎下巽上组成，涣有舒散、离散、涣散的意思。从卦象来看，坎水在下，巽风在上，风吹拂于水面，水波粼粼，向远方涣散，因而风与水的组合称为涣卦。同时，巽有木象，木在水上，有乘木涉川之象，就像一艘木船行驶在水面上，水波涣然。涣卦的卦义探讨在涣散的处境下如何处涣、治涣的问题。同时，从另一方面来说，又有如何运用舒散、涣散之道的意思。

《周易》各卦有一个共同的特点，那就是每一个卦都有其利的一面，也有其害的一面。因此，对于每个卦卦时、爻义的讨论，应运用卦爻辞的分析和判断来发挥其利的一面，避免其害的一面。比如我们读到的一些卦时较好的卦，如豫卦、丰卦、泰卦等，本为好的卦时，但卦爻中多是警诫之辞，反复申说要居安思危、防微杜渐；有时让人觉得本是一个好卦，卦爻辞却有如临大敌般的谨慎和自律。再比如一些看上去卦时比较差的卦，如困卦、坎卦、蹇卦、剥卦等，卦时很差，但卦爻辞中则彰显内在阳刚的坚守与确信，适时吹响砥砺前行的号角。当然，还有一些既可谓好又可谓坏的卦时，这些卦的卦时说不上是好还是不好，从正面看就是好，从反面看就是不好，就如今天这个涣卦，涣散，好还是不好呢？我们在《全本周易导读本》中给这个卦起的小标题是"队伍不好带了"，内在的含义是人心涣散，聚拢团结不起来了，所以队伍不好带了，这是从坏的一面来说的，面对这种情况，就需要治理涣散、聚合人心。涣的作用仅仅是负面的吗？不是，就像刚才《序卦传》说的"说而后散之，故受之以涣"，喜悦之气涣散了郁结，能够把郁结涣散，那涣散就起到了好的作用。可以举我们身边的例子，人往往因气血凝滞郁结而生病，就需要涣散郁结、化除病气；人际关系太紧张了，就需要用轻松的方式涣散一下紧张气氛，比如唱歌、旅游什么的；社会环境太拘迫、压抑了，为政者就需要采取宽松的政策，涣散一下人们紧张的情绪和僵化的局面。这都是涣的功效。从有利有弊这两方面来看，涣是一种调节，恰当地运用，可以使各方面宽紧有度、动静合宜。对待任何事物，既不可过紧，也不过松。这就需要从两方面进行调节。涣卦的下一卦是节卦，这两个卦形成一对，涣是涣散，节是节制。一个主放松，一个主收紧。两者要配合，才不至于如社会上常说的那样：一抓就死，一放就乱。涣散之道和节制之道双向补充，可以防止单方面运用过度而走偏。

今天我们学习涣卦，先就涣散之道来立论。涣有散的意思，事物固有其当散之时，有其当散之理。先从个体修身而言，对于一己之私的执着当涣散之，才能进入更高的追求；由此推而广之，对于小团体的故步自封亦当涣散之，才能与更广泛的人群合成更大的团队，具有更大的格局；由此再推而广之，居于高位的为政者，则应涣散去除自我中心和只关注己方团队的观念，以更开阔的胸襟去分享和普惠于人，这种不断由内而外地打开，是涣卦舒散、解脱一层层的束缚，散而进入更高境地的大功效。所以我们看到涣卦六爻都没有过咎之辞。

涣卦的卦辞和《彖传》《大象传》主要是从如何处涣、治涣的角度来强调收拢和聚积，使集体更有凝聚力，先王以至诚感格、享帝立庙来聚合人心，建构精神文化的共同体。因此，治涣就有了如同萃卦的萃聚之意，萃卦和涣卦的卦辞都是"王假有庙"，通过对于神明和祖先的祭祀，使人们朝向共同的精神归所，以超越世俗的神圣感来感化人心、收聚人心。这是卦辞、《大象传》站在整体的角度来治涣。那些处于涣散之世，居于社会各阶层的人士则应该接受感召，主动放下小我，投入更大的格局中，上下同心，完成文化共同体的建构。

因此，在涣卦的各个爻中，从被动处涣转到主动用涣的角度，阐明了处于不同爻位的人应如何"涣其躬"（去除私欲以入公义）、"涣其群"（涣散朋党以入大道）、"涣汗其大号"（王者散发号令以消释天下之难，消除民怨，化解郁积），最终"涣其血去逖出"（涣散祸患，解除危难），其中无不体现着一步步由内而外、不断散开小我进入大我的主动性，这就是在运用涣散之道。

涣散小我，说来容易，真正做起来并不容易。王船山对此有深入的剖析，他认为，人们平时习惯了的事情，往往有其惰性，周围彼此相保，更是难以割舍，其中既有赖以生存之利，也有彼此牵连之情，该涣其躬时，下不了决心，该涣其群时，拘牵于情，明知应当前往以赴于大义，进入更高更广的境地，却因利之所集、势之所趋，小义不能裁断、私恩不能辜负，而拖延再三地耽搁下去，那解除拘束、吹开郁结什么时候能实现呢？这样一番剖判让人体会到，人的自涣又是何其之难。举个例子，我们曾引用晋国公子重耳流亡到齐国时的故事，齐桓公送了重耳几十辆马车，送给他田宅，并将宗族之女齐姜嫁给他，重耳在齐国过上了安逸舒适的生活，就放弃了离开齐国回到晋国的愿望，住了几年都不肯走。这就是安于小成而蔽于私昵，无论别人如何旁敲侧击、苦心规劝都不管用。齐姜看他眷恋享受、安于现状，实在觉得他这一生很容易就被毁掉了，于是与重耳的随从一起把他灌醉后抬上马车，奔离齐国。重耳酒醒后，非常生气，手里拿着戈，追着要刺杀随从。可见，人自我主动涣散固有的东西并不容易。然而正是因为齐姜和那些忠贞的随从逼着重耳涣散了小我，重耳回晋国后才成为晋文公，成就了一番春秋霸业。

《系辞下传》有一段古代圣人观象制器的描述，其中说到："刳木为舟，剡木为楫，舟楫之利，以济不通，致远以利天下，盖取诸涣。"船航行于水上，可以跨越天险以济不通，可以达致远方以利天下，正与涣卦的卦辞"利涉大川"、象辞"乘木有功"前后相应。如果用李白的诗来形容涣的气势，那就是"长风破浪会有时，直挂云帆济沧海"。

从以上对涣的阐发，我们看到涣具有轻松、宽舒、打开、解脱的意味，王船山称之为"尽破拘画之藩篱"，"拔流俗以奋出"，"免于晦蒙否塞"，乃真豪杰之士。王船山为明末清初的一代大儒，他从进德修业的角度讲涣卦，用涣之道就如同自我一层层涣散重围，破一己之见，破一乡之见，离一时之俗，善以天下、游于千古，以此涣散之道，涣散了空间和时间的界限，破除拘囿，精神可以遨游于无限的时间和空间了。人当通过修为不断地向高、向上，一重重地蜕去旧壳，打开新的视域，融入更广阔、更高远的境界。

顺着王船山的精神进路，我们可以从不断放下、逐次解脱的角度来看涣散之道，则庶几同时具有了道家及佛家禅宗的意蕴。马一浮先生曾写过一首诗："乘化吾安适，虚空任所之。形神随聚散，视听总希夷。沤灭全归海，花开正满枝。临崖挥手罢，落日下崦嵫。"其中的"沤灭全归海"便有着涣散而入于更广阔境地的意思。当然，这是一个隐喻，不仅仅是指有形的躯体，更主要的是指精神的融通，如《庄子》所言，进入"天地与我并生，而万物与我为一"的大逍遥、大自在。

我们以前还学过一个解卦，解卦也是讲如何缓解、舒解、解开，讲"百果草木皆甲坼"。解卦和涣卦有什么不同呢？相较而言，解卦的力量更多来源于外界，而涣卦更突出内在的力量。同时，相对于解卦而言，风行水上的涣卦更具有水波粼粼的文采，烟波浩渺的盛大，以及船行于水上的飘逸与超然。

讲　解

以上是我们结合涣卦的卦义进行的一番阐发，下面我们来看涣卦的文本，先来看卦辞：

涣：亨，王假有庙，利涉大川，利贞。
《彖》曰："涣：亨"，刚来而不穷，柔得位乎外而上同。"王假有庙"，王乃在中也。"利涉大川"，乘木有功也。

涣：亨通，王来到宗庙祭祀，利于涉过大河，利于守正。《彖传》说："涣：亨通"，阳刚前来居于中位因而力量不会困乏穷尽，阴柔者在外得到位置而与居上位者协同。"王来到宗庙祭祀"，那是王在以中道行事。"利于涉过大河"，乘着木舟可以建立功勋。

涣是离散之世，人之间的离散是因为心散了，若想把人群再聚合起来，必须先聚合人心。聚合人心的办法是使人们有共同的精神信仰和共同的追求。古代的君王亲自到宗庙祭祀，以德政孝道来聚合人心。这样做在涣之世就有了亨通的可能。涣卦有木行水上之象，象征着可以度过险难，但在治涣的过程中，还是要坚持固守正道，才会有利。

朱子认为涣卦是自否卦变化而来（凡是三阳三阴的卦，皆由泰否卦变而来），因此涣去的是否塞。刚爻由上卦四爻来到下体坎卦九二位置，居于坎卦之中，以阳刚中道主于内，使内部有主心骨。内部有九二，就有了力量的聚合，而不会使力量困乏；柔爻二爻由下卦去往上体巽卦之下成为六四，以巽顺辅佐九五，与九五密切配合，使上层能巽顺民意，聚合民心。如此上下同心，必可以涉险治涣，聚合天下人心，建立功业。

我们在例解中用了"天下之患在于土崩不在于瓦解"的例子，来讲什么样的涣散是动摇根本的。涣散需要固本，防止一涣至底。

再来看《大象传》：

《象》曰：风行水上，涣。先王以享于帝，立庙。

《大象传》说：风吹行在水面上，有涣散之象。先王看到这样的卦象，便以祭祀天帝、建立宗庙来聚合人心。

风行水面，有涣散之象。先王看到这样的卦象，明白了散中有聚的道理，于是通过享帝立庙的方式聚合人心。祭祀是一项凝聚人心的活动，以共同的信仰和价值观念将社会整合成一个精神共同体，这是凝聚涣散之道。

"涣"在历代文论中有散而不乱、文理绚烂之义。《诗经》中的"溱与洧，方涣涣兮"，形容水的盛大。风行水上，水面泛起涟漪，自然成文，波光粼粼，形散而神聚，所以有"分中见合"的含义。

初六：用拯马壮，吉。
《象》曰：初六之"吉"，顺也。

初六：用健壮的良马来努力拯救，吉祥。《小象传》说：初六的"吉祥"，因为能够顺承九二。

初六是涣卦的初爻，象征涣散之初涣散之势还没有形成。在刚出现涣散趋势的初始阶段应尽早拯救，就更容易成功，也不会太费力。然而初六只是一个柔爻，没有拯救涣散的能力，需要有强有力的外援来共同完成。初六与六四阴柔不应，但是有条件就近亲比于九二。如果初六能顺从于九二，借九二的力量来拯救局面，就如同借助了健壮的良马前行，可获吉祥。

初六借助了九二的力量，那么九二呢？

九二：涣奔其机，悔亡。
《象》曰："涣奔其机"，得愿也。

九二：涣散之时急奔可以作为依靠的几案，悔恨消亡。《小象传》说："涣散之时急奔可以作为依靠的几案"，得偿所愿。

《朱子语类》云："'奔其机'……人事上说时，是来就那安处。"到九二时，涣散的形势已经形成。九二自身居于坎险之中，上与九五不相应，眼见悔恨的结局即将出现，这时九二应着眼于固其根本，俯身急奔，向下寻找安身之所。在涣散的局面下，初六已将九二视作壮马，而九二将初六视作可以依靠的案几，彼此阴阳相扶，合力同心，在涣散之时能够聚集力量，共度患难。九二的举措使悔恨消除，得偿所愿。

我们在例解中引用了孟尝君被免职后遇到的戏剧性一幕，冯谖为他设计的"狡兔三窟"，让他寻到了奔而得以安处的"涣奔"之"机"。

接着来看六三：

六三：涣其躬，无悔。
《象》曰："涣其躬"，志在外也。

六三：涣散自身，无所悔恨。《小象传》说："涣散自身"，志向在于向外寻求发展。

六三的重点在于能否放下小我，扩大格局，树立更远大的志向。六三以柔爻居阳位，其位不正，行事又不能守中，在下体坎卦之极，有危险之象。在这样一个涣散的大环境下，六三如果能够涣散自身的保守与自私，敞开胸怀向外寻求合作伙伴，与上九阴阳相应，共同济助患难，必可以消除悔恨。在《周易》中，六三与上九相应的爻很少有吉爻，然而在涣散时，六三能够舍弃自身的利益，与人合作共进，非常难得，因而"无悔"。我们在前面的阐发中分析过了，涣除自身的利与情殊为不易，六三倘能做到，可得无悔。

来看六四如何用涣：

六四：涣其群，元吉。涣有丘，匪夷所思。
《象》曰："涣其群，元吉"，光大也。

六四：涣散他的朋党，大吉。涣散小群后聚成大丘，这是常人难以想象的。《小象传》说："涣散他的朋党，大吉"，正道得以光大。

六四的难题是涣散朋党。六四作为居于高位的人，只有涣散私党才能聚合大众民心，这不是一般人能够具备的思维，所以说是"匪夷所思"。六四居位得正，上承于九五，是济助九五合力解决人心涣散问题的近君大臣。六四已经进入上体巽卦，向下无所应与，是能够散除朋党而巽顺于九五阳刚君主的大臣形象。散除朋群私党而成就公道大义，六四的散是为了聚，这是正道得以光大的象征。世间有些人结党拉群用以自固，然而这样的群党是由私欲和势力结附而成的，不是真正的聚，当势去群散的时候，彼此背叛，比没有群党的人还要危险，这是值得人深思的。只有无私的人才能以公道之心服人，以正理聚人。

高官要主动涣散朋党，那么君王呢？来看九五：

九五：涣汗其大号，涣王居，无咎。
《象》曰："王居""无咎"，正位也。

九五：如同发汗解除郁积一样发布盛大的号令，王所居积之物疏散出去，没有咎害。《小象传》说："王所居积之物疏散出去""没有咎害"，说明九五居位正当。

九五主要做两件事：涣发号令，涣散其所居积之物。九五在涣散之世，尊居君位，面对涣散的局势，发出号令以消释天下之难，消除民怨，化解郁积，就如同人得了疾病，要发汗以解除郁积一样，使汗水散出而不返，病体可望缓解、痊愈。九五阳刚居中，是涣散之世的主心骨，当居正行中，散发号令，疏散居积之物，广布德泽，以宣散天下的壅滞，归聚民心，这样的态度和措施可治理涣散局面，没有咎害。

来看上九，涣去了什么？

上九：涣其血去逖出，无咎。
《象》曰："涣其血"，远害也。

上九：涣散了流血伤害而脱离了惕惧险难，没有咎害。《小象传》说："涣散了流血伤害"，说明远离了咎害。

上九以阳刚居涣之极，有散极而见聚之象。在涣卦中，各爻少有相应，唯独上九与六三阴阳相应，六三居于坎险之极，象征着危险和伤害，上九与其相应，有伤害和惕惧之象。然而，六三能够脱离朋党，以大局为重，真诚求助于上九，上九以阳刚居于上体巽卦之极，品质阳刚而善于用柔和的态度办事，顺应时势，与六三刚柔相应，合力解除涣散的局面，终于在涣极之时"血去逖出"，涣去了祸患和危难，脱离了险难，无所咎害。

我们在例解中用的是刘邦封雍齿的例子，刘邦涣然冰释与雍齿的私怨仇恨，聚拢和安定了人心，天下初定，也就涣去了祸患和危难，得以无咎。

答　疑

问：太极图中的阴阳鱼是左旋还是右旋？

答：在我们的《全本周易精读本》中，关于陈抟、邵雍的讲解部分对太极图的演变有所介绍，大家可以参考阅读。

太极图中的阴阳鱼经历了很多演变，但从其形成的原理上，按照《说卦传》："天地定位，山泽通气，雷风相薄，水火不相射，八卦相错。"也即先天八卦图的顺序应是顺时针旋转，也可以称作右旋。因为太极图的形成要从少阳发展到太阳，由太阳再到少阴，则少阴再到太阴，就必然形成了顺时针右旋的形状。我给大家分享一些图式：

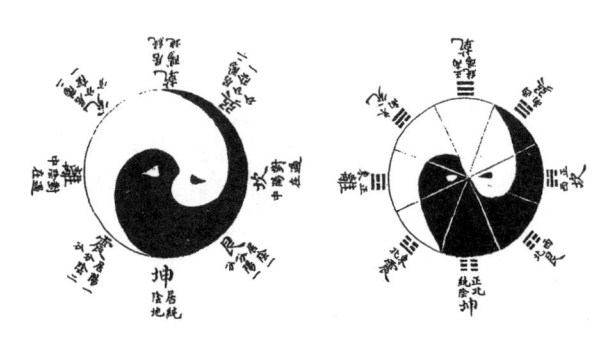

图 59-1　胡渭《易图明辨》中的先天自然之图、古太极图

上面两图是清代胡渭《易图明辨》里的先天自然之图、古太极图，其自然流行而形成的图式非常直观。

一阳爻从震卦开始，经过离卦、兑卦的两个阳爻，再到乾卦的三阳爻，就形成了阳鱼；此时，一阴爻从巽卦开始，经过坎卦、艮卦的两阴爻，再到坤卦的三阴爻，就形成了阴鱼。这就自然形成了顺时针的旋转走向。

下面再分享一些其他图式，给大家看一下太极图演化过程中的不同面貌，供大家参考：

图 59-2　赵㧑谦天地自然之图　　图 59-3　赵仲全古太极图

图 59-4 刘牧《易数钩隐图》中的太极图

图 59-5 旧题吕嵒《易说》中的乾坤阖辟图

图 59-6 佚名辑《周易图》中的太极图

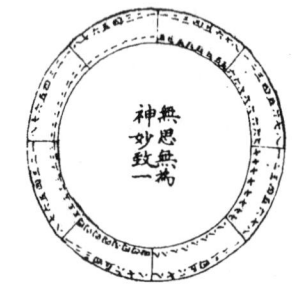

图 59-7 张行成《易通变》中的两仪图

下面是来知德《易经来注图解》的几个图式：

图 59-8 太极图

图 59-9 一年气象图

涣卦第五十九

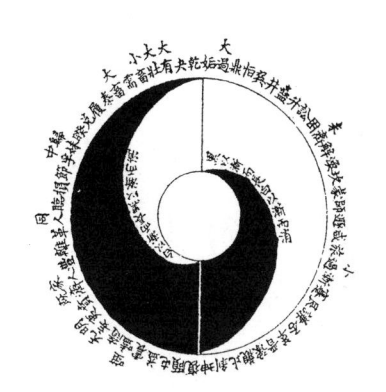

图 59-10　伏羲卦图　　图 59-11　造化象数体用之图

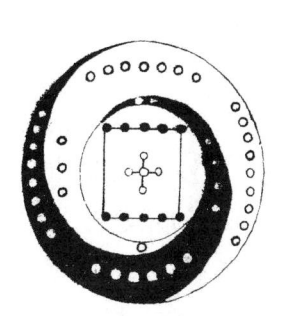

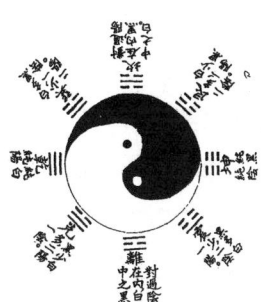

图 59-12　太极河图　图 59-13　《心易发微》　图 59-14　先天画卦图
　　　　　　　　　　伏羲太极之图

　　还有很多图，为避免纷然淆乱，就不给大家一一展示了。大家看图中阴阳鱼的旋转有顺有逆。我们现在广为流通的传统通用太极图，是近现代对古太极图的简化和规范化，具体起于何时，没有准确的文献记载。但其中间的太极阴阳鱼是顺时针的。

　　下面这幅图是后人假托邵雍之名所作，里面用的是邵雍的诗，图是作者的伪造，此图存于《道藏辑要》中：

869

图 59-15　旧题吕嵒《易说》天根月窟图

我们看到此图是逆向旋转的阴阳鱼，里面写了一个"身"字，也就是说这幅图是用来炼内丹的图，道家炼内丹，讲逆向归本，炼精化气，炼气化神，炼神还虚，炼虚合道。自然的规律是顺成，而道家炼内丹是逆归，返归回去才能抵御自然的衰老，返老还童，所以这个图描述的不是太极之道的自然，而是描述炼丹的功法，这也符合《说卦传》所说："数往者顺，知来者逆，是故《易》，逆数也。"

涣卦小结

涣卦阐述了在涣散之时治涣、济涣的原则。卦辞中首先阐明了治涣当以聚合人心为上，领导者应着力于提升民众共同的精神信仰和价值认同，以享帝祭庙等活动凝聚人心。

卦中六爻阐明了在不同形势下应采取的态度措施：在只是有了涣散的苗头，涣散的形势还没有形成时，应尽早聚合有生力量大力挽救；当涣散的形势已经形成，身陷危险之中时，应急速想办法离开险境，在保证安全的前提下寻找伙伴，以图共同挽救危局；涣散的局面往往由私欲膨胀、朋党纷争所致，如能够去除私欲、涣散朋党，就可以成就公道，聚合人心；处于涣散之世的领导者，与忠诚下属的配合非常重要，要结合辅助的力量，发出号令以疏解社会矛盾，并不惜涣散所拥有的财富和利益，更多地造福于民众，归拢民心；涣散之极就会有聚合的倾向，这时仍有潜在的危险，需保持清醒，远离伤害。

读卦诗词

清江行·风水涣

寇方墀

风行水上涣波心，漾漾千里流散分。
多姿何曾独对酒，旁观忧作乱离深。

先王设教诚立庙，君子知时重行道。
舍身散群涣有丘，涣汗驱疾和泪笑。

节卦第六十

兑下坎上

导 读

在上一卦，我们学习了涣卦，在讲涣卦时，我们曾提到，涣卦和节卦是一对综卦，在卦义上也是互补的关系。涣卦阐述了在涣散之时治涣、济涣的原则：卦辞中首先阐明了治涣当以聚合人心为上，领导者应着力于提升民众共同的精神信仰和价值认同，以享帝祭庙等活动凝聚人心。

说到祭祀，我想到近来读过的李泽厚先生的文章《由巫到礼》，讲到从巫到礼，中国上古的古人通过巫将生前与身后两个世界联系起来，祖先与后嗣享有家庭延续的责任与义务，从而生活在"一个世界中"，即当下这个世界。古代中国，巫被理性化为一套复杂的礼制，通过"尽人事，听天命"维系共同体之间的稳固关系，在"祀与戎"中为族邦抢占先机，从而形成伦理、政治、宗教三位一体的思想形态。文章认为，古代巫的传统经由转化性的创造，被保留在礼制中，成为礼教，礼教成了中国大传统中的"宗教"，神就在礼仪当中，严格履行礼就是在敬拜神明。我们在学习第十卦履卦的时候，曾经讲到"履者，礼也"，礼是强调实践的，人在现实生活中的行为、举止、活动，都由礼来规范，用许多仪式、行为、规矩、准则、范例来进行规定，必须有顺次、有规则、有秩序地去践行，要求得很严格。最大的礼就是祭礼，通过祭礼，通过仪式的实践，把人的各种关系，如长幼、父子、夫妇、兄弟、朋友，远近、亲疏、上下、尊卑规范得十分明确，也就是孔子所强调的"必也正名乎"的"正名"。平常百姓家举行婚礼、葬礼等礼仪时，也有各种讲究和礼仪规定，比如我们在渐卦中讲过的婚礼要遵循的六大步骤，葬礼中至今仍沿用的"五服"等规定。一些大家族就连平时吃饭也严格强调礼仪，按照规矩，老人不拿筷子，孩子是不能先动筷子吃饭的，迈出门时，长辈没走出去，晚辈不能抢先出去，这些都是礼仪，内含的道理是礼制规定的长幼有序。

在中国传统中，礼是现实生活不可逃避、更不可违背的行为准则，是不成文的法。现在我们在一些地方的酒桌上，仍然可以看到礼仪的规范，怎么排座次，谁来敬酒，先敬谁，怎么举酒杯，都有一套礼仪，否则就会失礼。失礼是很严重的事。所以，礼既有实践性，又有严格的规范性，甚至神圣性。在中国传统中，礼是具有神圣性的，是天地给人的规定，违反了礼，就是触犯神明，会遭到灾难和惩罚。在历史上一些王朝出现旱灾、地震、日食等天灾，君王就要自省，采取措施自我纠正违礼的行为，向天地祈求宽恕。而在民间，如果有不肖子孙，人们会说他不肖子孙，会遭天打雷劈，这些都带有上古巫术的色彩。所以李先生说，礼制是由上古巫术转化而来，经由周公对上古的巫术规范进行编纂规范，集大成而制礼作乐，由孔子进一步深化细化，经过三千年的接续运用和适时转化，已经化入中国人的现实世界和精神世界之中，神就在这个世界里，当人们心存诚敬地履行礼的时候，神就在心中降临了，宗教情感和理性的使命感就体现在现实生活的行为活动、情理结构之中。

巫术的理性化对于社会发展来说是不得不然的大趋势，人的地位亦由此彰显和提升，中国历代对于礼教礼仪的注重，与其说是封建礼教对人行为的束缚，不如说是巫术信仰通过礼教进行精神净化和管束。所以几千年来，中国人对于没有教堂之类的神所没有纠结过，因为举手投足都有宗教感、仪式感，会客作答，礼仪法度，只要受礼教教化，一切顺礼而成章，百姓日用而不知。按《中庸》所言，至诚可以通神，神在诚时可明，在任何场所都可以降神，强调心的感通，动静皆可通神。与神沟通的途径就是在或静或动的行为中，心存诚敬而修身养德。中国传统文化的人文精神和价值核心就是讲"疾敬德"，天人合一的本质即是"疾敬德"，充分强调敬和德的重要。《尚书·周书·召诰》讲"王敬作所，不可不敬德"，讲殷商"惟不敬厥德，乃早坠厥命"。那么，"敬德"是指什么呢？

"敬德"首先要节制个人的物质生活欲望，将其控制在适当的程度以内。过分追求物质生活享受是不道德的，而且很危险。沉湎于贪玩欲乐之中，会引起上天和百姓的不满，就会遭受惩罚。因此，礼教的作用是对于社会各阶层的规范和节制。

余敦康先生写过《中国宗教与中国文化》第二卷《宗教·哲学·伦理》一书，从夏商周三代宗教讲中国哲学思想发生的源头，又在《〈易经〉和〈易传〉》里讲从宗教巫术到哲学理性的转化。哲学源于巫术，巫术仍保留在中国哲学体系中，这在《周易》中体现得最为明显，宗教、哲学、伦理都蕴含在《周易》体系之中。余敦康先生侧重于哲学层面，而李泽厚先生的文章侧重于政治层面，论述巫术存于礼教之中。两位先生的论述可谓异曲同工，充分展示了中国传统文化的特色，与西方将宗教和现实分为"两个世界"的文化迥然不同。

上一卦，我们讲的是涣卦，涣是涣散，涣散会使事物离散，离散虽有舒缓的作用，但事物的离散会造成一盘散沙而不可收拾，在社会中就会形成动乱和战争，因此必须有所节制和管束。涣卦的卦辞中讲"王假有庙"，用祭祀的仪式来收聚天下人心，形成精神上的共同体。在现实社会中，仅有精神上收聚归拢是不够的，必须在实际操作中有适当的规范，因此就进入了节卦的卦时。我们前面讲由巫到礼的过程，简单阐述了为什么中国人重礼教，礼教兼具宗教、政治、伦理的作用，主要体现为一种节制与管束，它既是精神的，也是现实的。

我们给节卦起的小标题叫"制度问题"，是指从现实层面来讲节制和管束的问题。

《序卦传》说："涣者，离也，物不可以终离，故受之以节。"

涣是离散，事物不可能永久地离散下去，要有所节制，所以在涣卦之后是节卦。节是节制，有限度地控制和约束，使事物不至于发展太过，适可而止。

从卦象来看，下兑上坎，水在泽上，泽对水有所调节和制约，水不能太多亦不能太少，适量、适度才是良好的状态。节有节止之义，但与艮卦的止不同，艮止是静止、停止的意思，艮卦指导人们当行则行、当止则止，而节卦的"止"是进行适度的调节和限制，使人在行动中有所节制，有适可而止的意思。

从卦德来看，内卦是兑，代表喜悦，外卦是坎，代表危险，组合起来就是悦以行险。人们往往在喜悦的时候忘记了节制，不知适可而止，一旦遇到险阻，就该考虑有所节止了，否则可能要乐极生悲。所以，悦而行险，有节止之义。

《说文解字注》云："（節）竹约也。约，缠束也。竹节如缠束之状。《吴都赋》曰：'苞笋抽节。'引伸为节省、节制、节义字。"繁体字的"節"，上面是竹字头，是从竹节形状来形容，像是用东西将竹杆进行缠束一般。引申为节省、节制、节义。

由于节有限而止的意思，所以天地有四时，会有节气；人事有法度，会有节止。《杂卦传》说："节，止也。"节卦就是讲节止，使事物合于天道正理，合于法规数度。

人的欲望没有穷尽，总是贪婪地希望获取更多，对于自己所喜欢的事物欠缺自我节制的能力，有权力和机会时更是会为所欲为，导致伤财害民，所以人类社会一方面进行教化，使人自我修德，以合于天道人事的道德规范，"道之以德，齐之以礼"，使之"有耻且格"。对于那些不听教化和规劝、冥顽不化者，就以法律制度进行管束和规范，用制度进行强制性管束，"道之以政，齐之以刑"。《系辞下传》阐发噬嗑卦初九爻辞时写道："小人不耻不仁，不畏不义，不见利不劝，不威不惩，小惩而大诫，此小人之福也。"

对于那些"不耻不仁，不畏不义"的小人，"小惩而大诫"，这是小人的福分，不然，将来触犯了刑法酿出大祸，就后悔也来不及了。这里的"小惩"，就是一种节。

节卦的卦辞中有"亨"，那是因为九五爻当位居正且居中，象征着施节制法度的君主，中正当位，因此节而能通，所以"亨"。如果对民众和下属节制过度，就过分了，称为"苦节"，这样的做法"不可贞"。贞，有坚持固守长久的意思，"苦节"节制过分，违背人性，不可能长久。

这里又出现一个问题，君主以礼制法度来节制下属和民众，那么，用什么来节制君主呢？

在中国古代礼制中，君主受天道的约束，而天道不仅是规律，同时是有意志的，"皇天无亲，惟德是辅"。开国君主打天下，要靠德才能聚合人心；守成的君主要靠德才能守住天下，皇位继承者要在小的时候就接受礼教的教化，修德尊礼以治天下。前面我们探讨过，礼教兼有宗教、政治和伦理的作用，所以历代都是以礼教来规范和维系社会秩序，并对上至君王下至百姓进行节制和管束。

从中国传统来看，人们认为真正有效的节是发自内心的愿望，外在的制度法规只是辅助，不能起到根本性的作用，因为再严密的制度也会有漏洞，正所谓"上有政策，下有对策"。《庄子·应帝王》中就说到了用经式法度的问题："肩吾见狂接舆。狂接舆曰：'日中始何以语女？'肩吾曰：'告我君人者以己出经式义度，人孰敢不听而化诸？'狂接舆曰：'是欺德也；其于治天下也，犹涉海凿河而使蚊负山也。夫圣人之治也，治外乎？正而后行，确乎能其事者而已矣。且鸟高飞以避矰弋之害，鼷鼠深穴乎神丘之下以避熏凿之患，而曾二虫之无知！'"庄子认为，经式法度不足以治天下，你看那天上的鸟儿，它尚且懂得高飞以躲避弓箭的伤害，小老鼠尚且知道深藏在神坛之下的洞穴中，以逃避烟熏铲凿的祸患，难道人会比这两种动物更无知吗？因此，仅用经式法度是不能够规范天下的，因为人可以想办法来躲避和逃脱。

无论是儒家还是道家，都注重人内在的自我规范，儒家注重集体的秩序和公家的正义，道家则更关注万物的本性，认为首先要顺应事物的本性，使万物各正其性命而后推行教化，使人与物各尽其性命所能之事，圣人无为而民自正。儒家和道家的配合互补，可以兼顾公与私的正当权益，以施行教化和进行恰当的节制，同时，这个原则也是进行制度建设首先应考虑的问题。

下面，我们将节止之道从三个方面来梳理一下。

第一，是物质财物层面的节，可以称作节俭、节用，诸葛亮的《诫子书》里面说到"静以修身，俭以养德"，节俭不仅是节省物质财物的问题，更重要的是以节俭培养清醒自律、洁身自好的德行。

第二，是精神、精力层面的节，人的精神和精力也是有限的，如果一直耗费而不知节止，不能够及时地休养，精力就会过早地消耗殆尽，导致天不假年，不能获得应有的寿命。现在人们沉浮在信息的海洋里，精神和精力消耗严重，往往不能有节律地生活，身体得不到应有的休息，导致很多疾病发生。因此，精神和精力的使用也要有所节制。

第三，人在世间行走，处事为人，要有节义、节度，天地尚且有节，何况人乎？要根据时、位、人、事调节自己的语默行止，以中行为节，不做过分和极端的事，常以天道人心来要求自己。孔子被称为"圣之时者"，就是因为他能够适时地调节自己，用舍行藏，仕止久速，能够适时恰当地调节自己的行为，而不会使自己处于无可调节之地，做出太过极端的行为来，而极端的行为不可能长久。因此，节止之道关键在于中道而行，以刚节柔，以柔节刚，阴阳相节以求达至中和。对于我们每个人来说，节止之道就在伦常日用之中，比如古人有言："静坐常思己过，闲谈莫论人非。"对人对事常存诚敬之心，就是日常生活中的节制与修德。

对于那些为政者来说，要推天道以明人事，天地之间，阴极则阳生，阳极则阴生，因此天地有两分两至，四时不差。在社会中制定礼制法度，要适中恰当，令行禁止，才能有效执行下去，并取得长久而良好的效果。为政者应把握的原则是既不可放纵，亦不可节制过度，"苦节，不可贞"，要结合实际，量入为出，不伤财不害民，既要考虑到情，也要考虑到理，合情合理的制度才能顺天道、得民心，会得到良好的推行。

节，既引申为节省、节俭，还引申为节义。对于仁人志士来说，节是对于自我品格和志向的坚守。那些以追求道为人生目标的英雄志士，会以自身对于道的信仰来节止自己贪生怕死、贪恋富贵的欲望，此"节"称为节义。大家都知道文天祥的诗句："时穷节乃见，一一垂丹青。"西汉时期的苏武奉命以中郎将持节出使匈奴，被扣留。匈奴单于贵族多次威逼利诱，欲使其投降，他不屈服；后将他迁到北海（现在的贝加尔湖）边牧羊，他饿了掘野鼠储藏的果实，渴了吃冰雪，历尽艰辛十九年，持节不屈，最终白发苍苍时持着已经磨秃了的汉节回归汉朝，这是以精神信仰、天道正义来节己之德。《论语·泰伯》说："曾子曰：'可以托六尺之孤，可以寄百里之命，临大节而不可夺也。君子人与？君子人也。'"曾子说："可以把幼小的孤儿托付给他，可以将国家的命脉寄托于他，面对安危存亡的紧要关头，能够不动摇屈服。这样的人是君子吗？这样的人是君子啊。"这就是儒家铁骨铮铮的浩然正气，一股英雄气概回荡在历史的天空之中。

讲　解

以上是我们对于节卦的阐发，下面我们来看节卦的文本，先来看卦辞：

节：亨。苦节，不可贞。

节：亨通。过分节制，不可以坚持长久。

《彖》曰："节：亨"，刚柔分而刚得中。"苦节，不可贞"，其道穷也。说以行险，当位以节，中正以通。天地节而四时成，节以制度，不伤财，不害民。

《彖传》说："节：亨通"，阳刚阴柔上下区分而阳刚居于中位。"节制过分，不可以坚持长久"，因为这样过度的节制必将走向穷途末路。要喜悦地去克服险阻，在应有的位置上保持节制，以中正行事必然亨通。天地有所节制所以四季得以形成，人类社会建立制度对自身进行有效节制，既不损伤财物，又不伤害民众。

我们在《全本周易导读本》中分析解释了卦辞和《彖传》，"节"是指有制度，能够节制，做事情有章法，不致散漫或过度，所以"节"自有亨通的道理。节卦整体阴阳均衡，六爻中刚柔各三，九二与九五阳刚居中，均衡有节，无过与不及，是节制适当之象。事物节制的准则必须得中道，如果节制太过，就会伤于刻薄，反而失去了规范事物归于正道的作用。怀着喜悦的心情去克服险阻，各当其位，以正立身，中道行事，必能亨通。王船山对于"说以行险"的解释是，不以忧惧失度，意思是以喜悦的态度去克服险阻，不会因为太过担忧和恐惧而失了法度。我们在学习震卦时，讲过"震来虩虩，笑言哑哑"，"笑言哑哑"就是说，不因恐惧而失掉法度，因而可以指挥若定。这也是一种节，以喜悦来节制恐惧。

接着，《彖传》由天道来推人事：天地有节律，才能够四时分明。如果没有节律，时序就会混乱。人类社会要效法天地，建立制度，有效地节制，做到既不伤财也不害民。如果没有节制，就会肆意奢侈，伤财害民，最终造成天怒人怨、社会混乱的严重后果。

我们在例解中引用的是《论语·学而》中的记载："道千乘之

国,敬事而信,节用而爱人,使民以时。"治理拥有千辆兵车的大国,应当心存诚敬、严肃认真地对待自己的职分,做事要讲求信用、不欺百姓,用物要节省开支、不奢侈浪费,正确地使用和爱护臣僚官吏,役使民众应该在农闲的时候。这段话从几个层面充分体现了一个"节"字。"敬事"是节制内心的私欲而尽好自己的职分;"信"是节制妄念、妄行而信守承诺;"节用"是节制用度培养俭德,减少对资源财力的损害;"爱人"是节制权力爱护臣属官吏以共同服务于百姓;"使民以时"是以天道自然为序,不违农时,节制国家力量对民生的影响,保障民生物力。若为政者能做到如此节制,真可以称为美政、仁政了。这段文字显现了孔子在行仁政方面的基本理念。

来看节卦的《大象传》:

《象》曰:泽上有水,节。君子以制数度,议德行。

《大象传》说:泽上有水(泽边堤岸对水有节制的作用),象征着节制。君子看到这样的卦象,于是制定礼数法度,评议道德品行。

水在泽里,受到泽的调节和制约。泽中水少了就会接纳新水注入,水多了就会进行泄流。君子看到这样的卦象,知道天地有调节、节止之道,于是制定礼数法度使社会人事有秩序、有准则,并用这些礼数和法度评议道德品质和行为得失,使人才任用恰当得宜,使社会人事得到有效节制。人生来就有欲望,如果不能对欲望有所节制,天下就会弱肉强食,混乱不堪。人类的圣明先王制定了礼义以区分和节制这些欲望,使人的欲望与社会的资源财富相适应,以道德礼义来规范节制人的行为,形成和谐有序的社会状态。

明代的来知德对《大象传》解释道:"得于中为德,发于外为行。议之者,商度其无过不及,而求归于中,如直温宽栗之类是也……制者节民于中,议者,节身于中。"

来氏重点突出了节止之道的核心在"中"。"制数度,议德行","制"是定制度以节民,使民能行于中,不偏于极端,"议"是商度使德行如何才能趋近于无过无不及的状态。"制数度"是节外,"议德行"是节内。原则都是归于中道。

来看六爻的解读:

初九:不出户庭,无咎。
《象》曰:"不出户庭",知通塞也。

初九:不走出庭院,没有咎害。《小象传》说:"不走出庭院",因为明白路途通畅则行、阻塞则止的道理。

朱子《周易本义》说初九:"阳刚得正,居节之初,未可以行,能节而止者也。"初九刚居阳位,有能力,有才干,当位得正,又与六四相应,本可以有一番大的作为,但是初九所处在下,且向前的道路又被九二堵塞,时机未到,难以通行。初九审时度势,深知路途通畅的时候就行动、路途阻塞时当节止的道理,于是节制慎守,不跨出户庭,视听言动都能很好地节制,因而不会有咎害。

此爻运用到修身方面:当君子前行无路,才能得不到施展时,应做到"行有不得者,皆反求诸己",调节性情,修身明德,静以待时,追求"穷则独善其身,达则兼善天下"的理想人格。

我们在例解中用的是汉代杨震的例子。杨震慎守节制,德行上"不出户庭",以"天知、地知、你知、我知"的"四知"来节制自己，可谓俯仰无愧，无所咎害。

来看九二爻：

九二：不出门庭，凶。
《象》曰："不出门庭，凶"，失时极也。

九二：不走出宅院，凶险。《小象传》说："不走出宅院，凶险"，会失去最恰当的时机。

九二在节之时，居于大臣的位置，刚而得中，向上两阴爻在前方，没有阻塞道路，前路畅通，通则利往。九二本当抓住时机，出门庭有所作为，然而九二拘于节制，束手束脚，担心自己上无相应，出门不利，于是选择了闭门不出，结果坐失良机，最终陷入凶险的境地。节卦九二居中而未能行中，当出未出，失时而凶，是六十四卦二爻位上少有的凶爻，可见节的关键在于"知几""贵中"，对行为应据时而不断进行调节，使行为能够适应形势，适时而动，不失中道，才能避免凶险。

我们在这一爻举了西南联大的师生在抗战时期进行占卜的例子，他们占到的就是节卦九二爻，按照爻辞的指示，不出户庭就会有凶险。大家一起出去躲避，结果侥幸躲过一劫。初九不宜出门，九二则必须出门，这就是因时位不同而对应采取的举措有异的鲜明范例。

来看六三爻：

六三：不节若，则嗟若，无咎。
《象》曰："不节"之"嗟"，又谁"咎"也？

六三：不节制，就会嗟叹，没有咎害。《小象传》说："不节制"而导致的"嗟叹"，又有谁会去"责怪"他呢？

我们在前面的讨论中对此爻有所阐发。六三在节之时，以阴居阳，不中不正，以阴柔之质滋养愉悦，下乘二刚，而且居于上下两体交界，面临险境，是必定产生咎害的处境，如不及时自我反省、改弦更张，而是继续耽于贪欲不知节制，结果就只有嗟叹不已、后悔莫及了。其实，在当节之时，六三居于兑体和悦之极，事情仍有挽救的余地。如果六三懂得节制，痛悔过失，嗟叹忏悔自己的过错，及时调整，顺于大义，迁善补过，做事有理有节，态度诚恳真挚，那么又有谁会再去责怪他呢？我们在例解中引用的是晋朝石崇和王恺斗富的典故。他们穷奢极欲，炫耀而不知节制，最终自掘坟墓，"不节若，则嗟若"。

接着就来到了六四爻，六四是一个安静而又平稳的爻：

六四：安节，亨。
《象》曰："安节"之"亨"，承上道也。

六四：安于节制，亨通。《小象传》说："安于节制"的"亨通"，是因为顺承上面九五的节制之道。

六四柔居阴位，安于自己的正位，上承于九五，顺承九五之君的节制；下应于初九，象征不满不溢，与下层交往循礼而有节，将上下关系处理得有序而和谐。六四如此承上安下能做到恰当有节，并不是刻意做作，而是自然而然，得其所安，毫不勉强，可见六四是深谙节己之道的人，因而前途必然会亨通。

我们在例解中举的是公仪休的例子。别人送鱼给他，他不要，他说正因为我很爱吃鱼，才不能接受啊，现在我做国相，自己还买得起鱼吃，如果因为今天收下你的鱼而违反了国家的法律，成了罪人，被免相罢官，没了俸禄，就买不起鱼了。那个时候谁还给我送鱼呢？那我以后还能吃得上鱼吗？所以我坚决不收。这么简单明了的道理，春秋时期的公仪休早就说出来了，可是直到现在还有好多人不能明白，不能以此安于节制，往往付出代价时后悔莫及。

再来看九五爻：

九五：甘节，吉。往有尚。
《象》曰："甘节"之"吉"，居位中也。

九五：美好恰当的节制，吉祥。前往会受到尊尚。《小象传》说："美好恰当的节制"的"吉祥"，是因为居位处事恰当适中。

九五居节卦尊位，阳刚中正，下有重阴顺承，既能很好地节制自身，又能阳刚适中地施行节制之政，不伤财、不害民，其节制令人感到美好而恰当，是顺天时得民心之举，以这样的制度进行下去，必会得获吉祥，受到尊尚。

我们在例解中引用的是《论语·学而》中的名句。有子曰："礼之用，和为贵。先王之道斯为美，小大由之。有所不行，知和而和，不以礼节之，亦不可行也。"这段话的意思是说礼的节制与乐的和谐要进行良好的配合，这样的节才是美好而恰当的。如果配合得不好，单一地去强调礼制，突出阶层、秩序，不管各种关系之间的和谐，就会行不通。如果死板地追求"和为贵"，不以礼制进行节制、调节，也不可行。所以九五爻《小象传》说"'甘节'之'吉'，居位中也"，居位处事恰当适中，有甘节之美。

最后来看上六爻：

上六：苦节，贞凶，悔亡。
《象》曰："苦节，贞凶"，其道穷也。

上六：过分节制，坚持这样做会有凶险，（若以此苦节修身则）悔恨消亡。《小象传》说："过分节制，坚持这样做会有凶险"，这样的节制之道会走向困穷。

王船山说："上犹以为过而裁抑之，以人情之所不堪，虽无淫泆之过，可谓贞矣。而违物以行其险固之志，凶道也。然而悔亡者，天下之悔，皆生于侈汰，自处约，则虽凶而无耻辱。"上六虽然没有淫佚的过错，可以称得上是贞了，但是违背物性地行险固之志，就是取凶之道了。

上六处在节卦之极，节制过分，令人深觉其苦，但由于上六是以柔居阴，行为是守正的，所以爻辞又勉励上六如果用这样的苦节来守持正道防止凶险，是可以使悔恨消亡的。可见，对别人施以苦节，节制过度，是难以长久的。而对于自己的修身，节制欲望、艰苦修身可以使自己守正不妄为，从而不会做出日后悔恨的事来。无论是对己还是对人，这种行节的苦心是无可厚非的。当然，如果能化"苦节"为"甘节"，才是能够行之长久的节之道。

我们在例解中用的是墨家的例子，庄子说墨家："其生也勤，其死也薄。""使人忧，使人悲，其行难为也。""墨子虽独能任，奈天下何？"墨子学派兼爱天下，高度自律，但由于过度艰苦，超出了一般人能忍受的限度，墨子一去便无以为继，墨家学派后来便销声匿迹，没有传承下来。这个道理用在其他领域也是适合的，就如节卦上六爻辞《小象传》所言："'苦节，贞凶'，其道穷也"。

答　疑

问：我们普通人对于"节"应该持什么态度？

答：对于我们每个普通人来说，节是必需的。节卦中的六三爻讲到了"不节若，则嗟若"，每个人都需要自我节制，这既是德行的需要，也是自身安危之所系，是做事为人的长久的保障。比如，人如果在财物上不节制，就会伤财，最终导致败落；人如果情绪上不节制，就会伤于情而生病，亦会对他人造成不良的影响，《中庸》讲："喜怒哀乐之未发，谓之中；发而皆中节，谓之和。"情绪可以发出来，但要"皆中节"，是中和之气。人如果德行上不节制，就会有困顿匮乏，终会遭遇穷途末路的结局。不节制，迎接而来的就是痛苦的悲叹。历史上那些贪图享乐、侈靡无度的亡国之君，面对国破家亡的结局，悲叹亡命之时，悔之晚矣。这个道理对于每个人都适用。对于每个人来说，节制都是必需的。节，看似受到限制和拘束，但是节可以使人免于放纵，可以使人不恣意漫流，从而使个人和集体都有平和、安稳、长久的甜美生活。人要安于节，甘于节，可得吉祥。

节卦小结

本卦阐述了对事物进行适当调节和限制的原则。自然界以四时的变化体现天地之节；人类社会以规章制度、道德礼义、礼仪法度体现人文之节；君子以"惩忿窒欲"、迁善改过体现修身之节。卦辞中强调了适当的节制是使事物顺利发展、得以亨通的重要因素，而施行节制的原则是：节制要有度，持正守中，适可而止，当位以节，不可过分。

具体到六爻，爻辞揭示了不同情况下如何进行节制的原则：在前方有阻碍，时势不利于前行的时候，即便自身有能力，也应自觉地把握和节制自己，防止祸患发生；在条件有利于前行时，如果仍节制不出，就是固化了节制的原则，不能灵活运用，失去了大好时机，而失时就会导致凶险；人对于自身的能力和地位要有一个客观的认识，适当有效地进行节制才能避免悲剧的结局；在处理上下级间的人际关系时，能够真诚而自然地节制自己，可获得相对安稳的人际环境，立身行事、与人交往自然会畅通；领导者首先要以阳刚中正的标准节制自己，所施行的规章制度应合乎规律，符合中正利民的原则，才能获得民众的拥护和爱戴，制度才能得以畅行；过度节制往往会事与愿违，对此应有清醒的认识。

读卦诗词

捣练子令·水泽节

寇方墀

甘节吉，苦节凶，天地调节四季风。
或进或出门庭处，礼节数度议德行。

中孚第六十一

兑下巽上

导　读

　　在上一卦，我们学习了节卦，节卦阐述了如何对事物进行适当调节和限制的原则。自然界以四时的变化体现天地之节；人类社会以规章制度、道德礼义、礼仪法度体现人文之节；君子以"惩忿窒欲"、迁善改过体现修身之节。节卦卦辞中强调了适当的节制是使事物顺利发展、得以亨通的重要因素，而施行节制的原则是：节制要有度，持正守中，适可而止，当位以节，不可过分。这就是节卦的大体卦义，让我们懂得如何去过有节制的生活。节卦之后就来到了中孚卦的卦时。

　　《序卦传》说："节而信之，故受之以中孚。"节卦讲节制，讲制度的问题，而使制度达到预期效果的关键在于执行，执行的关键在于人们对制度的信任。如果上层能够信守制度，下层就会随之信从，可见信是核心，因而在节卦之后是中孚卦。"中孚"是心怀诚信的意思。

　　我们先来认识一下这个卦的卦名，"中孚"。"中"字大家比较熟悉，在这里是指内在，比如我们常说心中如何如何，中就是指内在。"孚"字不常见，这是一个象形字，甲骨文、金文、小篆的字形分别是以下的形状：

图 61-1 "孚"字甲骨文字形　　图 61-2 "孚"字金文字形　　图 61-3 "孚"字小篆字形

这个字是一个画面，尤其以金文看得最明显，上下各有一只手，中间抱着一个圆圆的东西。在先民造字之初，那两只手画的其实是鸟的两只爪子，中间是抱在怀里的鸟蛋，这是鸟在孵卵的形象。南唐时期的文字训诂学家徐锴解释这个字说："鸟之孚卵，皆如其期不失信也。"鸟孵蛋有一定的时期，小鸟破壳会按期而出，不会失信。因此，这个"孚"字代表着信，如期、守信、不失信。由此字义引申出信任、信实、信誉、诚信、信服等含义，"中孚"表示内心有孚信。因此，这个卦探讨的主题是关于信的问题。

从卦象看中孚卦，兑下巽上，是风吹在水泽上的动态画面：风入泽，泽纳风，风很柔和，水很清澈，在风的吹动下，水波粼粼，一幅彼此顺畅贴切、相感相谐、互为信赖之象。

从整体卦形来看，上下各有两个阳爻，中间两个阴爻居于卦的中心，我们可以把整体卦形想象成一颗心，这颗心的内里空出了位置，象征着虚心和谦逊，人只有在心里面留出空间，去倾听、体谅和接受别人，而不是以自我为中心、心里满满的只有自己，那么才有可能感受到别人、装得下别人、体谅到别人，这样，才有可能使得彼此心灵有所相通和感应。所以说，虚心是人和人建立互信的基础。

我们从卦象上还应该看到，信，除了需要一个"虚"字，同时还应该看到"实"。中孚卦上下两体的中爻，二、五爻都是坚实而不中断的阳爻，代表着信实、坚实、诚实无伪的品格，中心信实才能以诚待人，自信才能信人，处事中道不偏，踏实坚定而值得信赖。立身为人，真实自信，诚实正义，才能为人所信，这是信的实质。一虚一实，已经在提示我们关于信的要义。

明代的来知德从修身的角度对于一虚一实进行解释说："虚则内欲不萌，实则外诱不入。"从欲念初起处下功夫，内欲不萌，外诱不入，这样虚实把握可谓修身的要妙。

从中孚卦的卦德来看，中孚卦兑下巽上，上巽顺，下和悦，彼此真诚呼应，互相信任，因而称为中孚。

王船山对中孚卦的解释则强调了中孚"内不失己、外不废物"的内涵。他认为，人如果为了修身而摒弃废除了外物，那么自身也将无所承载，比如大过卦，阳太过，阳盛阴衰，欲摒弃阴，导致"栋桡"，整栋楼都有坍塌的危险，因此，废除外物不是中孚。另一方面，中孚更不能"失己"，如果失了己，那么一切都立不住，物必也无所依归，比如下一个卦要讲到的小过卦，阴柔太过，阴盛阳衰，欲失却阳，结果有"飞鸟"之凶。真正的中孚是要平衡阴阳，称量情理，兼顾本末。

我们对上一卦节卦进行阐发的时候，曾专门分析了礼在中国传统中的重要作用，礼强调内心诚敬并落实在外在行为中，切身践履，既"内不失己"，又"外不废物"。中国传统文化生活中，就是以礼作为准则来衡量轻量、决定尺度，既要把握原则性，又要有恰当的灵活性，立身行事要合于礼，如此语默动静合情入理，必然能够消除猜疑，相待以诚，彼此孚信，这才是中孚。这是王船山从"内不失己、外不废物"的角度对于中孚卦进行的阐发，做到至为合宜处，便是儒家所推崇的中庸。

《礼记·中庸》里说:"诚者,非自成己而已也,所以成物也,成己仁也,成物知也,性之德也,合外内之道也,故时措之宜也。"中孚,首先自身要内存大正之心,唯有存此正心,在与外物交接时,使外物既安且和,于是自然心物相合,没有猜疑,这便是既成己又成物之道:"成己之仁,成物之知。"内外表里融通相洽,举措与时合宜,由中孚而达致中庸。

孚诚能够化物(物是广义的物,包括民、人、事、物等,统称为物),同时也要注意"外不废物",既不要发展为逐于外物,被外物带走,那就会失己、害己,但又不能断绝外物,人若与外物断绝,其实是困住了自己,没有了自我更新提升的途径和通道。说得通俗些,人既不能落入世俗沉溺迷失在对外物的追求中,也不能与世俗彻底断绝,将自己与尘世悬隔起来。人就是要在世俗中清醒地发用内心之诚,以内心之诚,在事上磨炼,这就相当于王阳明所说的致良知而知行合一,不断提升自己。中孚卦所探讨的主题正在于此,发挥孚诚的伟大功能,可以成己成物!

讲　解

下面我们进入中孚卦的文本,对卦爻象象分别进行解读和阐发,先看卦辞:

中孚:豚鱼吉,利涉大川,利贞。

中孚:诚信感化了小猪小鱼必然吉祥,利于涉过大河,利于守正。

《彖》曰："中孚"，柔在内而刚得中。说而巽，孚乃化邦也。"豚鱼吉"，信及豚鱼也。"利涉大川"，乘木舟虚也。中孚以"利贞"，乃应乎天也。

我们对《彖传》的翻译是："中孚"，柔顺在内而阳刚居于中位。喜悦而逊顺，诚信可以感化邦国。"诚信感化了小猪小鱼必然吉祥"，是因为诚信惠及小猪小鱼。"利于涉过大河"，是说就像乘着船腹虚空的大木舟可以渡过大河。内心诚信以"利于守正"，这样可以与天地相应。

历代对于"豚鱼"有不同的解释：

其一，鱼和豚都是微贱之物，中孚之道信皆及之。王弼注："鱼者，虫之隐微者也；豚者，兽之微贱者也。争竞之道不兴，中信之德淳著，则虽隐微之物，信皆及之。"

其二，豚鱼即江豚，知风，守信。丁易东《周易象义》曰："豚鱼，今之江豚是也。豚鱼知风，豚鱼之出，则泽上有风之兆也，所谓石燕飞而雨至，江豚出而风生也。江豚，东南之所常见，惟西北则多不之闻，故先儒或析豚鱼为二物，非也。江豚，泽将有风则出，无风则不出，最信者也，故中孚取象焉。"

其三，豚鱼乃祭祀的薄物，只要内心诚信，以豚鱼之类的薄物祭神，也一样吉利。王引之曰："物之微者多矣，何独取豚鱼为象？豚鱼无知，可以爱物之仁及之，不可以化邦之信及之也。窃疑豚鱼者，士庶人之礼也。《士昏礼》：'特豚合升去蹄，鱼十有四。'……《楚语》：'士有豚犬之奠，庶人有鱼炙之荐。'《王制》：'庶人夏荐麦，秋荐黍。麦以鱼，黍以豚。'豚鱼乃礼之薄者，然苟有中信之德，则人感其诚而神降之福，故曰'豚鱼吉'。

言虽豚鱼之荐亦吉也。'信及豚鱼'者,及,至也,至于豚鱼之薄而信亦章也。"

刘向《新序》称:"钟子期曰:'悲在心也,非在手也,手非木非石也,悲于心而木石应之,以至诚故也。'人君苟能至诚动于内,万物必应而感移,尧舜之诚,感于万国,动于天地故荒外从风,凤麟翔舞,下及微物,咸得其所。《易》曰:'中孚,豚鱼吉。'此之谓也。"这可以为王弼之说添一佐证。

其实以上几种观点,最终都是要强调一种至诚之心。我们的解释是,心存至诚,至诚以感通、感化外物,必然能获得吉祥,可以排除困难成就大事。当然,前提是守正才会有利。诚信的德行可以教化民众,内心慈柔谦虚,对外诚实守信,做事中道不失,刚直守正,于是上下和悦顺畅,不会出现争端和巧诈,这样笃实守信的品德和敦厚诚实的作风,即使施及那些至为细小微贱的事物,也必然会吉祥。拥有这样的品质,就如同乘着木舟航行在水泽之上,即便途中遇到险难也能安全渡过(中孚卦中,上体巽为木,下体泽为水,有船行水上之象;又中孚卦的整体卦象恰如一艘船腹虚空的大船,以此可以渡过大河)。这样诚信而守持正固的美德,应合于天道:真诚自然、中正而信、光明无私。

我们在例解中引用的是季札挂剑的典故。季札不欺己心,信守心诺,在历史上已传为美谈。

来看《大象传》:

《象》曰:泽上有风,中孚。君子以议狱缓死。

《大象传》说:泽水上和风吹拂无所不至,有中心诚信之象。

君子看到这样的卦象，便在讨论刑狱时怀忠诚恻隐之心而宽缓死刑。

泽是安静的，泽水上面有风吹来，泽水为风所动，就如同人的心在虚静的时候会感受到外物细微的变化。君子从这个现象中体会到万物有其情，必当中心虚静以真诚守信对待万物，才符合天地万物之情。《大象传》从中孚的卦象来推天道以明人事，将中孚之道、天地生生之意运用到社会人事中，对那些犯了刑律的人也要以中孚之道待之，在判决前要进行充分的讨论，尽量把可疑的证据查实，不能轻率地予以定罪；对判决的死刑，当从缓执行，尽量找出可以使之不死的因素。这是君子在尽心尽力地尊重生命，诚意寻求缓于执刑的忠诚恻隐之心。

下面来看中孚卦的六个爻，我们不妨把六个爻看作六个台阶，先上第一个台阶，初九爻：

初九：虞吉，有它不燕。
《象》曰：初九"虞吉"，志未变也。

初九这个人，自我防范做得很好，可以获得吉祥，如果别有他求则不会安宁。对此，我们心生疑问，为什么说初九是防范做得好呢？它是对什么进行防范了呢？而这又与信这个主题有什么关系呢？

初九在中孚卦之初，阳爻居于阳位，阳刚守正，是一位心存诚信、无待于外、安于处下的君子。他自修明德，内强素质，不期许和依赖于外在的力量，自信自立的志向坚定不移，安守自己的本分，对于邪僻、伪诈、依傍等不正当的倾向能够及时地戒备防范，因而能够获吉。初九安处于下，不假他求，因此吉祥。爻辞说他防范做得好，是对于自己内心可能萌生的依赖感防范做得好，他不向外求，所以自信而吉祥。

我们引用的例子是东晋时期元老级的重臣颜含。很多人到了年纪大的时候，都想知道自己寿命有多长。当时有一位精于算卦的名士郭璞主动跑来表示要为颜含算一卦。颜含说："年在天，位在人。修己而天不与者，命也；守道而人不知者，性也；自有性命，无劳蓍龟。"意思是说："寿命多长看老天，官位多高看自己。修行而老天不给，那是命；坚守原则而不被人们了解，那是个性；我自有我的命运和个性，不需要求神问卦。"这正是一个德智双修者的立身之道：沉静而无待于外，内存诚信，自修守道，纯一笃志，自然吉祥。可以用此来诠释我们中孚卦的初九爻。

我们看到中孚卦的第一个台阶是阳爻很扎实，我们接着迈上第二个台阶：

九二：鸣鹤在阴，其子和之，我有好爵，吾与尔靡之。
《象》曰："其子和之"，中心愿也。

注意，九二爻辞出现了鹤。古人取象，有其极妙的寓意，比如乾卦中的龙、坤卦中的马、履卦中的虎、颐卦中的龟、睽卦中的鬼、渐卦中的鸿雁以及小过卦中的飞鸟、未济卦中的小狐狸，都有其特定的象征意义，这些物类的形象、品格、习性与该卦的卦义、爻义往往密切相合，生动形象而蕴义无穷，具有象思维的启示作用。

我们来看鹤这种鸟，在中国文化传统意象中，鹤代表着超凡脱俗、飘逸清灵、安静高洁、长寿吉祥，所以人们喜欢称鹤为仙鹤，有神仙之气，用来类比于人时，常象征那些德高而隐的隐士，将其自在的状态称为"闲云野鹤"。

中孚卦的九二爻辞甚美，南宋的修辞学大家陈骙于《文则》中云："《中孚》九二曰：'鸣鹤在阴，其子和之；我有好爵，吾与尔靡之。'使入《诗·雅》，孰别爻辞？"意思是说，九二爻辞这几句话若放到《诗经》中去，谁能看出不是诗句而是爻辞呢？而《诗经》中也确有描述鹤鸣的诗句，如《诗·小雅·鹤鸣》"鹤鸣于九皋，声闻于野""鹤鸣于九皋，声闻于天"，鹤在大泽中鸣叫时，它的声音清越远扬，声闻于野，声闻于天。

大家都知道北宋时期的苏轼是一个大文豪，但很少有人知道苏轼对于《周易》的研究也很有造诣，他写的《东坡易传》很有见地。他在读中孚卦时很是感慨，认为中孚卦中真正能做到"中孚"的唯有九二。他认为九二守内无求于外，"正而一、静而久"，因其德行高尚，所以正应了那句"德不孤，必有邻"，远方的朋友也会聚集而来。苏大学士说"惟九二以刚履柔，伏于二阴之下，端欲无求而物自应焉"，是真正体现"中孚"之德的人。

我们对九二爻辞做一下白话翻译：

九二：鹤在幽阴之地鸣叫，它的同类声声应和，我有醇美的酒浆，愿与你共饮欢畅。《小象传》说："它的同类声声应和"，是发自内心的真诚意愿。

九二作为一个阳刚的君子，处于重阴之下，幽隐之地，却能够阳刚笃实，不失中道，内心坚定，不求于外，是一位真诚信实的君子，即便居于幽暗的地方，不闻于世，其美德也会得到远方同道的呼应，彼此心愿相通。如果用于为政，九二则是不私于权力、以德化民的为官者，他以诚信之德执政待人，有美酒愿与民众共享，有好处愿广施于大众，民众也会以诚信来拥护和爱戴他，这是彼此心中的愿望。鹤是飞禽中吉祥高逸者，它的鸣叫清越朴实，是贤士君子的化身。"其子"指与它同声相求的同类。《系辞传》写道："鸣鹤在阴，其子和之。我有好爵，吾与尔靡之。子曰：'君子居其室，出其言善，则千里之外应之，况其迩者乎？居其室，出其言不善，则千里之外违之，况其迩者乎？言出乎身加乎民，行发乎迩见乎远。言行，君子之枢机。枢机之发，荣辱之主也。言行，君子之所以动天地也，可不慎乎？'"所以，九二内心刚实孚信、对外中道待人的美德是把握了言行的枢机，是君子行于天地间的立身之本。

贤达之士处于幽隐之境时，与同道互答，不失其内在孚信，也会得到同道之人的应和与响应，"鸣鹤在阴，其子和之，我有好爵，吾与尔靡之"，我有好酒啊，愿与你共饮欢畅，这里的乐，类似于孔颜之乐，其所乐在道尔。

看过了九二，接着我们再往前走一个台阶，来看看六三的情况。

在中孚卦中，六三爻颇具戏剧色彩，几乎可以拍一部类似于《罗生门》的电影了，我们这部电影的名称就叫《中孚六三》，先来看看背景介绍：

六三是一个阴爻，说明它内心脆弱，然而它居于三这个刚强的位置，代表它外表刚强，做事易走极端，处在上下两卦的交界处，说明它的状态极不稳定；它又是以阴爻站在两个阳爻之上，说明它自不量力，它身处下卦的兑卦之极，说明它急于取悦于人，向外汲汲以求。

居于三爻之位，本就是个极为尴尬的位置，动辄得咎，中孚卦是第六十一卦。一路读来，三爻多凶，已多有见证，如果三爻会唱歌，它一定会唱："为什么受伤的总是我？"

中孚卦本是个讲信修睦的卦，中孚的第三爻在这样的卦时下，却既不讲信，也不修睦，而且三爻真的要唱歌，六三唱的会是什么歌呢？

背景介绍完毕，电影开始上演，来看六三爻辞：

六三：得敌，或鼓或罢，或泣或歌。
《象》曰："或鼓或罢"，位不当也。

《说文》："敌，仇也。"《尔雅》："敌，匹也。""罢"，音pí，古同"疲"，表示疲惫、疲倦、颓废。

六三：遇到了敌人，有时鼓舞，有时颓废，有时哭泣，有时歌唱。《小象传》说："有时鼓舞，有时颓废"，是因为居位不当。

我们在此先提出第一个大问题：

（1）六三遇到了"敌"，"敌"是谁？

站在六三的处境，以六三的眼光，我们可以看到不同的敌人，而他们又都与六三的命运息息相关。假设我们是六三，把自己摆进去，我们一定会从中得到很多人生的启示和教训，以下分析三种可能性：

第一种可能，"敌"是六四。

六三自身的能力并不强，它是一个阴爻，就已经说明了这一点，然而它却以不足的能力去行刚强，它要向上进取，遇到了头顶上地位高于自己的敌人六四，于是大张旗鼓地向六四宣战。六四是一个安静的人，阴爻居阴位，为人安静守正，背后又有九五的支持，安全又稳固，六三跃跃欲试了半天，看到没有获胜的可能，只好作罢，但由于已经挑起了与六四的对立，六三非常害怕对方会回过头来进行打击报复。六三自己越想越怕,吓得直哭。还好六四是一位君子,根本不与他计较,六三发现没有危险之后又高兴起来,于是唱歌庆祝。这个六三不自量力,进退无恒,把自己折腾得疲惫不堪。

话外音:六三在恐惧的情况下有其潜在的危害性,他极有可能因为恐惧而孤注一掷,比如汉代的江充对待汉武帝的太子,江充因一件小事得罪了太子,太子仁厚,没放在心上,而江充却因为惧怕太子报复而不惜挑起了血腥的"巫蛊之祸",数万人被害,最终逼得太子造反,形成了一场大的宫廷政变,这就是小人在恐惧的情况下可能做出的极端举动……幸而中孚卦中的六三没有被恐惧扭曲成那样的邪恶之人。

第二种可能,"敌"是九五。

六三没得到正位,就想去争取权位,外在条件上只有上九可以与他相呼应,于是想上求于上九,来援助自己与九五对抗,但要想上求于上九,就必须经过九五,这样一来,反而使九五提高了警惕,发现了六三是心怀不轨之人,于是就进行严厉的阻拦和打击,六三遇到了九五这样高位的对手,焦躁不安,以他自身的能力,完全没有能力去赢得这场博弈,六三因压力太大而精神失常,"或鼓或罢,或泣或歌"。

第三种可能,"敌"是上九。

刚才我们还说,六三的外部条件只能和上九相应,他还准备去求上九支援自己,他把上九当作自己的依靠,现在怎么就成为敌人了呢?因为上九是一个极端无信的人。此处"敌"的意思是"匹",即相匹、相应。"敌"为什么会是"匹"?就文字解释而言,"匹"和"敌"都有"相当"的意思,《尔雅》:"敌,匹也。"就现实而言，那些关系亲密的人往往被称作"冤家"，因为情感的投入与受伤的程度成正比，从这个角度而言，"匹"也是"敌"。六三自身不中不正，本质阴柔，与上九为应，"以居悦极"，喜欢得不得了，汲汲外求于上九，而事实上，上九根本不可靠。中孚六三不能自主，向外索求，由于自身不中不正，又因品质脆弱极不自信，他的价值取向就会偏失，就很容易走错路、选错人，他与上九相应，喜怒哀乐均依赖于上九，一会兴高采烈，一会垂头丧气，一会儿哭，一会儿笑，就像《庄子·齐物论》中"朝三暮四"的猴子，"名实未亏，而喜乐为用"，真是可恨可笑又可怜。

接下来，就引发了第二个问题：

（2）是什么导致六三如此"无常"？

《中孚六三》这部电影是个悲剧，形成这个悲剧的根本原因是什么呢？是什么导致了六三如此"无常"？其实，世上芸芸众生，多少人的身上有着中孚六三的影子……

人心随外物而动，患得患失，宠辱若惊，汲汲以求，疲惫不堪，失去了安然自足的本性，人生成为一场苦旅，皆源于失己外求，欲望蒙蔽了心灵。

六三自身不诚，被私心杂念所驱使，为了一己之私多方钻营，为了目的不择手段，言行无常是其表现，内在的原因是其无信，不自信，亦不信人，对于外物的追求又使自身变得盲目依赖权力，被欲望蒙蔽了内心，对于上九的依赖亦是出于自私与贪婪，但"机关算尽太聪明，反算了卿卿性命"，最终不过一场空罢了。归根结底，就是"人惟信不足"（刘牧），这个"信"，可以分三个向度理解：自信、信人、为人所信。六三首先不自信，不自信就会怀疑、恐惧，于是很难信人，既不自信，又不信人，也就不可能为人所信，其生存状态和结局便可想而知了。

当然，仅仅看到六三无常，还不是众生相，我们来看其他可能的情况。

（3）谁在击鼓唱歌，谁在颓废哭泣？仅仅是六三吗？

也有人认为，六四是六三之"敌"，六四得到了爵位，得位很高兴，因此"鼓而歌"。六三失其位，失位很悲伤，因此"罢而泣"。真是"月儿弯弯照九州，几家欢乐几家愁"啊！然而如此说来，六四和六三竟是一样的心智和觉悟，只不过一个是暂得之，一个是暂失之，仍然在"朝四而暮三"的剧情之中打转罢了，就好像有一个"魔咒"，世人都被罩在了里面。

（4）拿什么来拯救你？

悲剧演到此处，有些"四大皆空"的意味，难道此剧要一悲到底吗？不然。《系辞下传》说："其出入以度，外内使知惧。又明于忧患与故，无有师保，如临父母。初率其辞，而揆其方，既有典常。苟非其人，道不虚行。"

意思是，读《周易》可以使人深刻洞悉往昔的事态和将来的忧患，虽然没有师保的监护，却好像面临父母的教诲。处事之初要寻求卦爻辞的含义，而当熟悉了它所指示的方法后，就可以掌握其中的规律而找到行动的指南了。如果没有贤明的人去弘扬推行，那么易道不会凭空运用到实际生活中。

将这段话引申到这出剧中，意思就是：这个被施了"魔咒"的人世间，需要贤明的人立身行道、启发拯救。

那么，接下来就引出了第五个问题：

（5）如何拯救六三？

即便是像六三这样无恒之人，做了许多错事，搅得四邻不安，圣明贤达之士也不应该轻言放弃。其实，像六三这样的状态，在芸芸众生中不在少数，又岂能放弃呢？在中孚卦中，九二和九五没有放弃对六三的拯救，虽然"无恒之情不易孚"（王夫之），那些心无所守、喜怒无常的人，很难听得进去别人的劝告与教化，也很难让他内心安稳地去信任别人，然而九二、九五这样的君子不放弃、不抛弃，始终以诚相感、以信相待，九五亲比于六四，九二感化了六三，最终使六三迷途知返，使无恒者也有了信。"君子之德风，小人之德草"，中孚九二就是那个"苟非其人，道不虚行"的行道之人，体现出君子贤士的盛德光辉。

王船山《周易外传》说："夫欲施信于天下，则内不失己，外不废物，以作之量。""内不失己，外不废物"，这就是践行中孚的法门。

《中孚六三》这部电影演完了，有一个还算不错的结局，下面做一下"影评"吧：

六三以阴爻居于阳位，自身不得中正，做事偏激，轻信牵系于上九，内心没有坚守的原则与信念，不能自信充实于内，而是以阴柔善依附的本质偏听偏信于外，中无定见，为外物所牵，孰不知盲目追随的目标正在使其失去自我，对方成了自己保有自信的敌人，在对方的牵引下，一会儿激动，一会儿颓废，一会儿哭泣，一会儿歌唱，忧乐动静都系于所依赖的对方，如同一具被牵着线的木偶，完全不能自主，这实在是很可悲的事。明达的君子是不会这样做事为人的，君子内心充实自信，对外物及私欲有清醒的认识和淡泊的态度，这才是人真正的自我救赎之路。

我们引用唐代的洞山良价禅师写的一首偈子：

切忌从他觅，迢迢与我疏，我今独自往，处处得逢渠。

渠今正是我，我今不是渠，应须恁么会，方得契如如。

信其实是一种能力，这份能力源于内心的淡泊与自足，对外物淡泊，对内充实自足，自然就会拥有自信。人如果将心拴在功名利禄、外物、他人身上，那么自己就变成了牵线木偶，随着外物或他人的动作而动作，完全不由自主，就很容易出现"或鼓或罢，或泣或歌"的被动状态，外物就成了自己的"遥控器"，即荀子所言的"役于物"，人只有内心自主，不为外物所动，才能自信自爱、圆满自足，从而也能够信人并为人所信。人必先自救，然后能救人。

顺着六三爻的余绪，我们再向上走一个台阶，来读一下中孚卦的第四爻。

中孚六四已进入上体巽卦，阴爻居阴位，上承九五，下应初九，说明六四本性安静守正，为人柔顺，以阴顺阳，无所偏失，唯一不足之处是与初九有应，在中孚卦中，有应就代表有所牵系和外求，不能守中身内，孚信不够圆满。这是中孚六四的大体情况。下面来看爻辞：

六四：月几望，马匹亡，无咎。

《象》曰："马匹亡"，绝类上也。

爻辞中出现了月亮，而且是"月几望"。先来看一下"望"字的字形：

图 61-4 "望"字甲骨文字形　　图 61-5 "望"字金文字形　　图 61-6 "望"字小篆字形

"望"字本义是人站在土地上睁大了眼睛向远处望，有盼望远方亲人回来的意思。《说文》："望，出亡在外，望其还也。"后来金文字形的右上角画了个月亮，《释名》："月满之名也。月大十六日，小十五日。日在东，月在西，遥在望也。"早上太阳出来的时候，月亮在西边，遥遥相望，黄昏太阳西沉的时候，月亮从东方升起，与夕阳遥相对望，日月同辉。子夜时，月亮盛大丰盈高悬于中天，清辉皎洁。

中孚六四爻说"月几望"，是说月亮将要到满圆了，但还有没完全盈满。

六四作为一个阴爻，初九和九五都来相求，就等着六四表态，这真是炙手可热，盛之至也，所以是"月几望"的状态。但这个状态同时也会带来烦恼，那就是：选谁好呢？需要我们替六四拿个主意。

"月几望"已经道出了六四各方面的综合处境是接近于圆满的，要地位有地位，要德性有德性，上信任，下支持，真如一轮明月接近满圆，但是"水满则溢，月盈则亏"的古训使得"月几望"这句话虽然美丽却隐含了一份担忧：照这样发展下去，满了溢了，是要有祸患的啊！那么如何才能防止水溢月亏的结局呢？

爻辞后半句"马匹亡，无咎"，意思是：马匹亡失掉，没有祸咎。

下面对中孚六四爻辞、象辞进行白话翻译和解读。

六四：月亮将要满圆，匹配的良马亡失，没有咎害。《小象传》说："匹配的良马亡失"，是因为脱离了所有的朋党而向上去辅助九五。

六四已进入上体的巽卦，柔居阴位，当位得正，上承于九五，是行为端正、行事巽顺而居于高位的人，受到九五的信任与器重，其地位和光芒如月亮将要圆满，月在未盈满的时候是最好的时刻，因为盈满就面临亏损，能够达到和保持这样光辉却不盈满的状态，当然是与六四经得起考验的至真至诚分不开的。六四在位极人臣的时候，能够自觉主动地脱离所有的朋党同类，使与自己匹配的"良马"亡失，专一至诚地辅助九五，从而得到了九五的信任，彼此互信加深，没有咎害。

我们在六四的例解中引用一首禅诗："花未全开月未圆，寻花待月思依然，明知花月无情物，若是多情更可怜。""花未全开月未圆"是禅宗推崇的一种境界，也是中国传统文化里被广为认同的最佳境界。这种人生的境界，有节制、收敛的追求，有欣然、美好的希望。追求最美好的目标，但又不能完全达到目标，这样可能永远保持进步和上升的态势。有两种途径可保持这种状态：一是让目标无限高远，永远可望而不可即；二是减损已经拥有的东西，让自身总是与圆满相差一段距离。结合中孚卦的六四爻辞，六四采取的是第二种途径，里面含有适时而止、适时减损之意，"马匹亡"，主动地自我减损，有光辉而不盈满。这也是中孚之德的一种体现。

下面来看居于君位的九五爻：

九五：有孚挛如，无咎。

《象》曰："有孚挛如"，位正当也。

九五：用诚信紧密联结，没有咎害。《小象传》说："用诚信紧密联结"，是因为九五居位正当。

九五居于尊位，阳刚中正，有至诚至信的品格。作为居于君位的领袖，九五以诚信广系天下，天下亦以诚信相应，如风行泽上，"孚乃化邦"，社会上下以信相交，诚信相通，这是圣明君主的为君之道，将天下人心以诚信牵系在一起，如此美好的社会形态，自然正当而没有咎害。

在中孚卦中，九五要统领协调全卦，处理好与上下各爻的关系，面对不同阶位、不同性格的各爻，想要达到上下彼此互信互助，不是容易的事，正所谓"独善易，协群难"，同时还会体会到"孚异尚易，而孚同愈难"的苦恼，所以，居于不同位置的人对于信的理解和要求是有所不同的。

对于为政者（居于君位的人）信德的要求，就不仅仅是要像士人君子那样诚实守信、独善其身就可以了。如果处于盛位却不懂得以信交于天下，则免不了会有祸咎。为政者要由诚信建立信任，由事功树立威信，要有凝聚民心的能力，从而团结天下民心，使之成为一个有共同的价值目标、生机勃勃、运行和谐有序的共同体。如此，为政者以天下为己任去修身治国，去创建、凝聚、维护这样的共同体，可得无咎。

《论语·颜渊》："子贡问政。子曰：'足食，足兵，民信之矣。'子贡曰：'必不得已而去，于斯三者何先？'曰：'去兵。'子贡曰：'必不得已而去，于斯二者何先？'曰：'去食。自古皆有死，民无信不立。'"孔子认为，在食物、军备和人民对为政者的信任之间，必不得已要去掉两项的话，去兵、去食，最后留下的是最重要的，那就是人民的信任。

九五作为居于尊位之主，处在以诚信相交的中孚的卦时，一定要坚守信德，千万不要舍弃诚信，如此可保无咎。中孚卦强调讲信修睦，探讨人处于不同时位时当如何自信、信人和为人所信的主题。作为九五而言，居于君位，更需要立身垂范，努力建信、守信、以诚信化民，从而得到天下民心的信任。

《道德经》最后一章说到："信言不美，美言不信。"关于信的话题，历代注家有很多重要的探讨，其中汉代的严遵用大气势的排比句描述了什么叫作"信言"，信言是合于天道、达于人情的言辞，这个"言"是广义的，包括理念、言论、政令等，发此言者，如果振臂一呼，应者云集，这样的言在民众心中可以得到积极的响应，民众相信他的言论，愿意听从他的号令，令行禁止，民众配合，无所阻碍，这样的言可以称得上是信言。与信言相对的是什么呢？是美言。说话的人说得异常好听，民众鼓掌赞美，可是到了现实中行动的时候，却什么都推行不下去，赏不能使，罚不能禁，上哄骗下，下欺骗上，彼此都是空话假话，说得再好听，不过是美言而已。《道德经》里有句话叫作："信不足焉，有不信焉。"你的信不足，对方就不信。一切要在行动上见分晓，如果仅仅是说得好听，答应得爽快，不体现在行动上，必然当不得真，这就是"美言不信"。

最后来看上九爻，前面诸爻往往是自信不足，而上九却是一个过分自信而成为自负的人，被比喻为"翰音登于天"。由自信变为自负，就成了狂妄，其自信是完全不符合实际的妄想，最终成为虚张声势、欺世盗名之人，已无信可言。

上九：翰音登于天，贞凶。

《象》曰："翰音登于天"，何可长也！

上九：鸡飞上了天，坚持这样做必然凶险。《小象传》说："鸡飞上了天"，这怎么可能长久呢！

《礼记·曲礼下》曰："凡祭宗庙之礼……羊曰柔毛，鸡曰翰音。"后因此以"翰音"为鸡的代称。鸡飞上了天，这是不可能长久的事，坚持这么做必然凶险。上九居信之极，信极则衰。《说卦传》："巽为鸡。"巽有鸡之象，在上体巽之极，所以有登于天之象，鸡本不具备登天的本领，却高调居上，不知变通，实情与名位极不相符，这种自信是完全不符合实际的妄想，且其虚张声势，欺世盗名，已无诚信可言，上九如不及早醒悟，其结果只能是凶。

孔子说"人而无信，不知其可也"，人要是没有诚信，不知道他还可以做什么。中孚卦卦辞强调：以诚信守正之德广及于众，甚至对那些微小的生物也不失信，拥有这样的德行必然吉祥，即使遇到危险也如同乘着木舟渡河一样，能够化危为安。

答　疑

问：为什么说中孚卦六三爻可以拍一部《罗生门》电影？
答：请回看正文中对于六三爻的分析讲解，并用心体会。

中孚卦小结

中孚卦中六爻阐释了具体情况下如何信的问题，包括如何自信、信人和为人所信的原则：居于下位或与人交往之初，要修养充实自己诚信的德行，不可盲目轻信而向外索求，轻信依赖于外在的力量是不明智和危险的；有了美好的才德品行，但尚不被理解和重视而自处于幽隐之处的时候，要相信"德不孤，必有邻"，坚守笃实诚信的品格，言行都不失诚信本色，必然会有同道前来相应；信的根本是自信，如果内心没有中正诚信的原则，没有对自身道德、能力的自信，就会被外物影响和牵累，以致烦恼无穷，因此要找回自主和自信，向内修德；与人合作或辅佐上司做事的时候，专一敬业而不谋私利是忠诚互信的基础，当以至诚大公之心辅助明君做信合天下之事；成为领导者时，诚信发于中，而德政形于外，广施诚信，方可以取信于民，从而凝聚人心，形成上下诚信的社会共同体；人的自信和取信于人一定要符合实际，如果盲目自信，好高骛远，或言过其实，欺世盗名，就走向诚信的反面，终将自食苦果，身败名裂。综而观之，信是一种能力，自信才能信人，互信才能发展，而自信的前提是充实中正、道德自律。中孚卦可以带给我们很多启示和思考。

读卦诗词

风入松·读中孚卦

寇方墀

和风顺雨古边城，泽水载船行。
燕儿恋子孵巢内，安然卧，寸寸柔情。
鸣鹤清音幽谷，好爵与友相倾。

夜来月映万川盈，弃马且独行。
泣歌击鼓非常事，此何如，心澈诚明。
一点存存真意，中孚万物生生。

小过卦第六十二

艮下震上

导 读

上一卦我们学习了中孚卦，孔子说"人而无信，不知其可也"，人要是没有诚信，不知道他还可以做什么。中孚卦卦辞强调：以诚信守正之德广及于众，甚至对那些微小的生物也不失信，拥有这样的德行必然吉祥，即使遇到危险也如同乘着木舟渡河一样，能够化危为安。在中孚卦的六爻中，我们分析阐释了在具体情况下如何信的问题，包括如何自信、信人和为人所信的原则。中孚是每个人伴随一生都要做的功课，自信、信人、为人所信、为众所信，都要对应天心、己心，至诚其意，个中冷暖滋味、感通境地必自知之。接下来讲小过卦。

我们来看《序卦传》："有其信者必行之，故受之以小过。"对事物相信的时候必然会去践行，这样很容易造成过分行为，所以在中孚卦之后是小过卦。《周易》就是这样"与时偕行"。讲到中孚的时候，一片温暖至诚，好的品德和行为要不断地追求和发扬，一旦没有把握好度，就可能走向事物的反面，带来不好的倾向和影响。我们在读中孚卦时，"信及豚鱼"，多么好，但到了上九爻时，却是"翰音登于天"，刚亢过度，由自信变为自负，就成了狂妄、虚张声势、言过其实，走向中孚的反面，这样是不可能长久的。所以接下来就到了小过的卦时。

《朱子语类》对于从中孚到小过的转变是这么解释的："中孚有卵之象。小过中间二画是鸟腹，上下四阴为鸟翼之象。鸟出乎卵，此小过所以次中孚也。"意思是：中孚卦的时候是孵卵之象，鸟还在卵中，到小过的时候就孵出来了，小过卦中间两个阳爻是小鸟的身体，两边共有四个阴爻是小鸟的一双翅膀，是一只小鸟在飞的形象。小鸟孵出来了，就从中孚卦进入了小过卦。初生的小鸟没有多少经验和力量，所以也飞不高，只能是小过。这个解释形象而有趣。

从总体卦形来看，小过卦是大坎之象，中孚卦是大离之象。大坎为阳卦，但却是水卦；大离为阴卦，但却是火卦。所以中孚卦的卦辞中有豚鱼，豚鱼属阴，往下沉；小过卦的卦辞中有飞鸟，飞鸟属阳，向上飞。这是从卦象、卦形上来看两个卦的相异互补之处，阴阳消长、屈伸进退之理尽在其中。可见《周易》之象分析起来亦是玄妙有趣。

来知德因此对卦序的排列大为赞叹："上经终之以坎离，坎离之上，颐与大过，颐有离象，大过有坎象，方继之以坎离。下经终之以既济未济，既济未济之上，中孚与小过，中孚有离象，小过有坎象，方继之既济未济，文王之序卦精矣。"来氏认为，序卦的顺序真是精妙深邃，令人不由得叹其精深。

从卦象看，震为雷，艮为山，雷在山上震响，远不如在天上有声威，仅仅比平常响亮一些，因而称"小过"。

从爻象看，四个柔爻包围了两个阳爻，被包围的两阳爻都是不中不正，力量不足，因此有阴柔超过阳刚之象，阴柔为小，因而称

"小过"。

这就从小有过越、小者过越和过越者小三个方面解释了小过卦的卦名含义。

过了总是不好的，程度恰好适当才好，有句话叫"过犹不及"，过和不及都不好。但回到现实中，哪件事情又能做得恰到好处、时时事事都合宜呢？那只能是作为标准和目标来追求，具体到事上，有时只能过越，因此，小过也有它存在和讨论的理由，也有它的用处。当初我们学习大过卦的时候，说到大过之时，必有大过之人行大过之事，那是阳盛阴衰之时，阳刚气盛，往往会做出不同凡响的事情来。小过则是阴盛阳衰，四个阴爻包围了两个阳爻，是小有过越，有时事情有待于小有过越才能亨通，我们给这个小过卦起的小标题就叫作"矫枉过正"，矫的程度超过了正，等放开时，恰能回到正的位置上来，因此"过"是手段，"正"是目标，过就是正。

讲到这里，我想起李白的一句诗："天生我材必有用。"我们学习的六十四卦，无论卦时是吉是凶，还是常平无咎，是阴阳平衡，还是阴阳消长，每个卦都有它独到的用处。卦时就像波浪，读《易》者如同水手，熟谙水性的水手能够借波浪而行船，不但借波浪水流可以渡过暗礁险滩，避免沉船，还能进入更为开阔的水域，领略更为瑰丽的风景，到达更为高远的境界。如此说来，六十四卦，每一个卦都是好卦，都是对我们人生有指导意义的卦。

我们再回过头来看小过卦，王船山认为，小过卦阳爻虽然势微，又失其中道，但从整体卦形来看，两个阳爻还是处于卦的内里中心位置，上下四个阴爻起到了涵摄保护的作用，内含阳刚，处外阴柔。内刚外柔是可以利物的，只是阴柔之道能量有限，只"可小事，不可大事"。

小过卦是下艮上震，下卦艮卦的卦德为止，上卦震卦卦德为动，内在知其所止，而外在发动动能，止和动的配合是理性和欲望的交接，付诸实践中，体现的是治和乱。止有所过，则妨碍了动；动有所过，则不能适时地止。所以，治乱之数尽在理和欲的平衡与较量，在于止与动的调节与配合。在小过卦里，有时要遇，有时要过，有时要防，都是根据具体的时位进行不同程度的调节与配合，是否要过越，过越多少既可防险又可避凶，这都是小过卦要讨论的话题。

在我们的日常生活中，哪些方面可以小有过越而有益无害呢？善于利用小过之道，反而能够帮助我们完成大事，成就大业。比如，在小过卦的《大象传》中，就很明确地说了可以过的方面："君子以行过乎恭，丧过乎哀，用过乎俭。"在行为上，可以在恭敬方面小有过越；在丧礼上，可以在哀伤方面小有过越；在用度上，可以在节俭方面小有过越。这三点可以小过，于我们的人生态度而言是正确的。第一点，"行过乎恭"，即是礼貌周到，对人有恭敬之心。孔子回答子张问仁时就曾说到"恭则不侮"，发自内心尊重别人，言行恭敬有礼，就不会遭受侮慢，所以言谈行为上稍过恭敬，是有益于德行的培养和与人和谐相处的。第二点，"丧过乎哀"，这是针对丧礼太注重形式而不注重内在的哀痛而言的，宁可哀痛稍有过越，也不应将重点放在过度铺张的礼仪上，这里强调丧礼的内在本质是真诚的情感。第三点，"用过乎俭"，如果人对于平常用度能够恰好做到收支有度、取用恰当是最好的，但人往往因为喜欢享受而很容易陷入奢侈浪费，针对这种倾向，小过卦提出"用过乎俭"的劝谏。我们曾引用过诸葛亮的《诫子书》，里面说到"静以修身，俭以养德"，节俭可以培养一个人自律、奋进的良好德行，不至于因为贪于享乐而毁掉德行、失去志向。《论语·八佾篇》说："林放问礼之本。子曰：'大哉问！礼，与其奢也，宁俭；丧，与其易也，宁戚。'"意思是，就礼节仪式的一般情况而言，与其奢侈，不如节俭；就丧事而言，与其仪式上治办周备，不如内心真正哀伤。此与小过卦《大象传》正相呼应。以上三点可以加深我们对于小过的理解，并可将其应用在日常立身行事的实践中。

这些说起来都是些小事，小过"可小事，不可大事"，但正是在这些小事上的运用和把握，才能够最终成就大事。

小过卦的爻辞中，还强调了两方面的小过应予以重视：一方面是阳刚者要防止自恃阳刚而疏于防范，阳刚待人，往往会遭忌恨，如果没有过度严格的防范，就可能遭受凶险，正所谓"弗过防之，从或戕之"，没有进行过度的防备，从而遭到别人的加害。这是非常严重的告诫。另一方面的小过是在求贤方面，小过卦的六五爻急需贤能的大臣辅佐，于是俯身向下求贤人出来相助，将中正柔顺的六二争取过来，如同用带丝绳的箭将穴中的鸟射取过来一样。六五的做法虽然有些急切和过当，但只有如此劳苦和真诚，才能求到贤能之士。假如不付出以弋取（用带丝绳的箭射取过来）这样的辛劳、这样急切而行为过度的态度，而只是坐等其成、听天由命的话，那就不可能得到有力的辅助，只能承受"飞鸟之凶"。这是说，从求贤的方面而言，有过度急切的态度，采取小有过越的方法，都是应该且有效的。比如周文王"遇太公于渭之阳，号之曰'太公望'，载与俱归，立为师"（《史记·太公世家》）。比如秦穆公派人用五张羊皮换回百里奚，比如齐国使者用马车将孙膑偷偷载回齐国，再比如刘备三顾茅庐等历史故事，都是在讲求贤要付出辛劳与真诚，像用带绳子的箭把穴中的鸟射取过来那样，不辞劳苦，势在必得。如此方可如愿。这两个方面是从一防一取两个方面来说如何应用小过之道。

讲　解

以上是我们对于小过卦总体的概括与阐发，下面我们来看小过卦的文本。

先来看卦辞：

> 小过：亨，利贞；可小事，不可大事；飞鸟遗之音，不宜上，宜下，大吉。

小过：亨通，利于守正，可以做小事，不可以做大事。飞鸟刚刚飞过留下了声音，不宜于向上飞，而宜于向下飞，大为吉祥。

> 《彖》曰：小过，小者过而亨也。过以"利贞"，与时行也。柔得中，是以"小事吉"也。刚失位而不中，是以"不可大事"也。有"飞鸟"之象焉，"飞鸟遗之音，不宜上，宜下，大吉"，上逆而下顺也。

《彖传》说：小过，是说小事有所过越而能够亨通。过越以"利于守正"，是因为能合于时宜来行动。阴柔者居于中位，所以小事可获吉祥。阳刚者失去了正位并且不居中位，所以"不可以做大事"。此卦有飞鸟飞行之象，"飞鸟刚刚飞过留下了声音，不宜于向上飞，宜于向下飞，大为吉祥"，是因为向上是逆而向下是顺。

前面我们已经对小过做了一番解析，过，是指某些事物超越了中道，失去了平衡状态。以小过卦与大过卦对比来看，大过是四阳二阴，阳刚过盛，小过是四阴二阳，阴柔过盛，都超过了平衡状态。

卦辞和象辞中说"小过"含有亨通的道理，比如矫枉过正，用力稍稍有所过越，才能够使原有的偏差回归于正，但这种过越不可以常用，且不适合用于大事，在处理小事时也一定要把握好分寸，要在坚守正道的前提下不失时宜地进行，目的是使事物达到中正平衡的状态。

从卦爻结构来看，小过卦六二、六五阴爻居于上下卦的中位，有柔中之德，但缺乏阳刚支持帮助。九三、九四两阳爻力量薄弱，失其位又没有中道之德。小过卦总体阴盛阳衰，不可以做大事。

从整体卦象来看，小过卦如同一只展翅飞行的小鸟，不时发出鸣叫声。能够听到鸣叫声证明小鸟飞过去尚不太远，小鸟是不宜超过能力所及的正常高度向上强飞的，向上逆飞就会穷极，在小过之时，应舍逆取顺，向下顺飞才能找到栖身之所。如同君子小有过失时，应及时顺理行事，才能获得吉祥。

易学史上"两派六宗"之一的胡瑗在解释小过卦时说道："飞鸟翔空，无所依着，愈上则愈穷，是上则逆也。下附物则身可安，是下则顺也。犹君子之人，过行其事以矫世励俗，必下附人情，亦宜下而不宜上也。"胡瑗是将飞鸟向上逆飞来比拟君子行事以矫正世俗，是逆俗而上，会有风险，所以，事情还是要做的，但要下附人情，得到民心人情的支持，才可以避免飞鸟之凶。

我们在例解中引用了林放问孔子"礼之本"的例子，孔子告诉他如果礼不能做到恰当合宜，那在某方面小有过越也是可以的，但在哪方面过越都应该注意。礼的根本是"敬"，其价值在于"质"，形式上的"文"适中即可。做人处世当先质后文，宁可在质朴上小有过越，也不应在形式上太过讲究。君子应顺理行事，有时小有过越，是为了矫枉过正，但矫枉过正只可以小有过越，不宜太过，"可小事，不可大事"。

我们来看《大象传》，前面我们已经较细致地分析过，这里再稍做叙述：

> 《象》曰：山上有雷，小过。君子以行过乎恭，丧过乎哀，用过乎俭。

《大象传》说：山上有响雷（超过正常的雷声），是小有过越之象。君子看到这样的卦象，行为稍过恭谨，参加丧礼稍过哀戚，平时用度稍过节俭。

山上有响雷震动，声音超过了正常的雷声，是小有过越之象。君子看到这样的卦象，便效法自然天象，适时适地做出小有过越的举动，其目的是纠偏除弊。天下的事情，有必须有所过越和宜于过越的时候：大过之时以阳刚之盛立大事、成大功；小过之时以阴柔之盛躬行于慈惠小事，矫枉过正，以达到回归中正的功效。比如以过于恭谨的行为去纠正傲慢无礼，以过于哀戚朴素的丧礼去纠正烦琐奢侈，以过于节俭的用度去纠正铺张浪费，这都是小有过越，以使对方复归于正。当过越的时候则过越，是合乎时宜的时中之道。不当过越的时候如果过越，那就是过错了。在《周易》中，时的观念要时时注意，不断提点。适时，则过也可以亨；不适时，过就会酿成错。把握时是关键。

来看六爻的解释：

初六：飞鸟以凶。
《象》曰："飞鸟以凶"，不可如何也。

初六：飞鸟逆势向上而有凶险。《小象传》说："飞鸟逆势向上而有凶险"，不知道该拿它怎么办了。

小过卦从整个卦象来看，初六处在飞鸟的翅翼尖锐处，有迅飞向上之势。从爻位看，初六处在最下方，便是小过的初始阶段，初六向上与九四相应，如同飞鸟逆势向上飞，违背了小过之时"不宜上，宜下"的告诫，如此不自量力地逆飞，必然导致无处措足的结果，甚至有迅速坠落的凶险，这是初六自取其凶，无奈其何，没有人能解救他。

我们在此爻的例解中引用了"公无渡河，公竟渡河，堕河而死，其奈公何！"这首诗歌，如飞鸟明知有凶却逆势上飞，自取其凶，其结果令人扼腕痛惜。初六很有些飞蛾扑火的味道。

来看六二爻：

六二：过其祖，遇其妣。不及其君，遇其臣，无咎。
《象》曰："不及其君"，臣不可过也。

六二：超过祖父，遇到祖母。没有继续超越君主，遇到了臣仆，没有咎害。《小象传》说："没有继续超越君主"，是因为臣仆不可以僭越君上。

这个爻很不好解释，历代易学家有各种说法，关于祖、妣、君、臣分别是谁，各有阐述。我们的解释是：六二柔顺中正，居于大臣的位置，时、德、位俱备，是既有能力又有盛德的贤能之士。在小过之时，六二采取了果敢而过越的行动，他向上逐次超过了九三、九四，直到遇到六五，六五是柔中之君，如果再超过六五，六二就成了篡位僭越的叛臣。六二没有擅越，而是适时地停了下来，其结果是没有过咎。之所以有上述情况，是因为六二向上顺承于阳刚的九三、九四，在小过之时，六二在刚爻接应下向上过越并逐次超过了他们。九三可看作父，九四可看作祖，再向上遇到的六五可看作妣，六二与六五两阴爻不应，说明六二停下来没有继续过越六五，这是非常正确的选择。如果从君臣关系的角度来看：六二当过而过，超过了两阳爻，当止而止，面对六五，谨守臣道而不过，使六五得遇中正柔顺的贤臣。听上去有点绕，其实就是在说：六二既过又不过，在过与不过之中妥善处理，动静得其时，在小过之后归于中道的行为可谓智勇双全，恰到好处，不会有咎害。其实越与不越，既要有明确的目标，又要因时、因地、因人而采取不同的方式，过、遇、不及，既有客观的际遇，又有主动的进取，如同庄子说的"外化而内不化"，介于有用与无用之间，这需要很高的对内外进行把握的智慧。

来看九三爻：

九三：弗过防之，从或戕之，凶。
《象》曰："从或戕之"，凶如何也！

九三：没有进行过度的预防，从而有人加害于他，凶险。《小象传》说："从而有人加害于他"，还有比这更凶险的吗！

三爻的居位向来凶险，"三多凶"，小过卦九三以刚爻居于阳位，又与上六相应，既正且应，刚健前行，无所顾忌。然而九三没有认清面临的形势是在阴盛阳衰的小过之时，不宜大事，况且九三是唯一居正位的阳爻，是小人忌妒的焦点，加上九三自恃刚健，不收敛自己的行为，更不屑于做过于周密谨慎的防备，这样发展下去，就会有人对他进行加害，九三的凶险是非常严重的。《国语·晋语九》言："君子能勤小物，故无大患。"君子对身边的一些小事物也要注意，防止积累怨气和愤怒而不自知，否则会因小失大。九三阳刚端正本没有必然的凶险，但在阴气过盛的小过之时，还是要多加小心，严格防范是非常有必要的。

我们在例解中用的是孔子的弟子子路之死的例子，其实张飞之死也是类似的情况："弗过防之，从或戕之，凶。"

九四：无咎，弗过遇之；往厉必戒，勿用永贞。
《象》曰："弗过遇之"，位不当也；"往厉必戒"，终不可长也。

九四：没有咎害，不要向上超过而要向下相遇；前往会有危险必须有戒备，不要固守阳刚必进的常规。《小象传》说："不要向上超过而要向下相遇"，是因为九四居位不当；"前往会有危险必须有戒备"，是说这样下去终究不会长久。九四以刚居柔，在阴盛阳衰的环境下，善于以柔顺处理事务，调整自己的行为，不以阳刚胜人，不倚仗自己阳刚的能力向上逆比去超过阴柔的六五，而是向下与初六正应相遇，符合小过之时"不宜上，宜下"的原则，因而没有咎害。

九四所处的环境是有危险因素的，如果九四自恃刚强，选择向上行进，就会对六五之君形成凌逼之势，这是非常危险而且不当的举动，对整体形势和个人安危都是一种破坏，即便暂时取得成果，最终也不能长久。因而君子不固守阳刚必进的常规，随时顺处时刻戒备，如果有所行动，方向也是向下行，关心爱护民众，得到基层的支持，可保无咎。就如前面我们引用的胡瑗所说的那番道理一样。

六五：密云不雨，自我西郊，公弋取彼在穴。
《象》曰："密云不雨"，已上也。

六五：浓云密布而没有降下雨水，云从我们西边的郊野积聚而起，王公用带丝线的箭矢将穴中的鸟射取过来。《小象传》说："浓云密布而没有降下雨水"，说明阴气已经聚积在上面。

前面我们已经探讨过六五求贤的急切。小过卦以飞鸟取象，却以飞为戒，因为飞就会向上，违背了小过之时"不宜上，宜下"的警告。阴盛阳衰的时候，阳的力量得不到施展，而阴的力量又本质柔弱，均不能做大事。六五以阴爻居于尊位，有悬在空中之象，因为是阴居上，阴气凝结悬挂于天空，是为云。六五阴柔居中，得不到阳刚的支持配合，不能形成阴阳和合，所以虽云气密集，却不能降下雨露，膏泽不能施于民众，六五急需贤能的大臣辅佐，于是俯身向下求贤人出来相助，将中正柔顺的六二争取过来，如同用带丝绳的箭将穴中的鸟射取过来一样。六五的做法虽然有些急切和过当，但在小过的情况下，这样做是合于情理的，六二又是一个非常有积极性、行为恰当的爻，两者有着彼此相合的共同意向，因此六五得以成其心愿，六五和六二都是阴爻，这也是小过卦"可小事，不可大事"的根本原因。

我们在例解中用的是战国时期的魏无忌求侯生的例子。魏无忌人生最辉煌的窃符救赵的计谋，就是这位侯生的杰作，而魏无忌请侯生出山，也算得上是"公弋取彼在穴"之举了。

上六：弗遇过之。飞鸟离之，凶，是谓灾眚。
《象》曰："弗遇过之"，已亢也。

上六：没有向下遇合却去向上超过。飞鸟遭到射杀，凶，这就叫灾祸。《小象传》说："没有向下遇合却去向上超过"，已经高亢过度了。

整个小过卦是飞鸟之象，初六和上六是两个翅翼的翅尖。"离"，通"罹"，指遭受，这里指飞鸟遭到射杀。上六处在小过卦的终极，是飞鸟最高处的翅翼，逆飞上行到了穷极之地，以阴柔之质太过高亢不知限度，已没有地方可以栖止安身，自己招来的凶险和灾祸又能怨谁呢？就如同一些人高亢不近人情，不能自我克制，处事没有限度，最后灾自外来，无处栖身，甚至灾祸灭身，这正是"祸福无门，惟人自召"。世人不可不以此爻为戒。

我们在这一爻的例解中引用的是前秦王苻坚的例子。他率领八十多万大军南下，却不顾客观事实，强行出军，用人不择贤愚、好大喜功，缺乏冷静客观的分析，北军不擅水战却派大军向南进行水战。有以上几项，苻坚出军之初败局已定，兵士虽有八十多万之众，却如飞鸟逆飞到穷极之地，前秦王朝毁于一役，正是"弗遇过之。飞鸟离之，凶，是谓灾眚"。

答 疑

问:《序卦传》对于"小过"的解释可否再讲一讲?

答:《序卦传》对于从中孚到小过的转换,是从义理的角度进行解释,延续上卦中孚为孚信的角度,从人的行动来说明这个转变:人相信某些事物的时候就会采取行动,因为过于相信,一味地用力,不知变通,不能把握分寸,很容易造成行为过分,因而在中孚卦之后是小过卦。"小过"的意思是小有过越,即过越的程度小,过越的事情小,或是小的人物出现过越。

小过卦小结

本卦阐明了事物有时必须小有过越的道理,并以飞鸟为喻,阐述了在小有过越时应遵循的原则。小过的前提和宗旨有两方面:一是仅可用来处理小事情,不可用于大事;二是"不宜上,宜下"。小过的本质是谦恭柔顺,在这方面过越些,会起到矫枉过正的作用,使事物归于正道,自然会顺畅亨通。

卦中六爻具体分析了不同情况下适当"小过"的原则:在阴盛阳衰的大环境下,处于底层且能力不足的人,不要自不量力逆势上行,否则将招致凶祸;柔顺中正是善处小过的良好品质,当过的时候则过,当收敛的时候则收敛,关键是合于时宜;即便自己有阳刚的本质又占据正位,也需谦柔向下,宁可防范过当,也不可自恃刚强而疏于防范,不然凶险将至;守刚居柔,随时处顺,在小过之时不会有咎害;领导者本身的柔弱往往是阴盛阳衰之势形成的原因,在这样的形势下,领导者应努力争取下属的支持,但在形势没有转变之前，不可以做大事；小有过越要注意方式、程度和灵活性，如果过而不知限度，违背了"不宜上，宜下"、复归于正的原则，必会亢极取灾。可见小过之时，各爻凶多吉少，不可不戒。

读卦诗词

喜迁莺·雷山小过

寇方墀

飞影过，叫声留，穷力不胜愁。
但凭薄翅上云头，肠断梦魂休。

过其祖，遇其妣，翘首盼西郊雨。
劝君常记莫称雄，辽阔望苍穹。

既济卦第六十三

离下坎上

导　读

　　在上一讲，我们学习了小过卦，小过卦阐明了事物有时必须小有过越的道理，并以飞鸟为喻，阐述了在小有过越的情况下应遵循的原则，以及如何运用小过之道。小过的前提和宗旨有两方面：一是仅可用来处理小事情，不可用于大事；二是"不宜上，宜下"。小过的本质是谦恭柔顺，在这方面可以过越一些，会起到矫枉过正的作用。小过卦六爻主要讲述了在阴盛阳衰的大环境下，能力不足时不可逆势上行，有能力时也要柔顺中正，放还是收，关键要合于时宜；即便自己有阳刚的本质又占据正位，也需谦柔处下，守刚居柔，随时处顺，在小过之时便不会有咎害；领导者则应努力争取下属的支持，但在形势没有转变之前，不可以做大事。运用小过之道要注意方式、程度和灵活性，大原则是"不宜上，宜下"。

　　整个小过卦充满收敛、含藏、谨慎、谦下处柔的气质，所谓过越也并不是阳刚进取的过越，而是谦恭柔顺的过越。如果用《道德经》的话语来形容，那就是"曲则全，枉则直，洼则盈，敝则新"。委曲反能保全，屈就反能伸展，低洼反能充盈，敝旧反能生新。前面委曲、屈就、低洼、敝旧，反而得到保全、伸展、充盈、生新，这就是小过之功，谦恭处下、柔弱不争，最后的结果却是"天下莫能与之争"，接下来就来到了既济卦的卦时。

《周易折中》引韩康伯曰："行过乎恭，用过乎俭，可以矫世励俗，有所济也。"项安世曰："大过则逾越常理，故必至于陷。小过或可济事，故有济而无陷也。"我们将这两位易学家所言合而观之，意思是：小过之道可以矫正世俗中的偏颇和流弊，于人事有所济用；大过卦用阳刚亢进之道，逾越常理，其接踵而来的是坎卦，大过之后就是坎陷之世，而小过用谦恭柔顺之道，可济于人事，因此随之而来的是既济卦。

《序卦传》说："有过物者必济，故受之以既济。"有所过越可以驾驭物性从而渡过险难，所以在小过卦之后是象征着已经渡过河流的既济卦。

我们用的是"驾驭物性"这个词，其实所谓的驾驭，是认识和顺应事物的发展规律，知物之性并善用之，必然可以渡过险难，比如人类可以识水性，识木性，因此可以造船渡河，这便是善用物性，有过物之处。"既"是已然，"济"是渡过，"既济"就是已然渡过河流，象征着事情已经完成。

从既济卦的卦象看，水火既济，离为火，坎为水，离下坎上，是水在火上之象。火性炎上，向上边烧；水性润下，向下边流，如此上下交融，彼此交流沟通，都能起到各自的作用。用于烹饪之中，火可以把水加温烧开，水可以给火降温而不至于迅速烧尽。水火相辅相成，水汽氤氲，所以称为既济，象征着事情已经完成，大势已定。

既济卦是六十四卦中唯一一个六爻都当位、上下都有应的卦，六爻排列整齐有序，表明矛盾已经全部解决，一切按部就班，出现了安定、平衡有序的局面。

如此好的一个卦，按说应该是所有卦的楷模了，六爻都当位，上下皆相应，这是其他六十三个卦所欠缺的，也是我们常用来衡量卦爻吉凶的参照标准，应该是大吉大利、一切圆满了。但我们给此卦的小标题是"居安莫忘思危"。既济卦的结构太完美了，而事物的发展却是没有一刻停留的，生生不息，大化流行，既济完美成形的那一刻，就已经预示着消损与缺陷即将到来。而《周易》的思维是前瞻性的，是动态的。《周易》的思维方式，我们归纳为六个方面：天人合一的整体思维、动态变化的发展思维、相反相成的辩证思维、普遍联系的关系思维、生克循环的平衡思维、执中用权的中道思维。这六大思维充分体现在六十四卦、三百八十四爻之中。当既济到来时，也就不难理解既济的卦辞为什么会强调要"利贞"，为什么要告诫"初吉终乱"了。

记得有一次讲课，有位学生问我，《周易》中讲了那么多卦，卦里讲了事物发展的规律，那么人是不是在某个卦里就一定会吉，或一定会凶？我回答他说，当然不是，那样就是宿命论了，如果一切是宿命，那就没有研究的必要了。我们读《周易》六十四卦，就是要推天道以明人事，在某一个卦时情境下、某一个爻位的居位中，人有选择的智慧和权利，你选择往这边走就是吉，往另一边走就是凶，爻辞告诉你对错吉凶的方向，选择权在你自己的手中。

《系辞下传》说道："《易》之为书也不可远，为道也屡迁。变动不居，周流六虚，上下无常，刚柔相易，不可为典要，唯变所适。其出入以度，外内使知惧，又明于忧患与故，无有师保，如临父母。"《周易》所蕴含的道理与人息息相关，一刻也不可远离，它所体现的道理不断地变化流转，从不固定在某一处。它变动运行永不停止，在各卦六爻间周遍流动，或上或下没有一定之规，阳刚和阴柔相互变易，这些都不可以看作僵化的纲常，只有变化才是它要适应的方向。《周易》指导人们出行或入藏要有节制限度，外和内的变动也要知道戒惧警惕，又使人明白吉凶转化的道理以及产生忧患的缘故，尽管没有师长在身边进行监护教习，有《周易》的教导，也就如同面受父母亲的教诲一样。因此，读《周易》就如同听严父慈母的教诲，那教诲中饱含着爱意和慈悲。当你艰难困苦的时候，他鼓励你，让你有勇气坚持向前；当你一帆风顺的时候，他提醒你、告诫你，让你不要被顺利冲昏了头脑。只是有人听得进去，有人听不进去罢了。

那些能够深研天人之际、参赞天地之道而尽于人道之事的人，就是《中庸》所说的"可以赞天地之化育，则可以与天地参矣"，能够与天地并立为三。因此，《周易》里讲天、地、人三极之道，充分重视人的力量。天道要靠人来践行和弘扬，"苟非其人，道不虚行"。

有人常说"死生有命，富贵在天"，人的死生、富贵有天命的成分，但却不是全部，其中的得和失、改命和转运却是属于人的事，由人自己来选择和把握。比如，既济卦九三爻讲到"高宗伐鬼方，三年克之"，《小象传》里面说"'三年克之'，惫也"。九三作为阳爻，居于阳位，在既济之世，鬼方有乱，该不该伐？能不能伐？是否能够得胜？天时、地利都有，只欠人和，这就是人事，殷高宗武丁尽人事而动，长途征伐，三年才伐下来，整个军队都疲惫不堪了，但终于还是克之，伐下了鬼方。因此，既济之时得之不易，从开始到过程中的每一步，到临近最后最艰难的时刻，都需要智慧、勇气和毅力。所谓的尽人事，就是尽全力去努力，没有丝毫懈怠和骄傲。老子《道德经》第六十四章说："为者败之，执者失之。是以圣人无为故无败，无执故无失。民之从事，常于几成而败之。慎终如始，则无败事。"如果强作妄为就会败事，如果不能随时应变、过于固执把持则又就会失去机会。所以圣人不妄为，因此不会败事，不固执把持，因而不会丧失时机。一般人做事，常在快要成功时遭致失败。审慎于事情快要完成的时刻，一如开始时那样慎重，就不会失败。这里面强调的就是自始至终，根据时位的变化来调整和把握行为。"慎终如始，则无败事"，这八个字应常记在心。

王船山在解释既济卦时说道："人事之所争，屑屑而不能及天地之大者，命也。学焉而必致其精微，以肖天地之正者，性也。知其不能及天地，故君子乐天；知不能及，而肖其正以自奠其位，故君子尽人。穷理尽性而至于命。"

要渡河过海，就要有船，有船了，还要看天气和河海的风波大小，河海不可能永远风平浪静，我们又不能因为有风波而不渡河。这就是人事与天道的配合，河海必有风波，这就是命，人的力量不能使河海没有风波，但我们做学问、尽人事，就是要一方面尊天，乐天知命；一方面自尊人的分位，做穷理尽性的功夫，顺天道之正而为，穷理尽性以至于命。

既济卦里面充分地运用了人事之力，努力尽人事去做，纵然知道努力并不代表一定成功，即使成功了也并不会一劳永逸，但我们仍然要效仿乾道的自强不息、坤道的厚德载物，发挥火的光明之智、水的润泽之德，使人生在感应天地化生之德的过程中充满活力和希望，修身向道，崇德广业，在日日新、又日新的不断前行中，呈现有涯之生命的光明和意义。

讲　解

以上是我们结合既济卦的卦时进行的一些阐发，下面我们进入既济卦的文本：

先来看卦辞：

既济：亨小，利贞，初吉终乱。

既济：小的细节也已亨通，利于守正，初始吉祥最终危乱。

《彖》曰：既济，亨，小者亨也。"利贞"，刚柔正而位当也。"初吉"，柔得中也。终止则乱，其道穷也。

《彖传》说：既济，亨通，小的细节也已亨通。"利于守正"，阳刚阴柔均已恰当地居于正位。"初始吉祥"，是阴柔居于中位。终止的时候则出现了危乱，说明既济之道已经困穷。

"既济"是指已经顺利渡河，象征所有的事情已经完成，各阶层安于其位，和谐安定，形势一片大好，连小的细节都得以亨通，可见既济之时已是万事亨通。

但是，当一切都有条不紊、刚柔各正其位的时候，仍需时刻提醒自己要贞固守正，越是优越的客观条件越容易生怠惰傲慢之心。既济卦在初始时无比吉祥，那是因为能够以柔顺中道处事。但安舒的时间久了，就很容易形成奢侈享乐的习气，不再进德修业，放松了戒惕之心，不能居安思危，慎终如始，危乱就会产生，既济之道就会完结，社会就会由治转向乱。

图 63-1　泰、否、既济、未济太极图

用太极图将泰卦、既济卦、否卦和未济卦综合起来进行一番比较，可以看出：天地相交为泰，不相交为否，水火相交为既济，不相交为未济。如果研究治和乱转换的规律，这四个卦可以大概地描述出来：泰和否是两个极端，既济和未济是它们之间转换的交界。既济是一切安定平稳了，之后就开始向否转变，到否塞不通最严重的状态时，又开始向好的方面转化，进而到了未济，未济又转而向泰。这里讲的是事物循环的大规律，那么人在这里面可以做什么呢？人在这大规律中可以做的是促进和延长好的局面，缩短和扭转坏的不利的局面，无论是独善其身还是兼济天下，君子仁民利物，都是运用这个规律，以主观能动性，通过人事来运用和调整它。

《象》曰：水在火上，既济。君子以思患而豫防之。

《大象传》说：水在火的上面（可以煮熟食物），有事情完成之象（但也有火将水烧干、水将火浇灭的隐患）。君子看到这样的卦象，便思虑在事情完成之后要有忧患意识并进行预防。

水在火上，有用火烧水做饭之象。人将水和饭煮熟来饮食，将水和火很好地配合运用，饮食得以完成，生命有了保障，象征事情已经完成，所以称水在火上为既济。既济卦中，水与火彼此交融沟通本是吉象，但其中却隐藏着相互覆灭的因素：水势过大就会浇灭下面的火，而火势过盛就会烧干上面的水，整个局面将出现颠覆。所以君子看到这样的卦象，在事成之后、一切安定的情况下，仍然思虑可能出现的祸患，并提前做好预防，这就是治不忘乱、居安思危的思想。既济之时虽然不是有祸患的时候，但是祸患往往产生于既济之时，君子能够明白这个道理因而提前预防，就可以保证"初吉"而没有"终乱"的后患了。

下面来看六爻的解释：

初九：曳其轮，濡其尾，无咎。
《象》曰："曳其轮"，义无咎也。

初九：拖曳车轮，浸湿了尾巴，没有咎害。《小象传》说："拖曳车轮"，合于既济之道而没有咎害。

初九爻主动地曳轮而慢行，那是因为在既济的初始，初九居下体离卦之初，有阳刚的品质，又有六四的接应，所以具备锐意进取的志向。但初九卑居于下位，对于刚刚稳定的局势还没有足够的了解和把握。既济卦上体是坎卦，有坎陷之象，说明初九前行的远处有危险。初九如同一辆车子，在渡河的时候，有意拽着车轮使车子先不要前行。或者如一只小狐狸将要渡河（由未济卦中的"小狐汔济"可知以狐狸为喻），只有扬起尾巴才能快速前进，而初九这只小狐狸将尾巴浸湿在水中，以减缓前进的速度并可以及时停止，说明初九既明智又稳重，能够谨慎守成，不贪功冒进，这是合于既济之道的，因而没有咎害。

六二：妇丧其茀，勿逐，七日得。
《象》曰："七日得"，以中道也。

六二：妇人丧失了车辆的帘子，不用去找，过不了七天就会失而复得。《小象传》说："过不了七天就会失而复得"，因为六二持守中道。

六二爻以茀为象征，关于"茀"的解释，历代有不同的说法，我们取其中一种：指古代贵族妇女所乘车辆上的蔽饰，用以遮蔽使外面看不到车内。六二柔中居正，居下体离卦的中心，如同一位深明大义、端庄柔顺的妇人，与九五中正相应，本应得志前行，但由于丧失了车辆的蔽饰，难以出行。六二处在既济之时，对于丢失的蔽饰并不急于去追寻，而是安静等待，过不了七日必将失而复得。六二之所以会丧失其茀，是因为在既济之时，事情已经完成，居于尊位的九五不再有求贤的想法，九五在既济之时的刚中反而是自满的象征了。既然九五无心起用六二，六二也就无法前行，在这样的境况下，六二只有静守柔顺中正之德，不去追逐外在的名利，潜心自修，"居易以俟命"。七日是时变周期，过一段时期，时局运转变化，丧失的自然会回来，当下不被起用，在合适的时候自然会得以施展。君子当待价而沽，应时而出。六二不必急于行动，他应该做的就是等待时机。如果九五最终不来求贤，那么就是九五没有醒悟，是九五的损失，六二反身修德，是古人士大夫持守之道。

来看九三爻：

九三：高宗伐鬼方，三年克之；小人勿用。

《象》曰："三年克之"，惫也。

九三：高宗讨伐鬼方，三年才战胜它；小人不可以用。《小象传》说："三年才战胜它"，太疲惫了。

高宗是殷王武丁的号。鬼方是一个国名，我国古代西北地区猃狁部落之一。殷高宗是殷代中兴之主，他为了维护疆域的安全和统一，亲自率军讨伐鬼方，用了三年的时间才获胜。九三以刚爻居于阳位，在既济卦下体离卦的终极，兼具刚强文明的才干。九三的历史责任是在大局已定的形势下排除余患，因以"高宗伐鬼方"为喻，象征在既济的情况下也必须以"三年克之"的精神持久不懈地努力，才能确保已经完成的功业不会被瓦解；同时也表达了战争的残酷性，致使民力劳惫，如果没有像殷高宗那样的德行，切不可轻动干戈。越是在既济之世，越容易头脑不清醒，这时须谨防小人贪功好战，小人偏重私欲却不去忧虑可能出现的衰败，只注重成功却不思虑其中的艰难。如果小人得势，必将日渐危乱，丧其邦国。闻者不可不戒。武丁中兴既是商朝兴盛的顶点，也是由兴盛走向衰败的开始。

我们在此爻的例解中引用了东汉初年汉光武帝刘秀的例子，因为长期战争，国力较弱，所以东汉朝廷对匈奴采取的是防御策略。东汉建立之初，有大臣上书刘秀，建议北击匈奴，刻石纪功。但光武帝刘秀长年寄身军旅，颇厌武事，并且知道天下疲耗，人心思定，只想偃武息兵，与民休息。于是下诏书阐明自己的观点，充分显现了一位有德的君主以民为本的大智慧和大气度，证明了汉光武帝确实是一位文武兼备的圣明之君，这次伟大的思想转折，为东汉迎来了"光武中兴"。杨诚斋在《诚斋易传》中盛赞汉光武帝是"善处既济者"。

下面我们来看六四爻：

六四：繻有衣袽，终日戒。
《象》曰："终日戒"，有所疑也。

六四：船在渡河的过程中出现渗漏，幸而有破旧的衣物可以堵塞漏洞，要整天提防。《小象传》说："整天提防"，说明有所疑惧。

既济卦到了六四已经离开离体进入坎体。坎为水，要涉水过河，所以取舟为义。行船最怕有渗漏，因而急切时要用败絮类的东西堵塞渗漏才能防止渗水沉船。六四到达了近君大臣的位置，柔顺居正，能够胜任其职。四爻多惧，且既济的时局已有所变化，表面上虽然歌舞升平，但隐患已经显现，开始涉坎入险。处既济之世，难得有居安思危之心，要及时地发现隐患查堵漏洞，防止祸患，提防灾变，这都是六四日夜思虑的问题，因而终日戒惧，不敢怠慢。即便如此，仍然怀疑自己的安排是否有疏漏，是否有应急防备措施，能否做到有备无患，因而更加忧虑。六四是一位谨慎戒惧的大臣形象。

我们此爻的例解引用的是东汉时期皇甫规在策对中向皇帝大胆谏言，直指跋扈将军梁冀，皇甫规用造船的比喻提醒皇帝，当前已经有沉船的危险，应"终日戒"，及时排除隐患。这段话后来被唐朝的魏征引用，以"水能载舟，亦能覆舟"劝谏唐太宗，成为警示为政者的名言。

九五：东邻杀牛，不如西邻之禴祭，实受其福。

《象》曰："东邻杀牛，不如西邻"之时也；"实受其福"，吉大来也。

九五：东边邻居杀牛进行盛大的祭祀，不如西边邻居简朴的禴祭，内心信实才能得到神灵的祐助和赐福。《小象传》说："东边邻居杀牛进行盛大的祭祀"，不如西边邻居的禴祭更合于时宜；"内心信实才能得到神灵的祐助和赐福"，预示着大的吉祥将要到来。

我们看九五爻的句式，很容易联想到归妹卦的六五爻"其君之袂，不如其娣之袂良"，有相似的寓意。九五居于既济卦的尊位，在天下太平安稳的时候，最易产生骄奢之心，有了骄奢之心就会使诚敬心减损，缺少诚敬之心将是衰颓的开始。什么是诚敬心呢？比如东边的邻居祭祀，杀牛用做牺牲，以最隆重的祭礼献祭，只注重豪华的形式，而西边的邻居只用简约的禴祭进行祭祀，虽然素朴却充满诚敬之心，那么真正受到神灵赐福的是怀着诚敬之心的西邻，大吉祥将会到西邻家里来。此爻告诫九五要常怀诚敬之心，进德修业，居安思危，而不要讲究排场、好大喜功。积善有余庆，积恶有余殃，真正能够得到护祐的是诚敬心而不是祭品，能保证长治久安的是为民众做事而不是文饰虚夸，这才是处于既济之世的领导者不断自我警醒的祈天保命之道。

上六：濡其首，厉。

《象》曰："濡其首，厉"，何可久也！

上六：濡湿了脑袋，危险。《小象传》说："濡湿了脑袋，危险",怎么可能长久呢!

上六居于既济卦的终极,积蓄的隐患和矛盾已日渐突出。在初九爻时,小狐狸渡河,将尾巴浸入水中以减缓渡河的速度,是谨慎稳健的态度,因而无咎;而处在坎险之极的上六,如同一只渡河的小狐狸被水淹没了脑袋,可谓危险到了极点。上六对坎险处境浑然不知,还以为依然是既济之世天下太平,安逸久了因而失去了判断危险的能力,也失去了自立自主的拼搏精神和生存能力,甚至染上种种恶习,成为道德败坏的小人,这种状况怎么可能长久?上六最终遭遇了灭顶之灾,被时代的洪流所淹没。反观整个卦的发展过程,能慎始却不能慎终,划出了一道"初吉终乱"的轨迹。

我们在此爻的例解中引用的是《贞观政要·君道》中的记载,唐太宗曰:"帝王之业,草创与守成孰难?"魏征答曰:"帝王之起,必承衰乱,覆彼昏狡,百姓乐推,四海归命,天授人与,乃不为难。然既得之后,志趣骄逸,百姓欲静,而徭役不休;百姓凋残,而侈务不息,国之衰弊,恒由此起。以斯而言,守成更难。"

一个王朝承平日久,就会呈现衰败之象,那些贵族子弟奢侈享乐,没有高尚的志向追求,官僚机构臃肿低效,公务机关人浮于事,各种腐败怠惰充斥于政府机构,官员贪图安逸,不修德行,聚敛财富,民众贪财好货,不重信义,世风日下,这时就离衰亡不远了。

答 疑

问:既济卦体现了《周易》怎样的思维特点?
答:我们给既济卦起的小标题是"居安莫忘思危",既济卦

《大象传》强调"思患而豫防之",这就是《周易》动态变化的发展思维、相反相成的辩证思维的具体体现。人通过不懈努力,终于取得了成功,庆贺和兴奋是人之常情,但如果就此认为可以高枕无忧,从此可以享乐,不再努力,那就是衰败的开始,此为万事败亡之机。

既济只是一个阶段的暂时完成,整体长远来说,必不是最终的结局,居安时不忘思危,才是有智慧、有大格局的人。我们在讲中孚卦六四爻的时候曾经引用过一首禅诗,其中一句是"花未全开月未圆",这是中国传统文化里被广为认同的最佳境界。这种人生的境界,有节制、收敛的追求,有欣然、美好的希望。追求最美好的目标,但又不能完全达到目标,这样可能永远保持进步和上升的态势。有两种途径可保持这种状态,一条途径是让目标无限高远,永远可望而不可即,另一途径是减损已经拥有的东西,让自身总是与圆满相差一段距离。今天我们重提这句话,就是要说明,既济只是非常短暂的一瞬,从心灵上让自己总是与圆满相差一段距离,因而永远不会放纵和怠惰,无论遇到什么样的境遇,这口气永不会泄,这才是君子仁人、学《易》知《易》者所应秉持的人生信念。

那么,具体的"思患而豫防之"体现在哪些方面呢?比如:得之不浮夸,失之不自弃,敬天、敬事、敬人,自我克守勤俭之德,沉静素朴,好学而敏行,遇事有担当,都是终生要修持的功夫。

既济卦小结

既济卦借已经渡过河流为喻,象征事情已经成功,物无大小均已获得亨通,但随之就告诫"利贞,初吉终乱",阐释了创业不易、守成更难的道理。卦中六爻逐次阐明了处既济之世应遵循的原则：在获得成功之初，行事要谨慎稳健，不要急于前进，须多思慎行，防止得而复失；在安定的环境下，如果有才德却得不到施展，不要苟且前行，当守志以待时，自然会有施展的时候；安平之世，尽量少折腾，免得劳民伤财，民生疲惫，更忌任用小人，祸乱大局；居于上层的人员要常具危机意识，时刻戒惧，要有前瞻性，尽早发现隐患和漏洞，并及时进行预防和弥补；太平之世的领导者极易产生骄逸自满之心，轻用民力，好大喜功，这都是导致盛世衰败的重要因素，因此爻辞告诫居尊位的领导者要诚敬修德，求真务实不务浮华，才能安保吉祥；承平日久，如果在安乐中丧失了忧患意识，没有了警惕性和判断力，最终将有灭顶的危险。

读卦诗词

赞成功·水火既济

寇方墀

水深火热，水沸火红。相因成败一重重。
渡河行路，车马东风。伐边拓土，众志成城。

昨夜草莽，今日庭中，漏船无语载人行。
渐生骄奢，粉饰升平。初吉终乱，足诫后生。

未济卦第六十四

坎下离上

导　读

这是《周易》六十四卦的最后一讲，回看第一讲，我讲过这样一段话：人的美德有多种，比如善良、坚毅、好学、守信等，如果落实在学习方面，我认为非常重要的一种美德就是恒德，一个具备恒德的人一定是一个坚定、踏实、有恒心、有毅力、能够坚持把一件事情做下去的人，假以时日，这样的人必定会有所收获，有所成就。我相信，认真学习了这一遍的学友已经具备了相应的易学基础，至少有基础可以去进一步研读易学史上那些大易学家的著作了。当然，更为重要的是，如果对大家在人生把握、品格修为、安身立命方面有一些启发和帮助的话，那将是我最为欣慰和开心的事了！

言归正传，我们接下来讲的是《周易》第六十四卦：未济卦。

在上一讲，我们学习了既济卦，既济卦借已经渡过河流为喻，象征事情已经成功，物无大小均已获得亨通，但卦辞中随之就告诫"利贞，初吉终乱"，阐释了创业不易、守成更难的道理。卦中六爻逐次阐明了处既济之世应遵循的原则。总的来说，既济卦的核心思想就是要居安思危。其实，既济卦所表现的只是整个易道运行过程中的一个节点，也就是最完满的那一刻，一切都按部就班、调理停当，当事物达到极致平衡的时候，似乎一切都已经圆满、静止了，运行停止也就意味着穷尽，然而宇宙大化流行，世事流转不息，事物不可能穷尽，所以当这个平衡的节点刚一出现，马上就进入了新的不平衡，如此，阴阳消长才会不断地演化和延续。《序卦传》说："物不可穷也，故受之以未济终焉。"事物不可能穷尽，刚刚完成之后马上就有了尚未完成的事，所以在既济卦之后是象征尚未完成的未济卦，作为六十四卦的终了。

事物发展到既济卦的时候，一切似乎都已经完成，所有的矛盾都已消失，问题均已解决。因此一切似乎停滞了下来，乾坤几乎止息不动了，但宇宙自然的运转与变动不可能停滞，乾坤不可能止息，事物也不可能穷尽，所以在既济卦之后接着是未济卦。整部《周易》都在讲变易，事物变动不居，没有穷尽，一个过程结束预示着新的过程开始，生生不已，没有止境。未济卦代表着一种缺陷、一种不完满，但同时也象征着新希望的开始，此意义与天道相对应，便是永恒的演化流布、生生不息。《周易》六十四卦将未济卦置于最后，正是揭示了这个道理。

"未济"的字面义是指想要渡河却没有到达对岸，象征着事情没有成功，与"既济"已经完成渡河的意思正好相反。

从卦象来看，离上坎下，坎为水，离为火，火在水上面，上面的火向上燃烧，下面的水向下润泽，彼此无法沟通辅助，因而是未济。未济卦的结构与我们学过的否卦情况相似，天地否，火水未济，两者只是问题的侧重点和程度不同，因此，要采取的行为措施亦随之不同，从否卦六爻与未济卦的对比来看，未济卦各爻重点讨论的是贞（安静等待）还是征（向前进取）的问题，这是因为未济是跟象征意义上的过河有关，其目标是过河，而否卦各爻的重点是君子在否乱之世如何自持，是选择俭德避难还是选择荣与禄的问题，其最终的目标是消除否难。两卦的相同之处则是上下不交、两相背离，无法形成沟通和辅助。这是否卦和未济卦的异与同。

从未济的爻象来看，六爻皆不当位，因此也象征着未济。但同时，未济卦的各爻又一一相应，象征着未济之中蕴藏着既济的可能，艰难中孕育着希望，变化中有不变，不变中蕴藏着新的萌生。

《周易》将未济卦列在最后一卦，蕴含着很深的道理。我们读第一卦时，乾卦《大象传》提出了自强不息，第二卦坤卦提出了厚德载物，推天道以明人事，从卦象推到卦德，再以人的德行配天来预示吉凶。在乾和坤之后构成的六十二卦中，每卦有阴有阳，既有乾德也有坤德，因此自强不息之义、厚德载物之德通贯于其中，整部《周易》是就不同卦时来对乾健坤顺、自强厚德之义的诠释与展开。

宇宙浑沦未分，是太极或曰道的初始状态，《周易》六十四卦以乾、坤为首，是从太极生两仪，阴阳分而未交开始进入六十四卦序列，乾为全阳，坤为全阴，代表着阴阳之纯，太极动静而乾坤相交，乾健坤顺，从而化生推演出八卦、六十四卦，阴阳相杂，彼此推荡，此消彼长，一路演变到既济和未济。到既济、未济时，阴阳爻已经充分相杂，我们看到既济卦中的阴阳爻是一阴一阳逐次交替，在六位中的相交相杂已经达到极致，这个从乾、坤到既济、未济的六十四卦序列就是阴阳之纯到阴阳之杂、复杂多重的演变过程。未济居于最末一卦，是六十四卦序列的终了，同时代表着新一轮更始序列已经开启，以此来象征宇宙大化的运转流行。

《周易》卦的序列是有明确意义的，体现宇宙的运行规律。当然，我们也不能就此认为，这是一个简单线性或者说多线性的演化模式，因此就把它教条化。宇宙中运化的一切本是一体大化、多层维立体交织、互为涵容、无始无终的。

我们将未济卦的《大象传》提到此处做较为深入的探讨：

《象》曰：火在水上，未济。君子以慎辨物居方。

《大象传》说：火在水上（不能煮熟食物），有事情尚未成功之象。君子看到这样的卦象，便审慎地辨别事物，使它们各得其所。

我们从具体行为操作的角度来解读：火在水上，各自失去了应有的位置，互相不能辅助，不能够完成烹煮食物的目的，因而有事情不能完成之象。君子观此卦象，意识到水火、刚柔的居位不当是造成事情不能完成的主要原因。联系到社会人事中，虽然人、财、物客观条件俱备，但事业进展缓慢，不能顺利完成，究其原因，就是由于组织管理中配置失当，安排错位，人不能尽其才，物不能尽其用。于是君子审慎地分辨人员、物类的特性，根据特点合理安排，使各当其位、各显其能，充分发挥其才智潜能，使阴阳刚柔各得其所，互为济用，则成功渡河将指日可待。

"慎辨物居方"的行为中，慎和辨的目光是向外的，主要讲在社会人事中如何进行组织结构的调整，以使外物各居其所、以成济用的问题，这是推天道以明人事的向外一路。我们在这里再补充向内一路，即主观修为方向的慎和辨。这里的"慎"字，是就君子自身而言，是主体的一种态度，主体只有自身正定，清醒自律，审慎地观察和体会万物，才能得到正见，不会被蒙蔽和诱惑，这就是慎辨物。那么，慎"居方"呢？则是指自身所居的方所、立足要正，培养坚而能守、和而不流、中立不倚的君子人格，并以此为对待自身和外物的立身原则，这就是《中庸》里所说的"尊德性"，在自身正定之后再去观察外物，才能做到明察，可以做到转物而不为物转。君子慎于"居方"，方能明于辨物，这就是《中庸》里所说的"道问学"。"尊德性而道问学"，"君子以慎辨物居方"，能于未济之时，得枢纽之机，合天地之理，自强不息，以应无穷。

讲　解

以上是我们对未济卦的一番阐发，下面我们进入未济卦文本的解读，先来看卦辞：

> 未济：亨，小狐汔济，濡其尾，无攸利。

> 未济：亨通，小狐狸即将渡过河时，沾湿了尾巴，没有好处。

> 《象》曰："未济：亨"，柔得中也。"小狐汔济"，未出中也；"濡其尾，无攸利"，不续终也。虽不当位，刚柔应也。

> 《象传》说："未济：亨通"，因为柔顺而能持守中道。"小狐狸即将渡过河流"，说明尚未偏离中道（从而有渡河的可能）；"沾湿了尾巴，没有好处"，说明促使事成的努力没有持续至终。虽然居位都不妥当，但刚柔相应却蕴含着成功的希望。

小狐狸渡河，将要渡过时，还没有脱出险境，却又被水沾湿了尾巴，前进艰难。这种情况很是不利，表示前边的努力不能持续至终，事情尚未完成。未济是事情没有成功，但成功的可能性是存在的，终究会有亨通的时候。由于卦中各爻均不得位，所以是未济，但居于尊位的六五柔顺而中道，虚心待人，君德谦逊而有光辉。九二大臣阳刚中道，与六五阴阳相应，刚柔并济，主体结构稳定和谐。卦中初六与九四、六三与上九均阴阳相应，彼此依赖，互动互补，说明内部的力量刚柔凝聚而不散漫，亨通之理已经蕴含在其中了。未济之道在于慎始慎终，心存敬慎之心。

我们在此处的例解用的例子是大家耳熟能详的"革命尚未成功，同志仍须努力"，它蕴含着矢志不渝、坚韧不拔的力量，因此广为传诵。

下面我们来看六爻的解释：

初六：濡其尾，吝。
《象》曰："濡其尾"，亦不知极也。

初六：渡河沾湿了尾巴，羞吝。《小象传》说："沾湿了尾巴"，也太不知道分寸了。

初六以阴居于阳位，质柔而用刚，又因在坎险之下，身临险境，在未济的情况下急于前进，不考虑行为的后果，去追求与九四的相应，其行为既不中道也不端正。这种不自量力、盲目冒进的行为会招致羞惭与遗憾。

"未济"是指渡河未成功。初六如同一只小狐狸，在条件不具备的情况下贸然渡河，被河水浸湿了尾巴，不能前进，困于水中，情况窘迫。既济卦初九与未济卦初六都有"濡其尾"的情况，但结果却大相径庭，前者"无咎"，后者"羞吝"，导致这样不同后果的原因是：其一，客观条件不同。一个是既济，一个是未济，既济时以守成为主，"濡其尾"可放缓速度，有利于守成；未济时以求济为主，"濡其尾"是被限制前行，不利于求济。其二，主观判断不同。既济初九质刚用柔，是离明之体，知道快速前行的最终后果，因而主动"濡其尾"。而未济初六质柔用刚，是坎险之境，在力不足以渡河的情况下不考虑后果，冒险前行而被动"濡其尾"。因此，未济初六爻的行为结果是羞吝与遗憾。

九二：曳其轮，贞吉。
《象》曰：九二"贞吉"，中以行正也。

九二：拖住车轮，守正吉祥。《小象传》说：九二"守正吉祥"，是因为能够持守中道，行事端正。

九二爻辞说，拖住车轮使车子不轻易前行，守正则会吉祥。九二以阳刚居于中位，在未济之时，虽然与六五相应，但因为六五乃柔中之君，九二自身又处在坎体之中，还没有脱离险境，所以行为谨慎稳健，不敢轻进，因而有曳轮之象。九二能够谨慎持中，行事端正，可致吉祥。九二有阳刚本质，力量足可以济险，但他能够审时度势，不盲目大刀阔斧地做事，是质刚而用柔的明智之举。如果九二不量时度力，只逞一时之强，就会失去中道之吉，结果将适得其反。

在这一爻的例解中，我们举了司马相如劝谏年轻的汉武帝的例子，提醒他不要阳刚冒进，起到了"曳其轮，贞吉"的作用。

六三：未济，征凶，利涉大川。

《象》曰："未济，征凶"，位不当也。

六三：尚未成功，前行凶险，利于涉过大河。《小象传》说："尚未成功，前行凶险"，是因为居位不正当。

六三在未济的情况下一心求济，但由于自身阴柔的本质，又处在坎险之上，不中不正，如此情况下如果躁进，必然会有凶祸。六三有两种选择：如果质柔用刚，以为与上九相应就毅然前进，结果就会凶险；如果自知力量不足，避免意气用事，放弃自己躁进的欲望，以阴柔的本质反身依托于九二，就会借助中道阳刚的九二共同渡险，利涉大川。

这一爻的例解用的是战国时期赵王贪图上党之地而与秦对抗的历史事件。"未济，征凶"，正是赵王这种贪婪昏昧、不明时势、自取灭亡行径的写照。

九四：贞吉，悔亡。震用伐鬼方，三年有赏于大国。
《象》曰："贞吉，悔亡"，志行也。

九四：守正吉祥，悔恨消亡。以震雷之威攻伐鬼方，经过三年的努力克敌致胜，受到大国的封赏。《小象传》说："守正吉祥，悔恨消亡"，志向得以实现。

未济到了九四的阶段，可济的希望已经显现。九四居近君大臣之位，怀有阳刚的才质和立志济难的决心，本身已从坎险中走出，虽然阳居阴位，居位不正，如果能贞固守正，就会获吉并使悔恨消亡。救济天下的艰难，一定要有明智而刚健的人出现才能做到，九四有刚健之才，辅佐虚中柔顺的六五以同舟共济，有匡时济难的责任，以震动之威攻伐外侵的敌人，如同讨伐鬼方一样，奋力远伐，长期作战，全力以赴，以艰苦卓绝的精神去获取天下太平。九四经过三年的努力，终于克敌致胜，其志大行，受到大国封赏。

六五：贞吉，无悔。君子之光，有孚，吉。
《象》曰："君子之光"，其晖吉也。

六五：守正吉祥，没有悔恨。这是君子的光辉，有诚信，吉祥。《小象传》说："这是君子的光辉"，君子的光辉带来了吉祥。

六五是阴柔之君，居于未济卦的尊位，又禀赋上体离卦的光明之质，虚中柔顺，散发着君子的盛德光辉。唯一的缺憾是阴居阳位，有不正之虞。如果六五能够持守中道，行正履中，并虚心下求九二阳刚贤臣，彼此结为刚柔正应，则全卦整体的力量都会得到凝聚，阴阳刚柔携手共济，必然吉祥而没有悔恨。六五是离明之主，德行光辉积充于内而散发于外，君子的光辉感召并聚集了团体的力量。九二与之相应，刚柔相济，带领众人化未济为既济。其功勋卓著，令民众信服不疑，其结果吉而又吉。

我们在例解中用的是汉光武帝刘秀的例子，他以"柔道"治天下，恢复、发展社会生产，缓和西汉末年以来的社会危机。范晔《后汉书》赞扬汉光武帝止戈为武，对光武帝有着充分的崇敬与赞扬，光武帝堪称"君子之光，其晖吉也"。

上九：有孚于饮酒，无咎。濡其首，有孚失是。
《象》曰："饮酒"濡首，亦不知节也。

上九：内心信实于是饮酒祝贺，没有咎害。饮酒过度沾湿了脑袋，这样会犯错误是确信无疑的事。《小象传》说："饮酒过度沾湿了脑袋"，也太不知道节制了啊。

未济卦由九四爻而发生了形势的逆转，发展到六五，刚刚由未济变为既济，到了上九之时，所有的事情都已安排停当，所有的人都各得其位，内心信实而没有疑虑，心里没有了烦忧，于是终于可以放下心来饮酒祝贺，这本来是无可厚非的。然而，治乱同出一门，忧乐生于一根，正所谓："祸兮福之所倚，福兮祸之所伏，孰知其极？"

上九阳刚居于极地，行为没有节制，自我放纵，逸乐享受，丧失了居安思危、慎终如始的忧患意识。如果上九不及早醒悟，将会如既济卦的上六一样，遭受"濡其首"的灭顶之灾，既济上六溺于水，而未济上九溺于酒，不能不引人深思。

我们在例解中引用《尚书》所载中国最早的禁酒令《酒诰》，来说明人往往在事情成功的时候饮酒庆祝，却容易放纵享乐，丧失忧患意识，耽于逸乐，不知节制，最终导致"饮酒濡首"而犯下过错的遗憾结局。当然，这一爻在历史上也可以对应于像李自成那样的历史事件，一成功就放纵享乐，很快就败亡了，这就是"饮酒濡首，亦不知节也"的历史教训。

答　疑

问：未济卦带给我们最深切的启示是什么？

答：王船山认为，虽然《易》起始于乾坤，终了于未济，但也要知道，未济之世即是乾坤之世，并不一定要有先、后、始、终的分限。虽然既济、未济的阴阳相交达到了终极，但阴和阳的推荡运行却永没有穷尽。从阴阳配合的角度来看，正因为既济、未济交之已杂，"不见天地之纯……道术将为天下裂"（《庄子·天下篇》），所以这一个六十四卦序列到此时已经衰微，体现在社会人事中，象征着一个时代的衰微。然而，就如阴和阳的关系一样，盛与衰、治与乱是相对而言的，是互为促成且互为养育的关系，因此生生不息，大化流行，永无止息。为什么会如此？正如庄子所言，万物"方生方死，方死方生"，每一刻都是死与生、终和始的交接和转换。王船山认为，天地是不能以始和终来推测的，因为宇宙无始无终，我们只能从理上来推测求之，在无始无终的运行之中，每一个节点既可以看作开始，也可以看作终结，也就是说，天地之始正是今日，天地之终也是今日。我们用心体会其中的意思，未济卦带给我们的应是彻悟和不断更新的勇气和力量。我们学习易道，就是要在这样的彻悟和勇气中运用这不息不竭的力量，尽人事，修德行，"穷理尽性以至于命"，把每一个今日都既看作既济之终，又看作未济之始，合于天地之行，养天地浩然之气于胸中，体会生生不息的大道流行，在自强不息和日日更新中，崇德广业，追求更高的人生境界。这正是学《易》者与天地合德的真趣味之所在。

未济卦小结

本卦以小狐济渡为喻，阐明了在事情没有完成的情况下求取成功应遵循的原则：在未济之中蕴含着亨通的道理，审慎进取、慎始慎终是求取路上最重要的行为准则，而调整和安排各方面力量，使组织结构和谐有序，不同的物类各自居于合理的位置，使人尽其才，物尽其用，是求取成功的有力措施。

卦中六爻具体阐述了在未济中求济的不同阶段应遵循的原则：在力量薄弱、条件险恶的情况下，不可急功冒进，要能够判断和预料行为最终的结果，做到审慎不失；即便自身有刚健的实力，也需了解和衡量客观条件，要谨慎稳健、执守正道；在自身力量不足却身处危险的风口浪尖时，更要多思慎行，要积极寻求阳刚有实力者与之和衷共济；求取成功要做好长期的打算，以艰苦不懈的奋斗去不断争取；领导者要具备光辉的德行，以高尚的品德感召下属和民众，将各方力量凝聚在自己的周围，共同争取成功；在事业终于成功时，要有清醒的头脑，慎始慎终，节制欲望，不可沉溺于安逸享乐，否则将有覆败的危险。

乾、坤两卦是《周易》之门户，打开了一个纷繁复杂、变化万千又妙趣横生的世界，既济、未济两卦是《周易》六十四卦之门缓缓闭合之处，未济卦是《周易》六十四卦的最后一卦。最后一卦为何是事业没有完成、心愿没有达到、仍然留有缺憾的未济呢？世事沧桑，随时变迁，永无停滞。如乾卦的卦辞所揭示的，"元亨利贞"，一个过程结束了。春夏秋冬，一年四季到头了，接下来，新的春天即将到来，贞下启元，物不可穷，未完成的状态也正是事物发展的动力所在。六十四卦以未济收尾，令人但觉意味深长、余韵未尽。正如清龚自珍《己亥杂诗》所言："未济终焉心缥缈，百事翻从缺陷好。吟到夕阳山外山，古今谁免余情绕。"

"未济终焉心缥缈"就是我们给未济卦起的小标题，"心缥缈"有些无奈，有些不甘：轰轰烈烈、不懈努力地追寻一路，最终的结局不是圆满而是缺陷，余情未了，而夕阳已到天边。虽然心有不甘，但所有的人生况味都在过程中体味过了，所有的欢笑、忧伤、分享、孤单、苦恼、艰难、失败、欣喜、热爱、重新振发，都在过程中体味到了，每一刻的开始已种下了结局的种子，每一刻的结局又是新的开始。诗的第二句"百事翻从缺陷好"，不执着于完美的结局，缺陷是永恒的动力，在这样的动力之下，我们随时可以上路，随时都在路上。《系辞下传》说："其道甚大，百物不废，惧以终始，其要无咎，此之谓易之道也。"易道宏大，贯穿于万事万物之中，任何事物皆莫能外。畏惧倾覆的结局而从初始就警惕自励，其目的就是免除灾祸，这是《周易》所蕴含的道理。"君子以慎辨物居方"，珍惜每一个当下，珍重每一段过程，意义就在其中。

读卦诗词

山坡羊·火水未济

寇方墀

临河回顾，波翻云聚，
当年鬼方知何处？
曳其轮，濡其尾，
漫漫浮沉求济路。
风雨怎堪成险阻？
难，心不移；
易，志更笃！

后　记

2018年，我的《全本周易》三卷本（导读本、诵读本、精读本）在中华书局出版。正如我在本书的引言中所说，好多学友都积极地买了书，并问我该怎么读才最有效。面对大家的期望，我决定带大家一起读起来，以回应和报答大家的期望与厚爱，也为优秀传统文化的传承与弘扬尽自己一份绵薄之力。于是我在2018年5月组建了微信学习群，在群中募集了志愿者做助教，带领群里的学友打卡，每天读一爻，每周读一卦。自6月9日始，每周六的晚上八点钟，我在群中用语音进行讲读，讲读的内容是以《全本周易导读本》为基础，兼及《全本周易诵读本》和《全本周易精读本》，并在此基础上做进一步的阐释和讲解。为了能够讲好讲透并有所提升，我每次都提前认真备课，以充分利用线上共享时间做清晰而有条理的讲解。每次讲读之后，在群中进行答疑，与学友做良好的互动。当时的微信群很快就达到了满员五百人。这样的讲读形成了良好的规律，带动了一批学员打卡学习，四百五十五天读完六十四卦，我做讲读六十五次。

令人感到高兴的是，跟读的学友很认真地读书学习《周易》，并带动周围的家人朋友和学生一起读，有的中学老师会带着全班的学生读《周易》，这令我很欣慰，我们的孩子可以早些读《周易》，那会是他们人生智慧的资粮、安身立命的精神根基。我们的公益讲

周易讲读（下）

读群至今已连续办了五期，每期四百五十五天。这部书稿就是以几期讲读的讲稿为基础打磨而成。

感谢尽职尽责的各位助教，每天早上六点半准时发开群信息并发布当天的读书内容，管理群秩序，与学友探讨问题，在读书学习和修身养德方面持之以恒，静、实、化、养，是学友们的表率；每天晚上十点半发布静群信息；互相良好地配合……如此几百天坚持不懈，令人感动，谢谢你们：张剑助教、师银科助教、李玉珍助教、赵仁永助教、周丽助教、高迎春助教、刘青春助教、赵宗石助教、吉琼艳助教、王莹助教、赵万良助教、窦晓东助教、耿文举助教、杨建助教、计维萱助教、司帆助教、李书侠助教、张曙光助教。

感谢好学精进、真诚友爱、积极讨论的学友：袁军学友、王力飞学友、王金姣学友以及携手共学的所有学友。

特别感谢北京大学出版社的田炜和郑子欣两位编辑以及美编、排版等工作人员，为这部书付出了很多心血与辛劳，衷心致谢！

感谢并祝福，祝大家："辨物居方"，"以德配天"，"自天祐之，吉无不利"！

寇方墀
2025年仲春于北京